밥 짓는 시인 퍼 주는 사랑

최일도 목사의 아름다운 세상 찾기

밥 짓는 시인 떠 주는 사랑

✦ 사랑플러스

프롤로그

한 존재의 의미로 / 당신에게 하고픈
말이 / 얼마나 쌓이고 쌓였는지를 /
다 가꾸지 못한 꿈밭 그 언저리에 /
오늘도 아픈 꽃잎이 지고 / 무심처럼
세월이 흐르고 있는 줄을 / 목숨의
무게를 담아 당신에게 남기고 싶은
말이 / 얼마나 접히고 접혔는지를 /
그대여 아시는가

님에게 드립니다

죽는 날까지 괴로워해야 한다는 것으로

그녀는 내 가슴 깊은 곳에

어떤 의미를 새기려 했던가

도대체 무엇 때문에? 무엇을 위해서?

시인은 많고 수녀 또한 얼마든지 있지만

이 광활한 우주 안에 내가 사랑한 여인은

오직 한 사람뿐

단 한 번뿐인

그녀의 생인 것을

영원히 꺼지지 아니할 사랑의 불씨를

내 가슴에 던져놓고

그녀는 떠나버렸소

하나님과의 약속 때문이라는

모호한 말을 남긴 채.

남쪽 바다에서 불어오는 갯바람이 코를 찌른다. 어느덧 갯비린내는 온몸을 축축히 적시고 잔잔한 파도가 만드는 해조음은 추억을 깊이깊이 더듬어가고 있다. 끼루룩 끼루룩, 갈매기 두 마리가 하늘 높이 날아오른다. 정박해 있던 여객선이 부우웅 뱃고동을 울리면 저 배는 출항하겠지. 목포항, 14년만에 찾아온 부둣가. 아침 일찍 가사도행 배표 한

장을 사들고 선창가를 서성거리며 하염없이 바다를 바라본다. 아니, 끊임없이 밀려왔다 밀려가는 파도에 지난 14년이란 시간이 실려가고 있음을 본다. 밀물처럼 다가오는 80년대 초 2월의 어느날과 마주치고 있는 나를.

　그러니까 1981년 2월 초하룻날 여객선 '옥소'에 몸을 실었다. 남해의 작은 섬 진도군 조도면 가사도를 향하는 작은 배에 스물 네 해를 살아온 시퍼런 내 인생의 모든 것과 한 수녀를 향한 광기서린 사랑과 그리움을 몽땅 끌어안은 채. 매서운 2월의 해풍이 첫사랑의 상처로 얼룩진 옷자락을 사정없이 때리고, 높은 파도는 지난 생을 엄히 꾸짖듯 험상궂게 으르렁거렸다. 나는 빠져나갈 수 없는 광풍에 휘말린 듯 비틀거리면서 사랑하는 한 여인의 이름을 하염없이 불렀다. "로즈! 로즈! 로즈!" 파도소리 바람소리는 핏빛 부르짖음을 금방이라도 삼킬 듯 더욱 기승을 부렸다.

　다음날부터 꼬박 스무나흘을 섬에 머물면서 사랑의 한과 절규를 편지에 담았다. 시로 쓴 눈물 젖은 편지. 한 신학생이 절대자와 씨름하면서 바친 피 흘리는 제사였을까, 죽음을 눈 앞에 둔 청년의 마지막 남은 진액을 펜 끝에 쏟아부어 매일매일 사랑하는 여인이 있는 서울 명동의 샤르트르 성 바오로 수녀원 본원으로 부쳤다. 유언처럼 쓴 편지들만 따로 항아리에 넣어 가사도교회 뒤편 큰 소나무 아래 묻은 뒤 망망대해가 내려다보이는 그곳에 내 심장의 절반을 묻고나서야 마음을 바꾸었다. 내 사랑의 진실만이라도 그녀에게 전달된 다음에 생을 마감하기로.

　그 날부터 로즈 수녀를 찾는 필사의 노력이 또 다시 시작되었고 천신만고 끝에 석 달 만에 찾아낸 그녀로부터 단 한 통의 편지도 본인에게 전해지지 않은 것을 확인했다. 그로부터 한 주 후 다시 성당에 찾아갔을 때 로즈 수녀는 이미 거처를 옮긴 뒤였다. 그녀를 잃어버린 상실감과 실의에 차 있던 내게 돌아온 것은 호되게 질타하는 선배 수녀의 전화뿐이었다.

"최일도씨, 잘 들으세요. 신학생이 수녀에게 어떻게 청혼을 할 수 있어요? 하나님이 살아 계시다고 정말 믿는다면 어떻게 이렇게 행동할 수 있어요? 더구나 이젠 신학교도 내팽개치고 정처없이 방황하는 주제에 학력이 있어요, 확실한 직업이 있어요? 아니면 모아둔 재산이 한 푼이라도 있길 해요? 이제 겨우 학생 신분으로, 더구나 다섯 살이나 어리면서. 그런데 로즈 수녀를 수녀원 밖으로 데리고 나가서 무얼 가지고 행복하게 해주겠다는 거예요? 더군다나 목사가 되겠다는 사람이 무슨 수로 가톨릭 수녀와 살겠다는 건지. 미친 사람 아니면 그게 말이나 될 법한 소리입니까? 정신 차리세요. 제발 다시는 아네스 로즈 수녀를 찾을 생각일랑 마세요."

수녀의 음성은 매섭다 못해 섬뜩했다. 이미 수많은 동료 수녀들과 주위의 신부들로부터 미친 놈이란 소릴 들은 터였지만 또 다시 당혹스러웠다. 무너지고 짓밟힌 마음을 간신히 추스르며 노수녀에게 대답했다.

"제 사랑 하나만으로도 그녀를 살 맛 나게 해줄 수 있습니다. 진실로 사랑하기 때문입니다. 걱정하지 마십시오. 저는 아무 것도 가진 것이 없지만 시퍼렇게 젊었구요, 건강합니다. 그리고 한 가지 더 있다면 저에게는 꿈이 있습니다. 갈라진 교회, 막힌 세상, 우리 두 사람이 화해와 일치의 순례자가 되어 아름다운 세상 찾으며 좋은 공동체를 이루고 살아가고픈 꿈이 있습니다. 어쨌든 나의 사랑 하나만으로도 그녀를 이 세상에서 가장 빛나는 여인으로 만들고 말 겁니다. 이미 저는 그녀와 함께 아름다운 세상 찾기에 들어갔습니다."

여명이 밝아오자마자 또 다시 그녀를 찾아 나섰다. 그녀와의 사랑이 불가능하다면 그 길로 다시 가사도로 내려가 땅에 묻은 편지들을 꺼내 끝내 전하지 못한 사랑의 진실들을 파도 속에 던지자고, 내 몸과 함께 던지자고, 사랑 이야기들을 끌어안고 생을 마감하자고.

배가 목포를 향해 가는 항로의 중간 쯤에서 아무도 모르게 바다로 뛰어 내릴 작정이었다. 하지만 그런 시도도 하기 전에 풍랑에 휩쓸린 배 밑창에서 그만 실신해버렸다.

죽었다가 다시 살아난 내 넋은 그녀의 친구 유 데레스잔 수녀에게 위로를 받았다. 진실과 가능성을 커음으로 인정받았던 것이다. 내 이야기를 끝까지 들어준 사람은 그 수녀가 처음이었다.

"로즈를 진실로 사랑하셨군요, 진실로. 주님께서 그대를 사랑하고 계심을 이젠 의심치 않습니다. 주님의 뜻이라면 로즈는 무엇이나 받아들일 것입니다. 저 또한 두 분이 어떻게든 화해와 일치와 평화를 위해 소중히 쓰이는 일꾼이 되도록 기도하겠습니다."

죽었다가 다시 살아서 자연인으로 돌아온 그녀, 갖은 우여곡절 끝에 이루어진 결혼, 힘들고 괴로웠던 개신교와 가톨릭의 편견과 고정관념들, 상상도 못했던 온갖 시련과 역경 속을 헤치며 더불어 함께 살아온 14년 간의 결혼 생활. 그 모든 일들이 내 손에 잡힌 가사도행 배표처럼 손에 잡힐 듯 너무도 선명하게 다시 떠오른다. 그녀와 만난 지 꼭 10년 만에 청량리 뒷골목에 세울 수 있었던 다일공동체의 무수히 많은 사연들까지도.

한동안 추억의 파노라마에 젖어 있다가 그만 갈매기 울음소리에 깨어나 목포항 부둣가를 걷고 또 걸었다. 그리고 결심했다. 우리에겐 수도생활 11년보다도 더 길게 살아온 결혼생활 14년과 다일공동체의 섬김과 나눔의 삶 7년이 있지 않은가. 이제는 더 이상 부끄러움도 아니고 자랑은 더욱 아니기에 우리의 사랑 이야기를 숨김없이 있는 그대로 들려주자고, 그리하여 우리들의 사랑 이야기에 날개를 달아 고통 속에 울고 있는 연인들에게 띄우자고. 그래서 우리 두 사람의 운명적인 만남과 치열했던 사랑에 얽힌 일들로 생긴 크고 작은 오해들을 씻어내고 화해와 일치의 노래를 맘껏 부르리라고.

한 사람은 개신교, 한 사람은 천주교라는 제각기 다른 삶의 자리에서 솔로로, 다시 듀엣으로, 이제는 여러 사람들과 함께 부르는 합창으로 공동체 삶을 일궈 나가고 있음을 그동안 아껴주던 은인들과 벗님들, 그리고 주님께 감사드리고 싶은 마음뿐이다.

오늘의 다일공동체가 있기까지 겹겹이 쌓인 슬프고도 아름다운 사연을, 실낙원의 사람들이지만 복낙원을 향해 함께 길을 걷는 따뜻한 사람들의 이야기를, 우리 두 사람이 부부가 되기까지 그리고 부부가 되어서 같이 겪어야 했던 역경과 처절했던 아픔을, 치르고 또 다시 치러야 했던 끝없는 시행착오와 첨예한 갈등을, 무엇보다도 그 위에 부어진 말로 다 할 수 없는 신의 크나큰 은총을 다 함께 나누기 위해.

1995년 초겨울에, 최일도

1
운명처럼 다가온 수녀

얼굴이 가늘고
목이 가늘고
어깨도 가늘고
몸매가 모두 가늘면서
워낙 맑고
유연한 부드러움이
머리 끝에서 발 끝까지
배어 있었던 여인이오
눈은 호수처럼 맑은 데다가
이를 드러내고 웃을 땐
하얀 프리지어가 산뜻하게 피어난
느낌을 주는 여인이라오
이렇게 시각적으로만
나를 사로잡아버린 것이 아니오
이야기에 반한다는 말도 있듯이
말을 잘하는 것과는 다르오
확실히 나는 그녀의 이야기에도
흠뻑 빠져 있었소
K여중 국어 담당 A.R.수녀!
그녀는 항상 조용하고도 부드럽게
그러면서도 사람을 끌어당기듯이
빠져나가는 듯이……

– 하얀 프리지어–

좋은 세상입니다

여보세요?"

"네, 다일공동체입니다."

"저… 최일도 목사님 좀……."

"제가 최일도인데요."

"아, 그러신 줄 알았어요. 그래도 혹시 실수할까봐 바꿔달라고 했어요."

이제 스무살이 채 되었을까말까 한 앳된 여자의 목소리였다.

"어떻게 제 음성을 알아요?"

"저, 방송을 들었걸랑요."

"아, 그러세요. 어디 사는 누구신데요?"

"아주 가까운데 살아요. 목사님 계시는 공동체 나눔의 집에서 얼마 안되는."

"그러면 전농동? 이문동?"

"아뇨. 청량리 588이에요. 서너집 건너편에 살아요."

나눔의 집에서 서너집 건너편이라? 그렇다면 성 바오로병원 건물을 제외하고 사방 팔방 모두 윤락가가 아닌가. 놀라움을 속으로 감추며 다시 물었다.

"그렇다면 시간 내서 나눔의 집으로 오시잖고 왜 전화를 걸었어요?"

"그냥, 좀 그럴 사정이 있거든요. 이젠 나눔의 집도 사람들이 들끓어 얼굴 내밀고 들어가기도 쉽지 않고요."

망설이며 얼버무리는 말투로 보아 윤락가에 머물고 있는 한 언니라는 사실을 눈치챘다.

"그래, 무슨 일로 전화를 하셨나요?"

"저, 묻고 싶은 말이 있거든요."

"그래요, 뭔데요?"

"목사님은 방송에 나오실 때마다 '좋은 세상입니다' 라며 크게 웃으시던데 그처럼 실감나지 않는 말이 세상에 없거든요. 그래서 어떻게 하면 나도 목사님처럼 그렇게 '좋은 세상' 이라고 느끼며 살 수 있을까를 생각하다가 전화를 걸었어요. 이 세상이 정말 좋은 세상입니까? 정말 그렇게 믿고 사시나요?"

"전화 아주 잘 걸었어요. 그런데 몇 번이나 방송을 들었어요?"

"처음부터 쭈욱요. 사이클을 맞추다가 우연히 극동방송을 들었는데 588 얘기가 나오고 목사님 말투가 하도 인상 깊어서 그만 계속 듣게 되었거든요. 그런데 알고보니 목사님이 바로 우리 동네에 사시는 분이라서 반갑기도 하고… 또……."

그녀는 무언가 말을 하려다 잘랐다.

"또 뭡니까?"

"사실은, 전에는 저도 교회를 다녔걸랑요. 지금은 이런 데서 가장 밑바닥 인생을 살고 있지만."

"아, 그래요. 그렇게 말하니 더욱 반갑군요. 시간 나는대로 나눔의 집에 놀러오든가 내가 찾아갈 수 있는 시간에 다시 전화해줘요. 그러면 하나님이 세상을 얼마나 사랑하셨는가를, 하나님이 지으신 이 세상이 얼마나 아름답고 좋은 세상인가를 들려드릴게요."

"네, 감사합니다. 안녕히 계세요."

그날의 전화는 그렇게 끝났다. 그러나 마음 한구석에 588의 어느 후미진 방에서 밤마다 시간날 때면 기독교방송이나 극동방송에 다이얼을 맞추고 '좋은 세상' 의 대화에 귀 기울인다는 그녀 목소리가 쟁쟁거리며 떠나질 않았다.

며칠이 지났을까, 나눔의 집 형제 한 사람이 급한 목소리로 나를 찾았다.

"목사님, 방송을 듣고 목사님과 꼭 얘기하고 싶은 게 있대요."

며칠 전에 통화한 여인인가 싶어 급히 방에 뛰어들어가 전화를 받았다. 수화기로 흘러나오는 음성은 20대 쯤 돼보였다. 그는 다짜고짜 물었다.

"목사님, 좋은 세상이 뭡니까?"

"예?"

"목사님, 실망했습니다. 목사님은 좋은 세상을 위해 수고하시는 분이라고 여겨서 내심 존경하고 더욱이 학교 선배님이신 걸 자랑스럽게 생각했는데 그게 뭡니까?"

"무슨 말인지 통 알아듣기 힘드네요."

"아니, 이게 좋은 세상입니까? '좋은 세상 그날이 오면' 이라든가 '좋은 세상을 위하여 일하는 사람들' 이라든가…… X같은 이놈의 세상이 뭐 좋다고 세상을 긍정합니까?"

"자네, 지금 자네 입으로 내 후배라고 하면서 말을 그렇게 해도 되는가?"

"나요, 오늘부로 당신 같은 선배 존경하는 거 포기하기로 했습니다."

"언제 내가 형제더러 존경해달라고 부탁한 일 있습니까? 형제 맘대로 존경하다가 형제 맘대로 깎아내리니, 제발 나를 나답게 살도록 내버려두면 고맙겠습니다."

전화를 끊고 황당한 마음을 쓸어내리고 있는데 다시 전화가 걸려 왔다.

"전화 붙들고 얼굴도 모르는 후배가 화를 내서 죄송한데요, 저는 정말이지 이 세상을 긍정할 수가 없습니다. 뒤집어 엎어야 좋은 세상이 될까 싶을 정도로. 정치 문화 교육 어느 한구석도 제대로 된 곳이 없더란 말입니다."

전화라도 붙잡고 못난 선배에게 넋두리를 늘어놓는 그에게 연민이 느껴졌다.

"목사님, 정말 세상에는 의인이 없더라구요. 없나니 하나도 없다! 그 말씀이 실감나데요. 이 더러운 놈의 세상, 더러운 돈 처먹는 데 눈이 벌건 병든 세상, 썩은 세상, 어디 하나 사랑할 만한 구석이 없어요. 우리 같은 놈은 밥 한술 떠먹기가 벼슬하기 보다 더 힘든 세상이에요. 목사님, 제 말 듣고 계시지요? 제 말 알아 들으시지요?"

흐느끼듯 떠는 그를 따뜻하게 감싸주고 싶었지만 후배 신학도라고 자신을 밝힌 마당에 단호하게 가르쳐줄 바가 있다 싶어서 냉정하게 되물었다.

"형제는 정말 이 세상이 온통 썩은 세상으로만 보입니까?"

"썩지 않은 구석 있으면 한번 얘기해보시지요."

"정말 형제 눈에 온 세상이 썩은 세상으로만 보인다면 세상이 썩은 게 아니라 형제 눈이 썩고 만 것이네. 자네 눈이 병 들었다구."

그러자 그 친구는 '흥' 하고 콧바람만 날려보낸 후 일방적으로 전화를 끊었다.

갑자기 손에 아무 일도 잡히지 않고 머리가 복잡해졌다. 바람도 쐴 겸 해서 집을 나섰다. 청량리 수산물시장 길 건너 경동시장을 한 바퀴 다 돌고서 다시 나눔의 집 골목길로 접어드는데, 길 양 옆에 나와 있던 언니들 중에서 숙이(가명)가 인사 대신에 수줍은 얼굴로 고개를 돌린다. 아하, 전화로 "좋은 세상입니까?"라고 물었던 자매가 바로 숙이구나 싶어 따라들어가 다그쳐 물었다.

"자매가 맞지, 자매가 물었던 거지."

숙이는 얼굴이 발개지더니 대답 대신 고개를 끄덕였다. 그 때 포주 아주머니가 뒤를 따라 들어오더니 마주 서있는 숙이와 나를 보며 깔깔 웃어댔다.

"목사님 얼굴이 훤해지시기에 웬일인가 했더니, 우리 애들 꼬셔서 교회 데리고 가려는 모양이구만."

포주 아주머니는 만날 때마다 언제나 인사말을 나누었다. 물이 끊어져 쩔쩔 매거나 동네청소를 할 때면 "수돗물 필요하면 언제라도 쓰세요"라면서 문을 열어준 후덕한 포주이기도 했다.

"교회 데리고 갈 생각은 없어요. 저는 십자가 달린 예배당만 교회라고 여기지 않거든요. 어디든 주님 모시고 사는 곳이 바로 하늘나라 아닙니까."

"또 그 놈의 하늘나라 이야기인가?"

"제가 언제 하늘나라 이야기를 한 적 있나요. 하지만 오늘은 숙이 자매 때문에 입을 열어야겠어요. 이 세상이 아름다운 세상인 것을 말해 주고 싶어서요."

"아이, 난 몰라. 난 못 들은 척 할테니 빨랑 얘기하고 나가줘요. 이러다가 장사 안 되겠어."

그때까지 고개를 숙이고 있었던 숙이가 얼굴을 들었다. 무슨 말을 어떻게 해주어야 할지 몰라 물끄러미 바라보았다.

"하나님은 숙이를 사랑하셔. 나도 숙이를 사랑해. 하나님은 변함없이 우리 편에 서서 우리를 도와주시지."

그녀는 고개만 끄덕이고 있었다.

포주 아주머니의 눈치가 보여서 오늘은 이쯤 해두어야겠다고 생각하고 유리문을 여는데 숙이가 뒤통수에 대고 물었다.

"목사님, 이렇게 엉망인 이 세상이 정말 좋은 세상입니까, 정말로?"

"으음, 좋은 세상이고 말고. 좋은 세상을 한평생 원망하고 시비하고 살아봐야 그건 정말 불쌍한 인생이 되고 말아. 하나님이 세상을 이처럼 사랑하셔서 독생자를 주셨거든. 저주하고 심판해서가 아니고 이 세상을 사랑하시기에. 그 사랑이 숙이 맘 속에 살아나서 한번뿐인 이 세상을 정말 신나게 살았으면 좋겠다."

어깨를 다독거리며 숙이의 아픔을 어루만져주고 싶었지만 함께 일하는 언니들의 빈정거림에 길게 앉아 있을 수가 없었다.

그날 새벽 3시에 전화벨이 울렸다.
"저, 숙인데요. 저는 지금까지 환경이 변해야 좋은 세상이 올 거라고 믿고 있었거든요. 내 처지와 주변 환경이 변하기만 하면요. 그런데 그런 날이 한번도 오지 않았구요. 환경이 변해봐야 내가 달라지지 않으면 아무 소용이 없는 줄 이제 알았어요."
"그래, 하나님 나라를 살고 있다는 게 어디 환경이 좋아선가. 숙이가 보다시피 588 한복판에 살면서 걸핏하면 삿대질에 멱살 붙잡고 늘어지는 노숙자, 알코올 중독자를 어디 한두 번 봐? 내가 청와대 안에 살면서 좋은 세상이라고 하는 거 아니잖아. 실은 청와대도 평화의 임금님이신 주님 모시고 살아야 궁궐이지, 거기에 늘 대립이 있고 힘 겨루기만 있는 한 지옥이나 다름없어. 실제로 지옥 같은 감옥생활을 한 사람도 한 둘이 아니고. 숙아, 환경이 변해지기를 기다리지만 말고 우리가 하나님 나라를 앞당겨서 살자꾸나."
"하나님 나라를 어떻게 살아요. 죽어야 가는 나라, 나더러 요단강 건너기 전에 회개하고 가라는 말인가요?"
"아니야. 죽어서만 가는 하늘나라, 나도 가 보지 않아서 잘 몰라. 내가 믿는 하늘나라는 이 땅에서도 이루어진단다. 살면서 늘 원망하고 시비하고 사랑 없이 사는 사람들은 실은 사는 게 아니지. 이미 죽은 것과 같은 것이고, 그들이 목숨을 다하면 결국 두 번 죽는 것과 다를 바가 없단다. 우린 말야, 죽어서 가는 하늘나라를 사모하기보다는 아무리 고통스러운 환경이라도 지금 여기에서 주님 모시고 주님 안에서 살아가는 진실된 삶을 추구하는 거란다. 사랑의 나눔이 있는 곳은 그 어디나 하나님 나라요, 어디에서나 좋은 세상이 열리는 거란다."
"목사님, 정말 나 같은 년 위해서도 기도하는 거예요?"
"너 같이 아름답고 귀한 딸이 또 어디 있니? 네가 아름다운 눈으로 보면 이 세상이 온통 아름답게만 보이는 것처럼, 너를 아름답게 보려는 마음이 네 자신을 아름답게 만든단다. 네가 슬픈 눈으로 보면 이 세상은 온통 슬프게만 보여. 이제는 네 눈으로 보지 말고 너를 사랑하시고 너를 위해서 죽으신 그 분의 눈으로 보렴. 그러면 그 어느 것 하나 사랑스럽지 않은 게 없고 그 모든 사람들이 다 귀하기만 하지."

"목사님, 정말 나도 아름다운 거예요? 나도 귀한 거야? 정말이에요?"

"그럼, 아름답고말고. 너는 처음부터 아름다웠고 지금도 아름다워. 참으로 아름답단다. 주님의 세계에서는."

"목사님, 오늘 꼭 우리 엄마에게 전화할게요. 엄마가 나를 받아주면 좋겠어요. 엄마가 나 같은 건 이미 자식이 아니라고 딸 없는 셈치고 산다고 하신 지 오래되었어요. 하지만 엄마보는 눈을 새롭게 열게요. 엄마 찾아갈게요. 기도해 주세요."

숙이는 울고 있었다. 아아, 얼마 만인가. 이 동네에 와서 비로소 내 진심을 읽어주고 상대방 진심을 읽어가는 순수한 인간과 인간의 만남이. 실로 꼭 7년 만에야 참사랑의 대화가 이루어진 하나님의 기적이었다.

588의 봉숭아꽃

　빈터가 생기면 그곳을 무엇으로든 채워야 하는 강박관념, 그런 생리에 사로잡혀 사는 게 현대인인가 보다. 빽빽하게 들어선 빌딩 사이를 걷다가 모처럼 빈터를 만나 막혔던 숨을 몰아쉬고 얼마 후 다시 돌아와보면 한결같이 건물이 들어서 있다. 눈 깜짝할 사이에 상가나 아파트 건물이 으리으리하게 서 있고 숨통을 틔워주던 빈 터는 오간 데 없다.

　손바닥만한 자투리 땅도 가만두지 못해 법석떠는 서울. 그 중에서도 청량리 588거리는 빠끔한 공간만 있으면 하다 못해 가건물이라도 세우고 오뎅이니 순대니 늘어놓고 장사를 벌이는 곳이다. 이른 아침 골목에 들어서면 담배꽁초와 각종 삶의 배설물들이 밤새 이루어진 쾌락의 증거품인양 문 앞에 아무렇게나 버려져 있고, 그 옆에는 빈 사과상자에 담긴 화초들이 밤새 더 화려하게 꽃을 피우고 있는 모습이 함께 눈에 들어온다. 온 거리를 분홍빛으로 물들이던 조명등도 꺼지고 현역 언니들은 피로에 지쳐 사지를 늘어뜨리고 늦잠에 빠져있을 무렵, 그 아침에 배시시 웃으며 환히 피어나는 봉숭아꽃 분꽃 다알리아.

　아침마다 이 골목 저 골목에 버려진 담배꽁초와 쓰레기들을 치우다가 밤새 피고 지는 꽃들의 이야기도 함께 듣는다. 비록 험한 세상 물살에 떠밀려가는 인생이지만, 그래도 마음 속 가장 깊은 곳에는 때 묻지

26

않은 고향의 순수를 한 자락씩 묻고 산다는 표시일까. 지금은 비록 고향에 돌아갈 수 없는 몸이지만, 언젠가는 꼭 한번 보란듯이 고향에 돌아가 때 묻지 않은 모습으로 살고 싶은 심정을 말없이 외쳐대고 있는 것일까. 그것도 아니면 다닥다닥 세워진 건물에 닥지닥지 붙은 좁은 방이 그만 숨막혀 여름이면 곱게 봉숭아 꽃물 들이던 그 옛날의 여유를 잠시나마 느껴보고 싶어서일까.

거리를 걸으면 텅 비어 있는 공간이 더없이 소중함을 느낀다. 내 유년 시절 그 많은 꿈을 키운 데가 빈 터이기에 더욱 그립다. 어렸을 적 내가 살던 영등포에는 넓은 빈 터가 꽤 많았다. 대문을 나와 10분만 걸어가면 냉이나 쑥들이 자라는 둑길을 만날 수 있었고, 샛강 건너 여의도 백사장, 밤섬에 이르기까지 이름 모를 풀꽃들을 바라보며 꿈을 키웠다.

여름이면 동네 형들과 헤엄쳐서 한강을 가로질러 건넜다. 그럴 때 건너다 보이는 마포나루는 정말 아득한 딴 세상처럼 느껴지곤 했었다. 동네 꼬마대장 노릇을 하며 토끼풀 뜯으랴 염소풀 뜯으랴 분주했고, 가을이면 알량한 잠자리채를 들고 고추잠자리를 겁주곤 했다.

이러한 추억에 잠겨서 콘크리트 아스팔트로 덮인 뒷골목을 걷노라면 588 언니들이 자꾸 측은해진다. 밀물처럼 공간을 채워오는 상업주의와 이기주의, 끝간 데 없이 뻗어가는 권력 의지와 쾌락 추구가 내뿜는 거친 숨소리 뒤에는 오늘도 봉숭아 꽃이 아련히 피고 진다.

고향을 그리워하며 눈물짓는 우리 누이들의 애달픈 사연이 봉숭아꽃에 숨겨져 있음을 잊지 말아야 하는데, 이 나라의 수많은 딸들이 빽빽한 건물과 다닥다닥 붙은 방에서 이 시대를 휩쓸고 있는 어둠의 세력에 짓눌려 신음하며 죽어가고 있음을 외면하지 말아야 할 텐데…….
우리 모두 눈 뜨고 귀 열고 그네들과 대면하고, 그들을 향해 한 걸음씩 다가가 여윈 손목들을 잡아주어야 할 때가 이제 온 것이다. 그때 비로소 죽음의 그늘 밑 어둠 속에 사는 이들에게 빛으로 오신 '구원의 태양'이 이 골목에도 환히 떠오르는 것이 아닐까.

푸른 잎이 태양 아래 그늘을 드리우더니
어느새 마른 가지, 비바람 몰아치던 거친 들녘에뿌려진
생명마다 열매를 드러내어 아낌없이 주며 하는 말,
"아, 아름다운 세상입니다"
"정말 좋은 세상입니다!"

방황하는 젊음

　아름다운 공동체를 이루고 싶다던 꿈을 이야기하자면 지금으로부터 꼭 17년 전인 1979년으로 거슬러 올라간다. 당시 내게는 독신 수도자의 삶을 살라고 분부하시는 하나님의 부르심이 있는가 싶게 79년까지만 3년 동안을 전국의 수도공동체들을 떠돌면서 수도원을 방문하고 성인 성녀들의 전기와 생애에 탐닉하여 나름대로 수도자되기를 결심하며 살아간 세월이 있었다.

　하지만 기독교 집안에서 태어나 교회를 한번도 떠나본 적 없이 살아온 나의 청소년 시절은 좋게 말해서 순박했었다. 그러나 정확히 표현하자면 너무도 유치한 수준으로 다른 생각과 사람들을 쉽게 판단해버리고 자신을 구별하는 바리새인적 신앙과 교회에 대한 고정관념에서 벗어나질 못하였다.

　결혼에 관해서도 몇몇 단편적인 생각들을 갖고 있었다. 그중 하나가 결혼은 목회자의 길과 양립할 수 없다는 것이었다.

　"일단 결혼하면 나는 목회자의 길을 포기한다. 만일 목회자가 된다면 결혼을 포기할 것이다."

　이런 평소의 생각은 거의 신념으로 굳어가고 있었다. 독신 목회자나 독신 수도공동체에 대해선 거의 이해하지 못하는 교회 세계가 그래서 싫었고, 또 어릴 때부터 교회 안에서 보아온 힘겨루기나 패가르기, 키재기 싸움은 날로 환멸감을 가져다 주었다.

　이런 일이 어디 교회뿐이겠는가. 하지만 그 중에서도 교회는 정직한 탓인지 노골적인 교파분열과 교인들 사이의 갈등과 대립이 두드러져 신앙에 대한 자긍심을 심어주기엔 너무도 다른 세계처럼 느껴졌다.

참으로 고통스러웠지만 모(母)교회와 어머니 곁을 떠나기로 작정하고 성 프란치스코 수도원을 찾았다. 홀어머니의 외아들로서 어머니 가슴에 못을 박아놓고 출가를 선언한다는 것은 결코 쉬운 일이 아니었다.

"어떻게 기른 아들인데, 장가도 안가고 평생을 홀로 떠돌겠다니! 아이고."

나는 어느덧 집에서도 교회에서도 아웃사이더가 되고 있었다. 이런 나를 이해하지 못하는 교회 안에서보다는 차라리 밖의 사람들을 만나는 것에 훨씬 마음이 편해지면서 광화문과 종로의 뒷골목을 배회하는 시간이 늘었다. 그러면서도 견딜 수 없는 영혼의 갈증이 생기면 성당과 수도원을 찾았다. 수도원을 찾는 횟수가 많아지면서 점차 자연스럽게 수사나 신부들과 가까이 지내게 되었다. 그분들은 내 마음을 잘 읽어주는 이야기 벗이었다.

그중 첫 번째로 선택한 곳은 성 프란치스코 수도원이었다. 그곳은 내게 평생을 가난과 고독 속에 살도록 가르치며 예수의 참제자가 되도록 이끌어줄 것으로 믿었다. 그러나 당시 수도원에 처음 발을 들여놓도록 허락해주었던 류수일 수사신부는 수도자로서의 소명이 확인되지 않았으니 무조건 집에서 기다리라는 말씀뿐이었다.

평생을 수도자로 살 것인데 그까짓 1년을 못 기다릴 것도 없었다. 보름 만에 집에 돌아온 나는 난생 처음 수도원에서 보낸 2주간의 삶에 크게 고무되어 있었다. 프란치스코 수도원에서 받아들일 때까지 전국의 수도공동체를 순례하기로 작정하고 일단 가출을 결심했다.

당시 나는 오류동 동산교회의 교육전도사 생활을 해오고 있었다. 자연히 주일예배 이외에는 한 주 내내 집과 교회를 비우는 날이 많았는데, 담임목사였던 윤길원 목사는 이런 나의 방황을 언제나 말없이 바라보았다. 종교적인 방황과 몸부림을 이해해 준 단 한 분의 목회자이기도 했다.

나로서는 출가자의 구도 행각이라고 여기며 살았는데 주위 사람들은 가출 청소년의 고뇌와 방황쯤으로 생각했던 것 같다. 집에 머무는 날보다도 집 밖으로 나도는 날들이 많아졌고, 세상에 눈을 떠갈수록 주위에선 문제아로 낙인찍음으로써 외로운 처지가 되어갔다.

나는 신부님처럼 살기를 원했다. 그래서 아무도 눈치채지 못하게 다시 대학 입학시험을 준비하였다. 가톨릭 신학대학에서 공부하는 것이 일단 나를 이런 종교적인 방황에서 구원해줄 유일한 길이라고 생각했기 때문이었다.

동산 장로교회와 오류동 천주교회는 한 동네에 있어 매일 새벽이면 신림동에서 두 시간 이상 걸어 오류동 성당을 찾았다. 새벽길을 걸어서 미사를 드리고 당시 오류동 천주교회의 주임신부인 홍인수 신부를 만나곤 했던 것이다.

거의 매일 아침 미사가 끝나면 그분을 조르다시피 해서 본당 신부 집무실에 앉아 수도공동체와, 지금까지 전혀 듣지도 보지도 못했던 성사 생활에 대한 질문들을 퍼부었다. 그때마다 단 한 번도 싫은 기색없이 수도생활과 공동체 생활에 대한 끈질기고도 집요한 공세에 오직 친절로써 응답하신 홍 신부는 유치한 수준에서 벗어나지 못한 채 좌충우돌 곤두박질하며 방황하던 나에게 가톨릭의 영성과 수도공동체를 안내해 준 첫 번째 은인이다.

동산교회는 산비탈에, 성당은 맞은편 산 꼭대기에 세워져서 교회와 성당이 서로 다정하게 마주보고 있었다. 그 교회와 성당 사이를 3년간 오가면서 매주일의 공동예배와 미사를 빼놓지 않았다.

때마침 샤르트르 성 바오로 수녀원에서 베델성서연구 모임이 시작되었다. 수녀들 틈에서 성서연구와 함께 수도회에 관련된 책을 소개받는 기회가 생겼다. 그러나 우연인가, 필연인가. 이 기회는 애초의 목적과

는 전혀 다르게 내 운명과 한 수녀의 운명을 바꾸어놓고 말았으
니······.

　그런데 그해 따뜻한 봄날 수녀원 뜨락에서 한 수녀와 운명적으로 만
나면서 내 인생은 새로운 전환점을 맞이했다. 홍인수 신부의 기대를
산산조각 내버린 셈이었다. 그녀와의 만남, 죽음처럼 고통스러웠던 연
애시절, 그리고 결혼으로써.

중학생 시절, 품에 안은 '나비' 라는 이름의
강아지는 반항하고 방황하던 나의 십대를
그나마 훈훈하게 해준 가장 가까운 친구였다.

바라볼 수만 있어도

4월 눈부신 봄날에 그녀를 처음 만났다. 따사로운 햇볕이 머리 위에 머물던 오후였다. 샤르트르 성 바오로 수도회의 베델성서 연구반에 든 나는 물론 청일점이었다. 베델성서에 관련된 음악이나 노래가 나오는 레크리에이션은 내가 맡아 하게 되었다.

그날도 성서반 담임선생인 유 데레스잔 수녀와 악보를 펴놓고 수업에 알맞은 곡을 선정하고 있었다. 그때 열린 교육관 문으로 누군가가 들어왔던 것 같다. 나는 문을 등진 상태였고 소파에 앉아 있었기 때문에 특별히 관심을 갖지 않았다. 그때 아주 상냥한 여자 목소리가 들렸다.

"유 수녀님, 예고도 없이 갑자기 이렇게 찾아와서 죄송합니다. 지금 일하시는 중인가 본데, 다음에 올게요."

"아니, 아네스 로즈! 괜찮아요. 모처럼 만났는데. 마침 우리가 하던 일도 끝나가고 있어요. 잠시만 기다려 주겠어요?"

"그래도 손님이 계신가 본데, 나중에 다시 올게요. 천천히 하세요."

"아, 참. 두 분 서로 인사하세요. 수녀님, 이 분은 최일도 전도사님이셔요. 교회에 나가시는데 성령님의 인도로 여기까지 오셨어요. 여기 금남의 집까지 오셔서 공부하게 된 걸 보면 주님의 뜻이 있긴 있나봐요. 어쩌면 사제의 길에 들어서서 신부님이 되시든 목사님이 되시든, 어쨌든 좋은 목자가 되실 분처럼 여겨져요. 우리에게 베델 성서 노래와 레크리에이션을 인도해주고 계시지요."

"아, 네……."

"그리고 최 전도사님. 이분은 일 년 동안 같은 집에 살던 김 아네스 로즈 수녀님이셔요. 계성여중에서 나와 함께 국어를 가르쳤지요. 나는 이곳으로 소임을 받아 왔고, 수녀님은 지금도 계성여중 선생님이셔요. 우린 서로 동서라고도 불러요. 우리 두 사람 모두 신랑되시는 예수님과 정혼한 사이니까요."

뒤돌아서서 그녀를 바라보았다. 키가 훌쩍 크고 얼굴이 하얀 수녀가 나를 보며 웃고 있었다. 그 순간 갓 피어난 하얀 프리지어꽃이 살짝 웃고 있는 듯한 느낌을 받았다. 유난히 몸이 호리호리해 보이는데다 목이 길고 자그마한 흰 얼굴 때문일까.

나중에 집에 돌아와서야 깨달았지만 그러한 느낌은 바로 그녀의 맑은 눈 때문이었다. 그렇다. 소녀 같은 얼굴, 맑게 빛나는 눈빛에 그만 감전되었던 것 같았다. 정말 엉뚱하게도 그 순간부터 '아, 이 여인은 내 운명일 수밖에 없구나!' 하는 강렬한 직감으로 전율하고 있었다. 얼떨결에 그녀를 향해 고개를 끄덕였다.

"네, 유 수녀님께서 말씀하신 최일도입니다. 만나뵙게 되어서 반갑습니다."

그러자 그녀도 고개를 조금 숙이며 짧게 인사했다.

"김 수녀예요. 만나서 반갑습니다."

막상 그렇게 수인사가 끝나자 별로 할 말도 없고, 그렇다고 어정쩡하게 서있기도 어색해서 자리에 도로 앉았다. 하던 일이나 계속할 양으로 자리에 앉자 두 수녀는 서로 이야기를 나누기 시작했다.

"그러면 앉은 김에 간단히 용건만 말하고 갈게요. 사실은 유 수녀님께 부탁이 있어서 왔어요."

"무슨……? 로즈 수녀님 부탁이야 언제나 오케이지요. 우리 그런 사이잖아요."

"맞아요. 그러니까 내 부탁은 이미 들어주신 거로군요. 그럼 다음 주 베델성서 시간부터 저도 수강하러 올게요."

"아이, 그건 곤란한데. 내가 어떻게 선배 수녀님을 가르쳐요?"

"수녀님도 선생님이시니까 제자 한 사람 늘어난 거죠, 뭐. 사실은 벌써부터 베델 성서 공부를 하고 싶었어요. 그런데 수녀님이 강의를 하신다는 사실을 오늘 처음 알게 되었어요. 마침 올해는 담임도 안 맡고 학교 신문도 다른 분에게 맡겨, 시간이 좀 넉넉해요. 게다가 난 수녀님의 정말 신나고 재미있는 교수법을 배우고 싶거든요. 그러니 늦게라도 받아만 주신다면 성서도 배우고 교수법도 배우고, 이중으로 소원 풀이하게 될 것 같아요."

"그래도 그렇지. 수녀님, 그건 안돼요."

"들어주셔서 감사합니다. 그럼 저는 갑니다."

두 수녀가 주고 받는 이야기를 듣다가 무심코 고개를 돌려 아네스 로즈 수녀의 뒷모습을 바라보았다. 참 이상한 일이었다. 천진스런 얼굴에 함박웃음을 머금고 이야기를 하는 그녀가 왜 갑자기 그렇게도 내 마음을 흔드는지 이해할 수 없었다. 처음 보는 사람인데, 이미 하나님께 자신의 생애를 봉헌한 수도자인데.

그녀가 떠난 뒤 하던 일을 마치고 교육관을 나섰다. 겉으론 아무 일도 없다는 듯이. 하지만 마음은 바빴다. 일을 빨리 끝내고 밖으로 나가면 돌아가는 그녀의 뒷모습이라도 보일 것 같고, 그녀를 따라가면 또 다시 그녀를 볼 수 있을 것만 같은 생각에 사로잡혀 있었다.

그러나 문 밖에 나와보니 그녀는 이미 온데간데 없고 수녀원 뜨락은 온통 봄빛으로 출렁거렸다. 괜스레 여기저기 두리번거리며 그녀의 모습을 찾고 있었다. 하지만 눈에 들어오는 것은 갓 피어난 담쟁이 어린 잎의 소근거림과 목백합 잎새들의 연둣빛 흔들림뿐이었다. 하는 수 없이 수녀원과 계성여중 사이를 잠시 서성이다가 명동성당을 지나 미도파 쪽으로 걸어 나왔다.

오후 6시가 채 안되었을 무렵인데도 이미 명동 거리는 인파로 출렁이고 있었다. 그 많은 사람의 물결 속에서 한 수녀의 지워지지 않는 이미지를 계속 응시하며 무작정 걸었다. 그녀의 이미지를 가슴 속에 곱게곱게 접어두고는 홀로 걸었다. 용산을 지나서 한강대교 앞까지 그렇게 정신없이 걸었던 모양이다. 노량진에 와서야 신림동으로 가는 버스에 몸을 실었다. 다른 때 같으면 명동에 나간 김에 종로통으로 빠져 서점도 몇 군데 들르고, 맘 내키면 영화라도 한 편 보고 집으로 돌아갔을 것이다.

집에 가서도 저녁을 먹는 둥 마는 둥 하고는 내 방에 들어가서 누웠다. '이름이 뭐더라. 김 수녀, 로즈…… 아니, 아네스 로즈라고 했지. 아아, 좀더 이야기를 나누었더라면 좋았을 걸. 맑은 목소리에 어쩌면 그렇게 청순한 얼굴일까. 나는 왜 바보같이 연락처도 알아두지 못했을까. 아, 전화번호는 교환원에게 물어보면 알 수 있을 거야. 계성여중에서 국어교사로 근무한다고 했잖아. 한데 내가 왜 자꾸 그녀를 생각하는 거야, 수녀인데.'

수없이 많은 상념으로 몸을 뒤척였다. 그러다가 그녀가 수녀라는 사실에 생각이 미칠 때마다 가슴이 답답했다. 동시에 가슴 속에서는 거센 저항이 일기 시작했다. '수녀면 어때. 평생을 독신으로 살면서 수녀를 수녀답게 사랑하면 되는 거야. 어쨌든 나는 그녀를 놓칠 수 없어. 내 운명 앞으로 다가온 첫 번째 사랑인 걸…… 아아, 믿습니다. 아닙니다. 아아, 미치겠습니다.'

정말 예기치 못한 일이었다. 전혀 내 뜻과는 상관없이 그녀와 잠깐 만난 일이 가슴에 이렇게 높은 파도를 일으킬 줄은 정말 몰랐다. 신부가 되기 위해 베델성서연구반에 등록했는데, 사제의 길과는 전혀 다른 길로 치닫는 현실이 괴로웠다.

오랜 방황 끝에 간신히 출구를 찾아 가톨릭 사제가 되기로 결심했는데, 이게 또 무슨 생의 미로란 말인가. 그토록 확연하게 내다 보이던 길이 왜 갑자기 희미해지는 걸까. 왜 전혀 새로운 길이 눈에 어른대기만 할까. 왜 나는 그녀를 수녀가 아닌 여인으로 느끼며 그 느낌 때문에 괴로워하는 걸까.

그날 밤 내내 번민에 싸여 뒤척이다 새벽녘이 되어서야 잠이 들었다. 다음 주부터 베델성서반으로 공부하러 나오겠다던 그녀의 마지막 말에 간신히 위로받고, 그 목소리 하나를 붙들고. 그녀를 한 주에 한 번씩만이라도 만날 수 있다면. 아니, 먼 발치에서 그저 바라볼 수만 있다면 나는 평생을 행복하게 지낼 수 있을 거야.

사월의 햇살 아래

　일주일은 너무 길었다. 그녀가 공부하러 오겠다고 약속한. 날마다 성서공부 시간을 기다렸고, 그날이 되자 서둘러 수녀원으로 달려갔다. 그리고는 아직 아무도 오지 않은 강의실에 앉아 그녀가 나타나기를 기다렸다. 그러나 웬일인지 수업이 시작될 때까지 보이질 않았다. 옆자리에 책까지 놓아 두었는데. 그날따라 담임인 유 수녀는 베델성서 주제가를 배워 함께 부르자고 제안했다. 앞에 나가 통기타를 둘러메고 노래부르며 찬송 인도를 하는 동안 시선은 내내 출입문만 향했다.

　5분여쯤 되었을까, 노래 인도가 다 끝나갈 무렵 그녀가 문으로 살금살금 들어오고 있었다. 반가웠다. 갑자기 어둡던 강의실이 환해진 것 같았고 무언가 목에 걸렸던 것이 쑥 내려간 것 같은 시원함을 느꼈다. 하지만 그녀는 늦게 온 것이 미안해서인지 맨 뒷자리에 앉았다. 물론 마련해 놓은 자리가 따로 있다는 것을 알 턱도 없었다. 실망이 되긴 했지만 그래도 그녀가 나타난 것만 해도 여간 다행이 아니었다.

　속으로 다짐했다. 수업이 끝나면 잠시라도 이야기를 나누어보아야겠다고. 아네라고 했던가 로즈라고 했던가, 아니 아네스 로즈라고 했지. 수녀가 되기 전 부모님이 지어준 이름이 무엇인지 물어보아야겠다. 하지만 강의가 끝나자마자 그녀는 어느새 돌아가버렸다. 미처 말을 걸기도 전에.

돌아오면서도 그녀에 관한 생각들을 떨쳐버릴 수가 없었다. 끝없는 상념들이 꼬리에 꼬리를 물고 일어났다. 나는 그런 나를 조금이나마 컨트롤하기 위해 서점에 가서 미니시리즈 신학 단상집과 시집을 몇 권 꺼내서 들춰 보았다. 그러던 중 김연수 시인이 쓴 〈다래헌 記〉라는 시 한 편을 발견했다. 맑고 깨끗한 삶을 살아가는 한 시인의 모습을 그리는 동안 복잡했던 상념의 실꾸리가 조금씩 풀리는 듯했다. 이따금 찾아가는 인사동의 전통찻집에는 녹차 마시러 오는 스님도 있던데, 한갓진 찻집에서 김수녀와 녹차 한 잔 나누어 마시면서 시와 문학 이야길 하면 얼마나 좋을까. 비록 이루지 못할 일이지만 상상만으로도 마음이 설레었고 즐거웠다.

그러는 사이 1주일이 흘러갔고, 다시 베델성서 공부를 하는 화요일이 돌아왔다. 일찍부터 준비를 서두르다가 불현듯 지난 번에 〈시문학〉지에서 읽었던 〈다래헌 記〉라는 시를 김 아네스 로즈 수녀에게 보여주면 좋을 것 같다는 생각을 했다. 마침 그녀가 국어 교사라고 했으니까 첫 번째 만남부터 시에 대해 이야기하는 것이 안성맞춤일 성싶었다.

정류장에서 내려 곧바로 지하도를 건너 명동성당 언덕으로 올라갔다. 그리고는 성당 뒤편에 자리잡은 성모동산과 학교의 나뭇가지들이 맞닿아 이룬 초록빛 터널을 되도록 천천히 걸었다. 혹시라도 그녀와 마주칠지 모른다는 기대를 안고. 그러나 만남을 꿈꾸던 기대는 빗나갔고, 그날도 몇 사람이 미리 와 있는 강의실로 홀로 걸어 들어갔다. 이번에는 자리를 중간 뒤쪽으로 잡아 앉았다. 그녀가 늦게 들어오더라도 자리 조정이 쉽도록 하려는 마음이었다. 옆자리에 시집을 놓아두는 것도 잊지 않았다.

그런데 기대는 또 다시 물거품이 되고 말았다. 자리를 잡은 지 1분도 지나지 않아서 날카롭고 빈틈없어 보이는 수녀 한 분이 다가오더니 그 자리에 앉아도 되겠느냐고 묻지 않는가. 당황한 나머지 얼른 대답을 하지 못하자 수녀도 머뭇거렸다.

"누구를 기다리시는 것 같군요. 저는 급한 일로 먼저 나가야 될 것 같아 뒷자리에 앉으려는데."

"아아, 아닙니다. 필요하시면 거기 앉으세요. 여기는 지정좌석제가 아니잖습니까?"

옆에 놓았던 책을 들면서 자리를 권하고 말았다. 마치 엄청난 잘못을 저지르다 현장에서 잡힌 학생이 학생주임 앞에서 쩔쩔매는 꼴이 되고 말았다. 그래서 눈도 똑바로 뜨지 못한 채 앞의 칠판만 바라보고 있었다. 그 바람에 김 수녀가 들어와 앉는 모습을 볼 수 없었다. 자꾸만 부풀어 오르는 궁금증을 억누른 채 강의 시작 전 베델성서 노래 인도를 위해 강단에 서보니, 그녀는 나보다 한 줄 뒤 옆자리에 앉아 있었다. 아, 얼마나 반갑고 기쁘던지 하마터면 나는 '김 수녀님!' 하고 외쳐 부를 뻔했다.

비록 옆자리는 아니었지만, 지난 주보다도 가까이 앉을 수 있게 돼서 무척 다행이었다. 끝나고서라도 목소리만 조금 높이면 말을 건넬만한 간격이었으니까. 강의가 시작되기 전 괜스레 뒷문을 바라보는 체하며 그녀를 슬쩍슬쩍 넘겨다 보았다. 잠시 뒤를 돌아다 보는 일이 그렇게 못할 짓도 아니건만, 그땐 왜 그렇게도 힘들고 어렵게만 느껴지던지.

여러 수녀 중에서 한 수녀를 찾는 눈길엔 짧은 순간이나마 표현할 수 없는 불안과 환희가 교차하였다. 그녀는 나의 그런 태도를 전혀 눈치채지 못한 것 같았다. 지난 주에 배운 내용들을 살펴보는지 교재를 열심히 들여다보고 있었다.

수업이 끝나자마자 얼른 일어서서 그녀에게 다가가려고 했다. 그러나 웬일인지 좀처럼 발이 떨어지질 않았다. 여자 앞에서 땀까지 흘리며 쩔쩔매긴 난생 처음이었던 것 같다. 사정없이 뛰는 가슴을 간신히 진정시킨 나는 준비해온 〈시문학〉지를 펼쳐 보이며 조심스럽게 물었다.

"…수녀님, 시를 좋아하십니까? 혹시 이 시 읽어본 적 있으신가요? 며칠 전 시집을 들추다가 마음에 드는 시라서 가지고 왔답니다."

그녀는 잠시 시를 건네다 보더니 빙그레 웃기만 했다. 말없이 웃는 그녀가 이상해서 다시 한 번 물었다.

"어떠세요? 김 수녀님은 국어교사라고 하셨는데, 시에 대해 관심이 많으세요? 아니면 수필이나 소설 쪽에 더 관심이 있으세요?"

"네, 저도 시를 좋아해요. 조금 쓰기도 하고요."

"그럼, 이 시는? 좋지 않은가요?"

"아니요. 좋은 시로군요."

짧게 대답한 그녀는 또 다시 알 수 없는 미소를 머금었다. 그리고는 자리에서 일어섰다. 나도 함께 일어서며 물었다.

"그런데 왜 그렇게 웃기만 해요?"

"그 시를 쓴 시인을 아시나봐요?"

"아뇨, 모릅니다. 왜 수녀님은 알고 계세요?"

"아뇨, 뭐, 그런 건 아니고요."

그녀는 또 빙그레 웃기만 할 뿐 아무 말이 없었다. 좀 이상했지만 다른 이야기를 꺼내지 않으면 그녀가 그냥 가버릴 것만 같았다. 그래서 얼른 화제를 바꾸었다. 무슨 질문이었는지는 생각이 안 나지만 열심히 질문공세를 퍼부었던 것 같다. 하지만 그녀는 한 마디 대답도 하지 않고 떠나버렸다.

"죄송합니다. 저는 이만 가야겠어요."

그녀가 떠난 후에도 자리에 멍하니 서 있었다. 책을 챙겨 가지고 집으로 돌아가야 한다는 사실조차 깡그리 잊어버린 채. 아마도 그녀의 눈빛과 목소리에 계속 사로잡혀 있었던 것 같다. 유 데레스잔 수녀가 지금까지 거기서 뭐 하느냐고 소리칠 때까지.

깜짝 놀라 황급히 인사를 마치고 밖으로 나왔다. 그날따라 사월의 햇살이 눈부셨다. 눈부신 햇살 아래 수녀원 뜨락의 흰 목련이 유난히도 아름다워 보였다. 아니, 목련뿐 아니라 눈에 들어오는 모든 사물이 갑자기 아름답게 보였다. 김 수녀의 밝고 맑은 미소가 그 하나하나에 박혀 있는 것만 같았다.

그날 밤 일기는 그녀의 이야기로 가득 채워졌다. 비록 짧은 만남이 었지만 가슴에 깊이 새겨진 그녀의 이미지를 그려 넣기 위해. 그날부터 또 밤잠을 설쳤다. 그녀에 대한 느낌과 생각만으로도 자신을 주체하지 못할 정도로 들떠 있었다. 때로는 실성한 사람처럼 히죽히죽 웃기도 했고, 때로는 사색에 빠져 아파트 베란다에서 내려다 보이는 하얀 목련꽃을 넋나간 표정으로 한없이 바라보기도 했다. 그날부터 그런 나날이 시작되었다.

그날따라 사월의 햇살이 눈부셨다.
봄기운에 젖어든 내 눈에 수녀원 뜨락의
하얀 목련이 유난히도 아름다워 보였다.
아니, 시야에 들어온 모든 사물이
갑자기 아름답게 돋보였다.

'김 시인'이라고 부르겠어요

오월 첫째 주일은 가톨릭에서 정한 성소주일이었다. 성소(聖召)란 '거룩한 부르심'(Holy Vocation)을 뜻하는 말이다. 넓게는 하나님께서 사람들을 각자에게 알맞은 직업이나 신분으로 부르시는데, 그 부르심이 하나님의 뜻이라 거룩하다는 의미로 쓰인다. 하지만 가톨릭의 성소주일엔 특히 미혼인 사제나 수도자가 하나님의 부르심을 어떻게 받았는지, 그리고 부르심에 대해 그들의 응답은 어떠한지에 더 초점이 맞춰져 있다.

평소 수도원을 개방하지 않던 남녀 수도회와 신학대학이 문을 활짝 열었다. 그래서 많은 신자들이 신학대학과 수도원들을 방문했다. 또 신학대학과 수도원 측에서는 자유롭게 방문객들을 맞아 자신들의 삶을 있는 대로 보여주었다.

그 해 성소주일날 나도 샤르트르 성 바오로 수녀원을 찾아갔다. 가톨릭신학대학은 지난해 김철호 학사의 초대로 가보았기에 이번에는 수녀원에 가보고 싶었다. 아니 정직하게 말하자면 김 아네스 로즈 수녀가 사는 수녀원에 가보고 싶었기 때문이었다. 베일에 싸인 수녀원의 내부와 일상은 어떻게 펼쳐지는 것일까.

당시 동산교회 교육전도사로 일하던 나로서는 대단한 결심을 한 셈이었다. 전도사가 주일예배를 드리지 않고 다른 곳을 방문한다는 것은 개신교적 풍토로는 이해하기 힘든 일이었다. 뿐만 아니라 나 자신도 이제까지 단 한 번도 그런 생각을 해본 일이 없었다. 그렇지만 수녀원에 대한 궁금함을 떨쳐버릴 수가 없어서 윤 목사님에게 사정하여 허락 아닌 허락을 받았다.

"말린다고 안 갈 사람도 아니고 난 안 들은 걸로 할 테니까 살짝 다녀오시구려. 수녀님들 시험들게는 말고, 시험에 들지도 말구. 허허허."

그 날 새벽기도회를 마친 후 아침밥도 먹는 둥 마는 둥 하고는 곧바로 명동으로 향했다. 단벌인 곤색 양복에 흰 와이셔츠를 받쳐 입고 넥타이까지 단정히 맸다. 수많은 수녀들이 수행하는 거룩한 수도장을 방문하는데 걸맞은 예의를 갖추어야 할 것 같아서였다.

명동성당에서 주일미사를 드리고 밖으로 나오니 봄을 맞은 성당 일대는 생기가 넘쳐났고 정말 싱그러웠다. 돌계단 옆으로 담쟁이 어린 잎새들이 나풀거리는 성모 동산이 신록에 싸여 있었다. 동산을 지나 광장 가장자리에 정원수들이 줄지어 서 있었고, 오른쪽으로는 주교관의 느티나무들도 눈에 들어왔다. 그러나 무엇보다도 인상적인 것은 계성여중고 후문에서 시작되는 초록빛 터널이었다.

그곳에서부터 탈속적인 신비감에 젖은 채 수도원 정문을 들어섰다. 수도원 뜨락에는 벌써 여러 사람이 와 있었다. 나는 곧바로 수녀원 응접실로 들어가 유 데레스잔 수녀를 찾았다. 잠시 후에 유 수녀가 나왔다. 그런데 그는 몹시 미안한 얼굴로 말했다.

"최 전도사님을 잘 안내해드리려고 했는데, 갑자기 신학대학에 급한 일이 생겨서요. 약속을 못 지키고 외출을 하게 됐군요. 이를 어쩌나, 미안하군요."

"네에? 할 수 없지요, 뭐."

"하지만 전도사님, 여기 계신 분들과 함께 행동하시면 수도원을 돌아보는 데는 별 문제가 없을 겁니다. 정말 미안합니다."

유 수녀는 거듭 미안하다는 말을 하면서 총총걸음으로 빠져나가고 말았다. 좀 당황했다. 안내해주겠노라던 유 수녀 말만 믿고 학생예배도 남에게 맡겨놓고 달려왔는데. 멍하니 유 수녀가 사라져 간 정문을 바라보고 있을 때 계성여중 여학생들이 줄지어 들어왔다. 그런데 그 틈에 낯익은 얼굴이 끼여 있지 않은가.

"와우아!"

큰 소리로 감탄사를 질렀지만 재잘거리는 학생들로 인하여 들통이 나지 않았다. 바로 김 아네스 로즈 수녀였다. 제자들을 인솔하고 수녀원 본관으로 들어오는 길이었다. 얼굴 가득 해맑은 웃음을 머금고. 반가웠다. 얼른 나가 손을 번쩍 들고 인사했다.

"안녕하세요, 수녀님?"

"안녕하세요? 그런데 여긴 웬일이세요?"

"웬일이긴요? 저도 수도원 방문하러 온 거죠. 오늘은 금남의 집을 당당하게 들어가 볼 자격이 있는 날이잖아요. 일년 중 유일하게 말이죠. 그런데 수녀님은 웬일로 이 많은 학생들을 거느리고 행차하셨습니까?"

"저야, 일하러 왔죠. 이 학생들에게 수녀원을 안내해주는 일이 오늘의 제 임무거든요."

"어쨌든 잘됐네요. 저는 오늘 수녀님만 따라다니면 되겠군요."

"그야……"

당황했는지 그녀는 말끝을 다 맺지 못하고 학생들을 인솔해서 수녀원 안으로 들어가버리고 말았다. 나도 학생들 맨 뒤에 서서 그녀의 안내를 따라 난생 처음 수녀원에 들어섰다. 학생들은 수녀원의 이곳저곳을 나만큼이나 호기심 어린 눈으로 둘러보았다. 응접실을 지나 잘 정돈돼 있는 도서관, 이어서 위층의 수련소로 들어갔다. 스무 살을 갓 넘긴 듯한 앳된 수련 수녀들이 반갑게 우리를 맞아주었다.

중앙은 강의실처럼 꾸며졌고 홀 양쪽으로 작업실 같아 보이는 방들이 딸려 있었다. 수련 수녀들의 정말 천진스러운 미소와 맑은 눈에 신선한 충격을 받았다. 그네들은 우리를 위해서 하모니가 잘 되는 찬양곡을 불러주었는데, 그 맑은 노랫소리에 또 깊은 감동을 받았다. 그런데 노래 속에는 뜻밖에도 교회 찬송가가 한 곡 끼어 있었다. 너무 반가워서 노래를 마친 후 질문받는 시간에 손을 번쩍 들고 물었다.

"저, 수녀님들, '주는 나를 기르시는 목자요'라는 곡이 장수철 님이 노래말을 쓴 교회 찬송가라는 사실을 알고 부르신 겁니까?"

"물론 교회 곡 가운데 하나라는 것은 알고 있었지만, 작사자는 모르고 불러왔습니다."

"그분은 이미 소천하셨는데 그 부인과 저는 한 교회에서 중고생들을 지도했습니다. 잘 아는 분의 곡을 성당에서 들으니 너무 좋습니다."

그 자리에 있던 수련 수녀들은 모두 박수를 치며 환호성을 질렀고, 옆에 있던 김 아녜스 로즈 수녀도 한 마디 거들었다.

"노래엔 담도 벽도 필요없어요. 신앙에는 교파의 담을 넘어가야 하는 수고와 어려움이 따르지만요. 정말 좋군요. 이 노래처럼 교리의 담을 허물고 서로 열린 마음으로 만날 수 있으면 좋겠어요."

순간 담이 허물어짐을 느끼면서 그렇게 말하는 김 수녀에게 그만 넋이 빠지고 말았다.

"예, 예. 좋지요, 좋지요."

수련소에서 좀더 설명을 듣고 의문점들을 질문하다보니 어느새 김 수녀는 학생들과 함께 그곳을 떠나고 없었다. 사방팔방 그녀를 찾아 다녔지만 보이지 않았고, 그렇다고 누구에게 물을 수도 없었다. 찾고 찾다가 할 수 없이 교육관으로 갔다. 김 수녀는 계성여중 학생들과 이미 영화관으로 바뀐 교육관에 앉아 있었다. 나도 그들 사이의 빈 자리에 끼여 앉아 수녀원의 삶과 영성을 소개하는 영화를 흥미진진하게 보았다.

영화가 끝나고 교육관에 있던 사람들이 우르르 밖으로 쏟아져 나왔다. 나는 일찍 나와 그녀가 나오기를 기다렸다. 이윽고 그들 일행이 밖으로 나와 기념촬영을 시작했다. 학생들은 새떼처럼 그녀를 둘러싸고 재잘거렸다. 그러는 사이 연속 조별 촬영이 이루어졌다. 김 수녀는 학생 촬영팀마다 초대되어 포즈를 취하는 바람에 나중에는 아예 한 자리에 선 채 학생들만 바꿔가며 사진을 찍는 셈이 되었다. 한 팀이 찍고 다른 팀 학생을 기다리고 있을 때 기습적으로 뛰어가 그녀 곁에 섰다. 물론 이미 학생 중 한 사람에게 셔터를 눌러달라는 부탁과 함께 카메라를 맡겨놓았기 때문에, 그녀는 아차하는 사이에 내 카메라에 담기고 말았다.

그녀는 무척 당황했다. 나는 얼른 화제를 바꾸었다. 유 수녀가 약속을 지키지 못하고 외출하는 바람에 당황했던 이야기를 불만스럽게 꺼내놓았다. 그러자 그녀는 아주 민망해 하는 표정으로 바라보았다. 그리고는 자신이 유 수녀를 대신해서 사과할 겸 차 한 잔을 대접하겠다고 제의했다. 그 순간 하늘이 왜 그리도 푸르고 햇살이 따사롭게만 느껴지는지, 마치 천사와 함께 지상의 손이 닿지 않는 하늘 위로 여행하는 것 같은 기분이었다.

수녀원 응접실로 안내한 김 수녀는 차를 끓여 내면서 말했다.

"아까 본원에서 보신 바와 같이 수련소에서 수련을 끝내고 서원을 한 수녀들이 분원으로 소임을 받아오면, 이 곳에서 우리처럼 맡은 일을 하면서 살아가는 거예요."

"그러니까 지금도 수녀님은 저에게 성소주일 프로그램 중 일부를 진행해주시는 거로군요."

"그런가요? 어쨌든 차나 한 잔 들고서, 유 수녀님 때문에 언짢았던 마음일랑은 풀고 가세요."

그 시간 '특별한' 차를 마시며 나는 한없이 들떴다. 김 수녀와의 개인적 대화는 예정에 없던 일이기 때문이었다. 너무 기쁜 나머지 무언가를 답례로 주고 싶어졌다. 그러나 가진 것이 없었다. 생각다 못해 들고 온 가방을 홀딱 뒤집어서 이것 저것 탁자 위에 꺼내 놓았다. 시집, 성경연구교재, 읽고 있던 A.J. 크로닌의 소설 〈천국의 열쇠〉, 볼펜과 주보 등 교회 관련 자료들이었다. 그 물건들이 그녀에게 필요한 것인지 아닌지는 관심이 없었다. 오직 무엇이든지 다 주고 싶은 내 마음을 전할 수만 있다면.

그녀는 또다시 빙그레 웃었다. 그리고는 별로 소용없을 나의 선물들을 기쁘게 받아주었다.

대화를 마치고 응접실을 나설 때 한 학생이 뛰어오며 소리쳤다.

"수녀님, 김연수 수녀님, 내일도 시청각실에서 슬라이드 보여주나요?"

"무울론. 그런데 그걸 물어보려고 헐레벌떡 뛰어 오기까지 하니?"

"그래도요. 슬라이드를 보게 되면 점심 빵 싸오려고요. 빨리 먹게."

선생님과 제자의 대화를 들으며 깜짝 놀랐다. 김연수 수녀님이라고? 그럼 아네스 로즈 수녀님이 바로 예의 그 시인 김연수란 말인가? 아니면 동명이인이란 말인가? 뭐가 뭔지 도무지 알 수 없었다. 그저 어안이 벙벙할 뿐. 그러자 그녀는 다시 빙그레 웃으며 말했다.

"제가 좋은 독자를 만난 것 같습니다."

그제서야 지난 번 〈시문학〉지에 실린 시를 내밀었을 때 그녀가 왜 웃기만 했는지를 깨달았다.

"아아, 그러면 수녀님이 바로 김연수 시인이로군요. 아니, 어떻게 이런 일이…… 어떻게 이럴 수가."

그때부터 김 아네스 로즈는 수도자라기보다 시를 쓰는 여류 문인으로서 더욱 친밀감 있게 다가왔고, 그 사실만으로도 한 걸음 더 가깝게 다가온 아름다운 여인이었다.

"수녀님, 저는 이제 김 수녀님이라고 부르기보다는 김 시인이라고 부르겠어요."

"차라리 미스 김이라고 하든지 김양이라고 부르지 그러세요. 전 김연수 시인이기 전에 무명의 수도자 김 수녀일 뿐입니다. 종신토록 하느님께 드려진 수녀로만 기억해주셔요. 아뇨, 기억조차 안 하셔도 되고요. 그럼 저 먼저 갑니다."

그대 이름을 부르는 이 그리움은……
불멸의 내 사랑, 로즈, 로즈, 로즈!
언제부터인가 그녀를 기다리는 그리움은
곧 내 삶의 전부가 되었다.

당신 향한 그리움은

　5월 어느날, 꽃집에서 빨간 장미와 안개꽃 한 다발을 샀다. 말로 다 표현할 수 없는 그리움을 담아 그녀에게 주기 위해. 어떻게 전할 것인 가에 대한 구체적인 생각도 없었고, 물론 아무런 약속도 없었다. 한 번 도 수녀원으로 찾아간 일도 없었다. 이런 저런 생각을 하다보니 초조 해졌다. 등줄기에서는 식은 땀이 흐르고 입술마저 타들어가는 듯했다. 무작정 꽃을 산 일이 후회스럽기도 했다. 하지만 마음 한 편에서는 '나는 가야 하고 내 마음을 전해야 한다'는 강렬한 생각이 걸음을 재 촉했다. 장미꽃 다발 속에 '그리움'이라는 시 한 편을 적어 넣은 채.

　　온갖 수목이 잿빛으로 우거진

　　그대의 뜨락엔 지금

　　몇 구비의 하늘이 구비치고 있습니까

　　사랑하는 슬픔에

　　눈물 짓는 그런 심정으로

　　참으로 사랑하는 이여

　　그대의 가슴엔 지금

　　몇 개의 계절이 접히고 있습니까

　　아침마다 새로 태어나는 언어로

　　당신의 이름을 부르고 부를 때마다

　　내 사랑은 자취도 없이

연연히 깊어만 가는데
몇 만 겹의 장막이 우릴 에워쌌기에
당신을 향한 내 그리움은
이토록 다 풀리지 않는 것입니까?

어차피 내친 걸음이니까 이 꽃다발 속에 담긴 마음이라도 전하고 말 없이 사라져야지. 간신히 이 생각을 하고서야 비로소 마음이 안정되었다.

수녀원 앞에서 하염없이 서성거리기 시작했다. 약속없는 만남에 대한 불안과 기대를 동시에 안고서. 얼마나 시간이 흘렀을까. 마침내 그녀가 나타났다. 사뿐한 걸음으로 계성학교에서 나와 수녀원 본원으로 향하고 있었다. 그녀를 보는 순간 기약없던 세 시간의 기다림이 결코 헛되지 않았음을 기뻐하며, 반가움에 그만 크게 환호성을 지를 뻔했다. 터져나오는 기쁨과 탄성을 간신히 속으로 밀어넣으며 그녀에게 다가갔다. 그녀는 돌연히 나타난 나를 보고 깜짝 놀라며 물었다.
"최 전도사님, 웬일이세요? 이쪽에 무슨 볼일이 있으신가요?"
"아아, 네, 조금……."
"아하, 유 수녀님을 만나러 오신 게로군요. 같이 가셔요. 저도 지금 본원에 볼 일이 있어서 그리로 가던 중이었어요."
"아니, 그게 아니고요."
"괜찮아요. 필요하시다면 유 수녀님께 제가 연락해 드릴게요. 예쁜 꽃까지 사들고 화려한 외출을 하셨는데 제가 도와드려야죠."

내 마음을 전혀 알 턱이 없는 그녀는 계속 걸음을 재촉하며 상냥하게 말했다. 난 무척 난처해서 잠시 걸음을 멈추어섰다. 그리고는 정색을 하고 말했다.
"김 수녀님, 그게 아닙니다. 저는 지금 유 수녀님을 만나뵈러 온게 아니구요, 김 수녀님을 만나러 온 것입니다."

"네? 저를요? 무슨······."

"지난 번엔 차도 대접을 받았고, 또 시심을 키우고 살아가는 문학청년의 한 사람으로 시인을 만나기 위해 온 것입니다."

"네, 그러셨군요. 그럼 방향을 바꾸어야겠네요."

우리는 오던 길을 되돌아서 계성여중고 쪽 수녀원 분원을 향해 걷기 시작했다. 응접실에 들어서자마자 꽃다발을 불쑥 내밀었다. 무척 어색했다. 얼굴이 붉어짐은 어쩔 수 없었다.

"어머, 이 꽃을 저 주시는 거예요?"

"이건 시를 쓰는 분께 드리는 제 마음입니다."

"기쁜 마음으로 받긴 하겠습니다만, 아무리 생각해도 저에겐 꽃을 받을 만한 일도 사연도 없는 것 같아요."

"그 속에 제가 쓴 시도 한 편 들어 있는데요. 문단에 먼저 데뷔한 선배 시인으로서 읽어주시면 고맙겠어요."

"아, 그러세요? 잘 읽겠습니다."

그녀 역시 얼굴이 달아오르는 것을 감추며 태연스럽게 받아 넘기려고 애쓰는 모습이 역력했다. 그녀는 짧은 목례와 함께 수녀원 어디론가 들어가버렸다. 나는 아쉬운 마음을 쓸어내리면서 간다는 인사도 못하고 현관문을 나섰다. 밖에 나와서도 선뜻 발걸음을 옮기지 못했다. 수녀원 앞 정원을 한참 거닐다가 등나무 벤치에 앉았다. 그녀를 둘러싼 여러 가지 상념에 잠겨 있다가 일어서서 집으로 가려고 할 때 뒤에서 나를 부르는 목소리가 들렸다.

"전도사님, 저도 답례를 해야 할 것 같아서요. 최근에 쓴 시인데요, 마침 전도사님의 시와 제목이 같아서 들고 나왔답니다. 집에 가셔서 읽어보세요. 그럼 전 이만······."

〈그리움〉이라는 시였다.

바람도

아무도 모르게 일어나

안으로 치닫더니

꽃처럼은

꽃처럼은 살지 못해

끝내 살 수 없어

소리없는 모반의 깃발로 나부끼는데

떨며 나부끼는데

바람도

바람도 바람도.

그 날부터 사랑의 열병을 앓기 시작했다. 〈그리움〉이라는 시를 선물로 받은 바로 그 날부터. 그녀를 만난 이후 일기장엔 온통 그녀 이야기로만 가득 찼다. 그 날부터는 잠들기 전, 그리고 하루가 시작되는 가장 순결한 새벽의 첫 시간이면 언제나 목마른 그리움으로 사랑의 시를 썼다. 하루도 빠짐없이.

어디로 가야 합니까

그 후 며칠이 지나서야 겨우 마음을 추스를 수 있었다. 그녀를 향한 내 사랑을 지고한 순수로 지속성 있게 표현해가기 위해 수녀로 대해야 한다고 굳게 다짐한 후 김 수녀를 찾아 명동의 수녀원까지 걸었다. 나역시 수도자로 살아가고 싶은 심경의 변화를 솔직하게 전하고 싶었다.

'그녀가 택한 그대로의 삶을 존중해서 나 역시 평생토록 결혼을 포기한 채 한 사람의 수사로서 살아야지. 이미 하나님께 바쳐진 한 수녀를 티없이 순수한 마음으로만 사랑해야지. 성 프란치스코가 성녀 글라라를 그리워하면서도 주 안에서 아름답고 고결한 사랑으로 승화시켰듯이 나도 그런 사랑을 해야지.'

이른 아침 물 한 모금 마시고 신림동에서 출발해서 한강대교를 건너 점심도 건너뛴 채 용산과 서울역을 지나 명동에 오기까지 줄곧 이 말만을 되풀이하며 그녀가 내 진심을 읽어주길 바라며 걷고 또 걸었다.

명동에 이르렀을 때 '계엄 철폐'를 외치는 시위 군중들이 언덕 위에서 코스모스 백화점 쪽으로 쏟아져 내려오고 있었다. 그 대열 속에 끼여들어가 목청껏 "계엄 철폐, 계엄 철폐!"를 외치면 답답한 속이 조금은 시원해질 것 같은 기분이 들었다. 하지만 이미 그녀와 만났다는 숙명으로 나 또한 하나님께 기도의 제물로 바쳐야 할 사람이라고 스스로를 달랬다. 그러나 날이 갈수록 혼미해지는 정국과 을씨년스러운 서울의 봄날처럼 왠지 모르게 혼란스러웠고, 중심을 잃고서 감정 흐르는 대로 흘러갈 뿐이었다.

다스릴 수 없는 난폭한 광기와 호수처럼 잔잔한 고요가 동시에 내 맘 속에 자리잡고 있었다. 땀에 절고 먼지를 뒤집어쓴 채 수녀원을 찾았을 때 마침 문을 열어준 사람은 김 수녀였다.

"데모하다가 피난처를 찾으셨군요. 피곤해 보여요. 데모도 좋지만 건강도 생각하셔요."

그녀는 우유 한 컵에 빵을 썰어서 건네주었다.

"수녀님, 나는 지금 대다수 친구들처럼 시위하고 돌을 던질 힘도 그럴 생각도 없어요. 마음 하나 도저히 다스리지 못해 저 자신과 힘겹게 싸우고 있어요. 참으로 해야 될 일들도 많고 가야 할 곳도 많은데 저는 지금 사랑에 빠졌어요."

수녀원의 베델성서반에 들어오기까지 그간의 자초지종을 털어놓았다. 그리고 수도자가 되라는 부르심에 응답하고 싶다며 선배 수도자로서 기도해달라고 부탁했다. 이제 막 시작하려는 수도자의 길을 위해 그녀의 안내와 기도가 무엇보다 필요했다. 내 말을 다 듣고난 그녀는 나를 똑바로 바라보았다.

"전도사님은 수도자보다는 목회자로 부르심을 받은 것 같아 보여요. 정말 하느님의 부르심에 대한 응답 때문이라면, 그리스도를 본받아 사는 삶이 어디 수사나 신부뿐이겠습니까? 개신교 목사님의 삶도 그리스도의 발자취를 따라가는 과정 아니겠어요?"

그 시절 만난 많은 수녀, 그리고 신부들에게선 좀처럼 듣지 못했던 소리였다. "이런 저런 것이 개신교에 없어서 안타까웠습니다. 이런 저런 것이 있어서 가톨릭이 좋아요." 하고 말하면 대개는 "그렇게 좋은 줄 알면 하루 빨리 개종하셔야지요."라고 천편일률적으로 대답할 뿐이었다. 그런데 '개신교 목사님의 삶이 뭐가 어때서'라니. 덧붙여 '무엇이 되기보다는 무엇을 할 것인가'를 다시 주님께 물어보면 어떻겠느냐고 충고까지 해주었다.

"신부가 될 것인가, 목사가 될 것인가? 그게 무슨 문제입니까?"라는 그 말이 어찌나 부드럽고도 강렬하게 느껴지던지. 무엇을 할지 몰라서, 어디로 가야 할지를 몰라서 방황하는 교회 전도사를 너무도 따뜻하게 대해 준 로즈 수녀는 그날부터 영원한 나의 길 안내자요, 시 쓰는 김연수는 불멸의 사랑이 되고 말았다.

왜, 하필이면 수녀입니까

전도사님은 좋은 목사님이 되실 분처럼 여겨집니다. 교회를 떠나서 살기보다는 좋은 목사님이 되시길 매일 두 손 모아 기도드리고 있습니다."

그녀는 내가 목사가 되든지 수사신부가 되든지 일단 무한한 가능성이 있는 신학생이라고 봐주었던 것 같다. 나를 위해 수도공동체에 관련된 많은 자료와 책자들과 가르침들을 소개해주었는데, 그 때마다 그렇게 말했다.

하지만 나의 생각은 달랐다. 아네스 로즈 수녀를 1년에 한 번만이라도 볼 수 있도록 하나님께서 허락해준다면 평생을 수사신부로 살아도 좋겠다는 생각이 들 정도로 이미 그녀에게 푹 빠져 있었다. 아름다운 김 수녀를 바라볼 수만 있도록 해준다면 무슨 일이라도 시키는 대로 즐겁게 하고 싶었다.

그러면서 계속 가톨릭 신학대학 진학과 수도자의 삶과 영성생활에 대한 꿈을 버리지 못했다. 그녀를 만나기만 하면 수도생활에 대한 궁금증과 질문을 늘어놓았다. 그러자 그녀는 할 수 없다는 표정으로 '예수회'나 '살레시오 수도회'가 내 성격과 능력에 아주 잘 맞을 것 같다고 조언해 주었다.

서강대의 예수회는 이미 가보았고, 살레시오 수도회를 찾아보려고 종로 5가를 먼저 들렀다. 기독교회관에서 시국을 위한 기도회에 참석도 하고 중앙정보부에 끌려갔다 나온 친구 허춘중도 만나볼 생각이었다. 또 정 많은 친구 최도식도 보고 싶었다. 그러나 기도회에는 얼굴을 알 만한 사람들이 아무도 없었다. 5가에서 살레시오 수도회로 전화를 하니 오늘은 늦었으니 다음 기회에 방문하라는 쌀쌀한 대답만 수화기로 흘러나왔다.

밤늦게 새문안교회 옆 호떡집에서 끼니를 해결하고 집에 가는 버스를 타기 위해 광화문 지하도를 내려서는데 사복형사 한 사람과 두 사람의 전경이 다가오더니 다짜고짜 몸수색을 벌였다. 내 가방에서 기독교회관에서 가지고 나온 시국 관련 유인물이 뭉치로 나오자 형사는 내 팔을 뒤로 꺾었다.

"따라와, 짜식아!"

광화문 지하도 옆의 파출소에 끌려 들어가 보니 한 사람이 무릎을 끓고는 허리띠를 풀어서 신문지에 싼 자기 소지품들을 묶고 있었다.

"너도 따라 해. 소지품 다 꺼내서 이 신문지 위에다 펼쳐 놔. 허리띠 풀어서 묶고. 야, 이 새꺄. 내 말이 말같지 않아? 빨리 해, 빨리."

따귀 한 대를 맞고서야 이게 꿈이 아니고 생시구나 싶은 생각이 들었다. 10분쯤 지나자 종로경찰서 정보과 과장이 직접 나왔다. 바닥에 무릎을 끓고 있는 사람을 확인하더니 나를 향해서도 소리쳤다.

"자네도 따라 와."

이 말 한 마디에 죄없는 나는 한 주간을 종로경찰서에서 지내야 했다.

함께 끌려간 사람은 서울대 미생물학과 복학생이었는데 그의 이름은 생각이 나질 않는다. 조서를 꾸미던 정보과 형사가 그 사람의 머리를 한 방 쥐어박으면서 퉁명스럽게 쏘아붙였다.

"야, 이 자식아. 미생물학도면 미생물학도답게 현미경이나 들여다보고 지낼 일이지, 왜 불온 삐라는 뿌리고 다녀, 이 짜식아."

그러더니 대뜸 나를 향해 시비를 걸었다.

"야, 너는 임마, 신학도면 신물나도록 성경책이나 들여다 볼 일이지 왜 이런 건 들고 다녀, 이 짜식아."

"저는 삐라 뿌리고 다닌 일도 없고요, 이런 처우가 부당하다고 생각합니다."

"야, 이놈 봐라. 이건 니가 갖고 다니던 거 아냐? 이거 어디서 났어? 누가 주었고 누구에게 주려고 이렇게 많이 갖고 다녀? 임마! 바로 대! 요즘 이런 삐라 한 장을 갖고 다녀도 긴급조치 위반이란 걸 몰라, 이 자식아!"

"이게 왜 불온 삐라입니까? 사실을 사실대로 알 권리가 제게도 있습니다."

다음날 훈방조치로 풀려 나올 수 있는 것을 이 한 마디를 더했다가 한 주간 더 고생하는 사태가 벌어졌다.

서울대 미생물학과에 다닌다던 그 사람은 운동권 핵심 간부도 아니었다는데 조서를 꾸미는 과정에서 실컷 두드려 맞고서 사흘 후 어디론지 다른 기관으로 끌려가는 걸 보았다. 그가 끌려가던 날, 어떻게 알았는지 어머니께서 친구 최대길과 함께 종로경찰서로 면회를 오셨다. 태어나서 한 번도 교도소나 경찰서에 와본 일이 없던 어머니는 겁에 질린 얼굴로 "몸은 괜찮니? 어디 다친 데는 없냐?"라는 말만 되풀이할 뿐 정신이 하나도 없는 사람처럼 어찌 할 바를 모르셨다.

최대길은 군 복무중이었는데 때마침 특별휴가와 부대장의 심부름차 서울에 왔던 길에 우리집에 들렀다가 어머니가 거의 실신 지경이라서 할 수 없이 모시고 왔다는 것이다. 순진하기만 하던 대길이가 정보과 형사들 앞에서 나를 가리키며 두둔했다.

"이 친구 관심사는 오직 수도원과 수도생활뿐입니다. 이렇게 오랜 시간 붙들어두고 계셔봐야 별 소득이 없을 텐데 어서 보내주시면 감사하겠습니다. 저도 이 친구의 전도를 받고 목사가 되기를 작정했는데요. 우리는 철두철미 보수적인 신앙인입니다."

그때 나는 형사에게 얘기했다.

"아닙니다. 이 친구는 말 그대로 보수인지 모르겠습니다. 그러나 저는 보수주의자도 아니고 진보주의자도 아닙니다. 진보에게는 보수라고 욕먹고 보수에게는 진보라고 욕먹는 못난 사람입니다. 하지만 기회주의자나 회색분자는 더더구나 아닙니다. 단지 저는 예수처럼 살고 싶을 따름인데 지금 같아선 예수처럼 사는 게 보수도 진보도 아닌 것 같아서 하는 얘깁니다."

그러자 형사가 한마디로 잘랐다.

"미친 놈이거나 이상주의자구먼."

사랑에 빠져서 눈에 보이는 것이 없었다. 민주화도 민족통일도 다 두 번째 세 번째일 뿐, 사흘 동안 오직 그녀 생각에 잠겨 있었다. 자나 깨나 사랑을 꿈꾸고 있다가 어머니가 다녀가신 후에야 비로소 집안 걱정도 하면서 어머니와 교회를 위해서 기도하는 시간도 가졌다.

하지만 아침 저녁으로 기도하는 시간 이외에는 하루 종일 그녀의 얼굴과 그녀의 목소리만 보이고 들릴 뿐 누구도 만나보고 싶지 않았다.

마지막 날, 정보과 과장이라는 사람은 나를 자기 방에 부르더니 설렁탕 한 그릇을 사주면서 말했다.

"여보게 최군. 자네는 단 한 번의 전과기록도 없고 말야, 아주 착하게 살아왔더구만 그래. 어쩌다 유인물을 뭉치로 들고 다녀서 이렇게 고생을 사서 했어? 그래도, 그 일 하나만 가지고도 딴 데 가서 더 고생할 수도 있었는데, 자네 어머니께 전화해보니 그럴 수도 없더구만. 홀어머니 속 썩이지 말고 신학 공부 열심히 해서 좋은 목사가 되게나. 이렇게 어지러운 때일수록 교회는 교회다워지고 목사는 목사답게 살고 신도는 신도답게 살아야 된다고 생각하네."

"과장님, 어떤 교회가 교회다운 겁니까? 이런 어지러운 시국에 한편에서는 민주화를 이루어 보자고 감옥에 가고 한 편에서는 그런 사람일수록 가둬두려고 할 때 크리스천이라면 누구 편에 서야 하는 건지. 진정 크리스천이라면 어떤 선택을 해야 하는지 저는 압니다. 오늘 이곳을 나가더라도 저는 어쩌면 이 일로 인해서 제발로 다시 경찰서로 끌려오고 감옥에도 갈지 모릅니다."

"아니, 이 친구가 여기 있는 동안에 교화되기는커녕 색깔이 도리어 빨개졌구만. 이거 정말 큰일 낼 친구네. 이 사람아, 똑똑히 들어둬. 괜히 생각 잘못 품었다가 평생 정치범으로 낙인 찍혀서 홀어머니 가슴에 못박고 자네 인생 망치지 말고 말야."

"과장님, 저는 지금까지 돌 한 번 던져보지 못하고 이곳까지 왔습니다. 시위대 속에서 구호 한 번 외치지 않고 말입니다. 그건 용기가 없어서만이 아닙니다. 저는 저대로의 삶이 있다고 생각했기 때문입니다. 그 삶이 이제는 하나님 앞에서 자신을 포기하는 것이고 하나님 부르심에 수도자로 순종하는 것이라고 생각합니다. 여기에 있으면서 한때 억울하기도 하고 시국이 암담하다고 느껴져 선배들과 함께 이 악물고 민주화운동 대열에 서서 투쟁을 할까 생각도 해봤습니다. 그러나 저는 아마 십중팔구 수도원을 찾아갈 것입니다. 수도원에 저를 맡기고 정말 좋은 세상 그 날을 위해서 저는 기도의 제물이 될 겁니다."

"그럼, 그렇지. 잘 생각했어. 이 사람아, 마더 테레사가 인도의 민주화를 위해서 언제 삐라 뿌리고 다닌다는 소리를 들어보았나? 그건 테레사 수녀의 몫이 아냐. 아무도 할 수 없는 일을, 테레사 수녀만이 할 수 있는 일을 평생 해내고 있잖아. 그게 하나님 앞에서 살아가는 수녀다운 삶인 거지. 어디 한번 사랑의 실천자가 되어보라구."

정보과 과장의 입에서 테레사 수녀 이야기가 나올 줄은 전혀 짐작도, 생각도 못했기에 "과장님도 크리스천이십니까?"라고 물었다. 그는 "알 거 없어!"라는 대답뿐이었고 우물쭈물하는 내게 "어서 나가봐. 다시는 이런 데 들어오지 말고."라는 말로 정말 반갑지 않은 종로경찰서에서의 감금 한 주간을 풀어 주었다.

종로경찰서에서 나오자마자 광교로 미도파로 큰 거리와 골목길을 뛰다시피 해서 그녀가 있는 명동 언덕 위로 뛰어 올라갔다. 보고 싶다는 일념 하나로 가득차서. 그러나 그녀는 이미 외출한 뒤였고, 수녀원 안은 담장 밖의 어지러운 정국이나 함성과는 아무 관계 없다는 듯 고요와 정적만 흐르고 있었다. 명동성당 뒤뜰 성모상 앞에 무릎을 꿇고 다리가 저려올 때까지 오랜 시간을 기도했다. 침묵 속의 내 기도는 절규에 가까웠다.

"주님, 이 수녀원 안이라고 해서 진정한 평화가 존재하고 있다는 보장이 없음을 압니다. 피난처로 생각해서 수도생활에 나를 던진다고 한들 그리스도 없이 수도자가 되려는 나는 누구며, 과연 무엇을 하려는 사람입니까? 내가 왜 이럽니까? 정말 당신이 나를 부르셨나요? 나를 수도자로 부르신 겁니까? 그렇다면 이제 내 앞에 나타난 김연수 수녀는 누구며, 대체 난 어떡해야 합니까? 왜 나는 이렇게 만난 순간부터 한시도 그녀를 잊지 못하는 겁니까?

하나님, 당신의 뜻이 어디 있는지를 저는 전혀 알 길이 없습니다. 제가 얼마나 그녀를 보고 싶어 하는지 아시지요, 하나님? 그런데 이 길 밖에는 없나요, 하나님? 너무 하십니다. 하나님! 그녀는 왜 하필 수녀입니까?"

2
다가설수록 아득한 그녀

청초하고도 깨끗한 느낌을 주던
그녀의 첫인상과 함께
그녀가 들려준 도라지꽃에 대한 전설은
내 가슴에 오래 남아가실 줄을 모르오
나는 이 설화의 시대적 배경이나
공간적 배경을 모르오
나에게 들려 준 수도녀의 아름다운
눈빛만을 기억하고 있을 뿐이오

가늘고도 긴 줄기 위에
그리움과 순결한 사랑을 상징하는
보라색 꽃과 흰 꽃을
온 강산에 피워내기까지
아리따운 한 낭자와 수도승의
애절한 사랑 이야기를 듣고 났을 때에야
우리가 참으로 아름다운 노을 속에
잠겨 있었다는 것을 알아차렸소

말을 맺고 천천히 고개를 들어
먼 산을 바라보는
그녀의 표정은
온화한 봄날의 훈기
바로 그것이었소
입가에 맴도는 잔잔한 미소는
세상의 고통을 모두 겪고 난
승자의 그것과도 같았소
－도라지꽃－

도라지꽃

아름답고도 청초했던 로즈 수녀의 첫인상은 15년 전 그녀가 들려준 '도라지꽃' 전설과 함께 아직도 가슴에 남아 가실 줄을 모른다.

당시 그녀는 국어교사이면서 종교부 학생들의 여름수련회 책임자로서, 나는 레크리에이션 담당 지도자로서 충북 미원천주교회로 학생들과 동행했었다. 본래 레크리에이션을 맡기로 했던 생물교사가 대학원 논문 관계로 동행할 수 없게 되면서 그 역할을 맡아달라는 김 수녀의 갑작스런 제의를 기꺼이 받아들였기 때문이었다.

그 곳에서 보낸 2박 3일은 내 생애에 지울 수 없는 가장 아름다운 사랑의 추억으로 남아 있다. 그러니까 도라지꽃에 얽힌 애절한 사랑이야기를 들은 것은 무덥던 여름날 교회 앞을 흐르는 시냇물가에서였다.

수련회 프로그램은 물론 학생들의 침식까지 돌보며 눈코 뜰 새 없던 김 수녀가 잠깐의 틈을 내게 된 것을 확인한 나는 절호의 기회를 놓칠세라 마을 앞 둑길을 함께 산책하자고 졸랐다. 그녀는 피곤해 하면서도 한 번 마음먹으면 이루고야 마는 내 성미를 파악했음인지 잠시 붉어진 얼굴을 숙이더니 이윽고 따라 나섰다.

온 대지에 불을 붙이기라도 하려는 듯 작열하던 태양이 서녘 하늘로 기울면서 우리가 둑에 다다랐을 때는 저녁 노을이 되어 서서히 번지고 있었다.

나는 아무런 이야기도 하지 않았다. 침묵을 조성하는 것, 그래서 상대방이 나름대로 새로운 화제를 꺼내거나 혹은 당황한 나머지 전혀 뜻밖의 자기 신변 이야기를 꺼내고야 말게 하는 그런 수법(?)에 채여 그녀는 이윽고 무거운 입을 열었다. 침묵 속에서 둑길을 걷기만 하던 그녀가 내 쪽으로 돌아서며 먼 옛날을 회상하는 듯 아득하고도 막연해진 눈을 하고 말을 시작한 것이다.

"먼 옛날 숭엄한 신비감이 감도는 산기슭 마을에 참으로 아리따운 한 낭자가 살고 있었답니다. 세세대대로 내려오는 부귀권세를 향유하는 대갓집의 무남독녀였지요. 나이 찬 딸이 있는 대갓집이고 보니 자연 혼담이 쇄도하는 것이었어요. 하지만 그토록 금지옥엽 살뜰히 아껴 키워온 딸을 선뜻 내주고 싶은 상대는 쉽사리 나타나지 않았어요. 게다가 더 어려운 일은 어쩌다 부모 마음에 드는 사람이 생겨도 딸은 막무가내로 시집을 가지 않겠다고 고집을 피우는 것이었어요. 부모는 하는 수 없이 혼사를 차일피일 미루게 되었고, 일이 이렇게 되니 빈번하게 들어오던 혼담도 뜸해지더랍니다.

그러던 어느 날 낭자는 마을 뒷산에 있는 절의 탑을 돌며 소원을 빌면 어떤 어려움도 성취된다는 말을 들었어요. 언젠가는 꼭 들러 마음에 드는 배우자를 선택하게 해달라고 기원하리라 마음은 먹었지만 여염집 아낙네처럼 함부로 나다닐 수 없다는 말을 익히 들어온 터라 모두가 잠든 밤을 틈타서 탑돌이를 하기로 결심했답니다.

달빛마저 희미한 어느날 밤, 낭자는 몸종도 모르게 집을 빠져나와서는 총총히 길을 떠났어요. 깊은 밤 칠흑 같은 어둠을 가르고 솟아오른 달이 꼬불꼬불한 산길을 어슴프레 비춰주고 있었지요. 두렵고 떨리는 가슴을 억누르고 소원성취를 하리라는 일념으로 단숨에 절에 당도한 낭자는 대웅전 옆에 있는 탑을 돌기 시작했어요. 마음 속으로 그리고 동경해온 배필상을 되뇌면서 한없이 돌았어요. 숭고한 신비감과 영험스러운 산 정기가 감도는 절의 분위기 속에서, 현신한 부처님 앞에라도 선 듯 간절히 소원을 올린 낭자는 갑작스러운 현기증으로 탑전에 쓰러져 정신을 잃고 말았습니다.

달이 기울고 새벽 이슬이 솔솔 내려 낭자의 옷섶을 적실 정도로 오랜 시간이 흘렀습니다. 때마침 새벽녘 일찍 잠에서 깨어난 젊은 비구승이 새벽 공기를 마시러 뜰로 나섰습니다. 대웅전을 지나 탑전으로 발길을 옮기던 비구승은 흠칫 놀라며 멈춰 섰지요. 무언지 희끄무레한 것이 탑전에 가로놓여 있지 않겠어요. 가까이 가서 찬찬히 살펴본 비구승은 다시 한번 놀랐습니다. 웬 젊디 젊은 아녀자가 쓰러져 있으니 놀랄 수밖에요. 아직 숨결이 붙어 있음을 확인하고는 황급히 낭자를 안아 자신이 수행하는 선방으로 들어갔어요. 그리고는 따뜻한 아랫목에 눕혀놓고 염주를 굴리며 낭자가 깨어나기를 기다렸지요. 얼마나 시간이 지났을까요. 겨우 깨어난 낭자는 얼떨떨한 말투로 물었지요. 여기가 어디며 자신이 왜 이곳에 누워 있는지를. 몸을 낭자 쪽으로 돌리며 자초지종을 설명하는 비구승을 바라보던 낭자는 그만 소스라치게 놀라지 않을 수 없었습니다.

'그토록 간절히 구하던 배우자상이 어떻게 지금 내 앞에 나타나 있단 말인가? 어쩌면 저분은 현신하신 부처님은 아닐까.' 하는 생각을 하며 비구승을 다시 바라보았어요. 놀라움과 기쁨, 또한 뼈를 가르는 슬픔이 한꺼번에 몰려들어 형언할 수 없는 심경에 빠져버렸습니다. 비구승을 바라보던 낭자는 그만 고개를 떨구고 말았지요. 동시에 그들은 무겁고도 미묘한 침묵에 감금된 듯 꼼짝을 할 수 없었어요. 침묵의 촘촘한 창살을 풀어내듯 새벽을 알리는 법고 소리가 울려 퍼졌습니다. 침묵에서 풀려나온 비구승은 가사 장삼을 챙겨 입고는 표연히 방을 나서는 것이었습니다.

아직도 야릇한 침묵의 미궁에 갇혀 있던 낭자는 갑자기 더할 수 없

도라지꽃의 애절한 사랑 이야기를 듣고 나서 도라지꽃이 수놓인 예쁜 그림엽서에
로즈 수녀와 나를 나란히 세웠다.
아픈 사연을 딛고 선 우리의 기쁜 만남을 기약하며.

는 허탈감에 사로잡혔어요. 그러나 언제까지나 그 자리에 머무를 처지
가 못된다는 생각이 들자 우선은 서둘러 집으로 돌아가기로 마음먹었
지요. 자신이 다녀간 흔적을 남기지 않기 위해 새벽 예불을 드리는 시
각을 기다려 집으로 돌아오고 말았어요. 그리고는 날마다 스님이 탁발
이라도 나오기를 기다렸지요. 도저히 이룰 수 없는 사랑인 줄 알기에
절대로 포기할 수 없는 심정도 강했던 것이에요. 속세를 떠나 오로지
불도에 전념하는 스님의 숭고한 삶을 도와드리지는 못할지언정 그의
수행을 방해해서는 안 된다는 생각이 들면서도……
    하지만 언제나 다음 순간, 그토록 염원하던 소중한 사람을 만났는데
어찌 막중한 인연의 실을 끊을 수 있단 말인가 하는 생각이 몰려들어
낭자는 첨예하게 맞선 갈등 속에서 나날을 보냈습니다. 날이 갈수록
그 비구승은 낭자가 사랑하는 사람이 되었고, 그의 사랑을 받고 싶다
는 강한 열망에 이끌려 자신도 모르는 사이에 하염없이 기다리게 되었
답니다. 그러나 날이 가고 달이 가도 스님을 만날 길은 묘연했지요. 탁

발하러도 내려오지 않았고요.

　그리움에 지친 낭자는 마침내 몸져 눕게 되었어요. 집안이 발칵 뒤집힌 건 말할 것도 없지요. 이제까지 곱게곱게 키워온 딸이 이유도 없이 여위어가더니 점점 악화되어 도저히 회복의 가능성커녕 누워 있는 것조차 어렵게 되자 온 집안은 슬픔에 잠겼어요. 유명하다는 의원은 모두 초빙하여 치료를 해보고 좋다는 약은 다 써보았지만 백약이 무효였습니다. 편작이 살아온다 해도 소용없을 지경이었지요.

　마침내 마지막으로 원이나 없게 해주라는 의원의 말이 떨어지고 말았습니다. 온 식구들은 흐느껴 울다가 진정 목숨을 부지할 수 없는 병이라면 의원의 권고대로 원이나 풀어주리라 마음먹고 뭣이든지 하고 싶은 일을 말해보라고 딸을 달래기 시작했어요. 너무도 간절한 부모의 정성에 못 이겨 겨우 입을 뗀 낭자는 뒷산 절에 가서 불공이나 드릴 수 있게 해달라고 청하더랍니다.

　부모는 딸의 말이 떨어지기가 무섭게 가마를 대령시키고 공양미를 비롯하여 온갖 준비를 갖추어 절로 향했습니다. 이윽고 절에 당도한 일행은 낭자를 부축하여 대웅전에 들어가 부처님 앞에 불공을 드렸습니다. 온 가족이 늘어서서 절을 하는 동안 낭자는 계속 마음을 죄면서 비구승의 방문이 열리는지를 곁눈질해 보고 있었어요.

　하루 해가 기울고 방선(아침에 선에 들어가는 것을 입선이라 하고 저녁 때 선 공부가 끝나는 것을 방선이라 함)이 되자 놀랍게도 스님방문이 열리고 헌칠한 키에 이목구비가 수려한 비구승이 경건한 자세로 나오고 있었어요. 수행에 몰입해서인지 처음 만났을 때보다 많이 수척해 보이는 비구승을 보는 순간 낭자의 두 눈엔 주루룩 눈물이 흘러내렸어요. 마치 시커먼 먹구름이 소나기로 쏟아진 뒤 하늘이 더 찬란히 빛나듯 낭자의 마음은 어느새 속 깊이 사무친 슬픔이 걷히고 희망의 빛으로 환히 밝아오고 있었어요. 갑자기 온 몸에 힘이 솟는 것만 같았지요. 불공을 마치고 돌아올 무렵엔 수척한 얼굴에 홍조까지 띠었으니까요.

　영험한 부처님의 하해 같은 은혜로 대갓집 외동딸의 불치병이 치유되었다는 기적 같은 이야기는 삽시간에 인근 마을에 파다하게 퍼졌지요. 두말할 것도 없이 그 집에서는 많은 재물을 부처님 전에 봉헌했습니다. 그 일이 있은 뒤로 낭자는 원하기만 하면 언제든지 절에 갈 수 있었고, 그때마다 낭자는 먼 발치에서나마 스님을 보는 기쁨을 누릴 수 있었습니다. 낭자의 건강은 차차 회복되었고요. 그러나 하기 결제(불가에서 1년을 4기로 나누어 일정한 곳에 안거하며 수행에 전념하는 3개월간)가 끝날 무렵부터는 더욱 심각한 문제가 생기고 말았지요. 해제(결제가 끝나고 다음 결제까지의 3개월. 스님들은 이 기간에 이곳저곳 다니며 공부함)가 되던 날부터 스님을 볼 수 없었던 것이지요. 이제나 저제나 가슴 앓으며 기다려도 스님은 그림자조차 찾아볼 길이 없었어요. 절망에 빠진 낭자는 더 이상 절에 가지 않았어요. 기다리다 기다리다 그리움과 안타까움에 겨운 눈물로 나날을 보냈던 것입니다.

　그런 사이에도 세월은 어김없이 흘러 어느덧 산천이 단풍으로 곱게 단장을 하는가 싶더니 무너져 내리듯 낙엽이 지고, 마른 잎은 북풍이 불 때면 이리 쓸리고 저리 밀려 골짜기마다 쌓였습니다. 그러던 어느 날 밤 낭자는 비장한 결심을 하고는 부싯돌을 찾아 들고 절을 향해 떠났어요. 그리고는 모든 사람이 다 잠들기를 기다렸다가 절 근처로 낙엽을 긁어 모으고는 불을 붙였습니다. 마를 대로 마른 낙엽더미는 활활 타오르며 눈 깜빡할 사이에 목조건물인 절채로 옮겨 붙었어요. 고풍이 창연하던 법당이며 훌륭한 승려들을 수없이 배출한 선방이 불타오르기 시작하자 잠들었던 스님들이 놀라서 뛰어 나왔지요. 그러나 아무도 불을 끌 생각조차 할 수 없었어요. 너무 메마른 가을이었고, 온통 목조건물뿐인 절이어서 불길이 닿기가 무섭게 재가 되었으니까요.

이 경악스러운 사태를 어둠 속에서 지켜보고 있던 낭자의 가슴 한복판에 자책과 회한의 금이 그어지고 있었어요. 젊은 학승이 아무리 두문불출을 결심했어도 선방에 불이 붙으면 뛰쳐나오겠지 하는 생각으로 불을 질렀기 때문이었지요. 그토록 안타깝게 그리워 하느니 놀라 뛰쳐나오는 모습이라도 한 번 더 보고 불길 속에 자신의 몸을 던져죽기로 마음먹었던 거지요. 그러나 예상은 빗나가서 비구승이 묵던 방은 문조차 한 번 열리지도 않은 채 잿더미로 가라앉고 있었어요. 낭자는 잠에서 깨어나지 못한 스님이 필시 불에 타서 죽은 것이라고 생각했어요. 사랑하는 사람을 자기 손으로 타죽게 했다는 자책감을 이기지 못한 채 낭자는 불 속으로 뛰어들고 말았어요.

　마침 타오르는 불길을 망연히 쳐다보던 주지스님이 불길로 뛰어드는 사람을 발견하고는 황급히 뛰어들어 여인을 구해냈습니다. 데리고 나와서 살펴보니 그 여인은 놀랍게도 아랫마을 대갓집의 외동딸이었어요. 주지스님은 화상과 연기 질식으로 죽어가는 낭자를 안전한 곳에 눕히고 응급조치를 취했습니다. 그리고는 자초지종을 물었습니다. 사력을 다해 가까스로 이야기를 마친 낭자는 절명하고 말았지요. 이를 너무 애처롭게 생각한 주지스님은 낭자의 시체를 절 서쪽 수려한 터에 고이 묻어주었어요.

　그리고 오랜 세월이 흘러갔습니다. 자신에게 쏠려오는 낭자의 진한 연정에 어쩔 수 없이 얽히고 말 것만 같은 자신의 마음을 다스리려 해제가 되자 황급히 절을 떠났던 젊은 비구승은 정진을 거듭하여 마침내 대각을 얻었습니다. 이제 우주만물의 이치를 깊이 깨달은 대사가 되어 자신을 키워준 절들을 돌아보기 위해 순례의 길을 떠났어요. 발효하는 술독 같이 끓어 오르던 열정의 잔해들이 대웅전 뜨락이며 선방 툇마루에서 서걱대다가 대사의 발길이 닿자 그윽한 향기로 승화하는 듯한 절들을 돌아 마침내 낭자의 진한 연정을 묻은 옛절에 이르렀습니다.

절문에 들어선 스님은 전혀 다르게 변한 사찰을 놀란 눈으로 보고 있었어요. 이때 새 주지스님이 경내를 산보하다가 대사를 발견하고는 예를 갖추고 물었지요. 어디서 오신 뉘시며 왜 그렇게 놀란 표정으로 서 있는지를. 옛절의 모습을 더듬는 대사의 말이 끝나자 주지스님은 선임자에게 전해 들은 대로 절이 개축된 내력을 이야기하며 낭자의 묘지 쪽을 향해 발길을 옮기기 시작했어요. 스님을 따라 천천히 걷던 대사의 눈에서 그만 뜨거운 눈물이 쏟아져 나왔어요. 자신으로 인해 가엾게 생을 마친 낭자의 처지가 너무도 마음 아팠고, 또 육정(喜 怒 哀 樂 愛 憎)에 매달려 번뇌하는 중생을 생각할 때 슬픔을 금할 길이 없었던 거지요.

　드디어 두 사람은 낭자의 무덤 앞에 도착했습니다. 아무 말없이 묘를 바라보던 대사가 무슨 생각이 들었는지 어서 묘를 파보자고 했어요. 주지스님은 사람을 불러와 묘를 파고 관을 찾아 뚜껑을 열었지요. 그런데 놀랍게도 관 속의 낭자는 조금도 상하지 않은 채 그대로 보전되어 있었어요. 대사는 낭자의 시신을 두 팔에 안고는 망연히 서 있었어요. 너무도 애절한 얼굴로 숨겨 있는 낭자를 안는 순간 눈물도 잊고 말도 잊고 깊은 침묵 속에 빠지고 말았던 거지요. 서녘으로 기우는 태양이 마지막 빛을 뿌려 두 사람의 얼굴을 곱게 물들였어요.

　이윽고 대사의 두 눈에서 흘러내린 눈물이 크나큰 침묵의 의미를 깨우치며 옷섶을 타고 시신으로 스며들기 시작했어요. 낭자의 가슴 깊은 곳으로. 화석처럼 굳은 자세로 이 모습을 지켜보고 서 있던 주지스님은 놀라운 광경을 목격했습니다. 대사의 뜨거운 눈물이 낭자의 몸으로 스며드는 동안 시신의 그 애절하던 얼굴이 서서히 평온해지며 행복한 표정으로 변해가고 있었던 거예요. 낭자의 얼굴이 완전히 화평해지자 "낭자의 넋은 이제 위로를 받았소이다." 라는 한 마디 말을 남기고 대사는 낭자의 시신을 안은 채 숲 속으로 들어갔습니다.

　다음 일을 너무도 잘 알고 있는 주지스님은 화장할 준비를 갖추고 대사의 뒤를 따랐습니다. 예로부터 스님네가 입적하면 일행은 화장터에 장작더미를 쌓고 또 그 위에 시신을 놓은 다음 또 장작을 쌓아올립니다. 그리고 그 더미에 불을 붙이지요. 깨끗하고도 뜨거운 불길이 한동안 춤추듯 낭자를 감싸안았다가는 뽀오얀 재를 남긴 채 사라졌어요. 대사는 정성스럽게 재를 쓸어모아 바랑에 넣고는 그 밤으로 길을 떠났어요. 정처없이 떠돌아 다니며 발길이 닿는 곳곳마다 재를 뿌렸어요.

"낭자여! 그대는 내가 가는 곳곳에 있어야 합니다. 그러나 나는 한 곳에 있지 못하는 사람, 가는 곳 어디에나 낭자가 있도록 그대를 뿌리오. 그대를 온 강산에 심겠소."며 재를 뿌렸어요. 재는 바람결 따라 이곳 저곳에 흩어졌습니다. 봄이 되자 흩어진 재의 알갱이가 떨어진 자리마다 작은 새싹이 돋아났어요. 그 새싹은 자라서 스님네들이 해제할 무렵인 7월에 가늘고도 긴 줄기 위에 그리움과 순결한 사랑을 상징하는 보랏빛 꽃과 흰 꽃을 피워냈어요.

최일도 전도사님! 세인들은 이때부터 이꽃을 이름하여 도라지 꽃이라고 불렀답니다. 도라지, 도라지 꽃이라고요."

슬픈 이야기는 아름다운 노을 속에 이렇게 끝났다. 천천히 고개 들어 먼 산을 바라보는 그녀의 표정은 온화한 봄날의 훈기, 바로 그것이었다. 입가에 맴도는 잔잔한 미소는 세상의 고통을 모두 겪고난 구도자의 그것과도 같았다.

그녀와 나는 아무 말도 없이 둑을 내려갔다. 조심스레 눈과 눈이 마주치곤 했고 그때마다 어색한 웃음을 나누었다. 무엇인가 영혼의 밑바닥으로부터 올라오는 허기진 절실함으로.

알을 깨고 나오는 햇병아리의 솜털과도 같은 의식의 발아가 어쩌면 그리도 괴롭고 아팠던 것이었는지, 이 아픔을 사랑이라고 감히 불러도 될 것인지.

수녀의 집

미원 여름수련회에서 돌아온 지 1주일 후, 그녀의 고향을 찾아갔다. 충청남도 논산군 양촌면 남산리에 위치한 깊은 산골짜기였다. 그 곳 사람들은 그 곳을 인내라고 부르기도 하고 또 어떤 이들은 담곡이라고도 부르는 참으로 조용하고 아름다운 시골 마을이었다.

여름수련회가 끝날 무렵, 나는 몹시 지쳐 있었다. 사흘 내내 타오르는 사랑의 불꽃을 안으로 안으로만 감추며 의지를 복종시키는 자신과의 싸움에 수련회 오기 전부터 이미 지칠대로 지쳐 있었다. 버스 속에서야 비로소 그녀와 함께 있다는 안도감에 아예 축 늘어져 잠들어 버렸다.

한참을 자다가 깨어보니 버스는 충주시 내금산 탄금대 주차장에 정차해 있었다. 삼삼오오 탄금대를 향해 걷는 학생들의 모습이 차창 너머로 보였다. 나도 지친 몸을 일으켜 버스에서 내려 탄금대를 향했다.

"어디 아프세요? 차에서 곤히 잠든 모습이 건강한 잠이 아닌 것 같았어요. 너무 무리하는 건 아닌지요?"

어느새 다가왔는지 김 수녀가 나란히 서서 이따금씩 한 발 뒤로 따라오면서 물었다.

"아뇨, 괜찮습니다. 요즘 좀 과로했나 봐요."

"그래도 그렇죠. 푸르디 푸른 청년이 그런 안색이 되다니요. 건강을 체크해보는 게 좋을 것 같군요."

"집에 돌아가서 하루라도 푹 자고 나면 곧 좋아질 겁니다. 수녀님 말씀하신 것처럼 저는 시퍼렇게 젊잖아요."

"그래도 조심하셔야 합니다."

다정한 연인처럼 누나처럼 건강을 염려해주는 상냥한 그녀의 목소리를 듣는 것만으로도 갑자기 온몸에서 생기가 솟는 것만 같았다. 잠시 후 푸른 숲길을 지나 탄금대에 올랐다. 신라 때 우륵이 제자를 가르치며 가야금을 뜯었다는 탄금대에 서서 유유히 흐르는 강물을 굽어보았다. 시원한 바람결에 가야금 산조 한 자락이 실려오는 듯했다. 어린 학생들과 기념촬영을 마치고 다시 귀경버스에 올랐다.

그런데 뜻밖에도 그녀가 옆 자리에 앉는 것이었다. 자리에 앉자마자 안색을 찬찬히 살피며 걱정스러운 표정을 지었다.

"서울 가시면 어머님과 의논하여 꼭 요양하세요. 공기 좋은 시골이라도 찾아가서 말이죠."

"저는 부모님 고향이 모두 이북이라서 편하게 찾아갈 만한 시골이 없어요. 피란민 2세거든요. 어려서부터 방학 때 시골 가는 친구가 제일 부러웠어요."

"그렇다면 제 고향에 가보시면 어때요? 아주 아름다운 곳이죠. 깊은 골짜기라서 성당 하나 없고요. 아, 마침 예배당이 하나 있는데 그곳을 찾아가 요양을 부탁하면 어떨까요. 아마 감리교회일 거예요."

"교회를 잘 몰라서 그런 말씀을 하시는 겁니다. 타 교단 교역자를 가족처럼 따뜻하게 맞아주지는 않는 것 같아요. 저는 장로교회 전도사거든요."

"그러면 아실 만한 분에게 부탁해서라도 한적한 시골을 알아보세요. 제가 이런 말을 하는 데는 이유가 있답니다. 큰 오빠가 서른 두 살에 돌아가셨거든요. 고혈압으로. 지금 돌이켜 생각해보니 후회가 많아요. 고혈압 증세를 처음 발견했을 때, 즉시 편히 쉬도록 하면서 오빠의 치료를 도와드렸더라면 사정이 달라질 수도 있었을 텐데 하는 생각도 들고요. 그 일 때문에 젊은 사람이 아프다고 하면 겁부터 덜컥 난답니다."

"그런 가슴 아픈 일이 있으셨군요. 어쨌든 어디 가서 한 주나 두 주간 정도 푹 쉬고 오겠습니다. 너무 걱정하지 마세요. 누구 부탁인데 안 듣겠어요. 쉴게요. 정말 쉴게요."

며칠 후 학교 수녀원으로 전화를 걸었다. 그러자 김 수녀는 깜짝 놀라는 목소리였다.

"왜 아직 서울에 있어요?"

"몇 군데 알아보았지만 마땅한 데가 없더군요. 집에서 쉬면 되죠, 뭐. 김 수녀님이 고향집으로 날 보내주신다면 몰라도……."

"정말 그 곳에 가고 싶으세요? 저희 집은 사정상 곤란할 거구요, 민박하시려면 저희 어머님께 부탁해보세요. 적당한 집을 찾아주실 거예요. 혹시 제 고향에서 한 보름쯤 머무신다면 제 조카를 좀 돌봐주세요. 돌아가신 큰오빠 아들인데, 지금 중학생이에요. 아빠가 일찍 돌아가신 데다 주위에 별다른 남자 어른이 없었거든요."

"가도 괜찮다고 허락하시면, 아니 허락 안 하셔도 정말 꼭 가보고 싶습니다. 물론 제가 가게 되면 수녀님 생가도 찾아보고 조카와 대화도 해보겠어요. 이름이 뭐죠?"

"김용정이에요. 공부를 아주 잘해요. 하지만 어른들로부터 많은 걸 배워야 할 친구예요. 세상 사는 지혜랄까, 또 성숙된 남성의 행동양식 같은 점에 대해."

"알겠습니다. 서둘러서 가볼 테니 그곳에 저를 소개하는 편지라도 보내주십시오."

전화를 끊고나서 곧바로 시골행 채비를 서둘렀다. 마침 집에 있던 큰누나가 함께 가겠다고 해서 다행이었다. 연로한 김 수녀 어머니의 식사 준비를 거들 수도 있을 테니까.

며칠 후 고속버스를 타고 논산으로 가서 다시 버스를 타고 목적지인 양촌에 도착했다. 물어물어 김 수녀의 집을 찾아가보니 어머니와 함께 조카라는 중학생 용정이가 벌써 와 있었다. 그들은 누나와 나를 반겨 맞았다. 남다른 감회 속에 마당을 둘러보았다. 전형적인 시골 농가였다. 남향으로 지어진 안채, 왼편으로 돼지우리 · 광 · 재래식 화장실이 있고, 오른쪽 감나무 밑엔 닭장이 있었다. 뒤뜰 장독대 양쪽으로 큰 감나무가 버티고 서 있었다.

대추나무 오얏나무 복숭아나무 가죽나무들이 집을 빙 돌아가며 정겹게 서 있고, 담 밑에 심은 호박은 마당까지 덩굴을 뻗어 얽혀 있었는데 군데군데 크고 작은 호박이 매달려 있었다. 도시에서 태어나서 도시에서만 자란 내게는 이런 농가 주택에서 쉼터를 갖는다는 것 자체가 난생 처음이어서, 말하자면 재벌들이 소유한 별장보다도 더 근사한 여름 휴가를 즐길 수 있었다. 그것도 사모하는 여인이 어릴 때 뛰어 놀던 집 울타리 안에서 며칠 지낸다는 것은 정말 꿈만 같은 일이었다.

김 수녀가 태어난 집에 그녀의 가족과 함께 있다는 사실에 나는 이미 흥분이 되었다. 모든 사물과 일들이 나를 기쁘게 했고 특별하게 느껴졌다. 그날부터 중학교 2학년 학생인 용정이와 냇가에 나가 피라미를 낚고 모래무치를 잡았다. 저녁이면 사촌 동생인 김영수씨 내외도 우리와 어울렸다. 김 수녀의 어머니는 딸의 어린 시절 이야기를 들려주며 무척 자랑스러워 하셨다. 그러나 자라서 수녀가 된 일을 이야기할 때는 두 눈에 눈물이 가득 괸 채 땅이 꺼질 듯한 한숨을 푹 내쉬었다. 그분은 딸의 수도생활을 원하지도 않았고 지금도 좋아하지 않는다고 했다.

"우리 딸이 시집도 안 가고 수녀원 안에서 늙어갈 걸 생각하면 억장이 무너지는구먼유."

그것을 확인하는 순간 까닭 모를 기쁨이 마음을 채워 왔다.

다음날은 용정이와 함께 동네 앞을 흘러가는 큰 냇가와 천경대라고 부르는 물가에 가서 물고기를 잡으며 즐겁게 지냈다. 큰누나는 시골 생활에 적응을 못했다. 이틀이 지나자 누나는 서울로 가겠다고 했다. 그런데 누나가 떠난 다음날 저녁 뜻밖에도 김 수녀가 대문으로 들어오는 게 아닌가. 너무 놀랍고 반가워서 모두들 벌떡 일어나 그녀를 맞으며 물었다.

"아니, 어떻게 수녀님이?"

"워메, 소식도 없이 갑자기 이렇게 왔냐? 어서 어서 들어가자."

"고모 왔네, 고모가 고모, 잘 왔어요."

"네. 갑자기 휴가를 받았어요. 몸도 좀 쉴 겸 해서요."

그러고 보니 두 눈이 퀭하니 들어간 게 안색이 말이 아니었다. 여름 수련회 때 과로한 데다 쉬지도 않고 피정을 갔다고 했다. 피정 도중에 몸이 심하게 아파서 수녀원 차를 타고 간신히 서울까지 올라갔다는 것이다. 그래서 치료차 얻은 휴가라고 했다. 그녀는 하루하루가 다르게 얼굴빛이 밝아졌다. 밝다 못해 물을 만난 물고기처럼 생명력 있어 보였다.

이틀 후 김 수녀는 논산 오빠네를 들러서 서울로 올라가겠다고 먼저 양촌 냇가를 떠났다. 나는 한 주일을 영수씨와 용정이와 더 머물며 난생 처음 시골생활을 즐기면서 요양답게 푹 쉬었다. 몸과 마음과 영혼이 비로소 함께 안식을 얻고 살찐 기간이었다. 김 수녀의 어머니는 음식 해내느라 힘들어 하면서도 하루가 다르게 좋아지는 내 모습에 무척 기뻐하셨다.

이렇게 보름 쯤 지나자 건강이 눈에 띄게 좋아졌다. 서울로 떠나던 날, 그분은 눈물까지 글썽이며 손을 꼭 잡았다.

"또 와유, 자주 와유."

사람을 좋아해서 성직자가 되길 원했다. 그저 사람이
좋아서, 그래서 떠난 걸음…….

수렁 속에서

특별한 휴가를 마치고 서울에 돌아오자마자 곧바로 일과 속에 파묻혔다. 두 주간 밀린 교회 일을 처리하느라 정신이 없었다. 나흘간을 일에만 파묻혀 지내다가 가톨릭 영성생활에 관한 책을 사기 위해 퇴계로에 있는 CCK 성서성물센터를 찾아갔다. 주로 성 바오로 서원에서 책을 더 많이 사보던 시절이었다. 친구들은 서재와 벽에 쌓여 있던 가톨릭 서적을 보며 "도대체 이 친구가 목사가 될 놈이냐, 신부가 될 놈이냐?" 하고 핀잔을 주기가 일쑤였다.

책방에 오랜만에 나타난 나를 K 수녀는 반갑게 맞아주었다.

"아이고, 더위에 어떻게 지냈어요?"

"네, 시골에 가서 잘 지내고 왔어요."

"그래선지 얼굴이 아주 좋아졌어요. 어디 외가라도 다녀온 거예요?"

"아뇨. 전 외가도 이북인 걸요. 계성여중에 계시는 김 수녀님 댁에 갔어요. 가족이 모두 고맙게 잘해주시더군요. 정말 고마운 분들이에요."

"뭐라고요? 수녀님 댁에 다녀왔다고요? 정말?"

"그렇다니까요. 그 수녀님도 친절하신 분인데, 식구들도 다 그렇게 순박하고 친절하더군요."

"그럼요. 수녀가 친절해야지요. 그런데 그 김 수녀님이 누구라고요? 계성여중 영어 선생님이시던가……?"

"아뇨. 국어선생님이세요. 시인이기도 하고. 혹시 수녀님도 그분을 아세요? 김 아네스 로즈 수녀님 말이에요."

"잘은 몰라도 더러 만나보긴 했을 거예요. 듣고 보니 정말 좋은 수녀님 같군요."

"네. 전 그런 분들을 통해서 그리스도를 따르는 이들의 아름다움을 느낀답니다."

그분은 내 말에 동의한다는 듯이 맞장구까지 쳤다. 온화한 미소를 머금고, 나는 모처럼 필요했던 책을 산 데다 김 수녀의 칭찬까지 듣고 나니 기분이 좋았다. 그분과 작별인사를 하고 돌아서는 발걸음은 날아갈 것만 같았다.

그런데 사흘이 지난 날 아침이었다. 뜻밖에도 김 수녀로부터 전화가 걸려왔다. 거의 내 쪽에서 일방적으로 전화를 걸었기 때문에 그녀가 직접 건 전화에 깜짝 놀라지 않을 수 없었다.

"아니, 수녀님이 전화를 다 해주시고 이게 웬일입니까? 웬 은혜입니까? 오늘 무슨 크고 좋은 일이 있으려나 봐요. 이른 아침부터 천사의 전화 방문을 받고 말이지요."

"네, 저도 그렇게 되길 바래요. 하지만……."

인사도 없이 내 말에 동의하는 그녀의 말투는 왠지 전과는 딴 판이었다. 이제까지 단 한 번도 들어보지 못한 무겁고 어두운 음성에 내심 무엇이 덜컹 내려앉는 느낌이었다.

"무슨 일이죠? 무슨 일이 생긴 겁니까?"

"지금 전화로 말할 순 없고요. 괜찮다면 오늘 오후 3시에 서강대 교수관으로 오셨으면 해요. 잠시 드릴 말씀이 있어요."

그녀는 '잠시'라는 말에 강한 악센트를 넣었다. 나는 영문도 모른 채 그러겠다고 대답을 했다. 그러자 인사도 없이 전화가 끊겼다.

약속 시간에 맞추어 서강대 교수관에 도착했다. 출입문에 '존 메이스 신부'라고 연구실 주인 이름이 쓰여 있었다. 그 앞에 서고 보니 이상한 기분이 들었다. 왜 이런 데서 나를 만나자고 한 걸까, 왜 그런 말투로 전화를……? 꼬리를 무는 의문과 불안감을 간신히 누르면서 문을 두드렸다. 문이 열리고 그녀가 나왔다. 웃는 얼굴을 보자 마음이 조금 놓였다. 방에는 그녀 혼자 있었다. 예수회 신부와 함께 있을지도 모른다고 생각했는데, 혼자 있다는 것이 그렇게 반가울 수 없었다.

자리에 앉자마자 그녀는 웃음기 가신 얼굴로 물었다.

"저, 전도사님. 혹시 오류동에 사는 신자에게 저희 시골집에 다녀온 이야기를 한 일이 있으세요?"

"아뇨, 전혀. 왜 그 일 때문에 뭐 나쁜 일이라도 생긴 거예요?"

"나쁜 일이라기보다…… 어제 교장 수녀님께서 저를 부르시더군요. 들어가 뵈었더니 뜻밖에도 오류동에 사는 신자 한 분이 전화를 걸었다는 겁니다. 수녀가 자기 친정에 남자를 데리고 다녀도 되느냐고요. 그래서 누가 그러더냐고 물으니까 최 전도사님께 직접 들었다고 하더래요. 그 전화 때문에 교장 수녀님의 걱정이 크세요."

"혹시 CCK의 수녀님께서 전화하셨다고는 안 하시던가요? 며칠 전그곳에 들렀다가 K 수녀님이 내 얼굴이 좋아졌다고 하시기에 수녀님이 살던 시골에 들러 푹 쉰 덕이라고 자랑한 적은 있지만. 그분밖에는 아무에게도 양촌 다녀온 이야기를 한 적이 없거든요."

"전화한 분은 오류동에 사는 신자라던데, 전혀 짐작이 가는 분이 없으신가요?"

"전혀 없습니다. 혹시 K 수녀님이 오류동성당 주임 신부님께 전화했을지도 모른다는 생각은 들지만."

"어쨌든, 다 괜찮아요. 이제부턴 저에 관한 어떤 얘기도 다른 이에게 하지 마세요. 전도사님은 좋은 마음으로 하신 이야기가 돌고 돌아전혀 다르게 되는 것 같아요. 마치 우리 두 사람 사이에 무슨 사건이라도 있었던 것처럼."

김 수녀의 얼굴에는 근심의 빛이 돌았다. 그런 모습을 보자 울컥 화가 치솟았다.

"대강 짐작이 갑니다. 제가 지금 곧바로 홍 신부님께 가서 따져봐야겠어요. 왜 남의 진실을 우스꽝스럽고 불순하게 만드는 건지. 오랜 세월 수도한다는 수녀님과 진실을 생명으로 여겨야 할 사제가 함께 말이에요. 그것도 사실과 다르게."

"아, 아니에요. 제발 그러지 마세요. 그러시면 일을 더욱 크게 벌이는 거예요. 조금 속상하고 억울하더라도 제발 가만히 계세요. 그러지 않으면 걷잡을 수 없는 상황으로 번질 테니까요."

"저는 그럴 수 없습니다. 왜 수녀님이 제게 친절을 베푼 일로 곤경에 빠져야 합니까? 더구나 어머님까지 애써주셨는데."

"그래도 안 돼요. 제발 부탁이에요. 이제부터는 아무 말도 하지 마시고, 저희 수녀원에 전화도 하지 마세요. 찾아오지도 마시고요. 생각 끝에 여기까지 오시게 한 거예요. 존 메이스 신부님께 이 모든 사정을 다 말씀드린 후 이 방을 잠시 빌렸어요."

"수녀님, 그렇게 소극적으로 대처하시면 오히려 오해가 진실처럼 남을지도 몰라요."

"아니에요. 이런 일로 사람 찾아가며 묻고 묻고 하다보면, 그것처럼 흉한 일이 없어요. 다소 힘들고 억울해도 좀 참고 기다려요."

한 시간도 채 안 되는 시간이었지만 어느 때보다도 많은 대화를 나눈 것 같았다. 서강대 교문을 나서는 발걸음은 한없이 무거웠다. 나 때문에 곤경에 빠진 그녀를 생각하니 마음이 쓰리고 아팠다. K 수녀와 함께 나 역시 공범자가 된 것 같은 느낌도 들고, 특히 이제 다시는 전화하지도 말고 찾지도 말아달라는 그녀의 부탁이 가슴을 계속 짓눌렀다.

집에 돌아오자 현기증이 나서 몸을 가눌 수가 없었다. 마음이 천 갈래 만 갈래 찢어져나가는 것만 같았다.

당연한 결과지만 그날 이후로 수녀원 방문은 말할 것도 없고 어떤 전화도, 편지도, 엽서도, 우편물도 전달되는 일이 없었다. 용기를 내서 학교와 수녀원 사이를 서성대다 요행히 마주쳐도 그녀는 아예 못 본 척하고 지나가버렸다. 동료 수녀들의 태도는 더했다.

슬픈 수선화

불꽃처럼 치열하게 타오르던 여름의 열기도 서서히 사그라져갔다. 새벽기도를 하러 동산교회로 가는 길가엔 코스모스가 줄지어 피고 새벽 하늘의 별빛도 한층 맑아 보였다. 하지만 가을의 아름다움도 풍요로움도 맑은 별빛도 그저 하나의 풍경일 뿐이었다. 내 가슴 속은 오직 차가운 바람만이 소용돌이쳤다.

일은 내 생각과는 전혀 다른 방향으로 해석되면서 일종의 범죄처럼 확대되고 있었다. 계성여중 교무실로 전화를 걸어도 그녀는 늘 자리에 없다고 했고, 수녀원으로 전화를 걸어도 바꿔주지 않았다. 베델 성서 수업 시간에 만나보려 했지만 그녀는 무기한 결강인 상태였다. 먼 발치에서라도 그녀의 모습을 보려 했지만 그것도 헛일이었다. 내 얼굴을 알아본 수녀들은 아예 벌레를 본 듯 고개를 돌려버리곤 했다. 용기를 내서 수 차례 학교 수녀원의 초인종을 눌러보았지만 그때마다 수녀들의 대답은 한결같았다.

"김 수녀님, 없어요."

"어디 가셨는지 모르겠습니다."

"제발 그만 오세요."

달라진 것은 그녀의 주변뿐만이 아니었다. 그 일이 있은 후로는 CCK의 K 수녀, 오류동 성당의 홍인수 신부도 모두 전과는 사뭇 다르게 대했다. 뭔가 서먹서먹하고, 뭔가 경계하는 듯한…… 어느날 갑자기 그녀를 빼앗기고, 허물없이 지내던 사람들을 한꺼번에 잃은 셈이었다.

나는 점점 갈피를 잡을 수 없어 휘청거리기 시작했다. 상실의 아픔이 가슴을 찢어놓았다. 이웃의 몰이해와 냉혹함은 상처에 소금을 뿌리는 것처럼 느껴졌다. 당시 가톨릭 신학대학에 재학중이던 몇몇 친구들만은 내 처지를 이해해줄 것으로 기대하고 만나봤으나 서로 딴 이야기만 했을 뿐, 사방천지 어딜 가도 누굴 만나도 나는 이방인이었고 미친놈이었다.

이렇듯 사람과의 관계가 하나씩 둘씩 깨지면서 오랜 방황 끝에 간신히 찾아낸 미래의 길도 짙은 안개 속에 파묻히고 말았다. 더 이상 견뎌내기 어려웠다. 거의 매일 음식을 먹지 못했고 잠도 이루질 못했다. 양촌 휴가로 회복됐던 건강이 다시 급속도로 나빠지기 시작했다. 교회를 가거나 아는 사람들을 만날 때마다 "얼굴이 왜 그래?" "어디 아픈 거아냐?" "병원은 가봤냐?"라는 말을 마치 당연한 인사처럼 들어야 했다. 슬프고 무척 기분이 나빴다.

그러던 어느 날 나는 그만 쓰러지고 말았다. 얼굴색이 노랗다 못해까맣게 변한 채, 그것도 아무도 없는 빈 집에서. 얼마나 시간이 흘렀는지 겨우 정신이 들어 눈을 떠보니 가족들이 돌아와 있었다. 저녁을 먹던 가족들은 그저 내가 깊은 잠을 자는 줄 알고 있었는지 어서 저녁을 같이 먹자고 했다. 혓바닥에 바늘이 돋고 입 안이 다 헐어 있었으니 밥이 들어갈 리가 없었다. 물에 말아 몇 숟가락을 뜨는 둥 마는 둥 하다가 다시 방에 쓰러져 잠들었다.

다음날 어머니는 기도원에 가고 누나도 친구 만나러 밖에 나간 후이틀을 혼자 집에서 머물러 있었다. 이틀 동안 먹은 것은 수돗물과 날계란뿐이었다. 사흘째 되던 날, 정릉교회의 최순희 전도사가 전화를걸어왔다. 나와는 신학교 동기인데다가 둘째 누나와 이름이 같아서 내가 '누님'이라고 불렀고, 최 전도사도 나를 친동생처럼 아끼며 다정하게 대해주었다.

그는 기운없이 받는 내 목소리가 심상치 않게 들렸는지 금방 음성이 달라졌다.

"최 전도사, 지금 어디 아픈 것 아냐? 목소리가 평소와 다른데?"

"뭐, 이러다가 낫겠죠. 괜찮아요."

"괜찮은 게 다 뭐야? 미련떨지 말고 어서 병원에 가봐. 당장 안 가면 내가 쫓아가서 병원에 가둘 거야. 빨리 약속해."

"알았어요. 누님."

전화를 끊고 나서 생각해보니, 아닌 게 아니라 은근히 걱정이 되었다. 자꾸만 헛구역질이 났고 맹물을 삼켜도 메스꺼웠다. 거울을 들여다 보니 이건 황달 상태를 지나 마치 흑달 증세처럼 얼굴이 타들어가 있었다. 옆집 준일이 엄마는 어지간히 걱정이 되었는지 "일도학생, 제발 엄마 속 좀 그만 썩이고 병원에 한 번 가봐."라며 몇 번씩이나 간절히 말했다.

그래도 젊디 젊은 나이에 별일이야 있으랴 싶어서 편안한 마음으로 당시 오류동에 있었던 국립원호병원으로 갔다. 담당의사는 피검사가 필요하다며 혈액을 채취하는 등 몇 가지 기초검사를 끝내고는 돌아가라고 했다. 터덜터덜 집으로 돌아오며 내심 이렇게 간단한 걸 가지고 공연히 병원을 들렀구나 생각하니 억울했다.

오는 길에 오류동 성당에 들러서 홍 신부를 만나 내 마음을 털어놓으려 했지만 끝내 만나주지 않았다. 그토록 많은 날들을 한 번 이야기가 시작되면 긴긴 시간을 들어주고 또 말씀을 들려주던 신부였건만, 이제는 아예 만나주지도 않는다는 사실이 이중 삼중의 상처가 되었다. 왜 내 이야기는 직접 들어보지도 않고 남이 전해주는 이야기만으로 정죄하는 걸까, 그럴 분이 아닌데. 오류동 성당 마당을 걸어 나오면서 서러운 생각에 눈물을 닦았다.

그런데 다음날 국립원호병원에서 전화가 왔다. 검사 결과가 나왔는데, 당장 입원하라는 것이었다. 조금은 놀라고 당황했다. 입원에 필요한 준비를 간단히 챙겨 서둘러 병원으로 갔다. 식구들에게는 한 마디 말도 하지 않고.

어머니와 누나는 그 즈음 나의 행동거지를 무척 못마땅해 했다. 우선 천주교와 수도원 주변에서 맴도는 것부터 마음에 들지 않아 했다. 더욱이 김 수녀를 둘러싼 문제로 고민하는 나를 이해할 리가 없었다. 어쨌든 사흘이 넘도록 어머니는 병원에 와보지도 않았다. 오히려 옆집에 살던 준일이 엄마가 먼저 병 문안을 왔다. 병실에 혼자 누워있자니 웬지 모를 슬픔이 덮쳐 왔다.

병원에서는 아무래도 급성간염인 것으로 추정된다고 했다. 확실한 것은 며칠 더 경과해야 알겠지만 현재까지는 과로와 수면 부족으로 인해 생긴 영양실조가 틀림없다고 했다. 하루종일 영양제를 탄 링거주사를 맞았다. 몸이 병들자 마음까지 병들고 약해졌는지 자꾸만 서럽게 느껴졌다. 한동안 병실에서 그렇게 홀로 눈물을 흘리다가 나도 모르게 그녀에게 다이얼을 돌렸다.

학교 교무실의 벨이 울리고 누군지 모를 여선생이 전화를 받았다. 떨리는 목소리로 "김연수 수녀를 바꿔달라."고 부탁했다. 통화할 수 있으리라고는 거의 기대하지 않고. 그런데 잠시 후에 그녀가 전화를 받았다. 바로 그녀가.

"…… 보고 싶어요."

울먹이는 목소리를 듣자 그녀는 깜짝 놀랐는지 다급하게 물었다.

"무슨 일이 있어요? 어디 아프세요? 목소리가 너무 좋지 않은데요?"

"네. 몸이 안 좋대요. 할 수 없이 병원에 들어왔어요. 그런데 내 곁엔 아무도 없군요. 그렇게 친구가 많았는데, 이제 혼자라는 사실이 정말 외롭습니다. 내가 혼자라니요, 그것도 이 외로운 병실에서."

"아무도 안 와봐요? 어머니도 누나도요?"

"……"

터져 나오려는 눈물을 참으려 무진 애를 썼지만 생각대로 되질 않았다.

"울고 있어요?"

"제가 흐느낀다면 수녀님이 그리워서입니다. 단지 그 이유 때문입니다."

"……"

"수녀님과 이야길 하고 있으니까. 자꾸만 서러움이 솟구쳐 나오는군요. 미안합니다. 한 번만이라도 와주시지 않겠습니까? 꼭 드릴 말씀이 있어서요."

"그곳이 어딘데요?"

"오류동입니다. 원호병원인데요, 지금 곧 오실 줄로 알고 그만 전화 끊겠습니다."

다음 대답을 들을 새도 없이 전화를 끊었다. 반반의 확률을 기다리는 마음으로 불안한 두 시간이 그렇게 지나갔다. 그때 누군가가 내 병실 문을 두드렸다. 마치 판도라의 상자를 여는 심정으로 문을 열었다. 그런데, 그런데, 그녀가 거기 있었다. 그녀가, 내가 그토록 보고 싶어 하던 바로 그녀가.

"아프시다더니 악수를 이렇게 세게 하는 걸 보니까 좀 꾀병 같네요. 병원에 스스로 찾아와서 누웠다는 것은 곧 나을 수 있다는 증거예요. 그걸 확인했으니 전 이제 가보아야겠어요."

그녀는 위로하고 싶었는지 웃음을 섞어가며 농담을 했다. 그 통에 오랜만에 웃지 않을 수 없었다.

"병명이 뭐래요?"

"과로와 수면 부족으로 인한 영양실조래요. 하지만 믿을 수가 있어

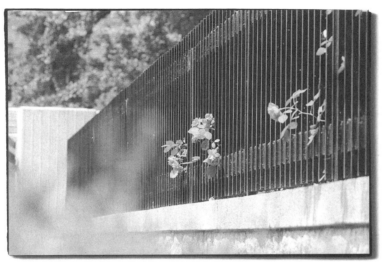

넘을 수 없는 담, 그러나 넘고만 싶었던 담. 수녀원 울타리 사이에 피어난 이름 모를 꽃들이 마냥 부러웠다.

야 말이죠. 이 젊은 나이에 웬 영양실조란 말입니까?"

"날이면 날마다 안 먹고 안 자면 누군들 쓰러지지 않겠어요? 몸 관리를 어떻게 했느냐가 문제지요. 그럴 줄 알고 맛있는 것 사왔어요. 그래 봐야 통닭 한 마리지만. 제 용돈 전부를 투자한 거예요. 어서 맛있게 드세요. 그리고 힘 내세요."

그녀는 포장지를 풀어 놓았다. 그녀의 정성이 너무도 고마워서 다리한 짝을 뜯어서 먹기 시작했다. 잠시 후 그녀는 물을 한 컵 따라 내놓으며 말했다.

"전 이제 가봐야겠어요. 서둘러 가도 간신히 저녁기도 시간 전에 도착할 거예요. 치료 잘 받으시고요, 몸조심하세요. 그리고 제 생각 따윈 영양실조와 함께 떼다가 버리세요."

"벌써 가시면 어쩝니까? 아직 한 마디도 못 나눴는데요."

"혼자라고 생각마세요. 주님이 계시잖아요. 저는 늘 기도드립니다. 최 전도사님을 당신의 훌륭하신 목자가 되게 해달라구요. 이만 가겠어요."

병실에 들어선 지 10분이 채 안 되었는데 그녀는 서둘러 일어섰다. 저녁기도 시간에 닿으려면 시간이 빠듯하다는 말에 더 붙잡지도 못하고 애를 태우며 함께 일어섰다. 한 손에 꽂힌 링거 병을 들고 따라 나섰지만 그녀는 거의 뛰다시피 하며 병원을 나가버렸다. 그녀가 사라진 병실은 다시 적막감에 휩싸였다. 상실감에 젖어 병실 전면의 유리창에 매달려서, 다시 병원 옥상으로 뛰어 올라가서 버스를 기다리는 그녀를 바라보았다.

버스 정류장에 선 그녀는 망연히 땅바닥을 응시한 채 차 한 대를 그냥 보냈다. 그리고나서야 고개를 든 그녀는 병실에 외로이 남아 있을 내가 마음에 걸렸는지 눈을 돌려 병원 창가를 바라보았다. 나는 너무 반가워서 팔의 통증도 잊은 채 손을 마구 흔들어댔다. 그녀도 나를 보았는지 손을 가슴 높이로 올려 한 번 흔들고는 그대로 얼어붙은 자세로 어둠 속의 내 마음을 받아주었다. 그렇게 말없이 마음이 오가고 침묵의 소리를 서로가 읽고 들어주며 멀리서 바라볼 수밖에 없는 그 순간의 애잔함이라니, 그 아픔이라니……

다시 버스가 왔고, 부우웅 출발음과 함께 내 사랑하는 그녀의 온몸을 순식간에 실어가 버렸다. 하지만 그 눈빛 그 모습은 거기에 그대로 남아 있는 듯했다. 옥상 난간에 기대 그녀의 이름을 목 메게 불렀다. 간호사가 나를 찾아 끌고 나갈 때까지.

그후 건강은 급속도로 좋아지기 시작했다. 의사들도 깜짝 놀랄 만큼. 그 소식을 그녀에게 전하려고 여러 번 전화를 걸어보았지만 헛수고였다. 지난 번 학교로 전화했을 때 그녀와 연결된 것이 실수로 빚어진 결과였다는 사실을 그제서야 알았다.

퇴원하자마자 곧바로 명동으로 달려갔다. 만나든 못 만나든 그곳에 가지 않고서는 도저히 견딜 수 없어서였다. 학교 수녀원에 도착하자마자 초인종을 힘주어 눌렀다. 잠시 후 한 아가씨가 나오더니 누굴 찾느냐고 물었다.

"저, 김연수 수녀님 계세요? 잠시 의논드릴 일이 있어서요."

"아, 그러세요. 조금만 기다리세요."

응접실로 안내한 그 아가씨는 지원자거나 일을 거들어주는 자매인 듯 싶었다. 사실은 동료 수녀들의 문전 박대를 각오하고 갔었는데, 뜻밖에도 수녀원 안으로 들어가는 데 성공한 셈이었다. 잠시 후 문이 열리더니 그녀가 들어왔다.

"어머! 웬일이세요? 여길 어떻게 들어오셨어요?"

"주님의 말씀이 실현되었을 뿐이죠. '두드리라, 그리하면 열릴 것이오'. 그 말씀을 확실히 믿거든요. 찾아라! 두드리라!"

"알았어요. 어서 가세요. 여기 계시면 안돼요."

"네, 그렇게 하겠습니다. 수녀님! 5분 후엔 제발로 걸어 나가겠습니다. 이건 절대로 수녀님이 규칙을 어긴 게 아니랍니다. 제가 실례를 무릅쓰고 정말 무례하게 들어온 것일 뿐입니다. 어쨌든 잠시만 앉으세요."

그녀는 어쩔 수 없다는 듯 자리에 앉았다. 다시 침묵이 흐르고, 그녀를 바라보는 내 마음은 한없이 애절해졌다.

'…그대는 신의 창작집 속에서 가장 아름답게 빛나는 불멸의 서곡, 또한 나의 작은 애인이니, 아아 내 사랑 수선화야, 나도 그대를 따라 저 눈길을 걸으리.'

그녀는 내 노래를 듣고 있었고, 나는 울면서 수선화를 부르고 있었다. 노래를 마치자마자 자리에서 일어섰다. 노래 다음에 이어질 그녀의 말을 더 듣기가 두려웠다. 명동성당을 지나서 곧바로 명동길을 뛰었다. 명동 충무로의 골목 골목을 모두 뒤지면서 미친 야생마처럼 달리고 달렸다. 깊은 산 속에서 발정난 짐승이 이 능선 저 능선을 뛰고 달리는 모습처럼. 정열과 광기가 움직이는 대로 뛰었고 피가 끓어올라 치솟는 대로 달렸다.

울며 울며 그렇게 뛰고 달리는 내 눈에는 명동거리가 허허벌판처럼

보였다. 어둠이 내리고 밤이 깊어지자 허허 울다가 허허 웃다가 생음
악이 들리는 생맥주 집에서 잠들고 말았는데, 꿈속인지 잠결인지 부르
는 소리가 들려 사방을 둘러보니 가물가물 김현식의 얼굴이 보였다.

"일도야, 웬일이냐? 이 친구 봐라, 전도사가 술도 다 먹고. 내가 한
잔 같이 하자고 할 때는 죽어도 안 마시겠다더니, 무슨 일이 있는 게로
구나. 어쨌든 만나 기쁘다. 나랑 한 잔 하자."

"야, 현식아. 너는 임마, 내가 지금 죽어도 좋다는 거냐? 기쁘다니,
죽음보다도 더 처절한 고통 때문에 몸부림치는 날 보고 기쁘다니."

죽은 후에야 〈내 사랑 내 곁에〉라는 노래를 이 땅에 남긴 그 시절의
현식이와 나의 현실은 고뇌와 절망 자체였다. 현식의 어머니는 "불쌍
한 내 아들을 위로하기 위해서 일도가 자주 오나보다."라고 말했지만
실은 친구에게서 위로받고 싶은 심정이 더 컸다. 이미 현실에 절망해
버린 현식이의 신음과 비명 같은 통기타와 하모니카는 차라리 벗이 되
어 주었다.

언제나 만날 수 있을까요

1980년 11월이 끝나가던 어느날, 아침 일찍 학교 수녀원으로 전화를 걸었다.

"여보세요? 국어담당 김 수녀님 부탁합니다."

"그분 지금 여기 안 계시는데요."

"벌써 학교에 출근하셨나 보군요. 그럼 제가 교무실로 다시 걸겠습니다."

"교무실에도 안 계세요. 다른 분원으로 가셨으니까요. (…짤깍…)"

뜻밖의 말과 함께 전화는 인사도 없이 끊어지고 말았다. 다시 걸고 또 걸었지만 동료 수녀의 응답은 갈수록 차갑고 냉정할 뿐이었다.

아니, 이럴 수가? 어떻게 이런 일이, 단 한 마디도 없이, 어떻게 이럴 수가. 당황했다. 화가 났다. 분노했다. 그리고 다음 순간 온몸의 힘이 쫙 빠지며 앞이 깜깜해졌다. 털썩 그 자리에 주저앉은 채 한동안 말을 잊고 멍하니 앉아 있었다. 믿어지지도 않았다. 버스를 타고 무작정 학교로 가보았다. 그러나 아무리 학교 주변을 서성거려도 그녀의 모습은 끝내 보이지 않았다. 며칠을 그렇게 보냈을까. 겨울을 알리는 찬 비가 흩뿌리던 날, 계성여중 뒤뜰 돌계단에 우두커니 서 있었다. 무너져 내리듯 발 밑에 쌓이던 노란 은행잎처럼 그녀와 함께 엮어가고 싶던 내 꿈도 그렇게 무너지고 있었다.

그녀를 찾기 위해 또 다시 방황했다. 전국에 있는 샤르트르 성 바오로 수도회 분원으로 전화를 다해 보았지만 그녀가 간 곳을 도저히 알아낼 길이 없었다. 누구를 잡고 물어도 원하는 대답을 해주는 사람이 없었다. 단 한 사람도.

얼마 동안 갈피를 잡지 못하고 헤매던 내게 불현듯 그럴 듯한 생각이 떠올랐다. 그날도 새벽에 일찍 일어나 하나님께 아픈 가슴을 열어놓고 기도하던 중이었다. 나는 무릎을 치며 일어섰다. 그리고는 이제까지와는 전혀 다른 태도로 식사도 하고, 옷도 잘 챙겨 입고 나날의 일과로 복귀했다. 아니, 복귀한 척했다는 것이 옳겠다.

오후가 되자 베델 성서 연구를 담당했던 유 데레스잔 수녀를 찾아갔다. 그리고 "말없이 떠나버린 로즈 수녀님은 이제는 수녀일 뿐이지 연인으로선 더 이상 아무런 관심이 없다"면서 "수도 생활에 더욱 매진할 수 있는 계기로 삼으면서 가톨릭 공부를 열심히 하고 싶다."는 심정을 꺼내놓았다.

물론 이것은 솔직한 심경이기도 했다. 그때 마음 한 켠에는 아네스 로즈 수녀와 일치에 이르고 싶은 마음 만큼이나 간절하게 자리잡고 있던 마음이기 때문이다. 이렇게 해서 다시 수도원 순례와 성서 연구가 시작되면서 자주 수녀들의 대화를 흘려들을 수 있게 되었다.

생각보다 어렵지 않게 목적을 이룰 수 있었다. 수녀들이 무심히 주고 받는 대화 속에 아네스 로즈 수녀가 수원에 있는 '말씀의 집'에 피정하고 있다는 사실을 알게 된 것이다. 뛸 듯이 기뻤다. 그날로 '말씀의 집'을 찾아갔다. 오버 깃을 파고 드는 바람이 맵던 날, 이목리 계곡 산자락에 자리잡은 하얀 건물을 어렵지 않게 찾아냈다. 그러나 막상 현관 앞에 서고 보니 그리움과 사랑의 번민과 통증이 울컥 치밀어 오르면서 가슴이 그만 터질 것만 같았다.

한참을 서서 가슴을 겨우 진정시키고 현관을 들어서자 젊은 수녀가 나와 물었다.

"무슨 용무로 오셨나요?"

"저……."

얼른 말이 나오질 않았다. 아네스 로즈 수녀를 만나러 왔다고 말하자니 없다고 잡아뗄 것만 같고, 다른 이유를 대자니 거짓말이 되겠고. 망설이다가 불쑥 물었다.

"원장 수녀님을 뵈러 왔는데요, 지금 계신가요?"

그 순간 왜 갑자기 원장 수녀를 만나겠다고 말했는지는 나도 모른다. 아마도 거짓말을 하지 않고 그 문을 들어설 수 있는 길은 오직 그 방법밖에 없다는 판단을 무의식적으로 했던 것 같다.

아무튼 현관문을 무사히 통과하여 응접실로 안내되었고, 잠시 후에 마흔 쯤 되어보이는 키 작고 얼굴이 동그란 수녀가 맞은편 의자에 조용히 앉았다. 그분은 '말씀의 집' 원장인 최 수녀라고 자신을 소개하며 갑작스레 찾아든 손님을 건너다보았다. 왜 왔는가를 묻는 표정이었다.

천진스러워 보이는 동안에 친절한 미소를 머금은 그 분의 얼굴을 대하면서 다시 뛰는 마음을 조금은 진정시킬 수 있었다. 그리고 잠시 생각했다. 무슨 말을 어떻게 시작해야 일언지하에 거절당하지 않고 로즈 수녀를 만날 수 있을까. 순간적으로 여러 가지 생각이 떠올랐지만 그 중 가장 우직한 방법을 선택했다. 사실을 있는 그대로 정직하게 말하자. 정직이 가장 좋은 정책이라는 말도 있지 않은가. 그 분을 잠시 바라보다가 가까스로 입을 열었다.

"사실은 어떤 수녀님을 찾아 왔습니다."

"누구를요?"

"김 아네스 로즈 수녀님 말입니다. 하지만 문도 들어서지 못하고 돌아가게 될지 몰라서 원장 수녀님을 찾은 겁니다. 그런 저를 원장 수녀님께서 용서하시고 이해해 주셨으면 합니다."

침착해지려 했지만 나오는 목소리는 자꾸만 떨렸다. 그러자 그 분은 뜻밖에 빙그레 웃으며 나직한 목소리로 되물었다.

"꼭, 만나셔야 하나요?"

"네!"

"하지만 만날 순 없어요."

"왜요? 전, 꼭 만나야 합니다."

"지금 피정중이라서 아무도 만날 수 없어요."

'아무도'라는 말에 그만 당황해서 소리쳤다.

"아닙니다. 만나지 않고는 이대로 돌아갈 수 없습니다. 저를 죽여 이 자리에서 내던지기 전에는 제 발로 못 나갑니다. 수녀님, 좀 도와주세요. 제발!"

"지금은 어떤 일이 있어도 안돼요. 한 달 동안의 침묵 피정중이라서요. 무슨 용무인지 내게 설명을 좀 해주면 적당한 기회에 그 수녀에게 전해 주겠어요. 이 길밖에는 달리 도울 수 있는 길이 없는 것 같군요."

말소리는 매우 친절했지만 거기 담긴 뜻은 단호했다. 하는 수 없이 자초지종을 털어놓았다. 원장 수녀의 얼굴에는 당황한 빛이 돌더니 차츰 이해해주는 듯한 기색으로 바뀌었다. 이때다 싶어서 다시 한 번 간곡히 부탁했다.

"그녀를 보지 않고는, 뒷모습이라도 보지 않고는 오늘 전 여길 떠나지 않습니다."

그러자 그 분은 딱하다는 얼굴로 말했다.

"좋아요. 정 보고 싶으면. 그러나 직접 만날 수는 없어요. 단 한마디 이야기도 안 돼요. 조금 있으면 저녁기도 시간이니 성당에서 기도할 때 뒤에서 쳐다만 보고 가는 거예요. 사나이로서 약속할 수 있지요? 믿는 마음으로 말씀드리는 겁니다. 뒤에서 뒷모습만 보고 로즈 수녀가 바른 선택을 하도록 형제님도 기도하기로 말입니다. 약속할 수 있겠지요?"

결국 응접실에 남아 저녁기도 시간까지 기다렸다. 얼마 후 원장 수녀가 들어오더니 기도실로 함께 가보자고 했다. 4층 성당에는 소임 중인 몇몇 수녀와 그토록 보고 싶은 아녜스 로즈 수녀가 머리를 숙인 채 다소곳이 두 손을 합장한 모습으로 저녁기도를 올리고 있었다.

로즈 수녀는 맨 앞 줄에 앉아 제대 앞에 놓인 감실(축성된 성체를 모시는 함)을 바라보며 성체조배를 하고 있었다. 앞으로 나아가 그녀를

샛별의 꿈밭에서 김매고 물주던 교사 시절, 여학생들과 함께.

부르고 싶었다. 하지만 원장 수녀와의 약속대로 뒤에서 바라만 보다가 그만 무릎을 꿇고 간절히 기도하기 시작했다. 하염없는 눈물이 볼을 타고 흘러내렸다. 성무일도가 시작될 무렵 원장 수녀와 함께 현관문 앞까지 말없이 걸었다. 헤어지기 전에야 간신히 입을 열어 물었다.

"그럼, 로즈 수녀님을 언제나 만날 수 있을까요?"

"꼭 만나야 되겠다면, 피정이 끝난 뒤 로즈 수녀와 의논해서 연락해 주겠어요. 만일 그 수녀가 만나지 않겠다면 아무런 연락이 안 가겠죠. 그녀의 결단을 소중히 여기실 분이라는 믿음이 갑니다. 어쨌든 전화번호나 써놓고 가세요."

그러면서 그분은 덧붙였다.

"피정은 21일 후에나 끝납니다. 그동안 전화도 편지도, 더욱이 면회는 어떤 경우에도 허락이 안 됩니다. 그 사이에 형제님이 죽더라도 허락되지 않습니다."

아, 그렇게라도 내 마음을 들어주고 그리움을 덜어준 그분께 깊이 감사의 인사를 드리고 집으로 돌아왔다.

눈 속에 꺾인 장미

지구는 왜 이다지도 천천히 도는 것일까. 아무리 기다려도 약속된 21일은 오지를 않았다. 그 사이에 수도 없이 많은 편지를 쓰고, 연시를 쓰고, 또 끝없는 기도를 올렸다. 그리고 그녀를 그리워했다. 하릴없이 눈보라치는 창을 내다보며 그녀를 그리워하는 마음은 수억만 개의 눈송이가 되어 쏟아져 내렸다. 그 해 겨울은 유난히도 눈이 자주 오고 많이 쌓였다. 한 번 눈이 쏟아져 내리면 온 세상이 온통 하얀 나라로 변했다. 하얗게 하얗게…… 눈꽃은 슬픈 내 마음에 포근히 내려앉았고, 눈꽃이 쌓인 만큼 그리움의 불꽃은 더욱 치열하게 타올랐다.

81년 1월 20일, 드디어 기다리던 전화가 왔다. 원장 수녀의 전화였다.
"내일 오후 2시에 한 번 오세요. 그 시간 쯤이면 로즈 수녀를 만날 수 있을 거예요."

그 전화를 받으며 아무 말도 할 수가 없어 알았다는 말만 하고 전화를 끊었다. 전화가 안 올지도 모른다는 불안감에 떨다가 받은 그 전화는 실로 생명의 빛 같았다. 하지만 막상 전화를 끊고 보니 로즈 수녀가 내일 무슨 말을 할 것인지에 대해 또 다시 불안해지기 시작했다.

그날 밤을 하얗게 지새우고, 다음날 서둘러 수원행 시외버스를 탔다. 경수산업도로에서 파장동 노송거리로 들어서기 직전에 버스에서 내려 '말씀의 집'을 향했다. 눈이 하얗게 쌓인 쥐똥나무가 양쪽으로 줄지어서 있는 길을 따라 걷기 시작했다. 젖소농장을 지나서 '말씀의 집'이 가까워지자 하얗게 핀 설화가 햇살을 받아 은빛으로 빛나고 있었다. 눈 내린 날치고는 매서운 그날의 바람결만 아니었다면, 숲길의 아름다움에 취해 한없이 걷고 싶은 유혹까지 느껴지는 그런 날이었다.

'말씀의 집' 정원에 들어서다가 눈 쌓인 뒷산을 산책하고 막 내려오는 로즈 수녀와 정면으로 마주쳤다. 너무 반가워서 얼른 그녀에게 다가갔다. 그런데 이게 웬일인가. 그녀는 아무런 감정도 없는 웃음으로 나를 맞고 있지 않는가. 저 표정없는 미소는 무엇을 뜻하는 것일까. 그 사이에 무슨 변화가 있었단 말인가.

꼬리를 물고 일어나는 의문을 안고 잠시 후 원장 수녀가 안내해준 응접실에서 그녀와 비로소 마주앉았다.

"어떻게 된 겁니까? 왜 나를 이렇게 당황스럽게 하지요?"

그동안 참고 참아온 질문을 한꺼번에 퍼붓기 시작했다. 로즈 수녀는 한참동안 침묵 속에 앉아 있다가 간신히 입을 열었다.

"죄송합니다. 어쨌든 저로 인해 그렇게 힘드셨으니. 하지만 제 말을 들어주세요. 표현 그대로 제 마음을 읽어주시고 받아주세요. 저는 어떤 경우에도 그리스도 안에서 최 전도사님을 사랑합니다. 지금도 사랑하듯이 앞으로도 사랑할 것입니다. 하지만 저는 이미 하느님께 수도원에서 종신토록 살기로 허원한 사람입니다. 한 달 내내 기도를 하면서 그같은 서원을 성실히 지켜가는 것이 지금 제가 할 일이요 도리라는 결론을 얻었습니다. 이것이 제 기도에 대한 천주님 응답이랍니다. 그러니 저에 대한 사랑보다는 주님의 제단에 저를 봉헌할 수 있도록 마음 써주세요. 그리고 그분이 인도하시는 길을 따라 목회자로서 소임을 다해주신다면 더 바랄 게 없겠습니다. 행운을 빌어요."

낮은 목소리로 또박또박 잘라서 말하는 그녀의 음성엔 이미 굳은 결심이 배어 있었다. 재고의 여지 없는 단호함도 서려 있었다. 하지만 그 말을 도저히 현실로 받아들일 수가 없었다. 참담한 심정으로 그녀의 말을 막았다.

"아니, 안 됩니다. 절대로! 그럴 순 없어요."

"저는 이미 선배 수녀들이 묻힌 수도원의 묘지를 거닐며, 또 제가 묻힐 땅을 여러 번 밟으며 다짐했어요. 선배 수녀님을 따라 평생 하느님만을 섬기다가 이곳에 묻힐 거라고요."

"수녀님, 혹시 그건 수녀원이 로즈 수녀님께 원하는 대답이 아닐까요? 수녀님 스스로의 선택이라기보다는."

그녀의 대답은 단호했다.

"아니오, 결코 강요된 선택이 아닙니다. 생명을 건 특별기도 후에 내린 돌이킬 수 없는 결정이에요. 그러니 다른 생각 마시고 이제 마음을 돌리세요."

어느덧 그녀의 눈에 어린 눈물이 내 젖은 눈에 어른거렸다. 그녀에게 눈물을 보이고 싶지 않아 일어섰다. 그리고 현관으로 뚜벅뚜벅 말없이 걸어 나왔다. 뒤따라 나오던 그녀가 들릴 듯 말 듯한 목소리로 말했다.

"최일도 전도사님! 전도사님을 사랑해요. 단지 우리는 각기 다른 길로 부르심을 받은 것뿐이에요. 저는 수도자로, 전도사님은 목회자로 훌륭한 목사님이 되시리라 믿어요."

그날 밤 뜬 눈으로 지새웠다. 다음날도 그 다음날도. 이렇게 며칠이 흘렀다. 그러던 어느날 아침, 눈을 뜨자마자 수원행 버스에 몸을 실었다. 도저히 그녀의 말을 받아들일 수 없고, 절대로 그녀를 포기하지 않는다는 심경을 이야기하러 간 것이다.

허겁지겁 '말씀의 집'에 도착해보니 그녀는 막 수녀원 현관에서 승용차에 오르고 있었다. 차는 부우웅 하고 출발해 버렸다. 가슴에 가득 담고 온 말을 채 건넬 사이도 없이. 내 앞을 지나가는 차창 뒷유리로 커다란 트렁크가 보였다. 알 수 없는 곳으로 그녀는 또다시 내 곁을 떠나간 것이다.

꽃잔디 속에서 찾아낸 그녀

그녀와 단 한 마디도 나누지 못한 채 헤어진 후 정처없이 길을 헤매고 다녔다. 백방으로 그녀가 머물 만한 곳을 찾았지만 모든 수고가 허사였다. 낮이면 찾아다녔고, 밤이면 보낼 길 없는 편지를 쓰고 또 썼다.

그러던 어느날 한 가지 생각이 떠올랐다. A유치원에 그녀의 생질녀가 이력서를 넣었다는 말을 몇 개월 전에 얼핏 들은 기억이 떠올랐던 것이다. 그래서 한 가닥 희망을 품고 그 유치원을 찾아 갔고, 거기에서 드디어 로즈 수녀의 큰언니 집 전화번호를 알아냈다.

"아하, 로즈 수녀 말이지요? 지금 충남 광천 성당에서 소임받아 일하고 있는데요."

다음날 장항선 첫 기차에 몸을 던졌다. 방황에 지쳐 죽은 듯이 실려가고 있었다. 하지만 영혼은 기쁨에 넘실거렸다. 그녀를 볼 수 있다는 희망 하나만으로.

광천성당을 물어 물어 찾아갔다. 이윽고 읍 중심지로부터 멀리 떨어진 성당에 도착했다. 앞뜰엔 파릇파릇 금잔디가 깔려 있고, 여기 저기 5월의 이른 장미가 피어 있는 성당은 그림처럼 아름다웠다.

끝없는 설렘으로 종루와 성당 사이를 오가다가 다시 시내 쪽으로 내려가 전화를 걸었다. 로즈 수녀가 있는 수녀원으로. 때마침 그녀가 전화를 받았다.

"……"

"여보세요, 여보세요."

그녀 음성이 귓전을 울렸다. 왈칵 속으로부터 그리움이 치밀고 올라왔다.

"내 사랑, 로즈!"

"어머!"

"저 누군 줄 아시겠지요. 그냥 잠시만 5분 정도만 만나고 돌아갈 거예요. 수녀원 정원 앞에 서 있을게요."

답을 듣지도 않은 채 전화를 끊고 성당을 향해 다시 걸어 올라갔다. 지친 몸 어디에서 그런 힘이 솟구쳐 오르는지 발걸음도 가볍게 느껴졌다. 성당 마당을 서성이고 있는데 그녀가 수녀원 왼쪽을 둘러싼 밭을 향해 걸어가고 있었다. 나를 미처 발견하지 못한 듯했다. 걸음을 옮겨 뒤따라 갔다. 수녀원 담을 끼고 왼쪽으로 돌자 넓은 밭에 분홍빛 작은 꽃들이 잔디마냥 가득 피어 있었다.

아, 부드러운 바람에 사르르 흔들리던 꽃잔디의 현란한 물결! 그토록 아름답게 무리지어 핀 꽃밭을 일찍이 본 적이 없었다. 넋을 잃고 아름다운 꽃밭 속에 서 있는 그녀를 바라보았다. 현기증이 날 지경이었다. 그 속에서 그녀는 뒤에 사람이 있는 줄도 모르고 작약꽃을 자르고 있었다. 그리고는 한 아름의 꽃을 안고 되돌아 나오다가 밭가에 서 있는 나를 발견하고는 살짝 웃었다.

우리 두 사람은 그대로 성당을 향해 걸었다. 그녀가 제단에 꽃을 꽂는 동안 나는 무릎을 꿇고 간절히 기도했다.

"하나님! 내 살 중의 살, 내 뼈 중의 뼈입니다. 내 사랑 로즈를 내게 돌려주십시오."

꽃을 다 꽂고 난 그녀는 가까이 다가와 말했다.

"미안해요. 너무 힘들게 해서요. 그렇지만 이곳까지 어렵게 찾아온 전도사님께 반가운 말을 해드릴 수 없어서 제 마음도 아파요."

"괜찮아요. 약속대로 5분 후에 갈 거예요. 수녀님이 건강하고 기쁘게 지내시는 것 같아 이젠 안심입니다."

아주 태연한 척 대답했다. 그리고는 침묵이 흘렀다. 정말 5분 후 난 정확히 일어나서 기차역을 향했다. 그녀는 어쩔 줄을 몰라했다. 당황해 하는 그녀를 앞질러 아주 초연하게 걸음을 재촉했다. 마음 속으로는 오늘이라도 당장 그녀를 보쌈을 해서 우리집으로 데리고 오고픈 맘이 간절했다. '오늘은 그녀가 이곳에 있음을 확인한 것만으로도 다행이다. 내 마음을 곧 쏟아놓으리라' 다짐하면서.

그러나 그건 오산이었다. 1주일이 흐른 뒤 잘 아는 형을 찾아가 양복과 넥타이를 빌려 입고, 친구에게 여비 좀 보태달라는 등 아쉬운 소리를 해가며 때 빼고 광 내서 광천성당을 찾아갔을 때는 그녀는 이미 그곳에 없었다. 아무런 흔적도 남기지 않은 채.

땅 끝을 향하여

그녀는 논산 쌘뽈여고 수녀원에 가 있었다. 물론 그곳을 또 찾아갔다. 그러나 광천에서처럼 그녀를 쉽게 만날 수가 없었다. 여관에서 며칠씩 묵어가며 이틀 사흘 나흘 연이어 만나려고 해보았지만 헛수고였다. 하는 수 없이 서울로 다시 올라왔다. 그때의 좌절감을 무엇과 비교할 수 있을까. 말 그대로 죽을 것만 같았다. 아니 죽고 싶었다.

며칠을 그렇게 지내면서 한마디로 수습할 수 없는 절망감에 휩싸였다. 절망 끝의 죽음은 차라리 감미로울 것 같았다. 죽을 준비를 하는 것은 곧 또 다른 삶의 선택인지도 몰라. 소지품을 정리하는 내 손 끝은 생경스런 '선택' 에 흐느끼듯 떨렸다. 그녀에게 썼던 편지와 시, 그리고 여러 가지 기록들만 챙겨 목포행 열차를 탔다. 다시 한 번 논산에 가서 만남을 시도하다가 도저히 안 되면 남해 바다에 몸을 던질 생각이었다.

논산역에서 내려 쌘뽈여고 근처에 있는 제과점에 들러 주인 아주머니에게 전화 한 통화 해줄 것을 부탁했다. 품위 있어 보이는 여주인은 몇 번 나를 훑어보는 듯했다.

"목소리가 성우 박일 씨를 닮았어요. 그 좋은 목소리로 직접 전화 못하는 사정이 무척 궁금하군요."

그녀는 바로 전화를 걸더니 송수화기를 내게 넘겨주었다.

"여보세요?"

수화기에서 들려오는 그녀의 목소리! 숨을 삼키며 들었다. 그리고는 낮은 소리로 말했다.

"저, 최일도입니다. 지금 여기에 있습니다. 언제나 당신 곁에."

순간 그녀는 말을 잇지 못했다. 너무 당황한 듯했다. 침묵이 흐르더니 다시 말소리가 들렸다.

"안녕하세요. 건강은 좋으신가요? 어머님도 안녕하시고요?"

순간 직감했다. 옆에 다른 수녀들이 있다는 것을. 그녀는 계속 사무적인 목소리로 일반적인 안부전화 응답일 듯한 말만 골라서 했다. 그런 전화응답이 마음에 들지 않았다. 또 나오는 딴판인 마음 다스림에 화도 났다. 그래서 볼멘 소리로 말했다.

"지금 좀 나오세요. 아니면 내가 그리로 갈 겁니다."

"네? 시간이 없으시다고요?"

그녀는 계속 딴청이었다.

"정 그러시면 지금 곧바로 제가 그 곳으로 갑니다."

"저도 바쁘답니다. 다시 연락주시겠다구요. 그럼 이만……."

그녀는 일방적으로 전화를 끊으려 했다. 약이 오를대로 오른 나는 모진 맘으로 이 한 마디를 던지곤 전화를 끊어버렸다.

"정 그러시면 난 이제 가사도로 내려갑니다. 그리고 이 세상에서 다시는 내 목소리를 못 듣게 될 거예요. 당신은 반드시 후회하게 될 것입니다. 끝내는 우리 사랑을 마다하고 율법으로 통제해온 당신을, 사랑을 거부한 당신을……."

그 길로 논산역으로 갔다. 목포행 기차는 통곡하는 나를 싣고 무심히 들판을 달렸다. 6월의 생기로 가득차서 팔랑거리는 포플러 줄기 끝이 붉은 하늘가에 닿아 눈시울을 적시고 말았다. 슬픔 만큼이나 처절한 아픔으로 통곡하는 내 몸 속에 노을이 번지고 있었다. 하루 해가 노을 속에 서서히 스러지듯이, 내 일상의 빛도 이제 스러지고 말겠지…….

목포행 완행열차, 빡빡하게 돌아가는 가난한 사람들의 나날처럼 밤 열차는 힘겹게 목적지를 향해 달리고 있었다. 가까스로 숨을 내몰며 힘겹고 고단한 인생 행렬의 한구석에 끼인 채 땅 끝을 향해 가고 있었다. 삶의 끝을 향해 목멘 소리로 로즈, 로즈, 로즈를 부르며 울면서 땅 끝을 향해 가고 있었다.

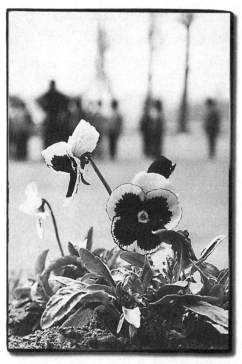

꽃잔디 속에서 찾아낸 내 사랑은 한아름 꽃을 안고는
되돌아 나왔다. 그리고 밭가에 서 있는 나를 보고는
살짝 웃었다.

3
내 안에 가득한 너
네 안에 가득한 나

피어나리라
그렇게 피어나리라
나를 향해 달려 올
그녀의 꿈꾸는 가슴에
한아름의 진달래를 안겨주리라
소월의 눈물에 젖은
손수건 같은 꽃이 아니리라
만남의 기쁨으로 펄럭이는 깃발이리라
연분홍빛 고운 색깔로
죽어서 다시 꽃으로
내 생애 한가운데 피어나리라
사랑의 신화 속에
환희의 물결 속에
그녀와의 일치의 삶이 시작되리라
시작되리라
아직은 없는 미래일지라도.

－진달래 단상－

가사도에서 찾은 빛줄기

목포를 출발한 배는 미끄러지듯 남해의 작은 섬 가사도를 향해 달렸다. 4시간 30분이나 흔들리며 가는 '옥소'라는 낡은 배였다. 갑판에 나와 희게 부서지는 포말과 크게 출렁이는 파도를 바라보았다. 며칠 동안 잠을 설치고 제대로 먹지도 않은 내 눈에 맑고 푸른 물과 넘실대는 파도는 편안한 안식처인 양 여유로워 보였다. 몇 번이고 그 안식의 길로 뛰어들고 싶은 유혹에 휩싸였다. 하지만 스물 넷의 생을 마감하기 전에 꼭 해야 할 한 가지 일이 남아 있었기 때문에 섬에 도착하기까지는 그 유혹을 뿌리치기로 했다.

두 시간 쯤 달렸을까. 순탄하게 달리던 배가 점점 흔들리기 시작하더니 갑자기 하늘이 잿빛으로 가라앉고 사방에 거친 풍랑이 일기 시작했다. 밀려오는 검푸른 파도에 배가 심하게 요동치는 바람에 몸을 가눌 겸 선실로 들어갔다. 입구에 들어서는데 누군가가 소리쳤다.

"아이가, 이게 누구시라고라? 최 전도사님이 으치게 뜬금없이 나타나시는기요, 잉?"

살펴보니 알 듯 말 듯한 얼굴이었다. 가사도는 오류동 동산교회와 자매결연을 한 섬이라서 청년회장 시절에 하기봉사대와 함께 며칠 지낸 일이 있다. 그 일이 인연이 되어 가사도 어린이의 첫 서울 나들이가 이뤄졌고, 그때 몇몇 집사와 그들을 인솔하고 서울 시내를 돈 일이 있었다. 알고 보니 당시 이장이 나를 알아보고 반색한 것이다. 그는 다짜고짜 내 손을 감싸쥐더니 소리쳤다.

"전도사님요, 으째 됐거나 이렇게 만났응께로 반갑지라. 그랑께 오늘 우리 동네 들어가믄 동네 사람들 싹 불러가꼬 한마디 하쇼, 잉."

"아이, 뭘 제가……."

"아니지라. 그때 저 뭐시냐, 쪼깐 아들 서울 댕게왔을 띠, 동네 사람들이 모두 알았지라. 전도사님이 고맙게 헌 일을 모두 알지라."

"저는 아무도 모르게 잠시 왔다가 머리 좀 식히고 올라가려고 합니다. 섬에서도 제발 저 좀 혼자 있게 도와주시면 고맙겠습니다."

그는 사뭇 손을 흔들어대며 입담좋게 떠들어댔다. 그러는 사이에 어느덧 풍랑도 가라앉고 우리는 바로 섬에 도착했다.

이장은 저녁식사 전부터 동네에 나의 방문 소식을 전했고, 그 결과 가사도예배당에 동네 어린이와 아주머니들과 남정네 몇 사람이 모여들었다. 정말 죽을 맛이었다. 일이 이렇게 되고 보니 아무리 절망에 빠져 있다 해도 강단에 서지 않을 수 없었다. 일을 이상하게도 이끌어가시는 하나님의 '장난'에 불만을 품은 채 입을 열었다. 그때 내가 한 설교 내용은 다 기억할 수 없지만 '생사화복을 주장하시는 하나님'이란 주제로 이야기를 끌어갔던 것 같다.

그날 따라 설교를 듣던 사람들이 크게 감동된 표정으로 사뭇 고개를 끄덕이며 계속 '아멘!'으로 화답했다. 그중에는 교회에 다니지 않는 사람들도 있었는데, 특히 이장은 연신 눈물을 훔쳐내며 "암만이라. 하나도 틀림없지라." 하며 탄성을 질렀다.

그는 뱃사람이었다. 가사도에 처음 복음의 씨가 뿌려질 무렵, 기독교 신자인 아들이 객지로 떠나며 간곡하게 부탁했다.

"아버지 하나님을 믿으시요, 잉. 하나님만 믿으면 어떤 위험에서도 목심을 건진다 안합뎌?"

그렇게 아들이 떠난 후 고기잡이를 나갔다가 모진 풍랑을 만나 바다 가운데서 표류하던 중 "하나님, 내 목심만 구해주믄, 내 평생 하나님을 믿고 말고라!"라며 기도하다가 구조되었던 사람이었다.

그는 자신을 구해준 하나님께 감사를 드리고 싶어졌다. 하지만 자기의 마음을 어떻게 전달해야 할지 몰라 궁리 끝에 이렇게 외쳐댔다.

"하나님 만세!"

"하나님 만세!"

"내 목숨 건져준 하나님 만세!"

청년회장 시절, 그 섬에 처음 갔을 때 이장은 자신의 경험담을 한참 늘어놓더니 물었다.

"내가 고렇게 기도해도 하나님이 내 맘 알 것이라?"

그의 손을 굳게 잡고 믿음을 격려했다.

"물론이지요. 하나님은 사람의 마음을 꿰뚫어 보시니까요."

그러자 그는 뱃일 물일로 나무껍질처럼 단단해진 손을 움켜쥐고는 글썽이는 눈물을 닦아냈다.

절망에 빠져 가사도에 도착한 첫날, 뜻하지 않게 이장을 만나면서 뜨거운 환영을 받았고 주민들과 함께 하나님의 큰 은혜를 체험하게 되었다. 그러나 그것만으로 살고 싶은 마음이 다시 솟아나는 것은 아니었다. 이튿날부터 계획했던대로 슬픈 내 사랑을 연작시로 쓰기 시작했다.

바다와 하늘은

저토록 넓고 푸르른데

외딴 섬

벼랑에 선 나무마저도

생명의 찬가를 읊고 있는데

남해의 작은 섬

가사도 하늘 아래

덫에 걸린 내 영혼은

산산이 부서지는 파도에 밀려
질식해버린 조개껍데기의 공허로움뿐이라오
긴 터널을 지나는
잿빛 우울과
잃어버린 사랑의 아픔 하나만으로
누구에게 쓰는지도 결정하지 못한 채
이 편지를 써내려가고 있오
이 편지를 받아 보게 될
사람이 누구일지
나는 모르오
다만 처음부터 끝까지
나의 진실과 순수함을 듣고 존중해 줄
그 사람에게 깊은 신뢰와 감사를
보내고 싶은 생각뿐이오
쉴 사이 없이 흐르는 두 줄기의 눈물로
이 편지를 보내려 하오
이 편지를 받아 보게 될
사람이 누구일지
나도 모른 채 말이오.

　문 닫은 방 안까지 파도소리가 밀려오는 남해의 작은 섬에서 생을 정리하기 위해 펜을 잡았다. 생의 맨 끝 지점에 다다른 순례자가 피안으로 떠나는 배에 오르기 전 삶의 여정을 정리하듯, 생의 마지막이 되고 말 날들을 그녀에게 보내는 사랑의 시와 어머니께 보낼 편지 쓰는 일로 붙들어두고 싶었다. 머물던 집의 주인 아주머니가 때에 따라 밥상을 차려 들고 오지 않았더라면 거의 시간의 흐름을 느끼지 못한 채 책상에 매달렸을 것이다.
　어린 날 추억, 아버님이 돌아가신 일, 학생 시절의 방황, 그리고 그

112

녀를 만나 지금에 이르기까지. 그 많은 추억들의 흐름 속에 띠워진 그
녀를 부둥켜안고 시를 빚었다.

모든 것을 시로 써서
소나무 아래 묻고, 가슴에 묻고
아아, 하늘과 바다는 저토록 넓고 푸른데
내 영혼은 산산이 부서지는 파도에 밀려
조개껍질처럼 흔들리는데…….

사랑으로 죽을 수 있음은

온 대지에 불을 붙여
푸른 불길이라도 솟아오르게 하려는 듯
작열하던 태양이 서녘 하늘로 기울고
저녁 노을이 서서히 퍼지고 있었소.
침묵 속에서 한참을 앞서 걷기만 하던
그녀가 내 쪽으로 돌아서며 먼 옛날을 회상하는 듯
아득하고도 막연해진 눈망울로 말을 시작한 것이오.
"꼭 필요한 경우엔 일치를,
애매한 경우에는 자유를,
어떠한 경우에도 사랑을 드립니다."
온 대지에 불을 붙여
푸른 불길이라도 솟아오르게 하려는 듯
작열하던 태양이 서녘 하늘로 기울고
저녁 노을이 서서히 퍼지고 있었소.

-푸른 불길-

새는
날아야만 새인 것이오.
날지 않고 수녀원의 규례대로 살면서

114

날개의 용도마저 잊어버릴 만큼 퇴화되는 수도 있겠지만
날짐승은 날아야만 날짐승이 아니겠소.
하지만, 진실을 찾아내지도 못하고 말할 수도 없는 이상
그녀는 이미 내 순수한 사랑을 받을 자격이 없소.
사랑을 말할 수 있는 자격도 스스로 상실해 버린 여인이 아니겠소.
아무리 내가 그녀를 사랑한다 해도 그녀의 행복을 위해서라면
내게 있는 모든 것을 아낌없이 바칠 수 있음에도
나는 그녀의 자유에 관해서 만큼은 손가락 하나도 대기를 원치 않았소.
사랑하는 그녀의 자유를 구속하는 일 그건 도저히 상상할 수도 없었소.
역시 사랑하기 때문이오.
눈물에 젖은 그녀의 얼굴을 뒤로 하고 문을 박차고 나왔을 때
내 몸 안에 돌고 있던 피가 한꺼번에 역류하는 것을 느꼈소.
내 마음은 천 갈래로 찢어지는 고통을 받았던 것이오.
아무리 생각해 보아도
새는 날아야만 새이기 때문이오.
새는 …….

- 새는 -

사랑하는 사람에겐 정신이 곧 육체인가 보오.
정신은 서로 접촉하고 손톱과 이빨로 쥐어 뜯기도 하고
비애와 초사의 고민 속에 안타까움의 연속이고
이러한 사랑의 고통이 나를 깊은 구렁속에 몰아 넣고 말았소.
이제는 내 모든 자존심을 내던지고
부끄러움을 무릅쓰고 이야기 하오만
그녀가 보고 싶어 미칠 지경이오.
그녀를 보고 싶어하는 일념 그 하나만으로도
나는 종일토록 우두커니 장승처럼 앉아서
끝없이 슬픈 노래를 부르고 시를 만들고

그녀를 사모하면서 그녀를 갈구하고 그녀를 부르고
홀로 채울 수 없는 욕망 때문에도 번뇌하고
끊임없는 의혹과 절망 속에 내 모든 일상의 업무마저
내던지고 만 것이오.
이러한 내게 그녀를 보지도 듣지도 못하고 지내야 한다는 것은
도저히 참을 수 없는 잔인한 형벌이었소.

-고뇌에 찬 열망-

그녀를 수녀원에 남겨 놓고 겨울 바다 앞에 홀로 선 나는
가슴이 터질 듯한 비통함과 애달픔에 목을 놓아 울고 있소.
그녀와 함께 보낼 수 없는 시간의 통곡소리는
저 성난 파도보다 더 깊이 절규하고 있소.
이 처절한 비애를 안고 몸부림치면서
나 자신도 어찌 할 수 없는 미움과 원망이 저 거친 물결처럼 높아만 가오.
절박했던 내 사랑을 표현 불가능하도록
우리의 만남조차도 통제하고 어렵게 만든 그 모두를
나는 어쩔 수 없이 미워하오.
그들을 원망하고 있소.
아무리 애를 써도 도저히 용서할 수 없는 사람들이오.
사랑 때문에 울고 웃는 일인데 다 자기들이 알아서 할 거고
내 맡은 일이나 잘 챙기고 관리하는 게 순서라며
쌀쌀맞게 외면한 사람들에게
분노가 섞이지 않았다면 오히려 그것이 위선이요 거짓이오.
극단의 경우에 있어서 이러한 감정적인 마찰과 충돌이
내 사랑을 죽음으로밖에 표현할 수 없는
기로에 서게 만든 것이오.
사랑으로 죽을 수 있음은

사랑으로 살 수 있음보다 강한 것이기에 말이오.

-사랑으로 죽을 수 있음은

그녀의 동료들에게 전해 주오.
언제라도 좋으니 이 말을 꼭 전해 주시오.
내가 사랑한 한 여인
그녀와 일치를 이루고 싶은 나의 순수한 갈구가 얼마나
절박한 것이었는가.
당신들이 한 번이라도 상상해 본 적이 있는가를
내가 서야 할 자리에 서지 못하고
초점을 잃어가는 것을 보면서도 그분들은 나를 조롱하는 듯 웃고 있었소.
우리 모두가 하나님의 저울대에 달릴 그 때
우리 모두의 잘 잘못이 밝히 드러날 테지만
내가 그분들을 크게 오해한 것이라면 그 형벌이 어떠하든
난 달게 받겠소.
그러나 만약 그분들이 크게 오해한 것이 밝혀지면
그래도 난 그들을 용서할 수 있겠는가.
도저히 용서할 수 없다는 것이 지금의 내 솔직한 심경이오.

우리가 서로를 심판하듯 하나님께서 우리 모두를 심판한다면
누구라도 화를 면치는 못할 것이오.
비록 내가 화를 냈지만
나에게도 화낸 것을 후회할 가능성이 있다는 것을
그분들에게 알려 주시오.
그 가능성을 응시하며 그녀가 받은 큰 상처를 잊을 수 있도록
진정으로 그녀를 도와주길 바란다고
이 편지가 그녀 손에 들어가기를 바라오.

내가 죽은 이 후에라도
그녀가 언제 이 편지를 받아 보게 될지는
나도 모를 일이지만
한 가지 더욱 분명한 것은
상처 입은 갈매기는 상처가 아물면
다시 먼 바다에까지 날아가고야 말 거라는 분명한 사실이오.

-상처입은 갈매기-

그녀는 자기를 하나님께 제물로 바친 것으로 생각하고
싫도록 나무라고, 원망하고, 미워하며 돌아서 줄 것을 당부하고 있었소
마치 앵무새처럼
새 중에서도 제일 말 잘하는 새처럼 말이오
그러나, 그녀가 말을 마친 후 내게 다가와
"어떤 경우에도 나는 당신을 사랑해요"
젖은 눈빛으로 사랑을 고백하던 순간
그녀의 감추어진 진실을 마침내 읽을 수 있었던 것이오
난 그만 애달픔과 설움이 한꺼번에 북받쳐
그 자리에서 울음을 터트리고 말았소
엉엉 소리내어 울었소
그녀도 나도 그렇게 울고 또 울면서 생각을 고쳤던 것이오
속으로 몇 번이고 다짐했소
내가 사랑한 한 여인 그녀를 소유하기보다는
내가 눈물 흘리는 편을 택하자고
비록 내가 뒤돌아서서 한을 품고 숨겨야 한대도
그녀의 자유만은 지켜주리라고

-앵무새가 아니기에-

아아, 그녀가 보고 싶소.

아무런 화장도 하지 않은 그녀의 맨살 얼굴이

해사하고 예쁜 그녀의 모습을 떠올리려 무진 애를 써도

고독한 빛이 감돌고 잔잔한 슬픔이 서려 있는

그녀의 얼굴만이 맴돌아

나를 더욱 괴롭히고 있소.

그녀의 가슴에 머릴 파묻고

로즈! 로즈! 로즈를 끝없이 불러보고 싶소.

지금도 꿈 속에서 가끔 찾아가는 양촌의 냇가

그리워 몸부림치고만 싶은 노을지는 뒷산과 빈 들

어찌 된 일인지 그녀의 고향이 사무치게 그리워지기 시작하오.

실향민의 아들로 태어난 내게는

그녀와의 가장 많은 기쁨과

가슴 벅찬 환희와 소중한 추억들이 맺혀 있는

양촌이 내 고향이라오.

창호지를 바른 창 틈으로 스며들던 은근하고도 화사한 햇살이

지금 내 눈 앞에 어른거리오.

그러고 보면 이 세상엔 괴로운 것도 많지만

아름다운 것이 더 많은 것 같소.

이처럼 아름다운 모든 것을 그대로 두고 떠나야 한다는 것이

얼마나 분통 터지고 억울한 일이겠소.

인생이란 비관하기엔 너무나도 즐겁고

낙관하기에는 너무나도 슬픈 것이라더니

양촌의 냇가, 그녀와 함께 거닐던 들녘과 노을지는 그 뒷산으로

날 데려다 줄 수만 있다면 이제는 더 바랄 것이 없으련만.

-양촌 냇가에

내가 사랑한 여인
내 평생을 걸었던 한 여인
내 생명보다 소중한 시를 쓰는 수도녀
진실로 사랑한 그녀를
수녀원에 남도록 한다는 것은
내겐 피흘리는 제사요 산 순교나 다름 없는 일
그러하기에 이제 나는 죽은 목숨이나 다름 없소.
오호라,
이 세상의 얼마나 많은 거짓들이
진실의 껍질을 뒤집어 쓰고 우리를 기만하고 있는 것이랴.
나는 아무 것도 모르오만
제발 누구라도 좋으니 내게 말 좀 해 주오.
그녀를 수녀원에 묶어 두어서 과연 무엇이 이루어졌는가를
과연 그녀는 누구를 위해서 자신을 수녀원에 바쳤는가를
내 생명보다 소중한 내 사랑을 수녀원에 남도록 한다는 것은
내게는 피흘리는 제사요
산 순교나 다름 없소.

-피 흘리는 제사

120

당신을 벗어나 어디로 가리까

　그렇게 사흘이 흐른 뒤 글을 맺었고, 한 부씩 더 써서 바오로 수녀원
으로 우송했다. 유서를 부친 셈이었다.

　그후에 어머니 앞으로 불효자로서 용서를 비는 글을 몇 장 더 썼다.
그리고는 그녀를 만난 이후 하루도 빠짐없이 썼던 일기장과 부치지 못
한 편지들과 기도처럼 써나갔던 사랑의 연작시를 한데 모아 작은 가방
에 챙겨 넣었다. 배에서 뛰어내릴 때 나와 함께 물 속에 잠길, 말하자
면 무덤의 부장품들이었다. 목숨이 붙어 있는 마지막 순간까지 그녀의
향기 안에 있고 싶었다.

　다음날 아침 일찍 일어나 세수하고 말끔히 면도까지 끝냈다. 그리고
아쉬워하는 주민 몇 사람과 작별인사를 마치고 난 다음 아무렇지도 않
은 척 목포로 떠나는 배에 올라탔다. 배는 정시에 출발했다. 출렁이는
바다 위에서 이제 곧 다가오게 될 최후를 생각했다.

　'그래, 배가 바다 한가운데로 들어서면 뛰어내리자. 흔적조차 남지
않게. 그녀에 대한 내 사랑으로 남기고 싶었던 것들, 머물고 싶었던 모
든 순간들을 가슴 속에 묻어두고서.'

　갑판에 서서 나를 받아줄 바닷물을 바라보았다. 그런데 배웅 겸 배에
함께 올랐던 섬 주민들 몇 사람이 다가오더니 반 애원조로 말을 건넸
다. 이야기인 즉 목포까지 동행하겠다는 거였다. 참으로 난감하지 않을
수 없었다. 선실로 들어가라고 권해 보았지만 그들은 막무가내였다.

　"인제 가시면 또 월매나 있어야 만날지 모르지라. 겁나게 오래 있다

오실 것이 뻔항게로, 우리가 이러는 것이지라."

"그나저나 전도사님은 인물도 좋고 맘씨도 좋고 설교도 좋고. 참말로 말씀 한번 딱 뿌러지게 잘합디다요. 앙 그렇소, 잉?"

그들은 서로 말을 주고 받으며 끝까지 목포까지 갈 기세였다. 하는 수 없이 선실로 들어가 이야기하자고 했다. 일단 그 분들을 따돌려야 했기 때문이었다. 선실에 들어가 좀 기대고 잠든 척하다가, 그 분들이 잠들거나 다른 이야기에 몰두할 때 살짝 빠져나와 뜻을 이룰 작정이었다.

그런데 또다시 배가 요동치기 시작했다. 밖을 내다보니 하늘이 시커먼 게 예사 날씨가 아니었다. 파도는 점점 거세지고, 파도 따라 배는 들까불렸다. 어찌나 배가 흔들리는지 탑승객들이 뱃바닥에 나뒹굴 정도였다. 그렇게 배가 흔들리는 것은 처음 경험했다.

거의 모두가 토하고 비명을 질러댔다. 물론 나도 있는 대로 다 토하고, 도저히 몸을 가눌 수 없어 갑판까지 나갈 수조차 없었다. 배는 점점 더 방향을 잃고 표류하는 듯했다. 며칠 동안 제대로 먹지도 않고 잠자지도 않았던 탓에 정신이 점점 혼미해졌다. 그런 중에도 죽음이 임박했다는 느낌과 함께 죽음에 대한 공포가 밀려들었다.

아마도 바닥에 엎드린 채 무언가 잡으려 안간힘을 썼던 것 같다. 그러면서도 마음 한편으론 '하나님이 내 마음 아시고, 나를 데려가실 모양이구나. 내가 스스로 해치지 않도록 기회를 주시는 것이 아니고 무엇이랴.' 하는 생각이 가물가물 들었다. 그러나 그것도 잠깐, 그만 정신을 잃고 말았다. 얼마나 시간이 흘렀을까, 눈을 떴을 때 배는 이미 목포항에 정박 중이었다. 가사도 사람들이 나를 부축해 부둣가로 나왔다. 순간 커다란 낭패감이 밀려왔다. 부두에서 본 바다는 여전히 넘실댔다.

다시 돌아가야 할 바다는 이미 눈물에 뿌옇게 가려서 보이지 않았다. 하나님의 은혜로운 손길이 전율처럼 다가왔다. 이미 죽었던 나를 다시 살려내신 그 분이 바닷바람으로 다시 어루만지는 듯 바람이 온몸을 훈

들었다. 살고 싶고 죽고 싶은 그 어느 하나 내 뜻대로 되는 건 아무것도 없었다. 벼랑에 선 나를 당신의 지팡이로 몰고 가시는 듯한 손길만은 도저히 거부할 수 없었다. 내 맘대로 바다 끝까지 가서 자릴 펴보았지만 하나님은 그곳에 이미 와 계셨던 것이다. 시편 139편의 말씀이 마음을 온통 채웠다.

야훼여, 당신께서는 나를 환히 아십니다.
내가 앉아도 아시고 서 있어도 아십니다.
멀리 있어도 당신은 내 생각을 꿰뚫어 보시고,
걸어갈 때나 누웠을 때나 환히 아시고,
내 모든 행실을 당신은 매양 아십니다.
입을 벌리기도 전에
무슨 소리 할지, 야훼께서는 다 아십니다.
앞뒤를 막으시고
당신의 손 내 위에 있사옵니다.
그 아심이 놀라워 내 힘 미치지 않고
그 높으심 아득하여 엄두도 아니 납니다.
당신 생각을 벗어나 어디로 가리이까.
당신 앞을 떠나 어디로 도망치리이까.

순간 어디서부터인지 출처를 알 수 없는 힘이 솟아오름을 깨달았다. 그렇다. 죽지 말고 살아야 한다. 나를 실신시켜 죽을 기회를 박탈해가고 육지에 무사히 닿도록 하신 그 분의 뜻을 이제는 헤아려야 할 것이고, 이제는 그 분의 뜻을 따라야 한다.

목포 부둣가에서 가사도 주민들과 헤어진 후 지친 몸을 이끌고 식당을 찾아 들어가 늦은 저녁식사를 했다. 그리고는 목포 산비탈에 세워진 달동네 양동 판잣집에 살고 있던 김준영 전도사 집을 찾아갔다. 친구가 묻는 몇 마디 말에 대답도 못한 채 고열에 쓰러져서 친구 어머니가 끓여주는 흰죽만 먹으며 나흘을 보냈다. 김 전도사의 어머니 장 집사는 목포역 앞에서 행상을 해서 아들을 신학교에 보내 공부를 시킨 분이다. 더 이상 그곳에서 쉴 처지가 못 되어 감사의 편지만 남긴 채 서울행 열차를 타고 돌아왔다.

다음날 오전에 논산 수녀원으로 전화를 걸었다. 그런데 웬일인지 기대하지도 않던 그녀가 직접 받았다. 그래서 얼른 말했다.

"항상 한 길을 사는 사람, 일도입니다. 다시 서울로 돌아와 충실하게 살고 있습니다."

그녀는 거의 울먹이는 목소리를 냈다.

"아아, 정말 감사합니다. 얼마나 기도를 많이 했다고요. 목포로 가신 후에 무척이나 걱정하고 지냈어요. 아, 정말 다행이에요."

"이제는 제 걱정일랑 마십시오."

가사도로 떠나던 그날 내가 그렇게 모지락스럽게 남긴 한 마디가 그녀를 몹시도 괴롭혔던 것 같았다. 안도의 숨을 몰아쉬며 무사함을 기뻐하는 그녀의 목소리를 들으면서 전선을 타고 들리는 이 음성처럼 빠르게 논산으로 달려가고만 싶었다. 하지만 이 모든 것이 다 소용이 없음을 알고 출렁이는 마음을 수습하며 마지막 인사를 하려 했다. 이제 다시는 로즈 수녀를 찾지도 않고 전화도 걸지 않을 생각이었다. 뿐만 아니라 이제부터는 열심히 공부를 하든지, 수행에만 전심을 다하는 용맹정진의 삶을 살든지, 자유롭게 피리 하나 들고 방랑시인으로 살든지, 전국을 떠돌면서. 그런데 그때 수화기 저편에서 떨리는 목소리가 다시 들려왔다.

"1, 2주 후에 서울 가서 연락할게요. 절대로 딴 생각 하지 말고 저를 기다리세요. 다시 전화할 필요도 없어요. 제가 연락드릴게요. 건강한 몸으로 꼭 기다려주셔야 해요."

나는 귀를 의심했다. 어쩌면 그건 환청일지도 모른다고. 너무도 그렇게 되길 바라던 나머지 헛들은 것인지도 모른다고. 아무튼 그 말을 끝으로 전화는 끊겨졌고, 반신반의 속에 한없이 애태우며 2주일을 보냈다.

돌아온 로즈

7월 중순이었다. 매일매일 전화벨 소리에 귀를 모으던 어느 날, 마침내 전화가 걸려왔다.

"여보세요?"

맑고, 아름다운 그 목소리! 더 이상 듣지 않아도 바로 그녀의 음성이었다. 반가움에 가득 차서 급히 물었다.

"거기 어딥니까?"

"지금 여기 사는 사람입니다."

"지금 여기가 어딥니까?"

"서울에, 당신 곁에 있어요."

"정말 서울이에요?"

"네, 서울. 수녀원 본원이에요."

"어떻게 된 것이지요?"

"전도사님이 살아 돌아오셨으니 하느님께 약속한 대로 전도사님께 가겠어요."

아아, 정말 믿어지지 않았다. 그녀가 내 곁에 오다니. 아니, 이럴 수도 있는가! 꿈만 같았다. 내 모든 노력이 수포로 돌아간 이 시점에서 그녀와 함께 할 수 있는 삶이 가능해지다니. 나중에 알게 된 일이지만, 내가 마지막 전화를 하고 가사도로 떠난 뒤 그녀는 무척이나 놀라고 당황해서 하나님께 매달리며 기도했다는 것이다. 실로 자신이 죽어도 좋을 만큼 간절히.

"그 사람을 이 위기에서 건져주시면 그와 함께 살아가라는 하느님의 뜻으로 알고 조건없이 따르겠습니다. 일도 씨를 살려만 주십시오. 그는 당신의 사람입니다. 그와 함께 당신의 뜻을 잘 따르며 당신이 사랑이시고 당신이 살아 계심을 전하며 살겠습니다."

그러고 보니 죽음을 결행하려던 바로 그 순간 폭풍우로 나를 보호하신 하나님은 그녀의 간절한 부탁을 받고 있었던 것이다.

들뜬 목소리로 물었다.

"정말입니까? 언제요, 언제 만날 수 있나요?"

"7월 24일이에요."

"이미 결정된 겁니까? 수녀원 가족들과도?"

"네, 그렇습니다. 종신허원을 풀어달라고 교황청에도 수속 중이고요."

그녀가 마침내 내게로 온다. 꼭 1주일 후면 수녀복을 벗어던지고 사복을 입은 그녀를 만날 수 있다. 이제 다시는 멀리 도망가지 않고. 아아, 분수처럼 솟아오르는 기쁨에 온몸을 떨었다. 이제까지의 절망과 눈물만을 안겨준 사랑이 희망의 미래를 안고 다시 피어나고 있었다.

수화기를 내려놓고 베란다 창문을 활짝 열었다. 지루했던 여름 장마가 끝난 하늘은 맑고 푸르게 개어 있었다. 그 위에 가볍게 떠도는 하얀 뭉게구름, 그리고 빛나는 태양. 7월 땡볕이면 어떤가. 불볕 더위쯤은 아랑곳없이 밖으로 뛰어나왔다. 뜨거운 햇살이 마치 축복의 빛줄기처럼 나를 향해 무량으로 쏟아져내렸다. 별 일도 없이 아파트단지 이곳저곳을 통쾌한 웃음을 날리면서 쏘다녔다. 그냥 가만히 집에 있을 수 없었던 것이다.

얼마를 그렇게 다니다 문득 더위를 느꼈고 몸에 땀이 흥건함을 깨달았다. 그제서야 샤워를 해야겠다고 생각하며 다시 집으로 돌아왔다. 현관문을 닫는 순간 무릎을 쳤다. 중요한 일 하나를 깜빡 잊은 것이다. 감사기도! 그 날 난생 처음 온몸으로 환희와 감격에 차서 존재의 근원인 하나님께 진정으로 감사기도를 드렸다. 길고도 뜨거웠다. 시간의 흐름을 잊을 만큼.

1981년 7월 24일 오전 11시. 여성지 한 권을 들고 성공회 성당 안에 있는 레스토랑 '세실'로 갔다. 그 날이 바로 수녀가 아닌 자연인 김연수라는 여자를 처음 대하는 날이었다. 두근거림과 이유를 알 수 없는 약간의 불안을 안고 문을 밀고 들어섰다. 촛불형의 샹들리에 아래 하얀 원피스 차림의 그녀가 조용히 앉아 있었다. 차이나 풍의 짧은 칼라가 세워진 흰 원피스에 커트머리를 한 그녀는 내가 들어서자 자리에서 일어나 프리지어 꽃망울처럼 활짝 웃었다. 속에서부터 터져나오는 기쁨으로 손을 붙들고 우리는 한동안 말없이 그렇게 마주앉았다.

만난 지 3년 가까운 시간이 흐르는 동안 그 흔한 데이트나 찻집 출입을 단 한 번도 해보지 못했던 우리 두 사람이 마침내 세실 레스토랑에 마주앉은 것이다.

"수고했어요. 어려운 과정을 혼자서 겪어내느라."

"아니에요. 오히려 전도사님이 더 힘드셨죠."

"이제부터는 힘든 일 다 끝나고 우리에겐 좋은 일만 있을 거예요. 어떤 고난도 역경도 함께 할 것이니 좋은 일일 수밖에요."

우리는 커피를 마시면서 아주 기쁘게 아주 편안한 마음으로 조금도 거리낌없이 이야기 속에 빠졌다. 잠시 후 준비해온 책을 내밀면서 말했다.

"그동안 우리는 너무 정신적으로만 살아왔어요. 이제부터는 주부로서 목사 부인으로서 당신의 생이 익어갈 거예요. 그러니 이 책을 보며 주부수업을 좀 하세요."

이 말은 그녀가 1977년 2월, 〈동아일보〉의 '대학생 졸업 소감' 난에 "교사로서 수녀로서 익어가고 싶다."고 답했던 기사를 읽은 적이 있었기에 의미를 갖고 던진 말이다. 이제 우리의 삶이 1백80도로 바뀌었음을 확인하면서 레스토랑을 나왔다. 그리고 고궁 덕수궁 뜰을 산책했다. 미래의 청사진을 함께 그리면서.

곧바로 신림동에 있는 우리 아파트로 함께 왔다. 오는 동안 그녀는 전날 수녀원을 나와서 아는 언니 집을 찾아가 하루를 지내며 미장원에서 머리 커트를 하는 등 조금은 낯선 시간을 보냈다고 했다.

마침 그날은 어머니가 영등포 중앙제일교회 전도사로 부임하면서 큰누나와 함께 교회 사택으로 갔기 때문에 그녀는 저녁 늦게까지 곁에 머물다 어머니 집인 신림동 아파트로 갔다.

다음날 아침 일찍 잠을 깨자마자 그녀가 있는 어머니 집으로 향했다.

"그리로 놀러 가도 되죠?"

"이 집이 누구 집인데요? 못 올 거 없지요."

그녀와 함께 아침산책 겸 관악산에 올랐다. 아침 해가 뜨기 전 이슬 젖은 풀잎을 헤치며 걷자 싱그러운 녹음과 아름다운 새소리가 우리를 반겨주었다. 아침 매미도 쓰르럭쓰르럭 노래하며 밝아오는 하루를, 우리의 미래를 축복해주는 듯했다. 우리는 좀 시끄럽다 싶을 정도로 큰 소리로 이야기하며 유쾌하게 웃곤 했다. 산에서 부를 수 있는 노래는 아는 대로 다 불렀다. 돌아오는 길 산 들머리에서 순두부 장수를 만났다. 우리는 어린이들처럼 순두부를 한 컵씩 샀다. 아저씨는 플라스틱 수저를 두부 컵에 꽂아주며 한마디했다.

"아주 좋을 땝니다!"

우리는 그의 익살에 아랑곳하지 않고 집으로 내려오며 아침 순두부를 퍼 먹었다.

"맛있죠?"

"아뇨."

"맛있니?"

"음, 맛있어."

다시 그녀를 바라보았다. 길에서 순두부를 아무렇지도 않게 퍼 먹고, 아무 부담없이 한 남자와 함께 걷고 있다는 사실을 문득 깨달았는지 그녀는 달라진 자신의 삶에 잠깐 당황한 듯한 표정을 지었다. 그러더니 이내 까르륵 웃어댔다.

그녀가 수녀복을 벗고 처음으로 내 곁에 다가오던 날.
짧은 깃, 하얀 원피스, 짧은 커트머리.
사랑하는 나의 임이여,
사랑의 기쁨이여, 어여쁨이여.

다시 수험생이 되어

그렇게 시작된 새 생활, 1주일이 눈 깜짝할 사이에 흘러갔다. 그 사이 그녀는 우리 집 근처에 작은 방 하나를 마련했고, 나는 오랫동안 밀어놓았던 책을 다시 잡았다. 그토록 길고 힘겨웠던 방황을 끝내고 다시 미래로 뻗은 갈림길에 서 있는 나를 보았다. 며칠 동안 번민했다.

목회자의 길을 갈 것인가, 평범한 가장으로 살아갈 것인가? 목회자의 길을 간다면 중도에 포기한 신학교를 계속 다닐 것인가, 아니면 장로회신학대학에 새로 입학할 것인가? 그도 저도 아니면 신학교가 아닌 다른 일반대에서 문학 공부를 새로 시작할 것인가?

"내가 어떤 선택을 했으면 좋겠소? 목사가 될까, 아니면 문학을 먼저 공부할까?"

그러자 그녀는 한동안 생각에 잠기더니 나를 똑바로 바라보며 말했다.

"마음의 소리를 들어보세요. 하느님의 뜻도 물어야죠. 자신의 생각에 하느님이 동의해주길 바라지 말고 하느님의 뜻을 물어서 그 길을 살아갑시다. 무엇보다도 눈 앞의 일을 생각하지 말고, 먼 훗날을 기약하며 후회없는 삶이 되도록 선택했으면 좋겠어요."

"9년 후에나 목사가 되는 길을 선택하면 당신 고생이 많을 텐데. 학부 4년, 대학원 3년, 전임전도사 기간이 2년, 목사고시를 곧바로 패스할 때 9년이고, …별 사고가 없더라도 빨라야 10년 후쯤 목사가 될 테니까요."

길고 긴 학교 생활을 걱정하며 이렇게 물었다. 그러자 그녀는 큰 고민 없이 선뜻 말했다.

"뜻이 확실하다면 그 길이 아무리 멀고 험한들 어때요. 우리 앞에 미래가 열리겠죠. 그런 문제는 걱정하지 말고 진심으로 원하는 것을 잡으세요."

이렇게 말하는 그녀의 맑은 눈에는 학생 남편과 함께 할 길고 긴 생활에 대한 염려보다는 무언가 새롭게 시작될 삶에 대한 기대가 서려 있었다. 순간 마음 깊은 곳에서 어떤 소리가 들렸다. 가는 길은 멀고 험하지만, 가고 싶은 길을 진정 새롭게 펼쳐보기로 굳게 결심하면서 그녀에게 말했다.

"그러면 바로 오늘부터 어떤 유혹이나 흔들림이 있어도 대학교에 들어갈 준비를 시작하겠어요. 목사가 되고 안 되고는 학부를 졸업한 후에 다시 고민해도 되는 것이고, 만약 평신도의 삶이 그분 뜻이라면 목사의 길을 언제든 포기하겠어요. 당신이 수녀의 삶을 포기한 것처럼. 어쨌든 대입 학력고사 시험 준비를 바로 이 순간부터 시작하려오. 그리고 7년 동안 어떤 일이 있어도 학생 신분으로 살아가겠소. 우리가 함께 세워나갈 공동체를 위해."

그러나 그 7년은 입학시험 준비기간이 계산되지 않은 것이었다. 학생 시절이 과연 몇 년이나 될지는 아무도 알 수 없는 상태였다. 오직 하나님 외에는.

8월이 후딱 지나가고 9월이 되었다. 햇볕은 따가워도 아침 저녁으로 선들선들 부는 바람이 계절이 바뀌고 있음을 느끼게 했다. 아파트 입구나 공터에는 어느새 이른 코스모스가 피고, 골목길 아이들이 노는 소리가 하늘에 가득했다. 우리는 거의 매일 만났고 수도 없이 많은 이야기를 나누었다. 함께 만나고 싶은 사람들, 가고 싶은 곳, 신앙 이야기, 미래에 대한 계획, 인사를 나누어야 할 친지들, 바뀐 철에 맞추어 입어야 할 옷과 음식, 그리고 장차 우리가 꾸려나가게 될 공동체 구현과 구체적인 영성생활 수련, 삶에 대한 큰 희망과 시시콜콜한 이야기를 끝도 없이 주고 받았다.

그러던 어느 날 조간신문에서 1단짜리 기사를 읽었다. 집중 폭우로 치르지 못한 대입체력장을 연기해서 다음 10월에 시행하게 되었다는 내용이었다. 그리고 그 기사 맨 끝에 두 줄이 덧붙어 있었다. '미처 등록하지 못한 사람의 체력장 원서는 해당 교육구청별로 추가로 받기로 결정했다.'는 내용이었다.

불현듯 기발한 생각이 떠올랐다. 체력장을 미리 봐두면 좋을 것 같다는 생각이 번개처럼 스친 것이다. 그녀도 맞장구를 쳤다. 그 날로 교육위원회를 찾아가 체력장 입시원서를 작성하여 제출했다. 나이 스물다섯 살. 다른 사람 같으면 이미 대학을 졸업하고 대학원 입학시험을 볼 시기에 대입 체력장 원서를 접수시킨 것이었다.

이윽고 체력장 날이 돌아왔다. 그녀는 아침 일찍 우리집에 들러 전날 준비해놓은 재료로 도시락을 싸서 들려주며 말했다.

"꼭 잘 할 수 있을 거예요. 내가 열심히 기도하고 있으니까요!"

모든 일을 하나님께 의탁하는 그녀가 그날따라 더 미덥고 든든했다. 나는 눈을 끔뻑하며 다녀오겠다는 인사를 남기고 집을 떠났다.

장소는 성남고등학교 운동장이었다. 도착해 보니 앳된 얼굴의 나이 어린 고등학생들이 줄지어 서 있었다. 별수 없이 재수생 대열에 끼였지만 그들 중에도 나처럼 나이든 사람은 없었다. 좀 창피하고 쑥스러웠다. 하지만 꿈을 포기하고 쉬운 길로 접어든다면 그게 더 부끄러운 일이라고 자위했다. 순간순간 집에서 기도하고 있을 그녀의 얼굴이 떠올랐다. '어쨌든 이 시험을 잘 보아야 한다. 그래야 늦게 시작한 공부지만 제대로 할 수 있지 않겠는가.' 다짐하고 또 다짐했다.

이윽고 종목별 체력장 시험이 시작되었다. 그러나 곧 아무런 연습도 없이 기초체력만 믿고 덤벼든 사실을 후회하기 시작했다. 고등학생들은 어쨌든 지속적으로 연습을 해온 터이고, 몸도 훨씬 유연했다. 나는 1백 미터 달리기 후에도 헉헉 숨을 몰아쉬지 않으면 안 되었다.

멀리 던지기 종목을 끝내고 잠시 땀을 식히고 있는데 오래 달리기를 마친 한 학생이 옆으로 픽 주저앉았다. 살펴 보니 얼굴이 해쓱한 것이 심히 걱정스러운 상태였다. 이것저것 생각할 겨를도 없이 달려들어 조금 해본 지압과 마사지로 경직된 근육을 풀어주고는 편히 쉬도록 도와주었다.

얼마 후 학생은 다행히 기운을 되찾았고, 이를 지켜본 다른 학생들도 한 종목이 끝날 때마다 어디가 아프다며 내게 와서 하소연을 했다. 그때마다 그들의 팔다리를 주물러주며 한 종목 한 종목 시험을 치러나갔다. 그런데 턱걸이는 뜻대로 되지 않았다. 그렇게 여러 학생들을 거드는 사이 체력이 많이 소모되었나 보다. 철봉에 매달려 다섯 번 턱걸이를 하고 나자 몸이 아래로 축 처지면서 온몸의 힘이 빠져나가는 듯했다. 그렇다고 거기서 포기할 수는 없어 그 상태로 한동안 고개를 숙인 채 기도를 했다. 이 광경을 본 학생들은 안타까운 듯 일제히 소리쳤다.

"아저씨, 힘내세요!"

"아저씨, 파이팅!"

저마다 애태우며 파이팅을 외치는 어린 동생들의 지원에 힘입어 안간힘을 다해 다시 도전했다. 그렇게 해서 놀랍게도 턱걸이를 22개까지 했다. 만점이었다. 오랫동안의 번뇌와 방황으로 가뜩이나 약해진 몸에 나이도 있고 해서 애당초 만점 받을 생각은 하지도 못했었는데. 다만 미리 체력장을 치러두면 내년엔 공부에만 전념할 수 있을 것 같아 시작한 것이 의외로 좋은 결과를 가져온 것이다. 다른 사람은 이런 일을 어떻게 생각할지 모르지만 내게는 하나의 작은 기적이요, 하나님의 크신 은혜였다. 나를 격려하기 위해 하나님께서 내려주신 따뜻한 손길이었음을.

　만점 표시가 된 체력장 점수표를 받아 들고는 곧바로 청계천 헌책방으로 달려갔다. 그곳에서 고등학교 교과서와 참고서를 몽땅 사들고 집으로 돌아왔다. 하루 종일 눈빠지게 기다리던 그녀는 나를 보자 반색했다. 다음 순간 손에 들고 온 두 꾸러미의 책을 보더니 의아한 눈빛으로 바뀌었다. 나는 아무 말도 없이 책을 현관 안에 들여놓고 응접실로 들어와 무릎을 꿇고 앉았다. 그리고 자초지종을 이야기한 뒤 감사기도를 올렸다. 그녀의 눈에 눈물이 맺혔다.

　"체력장 점수 때문에 울다니, 이러다 대학교 합격하는 날엔 한강에 홍수지겠네."

　그녀는 짐짓 장난스레 분위기를 바꾸며 책 더미를 펴서 책상 위에 가지런히 놓고 예쁘게 정리했다. 그 날부터 1년 뒤에 보게 될 대학교 입학시험 준비가 본격적으로 시작되었다. 다음 날 있는 돈을 다 털어 남영동에 있는 D학원 단과반 수강증을 끊었다. 1개월짜리였다. 돈을 다 모아도 1개월 이상의 수강증을 세 과목 이상 끊을 금액이 안 되었기 때문이었다. 그리고 얼마간 남은 돈으로 공책이며 볼펜, 필요한 문구류와 한 달치 버스표를 샀다.

　얼마 만에 다시 책을 펼쳐놓고 공부하는 것일까. 그 옛날 종로학원 시절 서울대에 도전하기 위해 머리를 싸매고 공부하다 쓰러진 이래 그토록 진지하게 공부한 적은 거의 없었다. 아버지가 돌아가신 후 너무나 큰 상실감과 인생에 대한 회의로 방황하다 일류 고등학교 진학이 막히자 재수를 포기했었다. 친구들보다 일류 대학에 먼저 보기좋게 진학한다면 고입 실패로 받은 상처가 멋지게 보상되리라 믿었던 것이다.

　그러나 먼저 가겠다던 대학을 8년이나 뒤늦게 가게 될 줄이야. 처음 검정고시 학원에 다닐 땐 장학금을 받기도 했다. 그렇게 착실하게 1년 동안 공부한 덕에 그 해 충북 도교육위원회에서 실시한 대입 검정고시에 최연소 합격자가 되기도 했다. 어쨌든 나는 새로 시작한 시험 준비에 몰입했다.

그러나 그 다음 달엔 학원비와 생활비가 턱없이 모자라 외국 집회차 출국한 선배 목사 교회의 주일예배 설교를 맡아 생활비를 보태야 했다. 형편이 그렇게 되고 보니 11월부터 학력고사를 치르기까지 토요일 오후와 주일엔 책을 손에 잡을 수조차 없게 되었다. 그런 가운데도 나는 할 수 있는 한 열심히 공부했다. 필사적으로 공부에 전념하는 내 모습을 지켜보던 그녀가 어느 날 한 가지 제의를 했다.

"올해 시험치면 어떨까요? 내년의 진짜 시험에 도움이 될 것도 같은데요."

듣고 보니 그럴 듯했다.

사실 대학 입학시험을 본 지 거의 8년이 지났으니 요즘 학력고사 수준이나 경향에 대해선 무지한 처지가 아니던가. 그러니 입학원서 대금만 날리면 그만한 대가를 얻을 수 있지 않겠는가. 서둘러 학력고사 원서를 제출하고 마지막 준비를 했다. 그리고 정해진 날에 무사히 학력고사를 보았다. 예상했던 것처럼 두 달 공부로 좋은 점수를 얻을 수 있는 시험은 아니었다. 그러나 전혀 가능성이 없는 것도 아니었다. 그날 아침부터 도시락을 챙겨주며 하루 종일 기도하겠노라던 그녀의 얼굴이 떠올랐다. 나는 기도하며 차분히 풀어나갔다.

결과는 한때 가고 싶었던 Y대의 철학과 하한선 정도로 나왔다. 그러나 철학을 공부하는 것이 목적이 아니었기 때문에 1차 시험을 포기하고 2차인 장로회신학대학에 원서를 넣었다. 물론 합격할 거라는 기대는 전혀 하지 않고.

오후 5시 쯤 광장동에 있는 장로회신학대학을 찾아갔다. 오전에 합격자 발표가 있었지만 일부러 응시자들이 합격 여부를 확인하고 거의 다 돌아갔을 것으로 추정되는 시간을 골라서 간 것이다. 예상대로 교정에는 직원 몇 사람 외엔 없는 것 같았다. 우리는 조금 숨을 죽인 채 본관 앞 게시판을 향해 다가갔다. 그리고 합격자 명단을 살펴보았다.

그런데 이게 웬일인가. 내 수험번호도 거기 나와 있지 않은가! 놀라서 "저기…… 내…… 번호가…… 어! 내 이름이……" 하고 더듬대자 그녀의 시선도 내 손가락 끝을 따라 가 마침내 수험번호를 찾아냈다.

"정말이군. 우와! 모르겠어. 내 인생은 도무지 내 맘대로 되는 게 없어요. 올해 붙을 생각은 아예 하지 않았었는데."

"무슨 말을 그렇게 해요. 진심으로 축하해요. 당신 인생의 주인이신 하느님께서 당신을 이리 몰고 저리 몰면서 인도하시는 손길을 정말 느낄 수 있어서 행복해요."

2월의 교정엔 아차산에서 불어오는 찬바람이 휘몰아치고 있었지만, 우리 가슴에는 기쁨과 감사와 희망의 훈풍이 넘실대고 있었다. 나는 그녀의 손을 잡고 본관 로비 건너편에 있는 기도실로 들어가 무릎을 꿇었다.

"아버지, 이 몸을 당신께 바치오니 좋으실 대로 하십시오."

그리고 1년 동안의 수험기간조차 줄여주시고 입학의 기쁨을 앞당겨 주신 분을 향해 한동안 감사의 기도를 드렸다.

나는 신학교로, 그녀는 교단으로

합격자 발표가 있은 지 2주 후, 그녀 앞으로 동두천에 있는 신흥실업고등학교에서 연락이 왔다. 3월 2일부터 국어교사로 근무해 달라는 내용이었다. 시험 합격에 이어 또 한 가지 큰 기쁨이 한꺼번에 우리를 찾아든 셈이었다. 이렇게 해서 약 7개월 간의 행복하지만 어려웠던 공동체 준비생활 1차를 끝내고 우리 두 사람은 새로운 2차 준비생활을 시작할 수 있게 되었다.

사실 그녀가 수도원에서 나와 세상 삶에 적응해 나가던 7개월 동안은 갖가지 어려운 일들이 있었다. 그녀는 학생 시절에도 수녀될 생각만 하고 살던 사람이라서인지 음식 만들기, 옷 사기, 머리 모양 만들기 등 일상에 서툴기만 했다. 또한 두 사람 다 충분한 수입도 없었고 어머니로부터 받는 약간의 용돈으로는 시험공부 하기에도 벅찼다.

그녀는 중학교에서 산휴 강사도 하고 출판사 일도 맡아 했다. 그러나 그것만으로는 충분한 생활비가 되지 못했다. 우리 두 사람이 힘겹게 지내는 것을 알게 된 친구 김신관 형제는 가끔씩 용돈을 모아 라면이며 채소 등을 사들고 왔다. 그러면 우리들은 그걸 함께 먹으며 시를 이야기하고 노래를 부르기도 했다. 당시 신학대학원에 다니던 친구 김영기는 말없이 내 주머니에 돈을 찔러주기도 했다.

그녀는 또 성당과 교회 사이에서 방황했다. 나는 성당에 나가라고 말했지만, 그녀는 내가 장차 평신도로 살 사람이 아니니까 자신이 내

쪽으로 오는 것이 마땅하다며 교회에 적응하려고 애썼다. 우선 그녀는 주일마다 한 교회씩 집 근처에 있는 예배당을 나가보았다. 가끔은 내가 시내에 있는 큰 예배당으로 안내하기도 했다. 영락교회 정동감리교회 새문안교회 연동교회 등……

그러던 어느날 그녀는 새문안교회를 선택해서 계속 한 교회를 다니겠다고 말했다. 당시 새문안교회는 강신명 목사가 원로목사로 은퇴하고 젊은 김동익 목사가 부임한 지 얼마 되지 않은 때였다. 그녀는 새문안교회의 차분하면서도 경건한 예배 분위기와 김동익 목사의 깊은 묵상에서 나온 설교 말씀을 특히 좋아했다. 물론 나도 그녀가 새문안교회에 등록하는 것을 좋게 생각했다. 그래서 다음 주일날 우리는 함께 새문안교회에서 예배를 드린 후 새 신자로 등록했다.

그녀가 처음 교회에 나가자 주위 사람들은 어떻게 그렇게 쉽게 개종을 하느냐고 물었다. 그러면 그녀는 아주 자신있게 대답했다.
"개종이라니요? 어디서나 같은 하느님을 믿는데 무슨 개종입니까? 다만 교리와 전통이 좀 다르고 예배 양식이 다른 교회에서 예배를 드릴 뿐이지요."
생활 양식이 갑자기 너무 바뀐 데서 오는 여러 가지 어려움을 그녀는 항상 깊은 신앙심과 굳은 의지로 잘 극복해 나갔다. 그녀는 무슨 결정을 하거나 행동을 할 때 늘 하나님의 뜻과 나의 소망과 자신으로 인해 수녀원에 누가 되는 일은 아닌가를 먼저 생각하곤 했다. 그래서 모든 측면이 충족될 때 결정하고 행동으로 옮겼다.

그해 3월은 그녀와 내가 각기 다른 지역으로 삶의 둥지를 옮기는 여명의 달이기도 했다. 나는 다시 신학교로, 그녀는 교단으로.
그녀는 동두천으로 둥지를 옮겼다. 학교가 동두천에 있었기 때문이었다. 학교 앞에 방을 하나 빌려 그 학교의 수학교사인 장혜련 선생과 함께 자취를 시작한 것이다.

나 역시 방을 옮겨 학교 기숙사로 들어가기로 했다. 학교까지 너무 멀었고, 무엇보다도 혼자서 덩그러니 20평 아파트를 쓸 필요가 없었기 때문이었다.

이렇게 해서 우리는 시외전화로 필요한 말을 주고 받고, 또 이틀이 멀다 하고 편지를 주고 받게 되었다. 주말에나 간신히 만날 수 있던 우리 사이에 본격적인 연애 시기가 그제서야 시작된 것이다.

길고 긴 신학수업이 시작됐다.
후회 없는 선택, 그것은 고독과
사색의 길을 걷는 것이었다.
"당신은 좋은 목사가 될 거예요." 라던
그녀의 목소리를 두고두고 새기며.

진달래 꽃길 따라

장로회신학대학 입학 이후부터 어머니의 성화는 부쩍 늘었다. 김연수가 신부감으로 맞지 않다며 완강히 반대하는 거였다. "목사 딸이나 장로의 딸을 아내로 맞아야 목회 생활이 순탄한 기야. 네가 아직도 철이 없어서 기래."라고 우기면서 한사코 배우자 선택을 다시 고려할 것을 종용했다.

그동안은 어떻게든 사랑의 열병에서부터 아들의 목숨을 건지고 싶은 홀어머니의 마음 때문에 그녀와의 만남을 모른 체해 왔을까. 하지만 막상 아들이 장로회신학대학 신학과에 입학해서 목사의 길을 걸을 것이 확실해지자 어머니는 다시 새로운 기대를 품게 된 것 같았다. 어떻게 해서든지 큰 교회의 담임목사로 세우고 싶은 욕망과 함께 또 그녀가 수녀 출신이라는 점이 못내 용납되지 않았던 것 같다. 그때만 해도 어머니는 천주교는 교리적으로 이단에 가깝다는 편견 등 그릇된 교파주의가 빚어낸 부정적 고정관념에서 벗어나지 못했을 때였다.

"천주교 수녀를 파계시켜서 목사 아내 삼았다는 얘길 아직껏 들어보질 못했어야. 그 수녀는 수녀의 길이 따로 있는 기야. 목사하고 수녀하고 마음이 하나 되기두 힘든 일이구."

하지만 나는 그토록 어려운 결단을 하고 온 그녀에게 반대로 일관하는 어머니의 입장을 전달할 수가 없었다. 결사적으로 결혼을 반대하는 건 어머니뿐이 아니었다. 누나들도 반대하고, 친지들도 모두 반대했다.

물론 교회서도 성당서도. 온통 내 주변은 '절대로'라는 말을 내세우며 결혼을 반대하는 사람들뿐이었다.

토요일 오후면 그녀를 찾아 경원선 열차를 탔다. 때로는 그녀가 신학대 기숙사로 찾아오기도 했지만, 그녀의 주말 퇴근시간에 맞추어 동두천으로 가는 일이 많았다. 가다보면 도봉산 자락에 진달래가 눈이 시리도록 아름답게 피어 있었다. 산은 마치 분홍빛 치맛단을 살짝 치켜들고 봄 기운에 취해 있는 듯했다. 그 진달래 꽃물결을 바라보며 우리 아픈 사랑의 추억에 젖어들곤 했다. 그럴 때면 떠오르는대로 진달래에 얽힌 단상을, 그녀에 대한 참을 수 없는 그리움을 시로 쓰곤 했다.

가시는 님의 길목마다
진달래 아름 따다 뿌리겠다는
이별의 진한 슬픔이
산화(散花)의 축복으로 승화되기까지의 소월의 가슴처럼
내 마음은 언제나 피 흘리는 산 제물로
이 강산에 바쳐지고
구름따라 흐르다 흩뿌려지는
눈물이 되어야 하는가
세상을 살아간다는 건
슬픔의 이랑 위에 기쁨의 씨앗들을 뿌리는 것
일생을 경작해야 겨우 작은 열매가 맺히는
삶의 텃밭에
어쩌면 이토록 많은 고통들이
숨어 있는 것인가
아아, 그러나
죽음도 부활이 피어난 토양이듯
지금은 슬픔의 의상을 두르고

내게 오는 그녀의 사랑이지만
진달래 꽃빛보다 더 화사한 기쁨으로
피어날 날도 멀지 않으리라.
진달래의 슬픈 사연 한가운데
내 사랑의 기쁨을 새겨 넣으리라.

봄이 오면 우리 강산 어디에나 지천으로 피어나는 진달래, 그 분홍빛 설렘으로 시를 쓰고 또 썼다. 누에가 명주실을 뽑아내듯. 어쩌면 나라꽃 무궁화보다도 더 우리 민족의 가슴에 깊은 정서의 샘을 뿜어 올리는지도 모를 진달래꽃을 바라보며 그녀를 생각하다보니 무언가 다시 슬픔이 다가올 것 같은 통절한 예감이 자꾸만 설핏거렸다.

소월에 이르면 '나보기가 역겨워 가시는' 임이 떠나는 길 위에 뿌려지는 이별의 슬픔이 핏빛처럼 엉긴 꽃이 아니던가. 어디 그뿐인가. '두견화'라는 또다른 이름의 유래는 더욱 처절하다. 두견새가 밤새 울면 목에서 터져 나온 피가 땅에 떨어져 꽃으로 피어나기에 그같은 이름이 붙여졌다니, 이 얼마나 슬픈 사연인가. 나는 진달래에 쌓인 슬픈 의미들이 어쩌면 내 사랑마저도 그렇게 물들이고 말 것만 같은 불안함을 떨쳐버리기 위해 쓰고 또 쓰고 볼펜만 잡으면 시를 썼다.

피어나리라
그렇게 피어나리라
나를 향해 달려올
그녀의 꿈꾸는 가슴에
한 아름의 진달래를 안겨 주리라
소월의 눈물 젖은
손수건 같은 꽃이 아니라
만남의 기쁨으로 펄럭이는 깃발이리라

연분홍 고운 빛깔로

죽어서 다시 사는 꽃으로

내 생의 한가운데 피어나리라

사랑의 신화 속에

환희의 물결 속에

그녀와 일치되는 삶이 시작되리라

시작되리라

아직은 이루어지지 않은 미래일지라도.

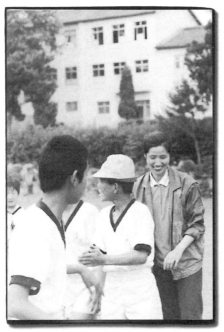

1982년 3월은 그녀와 내가 각각 다른 곳으로
삶의 둥지를 옮기던 이별의 달,
새로운 여명의 달이기도 했다.

4
불안과 안정의 한가운데

더는 물러나지 않아도
더는 나아가지 않아도 좋을 곳에
앉았습니다
두고온 마을들과
어렵사리 접어온 세월들은
이제 잠잠합니다
내 그윽한 밀실에서는
또 하나의 작은 세계가 태동하고
침묵은 완숙한 가슴으로
나를 감싸안고 있습니다
무너져도 소리나지 않을 때가 오면
떠나기 위해
죽어서 사는 길로
떠나기 위해
어둠과 빛의 한가운데
앉았습니다
불안과 안정의 한가운데에
앉았습니다.

-꽃의 말씀-

다시 시작된 방황

　누구에게도 털어놓을 수 없는 고통이 줄곧 가슴을 짓눌러댔다. 홀로된 어머니와 첨예한 대립이 가중되면서 난 핏줄마저 원망스러웠다. 이런 고통을 안고는 그녀를 만나기가 점점 힘겨워졌다. 갈등이 큰 만큼 마음 한편에서는 수도생활에 대한 유혹이 점점 거세게 일어났다. 그녀가 사랑 때문에 목숨 걸고 나오더니, 이젠 내가 사랑 때문에 수도생활에 입문해야 하는 것인가. 이러지도 저러지도 못하는 처지에서 오는 고통을 해소해보려는 무의식의 도피처요, 어머니와 그녀와 내가 모두 홀로 서는 제3의 길이었는지도 모를 일이다. 이렇게 마음이 갈래갈래 나뉘자 또 다시 방황하기 시작했다. 학교수업이 끝나기가 무섭게 수도원을 찾아다녔고, 수도원에 가지 않는 날은 용산 채소시장에 있는 베들레헴의 집을 찾기도 했다. 그곳은 몇년 전부터 가끔 찾아가 설거지 등을 거들곤 하던 행려자를 위한 숙소였다.

　지금은 성 프란치스코 수도원에서 맡아 지극히 작은 형제들을 섬기고 있지만 당시엔 '예수의 작은 형제' 수도회에서 옷을 벗고 나온 박 스테파노 수사(그때는 수사가 아니었지만 편의상 그분을 형님 또는 수사님이라고 불렀다)가 책임봉사자였다. 나는 가끔씩 수업을 빼먹고 거기서 봉사하고 헐벗은 이들과 함께 한뎃잠을 자기도 했다. 먹을 것도 잘 자리도 없이 떠도는 그들, 반면 모든 책임이나 사회적 체면이나 겉치레를 다 벗어 던진 그곳 삶을 바라보며 처음엔 무척 자유로운 존재들로 보았던 것도 사실이다. 어떤 때는 그런 자유가 부럽기조차 했다. 그러나 오랫동안 함께 지내다보니 그들이 누리는 자유는 진정한 자유라기보다는 열악한 상황에서 어쩔 수 없이 빚어진 무위요 인간 소외현상이라는 것이 조금씩 느껴지기 시작했다. 기쁨을 누리기보다는 거기서 벗어나려는 본능적인 발버둥만 거듭하다가 더 크게 좌절되는 악순환의 고리임을.

그러나 문제는 그들 스스로 소외된 땅에서 벗어날 힘이 없다는 사실이었다. 하루 한 끼의 밥도, 한 벌의 옷도, 하룻밤 잠자리도 스스로 해결하지 못했다. 그러다가 병에라도 걸리면 곧 죽음의 길로 들어서게 되는 것이 일반적인 수순이었다. 정신이상자, 알코올중독자, 이름 모를 중병에 걸린 사람들도 적잖이 눈에 띄었다. 나는 그들에게 무언가 작은 도움이라도 되고 싶어 안달이 났다. 헐렁한 옷에 찢어진 낡은 구두를 신고 형제들과 더불어 그들을 돌보고, 또 지연웅 최광수 허강대 조성재 등 신학대학 친구들을 데리고 가서 사역을 거들곤 했다.

그런 저런 일로 신학대 동급생들은 나를 '최 수사'라고 부르게 되었다. 일이 끝나면 밤 늦도록 책을 읽었다. 제때 음식을 챙겨 먹지도 못한 채. 하지만 그런 불규칙하고도 일종의 방황에 가까운 삶은 오래 가지 못했다. 그해 6월 중순, 급기야 병원으로 실려 가고만 것이다. 입 안이 온통 부풀어 터지고, 터진 곳마다 노란 고름이 앉았으며 온몸의 기운이 쫙 빠졌다. 이 소식을 듣고 병원으로 황급히 달려온 그녀는 당황해서 어쩔 줄 몰라했다. 동분서주하며 입원 수속을 마친 그녀는 병원 생활에 필요한 것들을 준비하기 시작했다.
검사 결과 과로와 수면부족으로 인한 영양실조라는 진단이 내려졌다. 무조건 잘 먹고 푹 쉬고 생각을 깊이 하지 말라는 의사 지시였다. 퇴원 후 학교에 가보니 조활웅 교수가 손을 꼭 잡으며 말했다.
"이봐, 최 형. 자넨 스스로 자기 몸을 돌볼 능력이 없는 사람 같아

그녀를 만나기가 점점 힘겨워졌다.

그리고 어느날부터인가 나는 다시 아웃사이더가 되었다.

어디론가 떠나자, 평화와 안식이 있는 곳으로.

수도자, 수도생활…… 숱한 방황의 끝을

그곳에서 맺고 싶은 목타는 갈증을.

보여. 빨리 장가들어 아내의 잔소리 속에서 살아야 공부를 마칠 사람이라는 생각이 드네."

며칠간 병원에서 지내면서 흔들리는 마음을 완강히 다스리며 한 가지 중요한 결심을 했다. 그녀와 되도록 빨리 결혼하기로.

퇴원해서 다시 기숙사로 돌아오던 날, 우리는 결혼 날짜를 82년 9월 4일로 잡아버렸다. 그 누구와도 상의하지 않고. 어차피 다 반대하는 결혼, 단 둘만이라도 호젓이 식을 올리고 싶었다.

결혼에 대한 극단적인 생각은 학창 시절부터 있었다. 결혼하면 목회 생활 안 하고, 목회를 하게 되면 결혼 안 하겠다는 일방적인 사고였지만 그런 편견을 당연시하며 자랐다. 그러던 어느날 귀한 형님을 만났다. 결혼한 목회자가 될 수 있음을 깨우쳐주고, 회의에 휩싸여 장신대를 떠나려 했을 때 굳건히 나를 붙든 사람, 박동현 선배(현 장신대 구약학 교수)가 바로 그분이다.

"최일도 씨, 떠날 때 떠나더라도 있는 동안만큼은 충실히 보내십시오. 입학한 지 1년도 안 되어 여길 떠나겠다는 것이 과연 입학을 허락하신 하나님의 뜻일까요?"

하지만 그마저 내 발길을 붙든 지 1년만에 독일로 유학을 떠나버렸다. 그가 사라진 신학대학은 더욱 재미 없었다. 학교를 둘러싼 아차산이 없었더라면, 산의 오솔길을 홀로 걷는 재미라도 없었더라면 아마도 졸업은 생각도 못했으리라.

해인사 약수암에서

스테파노 형은 가끔 나를 '도사'라 부르며 웃곤 했다. 처음 스테파노 형을 만날 당시 교회 교육전도사 직을 맡고 있었기 때문이었다. 형은 베네딕트 수도회 수도사였다가 '예수의 작은 형제회'로 다시 수도원을 옮겼지만, 끝내 환속해서 용산 채소시장 주변의 행려자들을 돌보는 데 헌신하고 있었다.

"그럼 이번에 해인사를 다녀오면서 왜관 베네딕트 수도원과 대구의 예수의 작은 자매 수녀원을 방문해보기로 하지. 산행과 수도원 순례를 다 할 수 있는 코스니까."

금요일 오후, 스테파노 형과 함께 대구행 기차를 탔다. 이런 저런 이야길 나누다보니 기차는 어느새 대전을 지나 남쪽으로 남쪽으로 달리고 있었다.

"그런데 일도, 요즘 무슨 고민 있는 거 아냐?"

"왜요? 그렇게 보여요?"

"뭔지는 모르겠지만 좀 그래 보여서."

"인생이란 본래 고해라면서요? 저도 지금 그 고해 한가운데를 흘러가고 있나 봐요."

"그래서 머리도 식힐 겸 여행을 가자고 말한 거야. 복잡한 생각은 돌아와서 해도 늦지 않을 테니까, 지금부터는 모든 근심에서 벗어나라구."

대구에 도착한 우리는 먼저 예수의 작은 자매 수녀원을 찾아갔다.

스테파노 형이 몸 담고 있던 예수의 작은 형제 수도원과 같은 영성생활을 추구하는 자매 수도원이었다. 똑같이 샤를르 드 후꼬 성인의 정신에 따라 설립된 수도원으로 생활 양태도 비슷했다. 허름한 문을 열고 들어서자 수녀 한 분이 나와 반갑게 맞아주었다. 정성껏 차려준 저녁식사를 마친 후 오래도록 수녀원 생활에 대한 이야기를 들었다. 이웃의 가난을 체험하며 나사렛 예수의 영성생활 추구를 위해 육체적 노동 속에 사는 수녀들의 꾸밈없는 삶을 듣고 있노라니 무언가 알 수 없는 청초한 향기가 방 안에 감도는 듯했다. 다음날 왜관 수도원으로 가기로 하고 손님방에서 하룻밤을 묵었다.

이튿날 수녀원을 나서는데 스테파노 형이 어깨를 툭 쳤다.

"여기까지 왔는데, 해인사를 안 들르면 스님들이 얼마나 섭섭해 하겠어. 안 그래?"

"아니, 해인사 스님들과도 잘 아세요?"

"그런 게 아니고, 모처럼 해인사 정경을 즐기고 싶어서 해본 소리지."

"여기서 가까운가요?"

"반 나절 가량만 가면 될 걸."

"그렇게 하지요. 저도 국민학교 시절에 아버지를 따라서 가보고선 한번도 못 가보았는데."

왜관으로 향하던 발길을 돌려 해인사행 버스에 몸을 실었다. 대구 시가지를 벗어난 버스가 시골길을 한참 달리자 길 양쪽으로 펼쳐진 울창한 삼림이 차창을 가득 메웠다. 해인사 가까이 온 듯한 느낌이 들면서 우선 안도의 숨을 내쉬었다. 솔잎혹파리 떼가 해인사 근처의 나무들을 죽이고 있다는 신문 기사를 읽은 일이 있었는데 길가에 늘어선 소나무들은 무사해 보였기 때문이다. 해인사는 법 · 불 · 승의 불교 3보를 지닌 국내 3대 사찰 중 하나가 아니던가. 팔만대장경으로 법을 갖추고 있는 유서 깊은 사찰 주변이 황폐해진다면 그 안타까운 마음을 어찌 추스를까 싶었다.

청정한 해인사 계곡을 따라 달리는 버스 안에서 또 그녀의 얼굴이 떠올랐다. 그녀와 아주 친한 비구니가 해인사 암자에 있다고 했던가. 아니야, 석남사라고 했던 것 같은데……. 그녀의 대학 동창이라고 했지.

깊은 생각에 잠겨 있을 때 달리던 버스가 갑자기 섰고 스테파노 형이 성큼 내리며 눈짓을 했다. 황급히 버스에서 내려 그를 따라 해인사를 향해 걷기 시작했다. 얼마나 걸어 올라갔을까. 아직 본찰까진 꽤 거리가 남아 있는 것 같았는데 벌써 목이 마르기 시작했다.
　“어디 물 좀 마실 데가 없을까요?”
　“글쎄, 찾아 봐야지.”
　마른 목을 적시기 위해 두리번거리며 계속 걸었다. 한참 가다 보니 ‘약수암’ 이란 푯말이 눈에 들어왔다. 우리는 누가 먼저랄 것도 없이 그쪽으로 발길을 돌렸다. 아마도 커다란 바위 아래 약수가 흘러나오는 샘이 있을 거라고 상상하며. 그런데 길을 따라 걸어가보니 샘물은 보이지 않고 작은 암자가 나왔다. 좀 실망이 되긴 했지만, 암자에도 물은 있을 거라는 생각이 들어 조심스레 문을 밀고 들어섰다.

마침 마당가에 샘이 있었고 몇 분 여스님이 물일을 하는 게 보였다. 목례하며 샘가에 다가서자 비구니 두 분이 합장을 하며 인사를 받았다.
　“저, 해인사에 찾아온 나그네인데 목이 말라서요.”
　여스님 중 한 분이 두레박을 내려서 물을 길어주었다. 갓 길은 시원한 샘물이 목에 닿자 온몸에 생기가 도는 것 같았다.
　“고맙습니다. 물맛이 참 좋은데요.”
　“갈증이 심했나 보군요.”

물 보시를 받은 답례로 다시 인사를 하다가 합장하는 비구니와 눈이 마주쳤다. 순간 깜짝 놀라 자리에 딱 멈추어 서고 말았다. 어디서 본 듯한 얼굴이었기 때문이었다. 그러고보니 눈빛과 말투도 익었다. 그

분도 무언가 생각해내려고 애쓰는 눈치였다.

"저… 혹시 김 아녜스 로즈."

"김연수 수녀님을……"

"네, 알아요."

"저도요."

"그러면 지난 여름 세종문화회관에서 만났던 지연스님이?"

"네, 맞아요. 최 전도사님이시죠?"

정말 뜻밖의 일이었다. 아무런 약속도 없이 갑자기 들른 작은 암자에서 그녀의 가장 친한 대학 친구 지연 스님을 만나게 될 줄이야.

스님을 처음 만난 것은 세종문화회관에서였다. 록 오페라 〈지저스 크라이스트 수퍼 스타〉가 공연중이었다. 입장권 두 장을 어렵게 구입해서 아녜스 로즈 수녀에게 전화를 했다.

"저, 세종문화회관 대강당에서 공연중인 오페라 지저스 크라이스트 수퍼 스타 입장권 두 장이 있는데요, 로즈 수녀님께 드리고 싶습니다."

"전도사님이나 친구와 함께 가보셔요."

"아닙니다. 저는 이미 보았구요. 수녀님이 이걸 꼭 보면 좋겠다싶어서 어렵게 구한 건데요."

"저는 다른 방법으로 갈게요."

"아닙니다. 이 표를 꼭 수녀님께 드리고 싶습니다. 제가 동행할 수 있다면 더 좋겠구요. 저와 함께 감상하는 것이 불편하시다면 다른 수녀님과 함께 나오세요. 저는 표만 전해드리고 밖에서 기다려도 되니까요."

"아닙니다. 그럴 순 없고요, 좋은 생각이 있는데요. 마침 제 친한 친구가 지방에서 올라왔는데 함께 보면 좋을 듯 싶네요. 죄송하지만 표두 장만 더 구해주실 수 있으세요? 요금은 제가 준비할게요. 친구에게 동행이 있어서. 괜찮겠어요?"

"예, 예, 괜찮고 말고요."

전화를 끊자마자 서둘러 세종문화회관으로 향했다. 갑작스레 표 두

장을 더 구할 수 있을지 걱정이 되었기 때문이었다. 공연이 성황리에 진행되고 있었기 때문에 시간에 임박해서 표를 구하기가 쉽지 않았다. 매표소 직원이 취소된 표가 있다며 몇 장 더 필요하냐고 물었다. 두 장 필요하다고 하자, 직원은 취소표가 마침 넉 장이라면서 미리 사두었던 두 장까지 바꾸어 주었다.

얼마 후 김 아네스 로즈 수녀가 세종문화회관에 나타났다. 먹물 옷을 입은 비구니 스님과 함께. 우리는 서로 인사를 나누었다. 곧바로 공연이 시작되었기 때문에 모두 안으로 들어갔다. 극장 계단을 나란히 오르면서 정말 기묘한 기분이 들었다.

불교 천주교 기독교 신도와 아직 종교가 없다는 스님의 동행자인 무신론자 한 사람, 그렇게 네 사람이 정답게 계단을 오르는 모습을 보며 전혀 예상치 못한 기이한 만남 속에 과연 종교란 무엇일까를 잠시 생각해 보았다. 우리는 이렇게 해서 본의 아니게 개신교 천주교 불교의 수도자와 무신론자가 나란히 앉아서 오페라를 구경하는 진풍경을 연출하고만 것이다.

물 한 모금 얻어 마시러 암자에 들렀다가 또 다시 부딪치게 된 지연 스님이었다. 그러나 스님은 두 번째가 아니라 전생에 인연이 있었을 것이라며 내가 전생에 수도승이 아니었을까 생각된다고 하였다. 암자를 나올 무렵 스님은 내게 할 말이 있다면서 절 옆 나무 그늘에 멈추어 섰다. 그리고는 조용히 물었다.

"아네스 로즈 수녀님이 지금 어디에 있는지, 전도사님은 아시지요?"
"네, 알고 있습니다."
"아네스 로즈 수녀님은 저와 종교는 달라도 서로 격려하며 수행해가는 가장 가까운 도반이랍니다. 서울 가시는 대로 꼭 찾아가서 수녀원으로 다시 되돌려 보내주셔요. 어떻게 살아온 수도 생활 10년인데, 지금 와서 포기하다니요. 세상이 점점 혼탁해질수록 수도자의 헌신이 소중한 것 아니겠어요. 제발 부탁이니 수도자로 되돌아 가라고 간곡하게 달래 보세요."

"무슨 말씀을 그렇게 하십니까? 본인이 심사숙고한 끝에 선택해서 결행한 일입니다. 누가 설득한다고 길을 바꾸고 말고 할 사람이 아니잖습니까? 스님에게도 가야 할 길이 따로 있듯이 그녀 역시 그녀의 길이 있습니다. 지금 저와 함께 그 길을 가고 있고요."

"저라도 가서 그 길을 말리고 싶어요. 하지만 아시다시피 지금은 결제기간이라 어딜 다닐 수 없답니다. 그러니 전도사님이 어떻게 좀 설득해 보세요."

정말 난처했다. 그동안 우리 두 사람이 겪은 사랑의 간곡함을 잘 모르는 스님은 계속 애절하게 부탁하고 있지 않은가. 그렇다고 지난 일을 일일이 다 설명할 수도 없고 해서 이 한 마디로 말을 닫았다.

"알았습니다. 노력해 보겠습니다."

석연찮은 대답을 하고 등을 돌리자 지연스님의 얼굴이 잠시 일그러졌다. 처연한 얼굴로 하늘을 보고 땅을 보고 한숨을 내쉬고는 부엌으로 들어갔다. 스님들이 차려낸 점심상이 나왔다. 스테파노 형은 내 덕에 정성스럽게 차려진 절밥을 얻어 먹는다며 맛있어 하는데, 나는 음식이 목구멍에 넘어가질 않았다. 맛도 잊은 채 고민에 빠지고 말았다.

약수암에서 나온 우리는 해인사 본찰의 대웅전과 장경각을 둘러 보았다. 그리고 많은 스님네들이 공부하는 강원을 둘러본 후 왜관으로 향했다.

그날 밤이 깊도록 한잠도 이룰 수가 없었다. 해인사 약수암에서 만난 지연 스님과 왜관 베네딕트 수도원에서 본 십자가에 달린 예수상이 겹치면서 머리를 밤새 어지럽게 흔들어대고 있었다. 나는 다시 번민의 숲 속을 거닐어야 했다. 한 주간 수업을 포기한 채 고뇌의 강 가에서 사랑하는 한 여인의 이름 로즈를 끝없이 부르며.

그가 누굽니까

해인사에서 돌아온 후 며칠을 망설인 끝에야 지연 스님 이야기를 꺼낼 수 있었다. 그녀는 무척 반가워하면서도 어딘가 쓸쓸한 눈빛을 거두질 못했다. 그런 표정을 바라보면서 속으로 미안한 마음과 안쓰러움을 느끼지 않을 수 없었다. 여고 시절부터 작정해온 수도자의 길을 일단 접어둔 그녀를, 아무 대책도 없이 오직 사랑하는 마음 하나밖에 없는 내게로 온 그녀를 그리워하고 바라보는 내 눈동자는 어느새 축축히 젖어 들었다.

만일 내게 오지 않았더라면 동료 수녀들처럼, 지연 스님처럼 수도자로서 나름대로 정진하고 있을 그가 아닌가. 더구나 평생을 하나님을 위해 종신허원까지 한 그녀가 지금 나로 인해 세속의 길로 들어서고 있지 않은가. 과연 나와 함께 가는 이 길이 그녀에게 최선의 길이 되겠는가. 나는 그녀의 생애에 무슨 역할을 할 수 있을 것인가. 수많은 생각이 겹치면서 생각이 생각을 낳고 또 다시 생각에 걸리는 거듭된 혼란이 마음을 괴롭혔다.

게다가 그녀를 못마땅히 여기는 어머니의 성화가 갈수록 점점 더 심해졌다.

"야야, 앞길을 생각하라우. 수녀 출신 목사 사모를 누가 좋아하갔니? 교회 청빙심사에서 예외없이 문제삼을 게 뻔해야. 거럼, 누구라도

157

나쁘게 생각할 기야. 지금이라도 장로님이나 목사님 딸 중에서 한 사람 골라 보라우. 그리고 지금 니가 장가 들 때냐, 공부할 때지. 안 그래? 신학대학원만 졸업해 봐. 잘난 여자가 줄을 설 텐데. 기다려 기다리라구."

"이미 다 끝난 얘기예요. 저는 그 여자와 결혼할 거예요. 절대 다른 누구와는 결혼 안 해요."

"야가 아직도 철이 없어 가지고는, 쯧쯧. 여자한테 빠지면 그렇게 눈에 뵈는 게 없어지냐. 이 멍청한 인간아, 정 그렇게 나오면 이 에미와는 남남으로 살 걸 각오해. 난 수녀 출신 며느리 눈 뜨고는 못 보니까니. 눈에 흙이 들어가기 전엔 어림도 없어."

무척 괴롭고 혼란스러웠다. 그녀가 수녀원을 나오기만 하면 다 될 것 같았는데 물 건너 물이요, 가도가도 첩첩산중이고 깊은 계곡을 헤쳐 나와도 사방에 낭떠러지뿐이니. 어떻게 해야, 어디로 가야 최선의 길이 보일까. 정말 하나님은 우리 두 사람의 완전한 결합을 원치 않으신단 말인가. 식음을 전폐하다시피 하며 번민한 끝에 다시 얼굴이 반쪽이 되고 말았다. 아무리 아랫입술을 깨물어도 혀는 안으로 안으로 계속 타들어갔다.

토요일 오후에 아무 연락없이 그녀의 학교로 찾아갔다. 퇴근시간에 힘없이 걸어 나오는 그녀를 바라보며 나 역시 이루 말할 수 없는 허탈감과 우울함에 빠져들었다. 시내로 나와 차를 마시면서 아픔과 고민을 털어놓았다.

"연수씨를 만난 이래 오늘처럼 이렇게 확신이 안 선 적은 단 한 번도 없었어. 마음이 산란해. 너무 혼란스러워. 너무 아파. 마음도 몸도. 내게 이런 혼란과 번민이 왜 일어나는지를 모르겠어."

"내 생각으로는 오히려 좋은 기회인 것 같은데요. 우리가 서로 이런 재확인 과정 없이 덜컥 결혼했다가 결혼 후에 이런 번민을 다시 하게 되면 얼마나 상처받겠어요. 우리 사랑과 이 깊은 신뢰와 애정이 하느님의 인도 속에서 하느님의 뜻을 다시 확인하는 시간이 된다면 전화위복이 되지 않겠어요?"

아네스 로즈의 대답은 의외였다. 담담하고도 당찬…… 듣고 나니 그제야 마음이 서서히 안정되었다.

"어서 일어나요. 그렇게 많은 날 밥도 못 먹고 고민하느라고 얼굴이 이 모양 되었어요? 오늘은 사랑의 수고를 더해가는 분께 맛있는 저녁을 사드릴게요. 나는 월급받는 교사구요, 당신은 학생이잖아요."

그녀는 위로하기 위해서 일부러 그러는지, 아주 밝고 가벼운 표정으로 마주앉아 저녁 먹기를 재촉했다.

"동두천에서 유명하다는 닭고기 바비큐 집을 찾아 나서요. 손에 손을 잡고. 우리가 이렇게 데이트도 해보고 함께 산다면 더욱 행복할 거예요."

번민과 마음의 짐은 다 어디로 가버렸을까. 그녀는 너무도 맑고 밝은 얼굴로 손을 내밀더니 내 손을 잡아 깍지를 꼈다. 레스토랑에 들어선 지 5분 안되어 숯불에 구워낸 닭고기 바비큐에 양배추와 강낭콩 샐러드가 곁들여 나왔고, 으깬 감자에 옥수수를 우유와 버터로 양념한 일종의 퓌레도 나왔다.

닭고기를 즐기는 편은 아니지만, 처음 먹어보는 닭고기 바비큐는 감탄사가 나오기에 충분했다.

"여기 완두콩과 체리를 넣으면 더 맛있을 텐데."

그녀는 감자로 만든 퓌레를 접시에 담아주며 말했다. 그리고는 내 얼굴을 잠시 바라보더니 눈에 이슬이 맺혔다.

"당신과 함께 아침을 맞고, 당신이 매일 건너뛰는 아침 식사도 정성을 다해 만들어주고 싶고."

맛있게 닭고기를 먹다 말고 손수건을 꺼내 눈물을 훔치자 주인이 한 마디 건넸다.

"어메, 그렇게 매울 리가 없는디. 무슨 닭고기를 그렇게 황홀하게 감동하면서 잡수신다냐. 더 드릴까요?"

저녁 식사가 끝난 후 우리는 동두천 시내를 걷다가 다방에 들어가서 뜨거운 커피를 마셨다. 그녀가 수녀복을 벗던 날, 시청 앞 세실 레스토랑에서 차를 마신 이후 처음 갖는 시간이었다.

"오늘 꼭 보여드릴 게 있어요. 제 자취방으로 일단 같이 가요."

그녀는 앞서거니 뒤서거니 즐거운 표정으로 계속 나를 위로하고 있었다.

"이제는 다방에 같이 들어가 차를 마셔도 그렇게 쑥스럽지 않아요. 밥은 내가 샀으니까 커피는 학생이 사주세요."

나는 그제서야 모든 긴장과 근심에서 풀려나 그녀의 어깨에 손을 얹고 힘껏 당겼다.

"우리 어깨동무하고 걸어볼까요? 무얼 보여줄 것인가 사뭇 궁금해지는데요."

"실망하진 마세요. 별 것도 아닌데 집까지 같이 가달라는 핑계인 걸요."

커피를 마신 후 30분 쯤 걸어서 자취방에 도착했다. 그녀는 녹차 한 잔을 끓여내고는 잠시 책장을 뒤적이더니 작은 수첩 하나를 꺼내왔다.

"녹차 다 드시고요, 이걸 드릴 테니 기차 안에서 읽어 보세요. 그리고 내일 새문안교회에서 또 만나요."

"이게 뭔데요?"

"나중에 읽어보시면 알아요. 늦겠어요. 기차시간이 다 되어가는데……."

열차시간이 임박해서야 자리에서 일어나 역을 향해 뛰었다. 숨이 턱에 닿게 들길을 뛴 덕에 출발 직전에 간신히 기차에 오를 수 있었다. 주말 오후의 상행 경원선은 러시아워의 수도권 전철 만큼이나 복잡했다. 겨우 한 구석을 찾아 서서 작은 수첩을 펼쳤다. 천천히 읽어 내려가다 깜짝 놀랐다. 그것은 다름 아닌 2년 전 여름, 그녀의 연중 피정(수도자들이 1년에 한 번씩 의무적으로 갖는 7박 8일의 특별 영성수련) 기간에 쓴 일기였다.

놀라움에 숨을 들이삼키면서 피정일기 내용을 한 자도 놓치지 않고 읽어나갔다. 일기에는 하루에 4차례 한 시간씩 해나간 성서 묵상 자료와 묵상 내용들이 깨알 같은 글씨로 기록되어 있었다. 묵상 자료는 주로 신구약 성서에서 발췌한 것이었다. 사흘째 되던 날의 두 번째 묵상기록을 읽다가 마지막 부분에서 갑자기 숨이 멎는 것 같았다. 글 중간부분에 유독 영문과 한자로 기록된 한 문장이 시선을 끌었다.

"너도 아브람처럼 네 고향과 아비 집을 떠나라."

"이미 떠나 수도원으로 오지 않았습니까?"

"이미 이 곳은 너의 고향이며, 아비 집이다. 그러니 이 곳을 떠나 내가 지시하는 곳으로 가라."

"그 곳이 어딥니까?"

"너는 이미 그 곳을 알고 있다."

"저는 그 곳을 모릅니다. 그리고 여기서 떠난다는 생각은 단 한 번도 해본 적이 없습니다."

"그래도 가야 한다. 그 곳은 지금 네 머리 속에 떠오르는 이름의 사람과 함께 가야 한다."

"그가 누굽니까? 이즈 히 원 웨이(Is he One Way · 一道)?"

'원 웨이'는 당시 그녀가 일기를 쓸 때 내 이름 '일도'를 영역하여 쓰던 애칭이었다. 창세기 12장 1절의 말씀으로 고향을 떠나는 아브람의 기사, 묵상 앞 부분에는 아브람이 '고향을 떠나라'는 하나님의 명령을 듣고 응답하는 데 대한 글로 채워져 있는데, 놀랍게도 그 마지막 부분에 위의 내용이 기록되어 있었던 것이다. 한동안 숨을 죽이고 읽고 또 읽던 나는 다시 다음 글을 읽어내려가기 시작했다. 거의가 하나님과의 치열한 씨름 같은 내용들로 가득 차 있었다. 그녀는 줄곧 수녀원이 자신의 고향이라고 우기고 있었고, 말씀은 계속 네 고향을 떠나야 한다고 주장했다.

"주의 뜻이 이루어진다면 저는 아무 것도 바랄 것이 없습니다. 아버지를 사랑하옵기에 이 마음 사랑을 다하여 당신의 아들 One Way도 사랑합니다. 아무 것도 가진 것 없고 기댈 곳도 없는 그이지만 그를 사랑합니다. 이곳을 떠나 그에게 가는 것이 당신의 뜻이라면, 제가 죽어서 그가 사는 길이라면 그 길을 가렵니다."

다음날 묵상 내용은 중간에서 끊겨 있었다. 그리고 큰 글씨로 '아파서 더 이상 묵상할 수 없음'이라고만 적혀 있었다. 곰곰 생각해보니 그녀는 그 피정 도중에 쓰러졌고, 서울로 실려온 후 휴가차 친정에 내려왔던 것이다. 내가 그녀의 고향 양촌 냇가에서 요양하고 있던 바로 그 즈음의 일기였다.

이튿날 아침 새문안교회의 3부 주일공동예배 시간에 성가대에 서서 주를 찬미하는 그녀의 모습을 보며 안도의 숨을 크게 내쉬었다. 그녀를 새문안교회로 인도한 김보화 권사가 살짝 얼굴을 내밀었다.

"전도사님, 이렇게 훌륭한 신부감을 어디서 구했어요. 남들은 상상도 못할 곳에서."

예배가 끝나고 우리는 손에 손을 맞잡고 덕수궁 돌담길을 거닐었다. 얼마 후 성공회 대성당 뜨락의 벤치에 앉아 눈부신 햇살을 받으며 말없이 미소만 건넸다. 성당의 두 마리 비둘기가 우리 머리 위로 사뿐히 날아갔다.

"연수 씨, 우리 생각과 느낌은 아무 말 없이도 서로에게 잘 전달되는 것 같아요."

"아픈 만큼 전해지는 거겠죠. 사랑은 아픔 없이는 전달되지 않아요."

162

"많이 아팠지요?"
"일도 씨에 비하면 아무 것도 아니지요."
"사랑해요."
"사랑해요."

밤이 깊도록 한잠도 이룰 수가 없었다.
해인사에서 들은 이야기는 다시 나를
번민의 숲 속을 거닐게 했다.
방황하는 나를 도우소서. 이제와 영원히.

첫 번째 보금자리

우리는 결혼에 필요한 여러 가지 일들을 착착 진행해나갔다. 혼인예배 주례는 새문안교회의 김동익 목사께 부탁드렸고, 꼭 필요한 가전제품과 자질구레한 살림살이며 이불도 한 채 준비해 두었다. 그러나 당장 들어가 살 집이 없었다. 하는 수 없이 어머니에게 결혼 계획을 다 말씀드리고 전세 놓을 방을 좀 빌려달라고 부탁했지만 일언지하에 모자지간의 정을 이미 끊었노라고 하면서 화부터 내셨고 시간이 지날수록 더욱 화를 내셨다. 아무런 의논도 없이 결혼 날짜까지 잡은 사실이 어머니의 노여움을 부추겼던 것 같다.

"결혼 예배에 참석할 생각도 없다. 이제는 나와 아무 관계 없으니까니 하고 싶은 대로 네 인생 맘대로 살아보라우." 하시며 문을 닫았다.

그런 어머니가 야속하게만 느껴졌다. 그러나 불평하지는 않았다. 결혼 자체를 반대하시던 어머니가 아니던가. 그런데 지금은 결혼하는 일에 대해서는 더 이상 반대하지 않으니 얼마나 다행인가, 이렇게 스스로를 위로했다.

우리는 며칠을 찾아 헤맨 끝에 월계동 광운공대 앞에 있는 낡은 문간방 하나를 전세 1백50만원에 빌렸다. 화장실도 목욕실도 없는 작은 방에 방바닥보다 1미터는 땅 밑으로 쑥 내려간 부엌이 문 입구에 딸린 좁은 방이었다. 대문에 들어서면 왼쪽으로 부엌문이 작게 나 있고, 문을 열면 움푹 들어간 부엌바닥이 보이면서 그 한 쪽을 밟고 올라서서

쪽문을 통해 방으로 들어가게 되어 있었다. 방으로 들어가는 쪽문이 우리 키보다 훨씬 낮아서 드나들 땐 항상 90도로 허리를 굽혀야만 했다. 그런가 하면 한 쪽 벽이 넓은 골목에 잇대어 있어 온갖 잡상인들이 마이크를 단 손수레나 트럭에 채소 등을 싣고 팔며 돌아다닐 땐 소란스럽기 그지없었다. 게다가 8월의 늦더위 불볕이 계속 들비치면서 한증막을 방불케 했다.

그래도 즐거웠다. 아무리 오막살이 같다 해도 어쨌든 첫 보금자리가 우리의 눈물로 마련되었기 때문이었다. 나는 집안 식구들의 반대로 돈을 한 푼도 구할 수 없는 데다 그녀는 11년간의 수도생활 끝에 가방에 든 일기장과 속내의, 손수건 두 장, 책 몇 권이 전부였다.

우리는 늦여름 무더위도 잊고 방을 쓸고 닦았다. 그리고는 몇 가지 궁색한 살림살이를 들여놓았다. 한 쪽 벽은 기숙사에서 가져온 신학서적이 차지하고, 다른 한 쪽 벽엔 조그만 외짝 장과 작은 냉장고를 놓았다. 마침 부엌 위 쪽으로 조그만 다락이 하나 붙어 있어서 이불장과 창고로 썼다. 다락문 옆에 출입문이 나 있고, 나머지 한 쪽 벽에는 큰 길을 향해 유리창이 나 있었다. 유리창 아래는 어머니가 쓰다 버린 호마이카 상을 구해 펴놓고 책상으로 삼았다. 그 위에 전화기와 펜 메모지 등 자질구레한 살림살이를 놓고 전기밥솥도 올려 놓았다. 부엌이 너무 좁아서 밥솥 놓을 자리가 없었기 때문이다.

이렇게 어머니와 시집간 작은누나가 쓰던 묵은 살림 얻어온 것, 그녀가 장만한 손바닥 만한 새 살림을 오밀조밀 정리하다 보니 가운데에 두 사람이 간신히 누울 공간이 겨우 남았다.

"그래도 누울 자리가 있어 다행이에요."

이토록 초라하게, 이토록 보잘 것 없는 공간에 그녀를 맞을 수밖에 없다니. 처지가 실로 안쓰러워서 시무룩해 있던 내 마음을 읽었는지 그녀는 명랑한 목소리로 말했다.

"행복은 이런 거예요. 당신과 함께 당신 품 안에서 잠들 수 있는 이 은혜, 이 은총을 허락하신 주님께 감사드려요"

"잠자리가 모자라면 난 이층에서 자려고 했는데."

작은 다락을 가리키며 우스갯소리를 하자 그녀는 조금은 단호한 투로 말했다.

"당신은 앞으로 목회할 사람이니까 신혼에 이렇게라도 어렵게 살아 보아야 여러 계층의 어려움을 실제로 이해할 수 있지 않겠어요. 하느님께서 다 알아서 미리 실습시키시는 것 같아요. 지금 이렇게 살아보지 않으면 언제 이렇게 가난하게 살아봐요. 안 그래요?"

초라한 신혼방에 대해 아무런 불평도 없는 아내, 천사의 얼굴이 따로 없었다. 나의 연인, 나의 천사, 나의 불멸의 사랑인 그녀가 실로 고마웠다. 그리고 미더웠다. 앞으로 우리의 삶이 어떻게 전개될지 모르지만, 우선 당장은 온갖 고생으로 가득찬 학생 남편과의 삶을 아무런 불만도, 두려움도 없이 받아들이는 그녀였다. 고개를 돌리며 마음 속으로 다짐했다.

'지금은 이렇게 보잘것없이 출발하지만, 당신을 내 사랑 하나만으로 세상에서 가장 빛나는 여인으로 만들겠소. 진실과 사랑 하나만으로 말이오.'

식사를 마치고 우리는 한천로 건너쪽 둑길을 따라 걸었다. 정오가 넘도록 계속되던 늦장마 비가 걷히고, 해질 무렵 반짝 빛나던 태양이 어느덧 기울고 있었다. 우리는 하천 가의 우거진 잡초들을 바라보며 내일의 삶에 대해 이런 저런 이야기를 나누었다.

얼마나 걸었을까, 갑자기 그녀가 "저기 무지개가, 저기 무지개 좀 봐요." 하고 외쳤다. 하늘을 보았다. 서산으로 넘어가던 마지막 햇살이 대기 중의 물방울에 반사되었는지 하늘엔 쌍무지개가 곱게 걸려 있었다. 우리는 너무 기쁘고 행복한 마음으로 한참 서서 쌍무지개를 바라보았다. 처절하게 가난하지만 가장 행복한 신혼을 살아가는 우리들의 부푼 가슴에도 그 날의 무지개 만큼이나 곱고 아름다운, 영롱한 쌍무지개가 한껏 드리워졌다.

"연수씨, 우리 생각과 느낌은 아무 말 없이도
잘 전달되는 것 같아요."
"아픈 만큼 전해지는 것이겠지요."
사랑은 아픔 없이는 전달되지 않으니까요."

결혼 십계명

1982년 9월 4일 토요일 오후 1시, 먹물빛 수녀복 대신 하얀 웨딩드레스에 앙증스럽게 예쁜, 흰 망사 모자를 쓴 그녀가 새문안교회 신부 대기실에 앉아 있었다. 모자 뒤로 하늘하늘한 망사 너울이 신비감을 한층 더해주고 있었다. 짙은 곤색 양복에 하얀 실크 넥타이를 빌려 매고 윗주머니에 흰 신비디움 꽃을 꽂은 내가 그녀의 뒤로 다가섰다. 거울에 비친 내 모습을 본 그녀가 살짝 웃었다.

결혼식 날. 갖은 어려움을 헤치고 마침내 우리 두 사람이 친구들 앞에서 하나됨을 알리는 날이었다. 식장에는 어떻게들 알았는지 사방에 흩어져 있던 친구 친지, 그리고 그녀의 고향에서 올라온 친지 등 하객들로 복작거렸다. 다행히 식장에 오지 않을 것으로 생각했던 어머니와 누님 두 분의 모습도 보였다.

김동익 목사의 주례사로 결혼 십계명에 대한 말씀을 들었다. 그리고 우리는 죽음이 우리를 갈라놓을 때까지 기쁘거나 슬프거나 병들었거나 서로를 아내와 남편으로 맞아들여 아끼며 살아가겠다고 하나님과 사람들 앞에서 약속했다. 드디어 우리 두 사람이 부부가 된 것이다.

'여호와는 나의 목자시니' 친구 곽근열의 축가가 식장을 가득 메우는 가운데 곽성률 부부의 축시가 진행됐다. 미처 부탁도 못했는데 친구 중 몇 사람이 카메라를 메고 와서 기념 촬영도 해주었다. 권사 몇 분이 간단한 피로연 준비를 도맡았다. 집안 식구들의 냉대와 무관심으

부부 십계명:

1조. 두사람이 동시에 화내지 말라.

2조. 집에 불이 났을 때 외에는 고함지르지 말라.

3조. 눈이 있어도 흠은 보지 말며, 입이 있어도 실수를 말하지 말라.

4조. 아내나 남편을 다른 사람과 비교하지 말라.

5조. 아픈 곳을 긁지 말라.

6조. 분을 품고 침상에 들지 말라.

7조. 처음 사랑을 잊지 말라.

8조. 결코 단념하지 말라.

9조. 숨기지 말라.

10조. 본래의 중매자를 따돌리지 말라.

로 많은 분들이 밥 한 그릇 떡 한 조각도 못 먹고 빵과 사이다로 때운 피로연이었다. 물론 폐백은 상상도 못했다. 신혼여행도 생략한 채 그녀와 함께 광나루 언덕이나 산책하고 친구들이 모아준 돈으로 워커힐에서 하룻밤 잘 참이었다. 한데 식이 끝날 무렵, 시집간 작은누나가 이미 예약해놓은 거라며 제주도 신혼여행 티켓을 슬그머니 쥐어주고는 말없이 떠났다.

결혼식이 끝나고 잠시 친구들과 시간을 가진 뒤 우리는 감사한 마음으로 2박 3일간의 신혼여행을 떠났다. 제주도행 비행기 안에서야 비로소 조용한 시간을 가질 수 있었다. 우리는 서로 손을 잡고 말없이 바라보았다. 때마침 고공으로 진입한 비행기는 하얀 구름바다 위를 날고 있었다. 꿈인지 생시인지 모를 행복의 나라로.

그날 우리는 결혼 십계명을 다시 쉽게 풀어 서로에게 다짐했다.

제 1조 : 던지는 사람이 있으면 받는 사람이 있어야 한다. 두 사람이 동시에 던지면 받을 손이 없다. 화를 내야 할 경우라면 교대로 하자.

제 2조 : 당신이 소프라노로 나오면 나는 베이스로 화음을 내고, 당신이 테너로 나오면 나는 낮은 알토로 하모니를 이룬다.

제 3조 : 장점만을 바라보고 결혼한 사람보다 서로의 단점까지 모두 알고 결혼한 부부라야 지혜롭다. 사랑의 안경으로 보면 상대의 흠은 매력이고 실수는 구수하다.

제 4조 : 아내를 어머니와 비교한다든지 남편을 친정아버지나 오빠와 비교하지 않는다. 결혼 전 이성 친구와 비교하는 것은 유령을 끌어들이는 푸닥거리일 뿐이다. 김연수가 최고의 아내이고, 최일도가 최상의 남편이라는 기쁨과 긍지로 살아간다.

제 5조 : 기왕 긁으려면 가려운 곳을 긁어라. 상처는 긁을수록 더 심해지는 법. 함께 산다는 것은 등 뒤의 가려운 곳을 긁어주고, 아픈 상처를 감싸주는 관계다.

제 6조 : 모든 분노는 솔직하면서도 부드럽게 이야기함으로써 해결

의 실마리를 푼다. 하루를 넘기면 이틀 가고 이틀을 넘기면 나흘간 지속되는 것이니 그날 그날 잠들기 전에 모든 원망을 풀어 버린다.

제 7조 : 결혼식을 마친다는 것은 이제부터 진정한 사랑이 시작된다는 것을 의미한다. 기쁘든 슬프든 영원히 함께 하기를 비는 기원이다. 고통을 이겨낸 지난 시절의 사랑을 언제나 기억하고 달콤한 일들을 자주 회상하자.

제 8조 : 부부싸움은 칼로 물 베기란 속담을 생각하고 실천하며 산다. 복잡하게 얽힌 것마저도 쉽게 풀 수 있는 사이가 바로 부부다. 기다리는 것은 금물. 서로가 먼저 웃으며 손을 내민다.

제 9조 : 우리 사이엔 어떤 비밀도 없다. 숨기다 보면 버릇된다. 별것 아니라고 비밀로 하였다가는 불씨가 된다. 서로에게 진실하자.

제 10조 : 우리 부부를 짝 지어준 분은 창조주 하나님이시다. 우리 사이에서 그분을 따돌릴 때 애정의 반석엔 금이 간다. 우리 부부는 즐거울 때나 괴로울 때나 함께 손을 잡고 그분께 기도하는 믿음의 가정이다. 온 가족 주일성수, 십일조, 매일 가정예배는 최소한의 즐거운 의무사항이다.

제주도에 도착하자 여행사에서 팀을 모은 다른 신혼부부들과 일행이 되어 관광지 이곳 저곳을 돌며 추억만들기에 들어갔다. 그런데 교회에서 빌려간 낡은 사진기가 고장나는 바람에 단 한 장의 사진도 찍을 수가 없게 되었다.

"하필이면 이런 때에……."

"너무 걱정말아요. 하나님께서 만들어주신 두뇌 필름에 담아 가서 원할 때마다 회상 버튼을 누르고, 즉석 현상을 해서 보면 되지요, 뭐."

"하지만 아무에게도 보여줄 수가 없잖아."

"신혼여행은 아무도 못 보라고 둘만 떠나는 것 아니에요? 원래의 뜻대로 잘 돼가는 것 같은데요."

그런데 우리 옆자리에 앉았던 신혼부부가 조용히 앉아만 있는 우리가 이상했던지 다가와 물었다.

"왜 두 분은 사진을 안 찍으시나요?"

"아, 네 그저……."

그들은 빨리 대답을 못하고 얼버무리는 우리를 찬찬히 살펴보더니 사진기를 가지고 있지 않다는 사실을 금방 알아차렸다.

"아아, 호텔에 카메라를 놓고 오신 모양이군요. 저희가 찍어 드릴게요. 진작 알았더라면 더 좋았을 걸 그랬습니다."

그는 사려가 깊은 사람 같았다. 우리가 혹시 당혹스러워 할까 봐 실수로 호텔에 두고 나온 것이 아니냐고 일부러 달리 물었던 것이다.

그날 밤 숙소로 돌아와서 그분들을 우리 방으로 불러 함께 파인애플을 잘라 먹었다. 그 일로 두 커플은 갑자기 친해져서 제주도를 떠날 때까지 서로 서로 사진을 찍어주고 함께 많은 이야기를 나누었다. 남자는 당시 현대건설 직원이었고 두 사람의 이름이 정정일, 최선자씨였던 것으로 기억된다.

수녀와 아내 사이에서

　결혼 후에도 나의 천부적인 방황끼는 쉽게 사라지지 않았다. 종로학원에 다니며 청소년 시절부터 '종로통 아이'로 살아온 데다 한동안 그녀를 잃고 방황하던 생활이 내 삶의 스타일로 자리를 잡은 모양이었다. 이틀 정도 집에서 지내다 보면 어디론가 휙 한 바퀴 둘러봐야 할 것만 같고, 누군가를 만나서 밤을 지새우며 대화를 나눠야만 속이 풀릴 것 같은 기분에 자주 휩싸이곤 했다.

　하루는 이젠 고인이 되어버린 가수 김현식이 결혼식에 참석 못해 미안하다며 전화를 걸어왔다. 현식이는 열아홉 스무 살 무렵 종로 뒷골목 생맥주집에서 만나 절친해진 친구였다. 나중엔 그의 이종사촌 양국한과 더욱 가깝게 지냈는데 이들 사이에 끼여 있던 나 역시 통기타 하나 들고 노래라도 하면 생맥주 한두 병 정도는 그냥 얻어 먹을 수 있던 시절이었다. 어쨌든 '떠돌이' 증세는 결혼을 하고서도 잘 낫지 않았고, 아내에게는 실로 당황스러운 일이 아닐 수 없었다.

　기분 내키는 대로 '베들레헴의 집'에 가서 이틀이나 사흘씩 머물며 학교에 다니기도 하고, 기숙사 친구들과 어울려 밤 늦게 집에 돌아오기가 일쑤였다. 게다가 모처럼 집으로 돌아갈 때는 대여섯 명 친구들과 몰려가곤 했다. 그런 날이면 아내는 늦게 퇴근해 피로를 풀 새도 없이 흥부네 살림에 정신없이 밥상을 차려내곤 했다. 아픈 현식이를 전도하고 위로한다는 핑계로 자주 집을 나왔지만, 내심 신학대에도 어디

173

집에 들어갈 때면 곧잘 착각을
일으키곤 했다.
들어가면 로즈 수녀가 맞아줄 것 같은…….
그런 날이면 으레 문을 열고 나오는
아내의 얼굴이 갑자기 낯설어졌다.

에도 매여 살고 싶지 않은 방랑끼를 버리지 못해 차분하게 책과 씨름하는 좋은 학생이 되지 못했다. 앞뒤 가리지 않고 떠도는 남편을 그녀는 얼마나 낯설어 했을까.

한 번은 태승철과 조성재 전일록 등 제대 후 다시 학생이 된 늙은 친구들이 무려 17명이나 쳐들어 오는 바람에 3분의 1만 방에 들어가 앉고 나머지 친구들은 부엌에, 현관에, 그리고 문 밖에까지 나가 쭈그리고 앉아 밥을 먹은 적도 있다. 그래도 아내는 별 불평없이 자기 할 일을 해냈다. 지금 생각해보면 참 신기할 뿐이다. 돈 한푼 벌어다 주지 않는 남편이 시도 때도 없이 친구들을 끌고 와 살림을 축내는 데도 단 한 번도 쌀이 모자란다거나 돈이 떨어졌다는 소리를 하지 않았다.

생활이 낯선 건 그녀뿐이 아니었다. 나 역시 집에 들어갈 때면 곧잘 착각을 일으키곤 했다. 아내 김연수가 아닌 로즈 수녀가 나와 맞아줄 것만 같은. 이런 착각은 집에 가는 것이 마치 수녀원을 찾아가는 것 같은 느낌을 갖게 했는데, 그런 날이면 으레 문을 열고 나오는 아내의 얼굴이 갑자기 낯설어진다거나 또는 저녁식사를 마치고는 어머니가 계신 집으로 돌아가야 할 것만 같은 기분에 젖어들곤 했던 것이다. 이런 증상이 특히 심해지는 날이면 아내의 학교로 전화를 걸어서는 "우리 어디서 만날까요?" 하는 식으로 마치 이제 막 선보고 나온 사람들처럼 대화를 시작하곤 했다.

이런 곡절을 겪으면서 차츰차츰 집에서 함께 사는 삶에 적응하려 애를 썼다. 그러나 두 아이를 낳아서 기를 때까지도 '아내' 와 '수녀' 사이에서 착각을 거듭했다. 하얀 프리지어 꽃 같았던 아네스 로즈 수녀의 첫인상이 너무나도 강렬했기 때문에 오는 그 많은 혼란을.

아내는 새벽 5시 30분에 일어나서 아침식사를 준비하고 성서일과를 마친 후 설거지할 틈도 없이 7시 40분에 출발하는 경원선 열차를 타기 위해 성북역을 향해 뛰었다. 어쩌다 늦잠이라도 자는 날이면 식사도 제대로 못하고, 때로는 화장도 하다 만 채 황급히 뛰어 나갔다. 그런 날은 열차 '화장실' 에서 화장을 마저 끝낸다고 했다.

그런 와중에도 매주 화요일 저녁이면 새문안교회로 성가대 연습을 하러 갔다. 주일은 나와 함께 예배당에 일찍 나가 성가 연습을 마친 후 3부 예배를 드렸고, 예배 후에도 또 다른 성가 연습에 시간을 보내야 했다. 이렇게 빡빡하고 고된 일과로 아내는 하루하루를 무척 힘겹게 지냈다. 그런 아내를 그저 바라보자니 마음이 쓰리고 아팠다. 또 아내를 위해서 어떤 어려움도 거들어주지 못하는 자신이 원망스럽고 미웠다. 하지만 그런 나의 마음은 오히려 반대로 표현되어 무뚝뚝해지거나 거칠게 나올 때조차 있었다. 그럴 때면 아내는 무척이나 슬픈 표정을 지었고 때로는 말다툼과 긴 침묵으로 비화하기도 했다. 슬픈 상처는 그렇게 저절로 생겨났다.

우리가 그토록 원하던 함께 사는 삶이 이렇게 빠르게 서로에게 아픔을 주고 받는 삶으로 변질되어간다는 것에 실로 당황했다. 우리의 주변 환경이 너무도 척박했기 때문이었을까. 수녀원이란 온실에서 자라다 바람 드센 들녘에 옮겨진 힘겨운 신혼생활이 시외로 출퇴근하는 직장생활로 이어지는 데다가, 무엇보다 수도자 생활에서 벗어나 속세에 적응하는 것 자체가 무척이나 낯선 것 같았다.

나는 나대로 나이 들어 다시 시작한 신학 공부에 어쨌든 가장이 되어 사방팔방으로 쏘다니던 역마살을 다스리느라 무진 애를 먹었다. 더구나 어머니는 결혼 후에도 끊임없이 아내를 못마땅해 하셨고 심지어 미워하기조차 하셨다. 직접 아내에게 대놓고는 아니라도, 나만 만나면 그런 내용의 말들을 끝도 한도 없이 늘어 놓으셨다. 마음이 상하고 괴로운 나머지 어머니 만나기를 아예 단념해야 할 정도로.

지렁이가 싫은 겁니까?

유별난 연애를 하셨다지요?"

"목사님, 부부싸움 같은 거 안 하시죠? 목숨 걸고 사랑했고 결혼까지 했는데."

"두 분이 부부싸움할 것이라고는 상상도 해본 적이 없는데요."

이렇게 물어오는 사람들이 주변에 꽤나 있는 편이다.

"부부싸움인지 사랑싸움인지 모르겠습니다만, 서로 생각이 다르고 관점이 다르다는 건 자주 발견하지요."

얼떨결에 이렇게 대답하면 그들은 당장에 다그쳐 묻는다.

"싸움이 있었다는 겁니까, 한 번도 없었다는 겁니까?"

나라고 해서 과연 예외가 될 수 있을까, 우리라고 해서 싸움이 없을까. 티격태격하다가도 이내 화해하고 서로 앙금을 남기지 않는다는 게 자랑일 순 있어도, 다툰 일로 치자면 우리 부부도 둘째 가라면 서러울 사람들이다.

한 번은 아내에게 물었다.

"우리 맨처음 싸운 거 기억나요?"

"······지렁이 사건?"

말이 나왔으니 말이지, 나는 싸운 기억은 많아도 언제 어디서 무엇 때문에 싸웠는지, 왜 싸웠는지에 대해서는 거의 기억하지 못할 정도로 건망증이 심한 사람이다. 하기는 하나님께서 이런 망각의 은사를 주셨으니 이렇게 7년을 한결같이 청량리 588 한복판에서 살아왔는지도 모른다. 만일 사는 동안 서럽고 아팠던 일들을 일일이 기억했더라면 뼈만 앙상히 남은 채 홧병에 벌써 재가 되어 버렸을 것이다. 하지만 다는 기억 못 해도 우리가 겪은 최초의 부부싸움은 평생 잊으려야 잊을 수가 없다. 지렁이 때문에 싸우고 지렁이를 통하여 깨달음을 얻었으니 우리 부부가 처음으로 싸운 그 날은 기쁨의 날이요, 서로의 고정관념을 후련하게 박살내 버린 축복의 날이었다.

결혼한 지 3개월이 채 되지 않은 신혼 시절, 아내는 동두천의 신흥실고 국어교사였고, 나는 장로회신학대학에서 공부하는 학생이었다. 첫 부부싸움이 있던 날, 아내는 출근도 못하고 나는 등교도 포기한 채 서로 "지렁이가 싫은 겁니까?" "그럼, 지렁이가 좋은 겁니까?"라고 집요하게 물고 늘어지면서 좁은 방구석에서 온종일 싸운 적이 있다.

지금은 내가 일찍 일어나는 편이지만 당시는 언제나 아내가 먼저 잠에서 깼다. 하루는 먼저 일어난 아내가 쪽문을 열고 부엌으로 내려가서 천장에 달린 백열등을 켜다가 갑자기 "으아악!" 비명을 냅다 지르는 것이 아닌가. 잠결에 너무도 깜짝 놀란 나는 비몽사몽간에 오직 아내를 구하겠다는 일념으로 옆에 있던 베개를 가슴에 안고(강도가 칼로 찌르면 그걸로 막겠다고 무의식 중에 들었던 것일 게다) 부엌을 향해 있는 힘을 다해 돌진했다. 그러나 부엌 쪽문의 높이가 워낙 낮은 터라 그만 정수리와 문설주가 정면으로 꽝하고 충돌하는 사건이 발생했다. 실내에서 반짝이는 별을 보기란 그때가 처음이었다.

뒤로 벌렁 넘어지면서 잠시 그만 의식을 잃었는데 깨어 보니 아내가 상처 부위에 얼음찜질을 하면서 연신 물어보는 거였다.

"여보, 괜찮아요? 일도 씨 정말 괜찮은 거예요?"

"난 괜찮아. 당신은 어디 다친 데 없고요?"

울음섞인 목소리로 물었다.

"으음, 난 하나도 다친 데가 없어요. 그런데 당신은 머리가 깨지고 혹까지 생겼으니 어쩌지요. 이걸 어쩐담."

"지금 밖에 아무도 없는 거지요?"

"아뇨. 아직도……."

"뭐요? 아직도 놈이 있단 말이오?"

나는 그 말과 동시에 벌컥 문을 열어 젖히며 크게 소리쳤다.

"누구요, 당신은?"

그러나 부엌에는 아무도 없었다.

"여보, 아무도 없잖아?"

"조오기, 조오기 아직 있잖아요."

손가락으로 가리키는 방향을 따라 눈을 크게 뜨고 자세히 들여다 보니 지렁이 한 마리가 꿈틀꿈틀 기어다니고 있었다.

세상에, 지렁이 한 마리 때문에 머리가 다 깨지고 혹이 나고, 정말 이래도 되는 건가 싶은 생각이 들었다. 분하고 억울한 느낌도 없지 않아서 나도 모르게 쪽문 문턱에 걸터앉아 한 발은 부엌에, 한 발은 방 안에 들여놓고 아내에게 물었다.

"여보, 이 지렁이가 싫은 겁니까?"

옆으로 고개를 돌린 아내는 다른 말로 답했다.

"아이, 여보. 학교 갈 시간이 얼마 남지 않았어요."

그래도 다시 또 물었다.

"여보, 지렁이가 싫은 겁니까?"

"왜 그래요? 별 걸 다 묻네. 어서 서둘러요. 그러다 늦겠어요."

"이 지렁이가 싫은 겁니까?"

"아니, 당신은 그걸 지금 말이라고 묻고 있어요. 왜 자꾸 미안하게 시리 묻고 또 물어요?"

"당신 대답을 듣고 싶어서 묻는 거지요. 묻는 말 잘 듣고 대답해봐 요. 지렁이가 싫은 겁니까?"

"와, 정말 사람 열 받게 하시네. 어서 치료하고 학교 가자는데. 난 기차시간 1분을 놓치면 한 시간 지각이란 말예요."

"여보, 지렁이가 싫은 겁니까?"

"당신, 오늘 나 학교에 못 가는 거 보고 싶은 거죠."

"아니, 당신이 지렁이를 싫어하냐구 진지하게 묻고 있질 않소? 그런데 묻는 말엔 대답 안 하고 딴청을 피우니 화나지 않게 됐어요?"

"물을 걸 물어야지요. 시간 없다는데."

훗날 아내 얘기로는 그날 내가 같은 질문을 열댓 번 정도는 하더라나. 사실 그때는 아내도 나도 제정신이 아니었다. 그녀는 챙겨놓았던 가방을 방바닥에 집어던지며 울먹였다.

"나, 오늘 학교 안 가요."

"학교 가고 안 가고는 당신 자유야. 내가 궁금한 것은 지렁이가 정말 싫은가를 알고 싶은 거요. 그게 궁금한 거야. 여보, 당신은 정말 지렁이가 싫은 거야?"

"그러면 지렁이가 좋은 겁니까? 어어엉…… 왜 이렇게 내 속을 뒤집는 거야, 엉엉……. 당신 머리가 깨진 것도 억울해서 울고 싶은데, 왜 자꾸 내 속을 뒤집어서 약을 박박 올리는 거예요. 엉엉……."

아내의 목소리는 거의 통곡에 가까웠다.

"내가 언제 '지렁이가 좋은 것입니까'라고 물었나? '지렁이가 싫은 것입니까'라고 물었지요."

"그럼, 지렁이가 좋은 거냐?"

이제부턴 아예 반말이었다.

"그럼, 지렁이가 싫은 거냐?"

지렁이 한 마리 때문에 반말에 손찌검까지 해대며 우린 온종일을 지치도록 싸우고 또 싸웠다. 집사람은 그렇게 끈질기게 묻고 묻는 나를 이해할 수 없었고, 난 지렁이 때문에 비명과 발작을 일으킨 집사람이 도저히 이해되지 않았다.

얼마나 시간이 흘렀을까. 아침을 굶고 점심을 건너뛰고 그렇게 싸우다가 시간이 흘러 사방이 조금씩 어둠에 싸일 무렵, 울다가 지쳐 쓰러진 아내가 불쌍해 보여 어깨를 흔들면서 나직이 불렀다.

"여보"

"또 물으려고 그러지, 지렁이가 싫은 거냐구?"

아내는 벌떡 일어나 잔뜩 긴장한 채 벽에 기대어 앉는 게 아닌가.

"아니, 이 여자가 아직도 싸울 힘이 남아 있나 보네."

"아녜요. 난 지쳤어요. 정말이지 말 한 마디 하기 힘들 정도로 지쳤어요."

"나도 지쳤어. 우리 싸우더라도 밥은 먹어가며 싸웁시다."

"그것도 좋은 생각이네요. 그러면 당신이 밥 하세요. 난 정말 지쳤어요."

아내는 '휴전'에 동의하면서 바닥에 그냥 쓰러져 눕는 것이 아닌가. 나도 모르게 역정을 냈다.

"아니, 이 여자가 지렁이 때문에 사람 잡을 일 있나. 멀쩡한 사람 머리 깨뜨려 놓고도 밥 해줄 생각은 안 하고⋯⋯. 뭐가 어째, 나더러 나가서 밥을 하라고?"

"아직도 있잖아요."

"있긴 뭐가 있어?"

"지렁이가⋯⋯, 그 지렁이 좀 치워주세요. 그러면 나가서 밥 지을게요."

"와아, 사람 미치게 만드네. 아니 지렁이가 정말 싫은 겁니까?"

그러자 아내는 얼굴이 하얗게 질리더니 또 다시 울먹였다.

"아니 또 묻네, 또 물어. 지렁이가 그럼 좋은 거야? 난 저 지렁이 치워주기 전에는 이 방에서 한 발짝도 안 나갈 거예요."

아니, 지렁이 한 마리를 보고는 이토록 발작에 가까운 증세를 보이다니. 나는 부엌으로 내려가서 일부러 지렁이를 손바닥에 올려놓고 소

"이제야 나무를 나무로, 꽃을 꽃으로 볼 수 있을 것 같아요"
"당신, 오늘 제법 도통한 소리를 다하는구려.
나처럼 머리 깨지지도 않고 깨우치는 걸 보면."

리쳤다.

"이 지렁이가 싫은 거라고? 징그럽다고? 무섭다고? 이게 말이 됩니까? 나 원 참, 지렁이가 무서워 저렇게 싫단 사람은 난생 처음 보네. 난생 처음 봐."

그러면서 지렁이가 귀엽다는 듯이 쓸어도 주고 일자로 세우기도 하고 가지고 놀다가 방바닥에다 놓으려고 하자 아내는 분에 겨워 외마디 소리를 질렀다.

"나쁜 놈……"

지렁이 한 마리에 머리까지 깨진 마당에 아내에게 처음으로 '나쁜 놈'이라는 욕까지 먹고 보니 까짓 거 갈 때까지 가보자는 심정이 됐다.

"좋아, 나쁜 놈이라고 했지? 내가 이 놈 때문에 오늘 이렇게 당해도 되는 거야? 이 지렁이란 놈 때문에 말야."

그러면서 손가락으로 끊어서 두 토막을 냈더니 꿈틀대는 지렁이 만큼 집사람은 자지러지는 것이었다. 아내는 자신을 너무 심하게 고문한다면서 슬프게 울었다. 싸움은 점점 서로의 의도와는 다르게, 정말 두 사람 모두가 알 수 없는 이상한 방향으로 흘러가고 있었다. 꼬박 하루 세 끼를 굶은 채.

어느덧 동네 골목에도 완연하게 땅거미가 내려앉았다. 세상에 짙은 어둠이 깔릴 때까지 우린 처절한 침묵 속에 머물러 있었다. 얼마 후 침묵을 깬 건 나였다. 침묵이 지닌 변화능력이랄까, 뭔가 정말 알 수 없는 부드러움이 전신을 감싸고 도는 것을 느꼈다.

"여보, 지렁이가 싫은 겁니까?"

"아니오."

"그러면 지렁이가 좋은 겁니까?"

"아니오."

"싫은 것도 좋은 것도 아니라면 지렁이가 뭡니까?"

"지렁이는 지렁이일 뿐이에요."

그때였다. 무어라 표현해야 할까. 눈 앞을 가렸던 비닐이 서서히 거두어지는 느낌이랄까, 아니면 이제야 비로소 지렁이가 지렁이로 보이는 열린 세계를 보는 기쁨이라고나 할까. 어디서부터인지 근원을 알 수 없는 청초한 기쁨이 동시에 맘 속에서부터 방울방울 샘솟는 것이었다. 한 마디로 풍요해지는 느낌이었다. 방바닥에 누워서 서로의 심장에 한 손을 갖다 대고는 놀란 가슴을 부드럽게 쓸어주면서 이윽고 깨달음의 경지를 서로 나누었다.

"여보, 난 말야. 어릴 때부터 지렁이를 보면 반가운 마음이 먼저 들곤 했어. 당신은 직접 본 일이 없는, 당신의 시아버지가 되셨을 우리 아버지는 말야 낚시를 참 좋아하셨지. 낚시 때문에 종종 어머니와 말다툼이 있곤 했어. 아버지가 낚시 갈 때면 난 으레 호미를 들고 하수구로 뛰어들었지. 아버지가 무척 기뻐하셨거든. 내가 낚싯밥으로 지렁이를 잡아드리면 그걸 들고는 '야, 오늘은 우리 일도가 구해준 지렁이

덕분에 월척을 낚을 것 같아. 월척을……' 하면서 좋아하시던 얼굴이 지금도 생생히 떠올라.

물론 오늘 밤 우리가 깨달은 것처럼 지렁이는 지렁이라고, 지렁이를 지렁이로 보면 될 것을. 좋은 것도 싫은 것도 아닌. 난 어린 시절 지렁이를 보면 무척 반가웠거든. 비온 후 달팽이를 볼 때도 그랬고. 또 여의도 백사장에서 도마뱀을 보았을 때도 난 너무 재미 있어 했어. 단 한 가지 예외가 있다면 쥐였어. 웬지 모르지만 쥐가 너무 싫었어. 지금도 쥐가 싫지만 이제는 쥐를 쥐로 바로 보고 싶어."

"참으로 기쁘네요. 그 말을 듣고 참으로 나와 다른 게 있다는 사실을 알게 됐어요. 당신은 쥐가 싫다고 했지만요, 나는 또 쥐가 그렇게 싫다는 생각이 안 들거든요. 쥐는 털로 덮여 있잖아요. 털로 덮인 건 흉하기는 해도 끔찍하게 싫지는 않아요. 송충이도 털이 촘촘히 난 건 그런대로 귀엽던 걸요. 하지만 어릴 때부터 털 없이 매끈매끈한 뱀 지렁이 도마뱀 등을 보면요, 전 정말 몸서릴 치곤 했어요. 오늘 부엌 바닥에서 기어다니는 지렁이를 보았을 때 당신을 놀래킬 생각은 전혀 없었어요. 거의 무의식 중에 비명을 질렀던 거죠."

"듣고 보니 재미 있구만. 쥐도 송충이도 털이 있으니까 보아줄 만하고, 털이 없는 건 보아줄 수 없다니 다행이네. 나 역시 수염도 제법 있고 구레나룻도 길게 나 있고 온몸에 털이 많이 났으니 당신에게 꼴도 보기 싫어서 버림받을 염려는 없겠구려, 하하하!"

그제서야 아내도 크게 웃으면서 내게 다가와 깨진 정수리와 머릿결을 쓰다듬어주기 시작했다.

"많이 아프죠. 저는요, 당신이 좋아하는 것이면 뭐든지 함께 좋아할 수 있다고 지금까지 믿고 살아왔어요. 내 느낌과 내 생각과는 전혀 다를지라도 당신을 사랑하니까. 당신의 종교, 당신의 문화, 당신의 가족, 당신의 친구, 당신의 음식, 당신의 냄새, 당신이 지닌 모든 것, 당신을 지탱해온 과거와 현재와 미래까지도 모두 다 사랑할 수 있다구요. 하지만 오늘을 통해 더욱 새롭게 깨달아지는 것이 있어요. 내가 당신을 사랑하는 게 아니라 본래 사랑이 있었어요. 그 사랑으로 이제 당신을 새롭게 보는 기쁨이 제 안에 있네요."

"사랑은 하나님께 속한 것이니 사랑하는 사람마다 하나님을 알고, 모든 존재마다 있는 그대로를, 싫고 좋고를 떠나서 있는 그대로 보는 거 아니겠소. 당신이 좋아하는 시가 생각나네요. 존재의 언어로 느낌과 직감으로 이야기하자던 그 시인의 노래 말이오. 소유의 욕망을 넘어서 있는 그대로 상대의 아름다움을 본다는 것은 하나님의 큰 은총임에 틀림없어요."

"난 있는 그대로인 당신을 보았기에 지금 여기 당신과 함께 있어요. 당신을 있는 그대로 최일도로 보는 것처럼 난 이제 사자를 사자로 보고, 고양이는 고양이로 보고, 나무를 나무로, 꽃을 꽃으로 볼 수 있을 것 같아요. 존재의 근원이신 그분 안에서 그분을 통해서 보는 이 자연 세계란 실은 싫은 것도 버릴 것도 하나 없는, 일체의 세계일 텐데 말예요."

"당신 오늘 제법 도통한 소릴 다 하는구려. 나처럼 머리 깨지지 않고도 깨우치는 걸 보면 대단한 사람이네. 내겐 머리 깨진 오늘이야말로 큰 깨달음을 가진 아주 기쁜 날이야. 깨우치고 사는 세계가 이토록 신기하고 놀라울 줄이야. 여보, 우리 밥부터 먹읍시다. 당신은 반찬만 만들어요. 쌀은 내가 씻을게."

"좋아요. 우리 배 고픈데 서로 일을 나누어서 하지요. 그런데, 여보. 쌀 씻을 때요, 지렁이 만진 그 손 비누로 깨끗이 씻어내고 씻어주세요."

"또 지렁이 얘기를……."

"어머."

"하하하!"

"호호호!"

5

사랑,
퍼줄수록 깊어지는 샘물

아들 산의 출생 | 산(山) 이야기 | 귀 밝으신 하나님 |

산이랑 가람이랑 | 호사다마라구요?

님은
이슬이어라
풀잎 같은 가슴 쓰다듬어주며
꺾인 허리 세워주고
아픈 상처 싸매주며
초록의 맑음 위에 윤기를 더해준
햇살에 빛나는 이슬이어라
님은
샘물이어라
얼어붙은 대지를 녹이고 풀어주며
흙 사이에 말없이
흐르고 스며들어
메마른 뿌리에 생기를 더해준
가뭄에도 넘실거리는 샘물이어라
님은
불꽃이어라
타오르는 불꽃의 처절한 몸부림
온전히 정화된
순결의 덩어리
매순간 온 우주를 새롭게 창조하는
사라지지 않는 불꽃이어라.

-님은-

아들 산의 출생

어느 날 저녁식사를 마친 아내는 중대한 뉴스를 발표할 게 있다면서 생긋 웃었다.

"뭔데요?"

"에반젤리움!"

"기쁜 소식? 무슨?"

"잘 생각해보세요. 그 말의 어원부터……."

"아, 알았다! 아기 임신?"

아내는 고개를 끄덕이며 나를 바라보았다. 그 순간 형언할 수 없는 상반된 느낌이 나를 덮쳤다. 아기가 생긴다는 것은 무척이나 반갑고 기쁜 일이지만, 과연 좋은 아빠가 될 준비를 갖추었는지 당황스럽기도 했다. 단 한 푼의 수입도 없는 신학대학생이 단칸방에 세들어 살면서 아기를 낳아 기른다고 생각하니 태어날 아기에게도 미안하기 짝이 없었다. 이보다는 좋은 환경에서, 이보다는 좀더 능력 있을 때 아빠가 되어야 할 텐데. 하지만 하나님 생각과 내 생각은 언제나 달라서 이미 아기는 태중에서 건강하게 자라고 있었다. 나는 그런 상황 속에서도 귀한 생명을 우리에게 맡겨주신 하나님께 큰 감사드렸다.

상황이 이렇게 되고 보니 우선 집이 걱정이었다. 이 작은 단칸방에서 아기를 어떻게 기른담. 더구나 아내가 직장에 나가는 동안 아기를 돌보아줄 사람도 있어야 하고, 그러자면 적어도 방 한 칸이 더 있어야 할 텐데. 매일 학교를 오가는 길에 이런 생각들로 머리가 복잡했다. 며칠을 궁리한 끝에 동두천 가까이로 집을 옮기는 것이 좋겠다는 결론을 얻었다. 그 날 저녁 아내에게 말했다.

"집을 동두천으로 옮깁시다. 아무래도 아기가 태어나면 집이 엄마 직장 가까이 있어야 하니까요."

"그래도 동두천은 안돼요. 나와 아기만 편하고 당신은 광나루까지 등하교하기가 너무 힘들잖아요."

"그러면, 어떻게 하면 좋겠소?"

"이러면 어떨까요. 의정부쯤에서 사는 거예요. 중간 지점에."

"그게 좋겠군요. 집값도 서울보다는 쌀 테고."

그래서 우리는 아기가 태어날 때에 맞추어 의정부로 이사하기로 했다. 나는 다음 날로 당시 월간 〈새벗〉에서 편집기자로 일하고 있던 이승식을 찾아가서 아르바이트를 부탁했다. 3년 동안 밤엔 신학 공부를, 낮엔 닥치는대로 노동일을 하던 교육전도사 시절과는 정반대로 낮엔 학교에서 경건과 학문의 훈련을, 밤엔 이 직장 저 직장을 옮겨 다니며 아르바이트로 날밤을 새우는 일이 많았다.

아내는 점점 불러오는 배를 안고도 경원선 기차를 놓치지 않으려고 출근할 때마다 뛰어다녔다. 학교가 교외인 데다 거리까지 멀어서 여간 고생이 아니었다. 당시 계성여중 교사 경력을 학교에서 인정해주지 않아 초임자 교사 월급을 받던 아내는 그 돈을 쪼개 내 학비도 내고 작지만 신혼살림을 꾸려가며 조금씩 저축까지 했다.

"어쨌든 수입보다 덜 쓰면 조금이라도 저축할 수 있잖아요. 태어날 아기를 위해서도. 봉급 타자마자 십일조 빼고는 우선적으로 저축할 돈을 조금 떼놓고 있어요."

이런 어려운 여건 속에서도 다행스럽게 뱃속의 아기는 탈없이 건강하게 자라났다. 교정에서 빗나간 축구공이 만삭의 배를 강타한 일도 있었고, 빙판에 미끄러져 벌렁 나가떨어진 일까지 있었지만 하나님은 태중의 아기와 아내를 온전히 지켜주셨다.

1983년 2월 봄방학 동안 우리는 의정부로 집을 옮겼다. 월계동 집세를 빼고 어머니께 1백만원을 더 얻고, 나머지는 아내가 저축한 돈과 보너스 등을 합쳐 어렵사리 방 두 칸에 부엌과 거실이 딸린 다세대 주택 한 층을 빌릴 수 있었다. 서울에서라면 그 돈으로 엄두도 못냈겠지만 의정부는 예상대로 전세가 쌌다. 우리는 이틀 동안을 찾아 다니다 미군부대 옆 가능동에 위치한 괜찮아 보이는 집 하나를 발견했다. 마침 비어 있어서 곧바로 들어가 살 수도 있다니 더없이 좋았다.

그런데 이게 웬일인가. 막상 잔금까지 치르고 집을 옮기고 보니 주변이 단순한 미군부대가 아니라 바로 비행장 옆이었다. 우리는 그런 사실을 까맣게 모르고 좋아라 하고 서둘러 이사를 마쳤던 것이다. 엎친 데 덮친다더니 멀쩡해보이던 수도는 상수도가 아닌 지하수로 늘 깨끗하지 못한 데다 시뻘건 황톳물이 나와서 하룻밤 가라앉혀야 먹을 수 있었다. 흰 옷을 빨면 불그스레 물이 들 정도였다. 참으로 황당했다. 그러나 그런 일에 전혀 경험이 없는 우리는 아픈 마음을 달래며 그냥 살 수밖에 없었다.

이사한 지 한 달 쯤 지났을까, 아내는 다리가 이상하다며 약간씩 절름거리며 걸었다. 그래도 좀 나아지려니 하고 기다렸으나 상태는 점점 나빠졌다. 결국 병원을 찾은 아내가 진찰실에 들어가 있는 동안 나는 초조하게 기다렸다. 얼마 후 담당의사가 보호자를 불렀다. 막 진료를 끝내고 들어온 의사는 나를 보더니 아기가 정상 위치보다 많이 내려와 있어서 다리 신경을 누르기 때문에 생겨난 증세라고 했다. 출산일까지는 2개월 정도 남아 있지만 유도분만을 해야겠다는 것이었다. 보호자로서 어쩔 수 없이 동의했다.

3월 25일, 어렵사리 아들을 낳았다. 다행히 의사는 아기가 크고 건강해서 인큐베이터 생활을 조금만 해도 된다고 위로해 주었다. 마음이 무

산아! 이렇게 살아 있음에 '산'일 수밖에 없고 살아 있음에 산이요, 산처럼 우람하고
산처럼 듬직하고, 산처럼 모든 이에게 이로운 사람이 되거라.

척 착잡했다. 아내는 출산 후 아주 걷지를 못했고, 아기도 조산으로 인큐
베이터 속에 있으니 이것 저것이 다 걱정스럽기만 했다. 그래서 아무도
모르게 벽만 바라보며 울며 기도했다. 산모를 건강하게 해주시고, 어린
아들을 건강한 생명체로 자라게 해주시라고. 울면서 기도하는 동안 마음
이 밝아지며 내 목숨과 바꾸어도 좋을 두 생명에 대한 확신이 들었다.

'생명의 주인이신 당신께선 아내를 도와 주시고, 저 유리관 속의 내
아들을 살려주심을 믿나이다. 병실의 내 아내와 자식에게 당신의 자비
와 기쁨으로 채워주소서.'

그렇게 한참 기도하던 중 한 가지 생각이 머리를 스쳤다.

그래, 아들 이름을 '산'이라고 짓자! 너는 살아 있어서 산이야. 살
아야 하기에 산이고 이렇게 살아 있음에 산 아이일 수밖에 없어. 살아
있음에 '산'이요 항상 장엄한 정기로 수많은 생명을 품 속에 키우는
산(山)의 뜻을 동시에 지닌 '산'이라고 이름하자. 산처럼 우람하고, 산
처럼 듬직하고, 산처럼 모두에 이롭고 산처럼 높은 사람이 되라.

산 이야기

아들 이름을 산이라고 지어 부르자 가장 기뻐한 사람은 아내였고, 가장 놀란 사람은 당시 내가 아르바이트를 하고 있던 월간 〈새벗〉사의 편집부장 신지견 선생이었다.

"아니, 난 전도사님이 하도 보수적인 분이라서 아들 이름을 요한이 니 요셉이니 또는 거 뭐냐, 사무엘이니 엘리야니 하고 지을 줄 알았지 요. 한데 난데없이 산이 뭡니까? 산이라니요? 정말 산을 알고 산이 좋 아서 지은 이름입니까?"

"이 사무실 안에서 부장님만 산에 대해서 잘 알고 산을 좋아하는 사 람인 줄로 착각하시며 살았군요. 산은 절에서 사셨던 부장님 같은 불제 자만의 수행처가 아니라, 산 속에 살진 않아도 늘 산을 그리워하며 산 을 마음 속에 품고 사는 나 같은 예수쟁이에게도 안식처요 신앙의 보금 자리입니다. 저는 비승비속으로 사시는 부장님만큼이나, 아니 어쩌면 부장님보다 더 산을 사랑하고 산의 품에 안기길 원하면서 산에 살고 있 는지도 모릅니다. 둘째 아이가 생기면 '가람'이라고 이름지을 겁니다."

"최 형은 이리 보면 골통 보수 기독교도 같은데 또 저리 보면 완전 자유주의 선구자 같고. 아니, 어떻게 그렇게 경건한 신학교에 다니는 신학도의 입에서 산 이야기가 청산유수로 흘러 나온답니까? 최형, 아 무래도 우리 산에 대해 본격적으로 이야길 나눠봅시다. 난 곡차가 들 어가지 않으면 말이 이어지질 않아서."

우리는 포장마차에 앉아 비로소 하나씩 둘씩 산 이야기를 꺼내놓으며 정담을 나누었다. 산과 언덕을 구별하는 방법, 사계절에 따른 금강산의 이름, 도(道)를 아는 사람이 산에 살면 도인이 되지만 도를 모르는 사람이 산에 살면 나무꾼밖에 안 된다는 이야기……. 이런 등등의 이야기를 나누다가 어떻든 산은 좋고 산이라고 지은 아들 이름은 더욱더 좋다는 결론을 내리고 헤어졌다.

며칠이 지났을까. 하루는 신 부장이 "최 형, 이 잡지에 실린 산 이야기 한 번 읽어보쇼." 하며 책 한 권을 슬며시 던져놓고는 외출했다. 무슨 내용인가 싶어서 페이지를 넘겼더니 신 부장 자신의 글이었다.

'언젠가 나는 산에 대해서 낙서를 한 적이 있다. 내가 잊고 있으면 산도 슬며시 자취를 감추어 버린다. 내가 가만히 눈을 뜨면 산은 열 개쯤 얼굴을 가지고 나를 조용히 내려다본다. 돌 이끼로 속옷 해 입고 온갖 나무들로 성장한 산은 바람으로 숨을 쉰다. 나뭇잎이 돋고 안개가 피어 오르던 날 나를 부드럽게 감싸주던 산은 낙엽이 지고 또 눈이 내리고 나면 매우 엄숙한 얼굴로 나를 바라본다. 내가 생각에 잠겨 있으면 산도 생각에 잠겨 버리고, 내가 웃고 있으면 산도 미소를 짓는다.

이와 같은 나의 얼찌근한 산에 대한 생각을 풀어가고 있을 때 뜻밖에도 요즘 내가 좋아하는 예수쟁이 최일도 전도사가 떡두꺼비 같은 아들 사진을 보여주면서 "어떻습니까? 산!" 그렇게 불쑥 산 이야기를 꺼냈다. "산이라니 그게 무슨 소리입니까?" "내 아들 이름을 뫼 산자 '산'이라고 지었습니다." 이 친구가 조금은 엉뚱한 데가 있다고 평소에 생각은 해왔지만 하필 아들 이름을 산이라고 짓다니 얼른 납득이 되질 않았다.

산! 아무래도 목회자의 아들 이름으로는 어울리지 않는 것 같았다. 요셉이나 요한이가 훨씬 잘 어울릴 텐데 하필 '산'이라니. 나는 고개를 두어 번 갸웃거리기는 했지만 기실 내심으로는 사내아이 이름으로 산이라는 이름이 매우 특이할 뿐 아니라 그 아버지에 그 아들로 아주 잘 어울리는 좋은 이름이라는 생각을 떨쳐버릴 수가 없었다.

몇 해 전 연휴가 끼인 어느 일요일, 마등령을 넘다가 산사람을 만난 기억이 있다. 날이 저물어 내설악 중턱에 있는 작은 암자를 찾아들었는데 그 때 덩치가 우람한 스님 한 분을 만나 숙소를 부탁하면서 건넨 몇 마디 이야기, 그 속에 산이 들어 있었던 것이다.

"주지스님이십니까?"

나의 성급한 물음에 그는 여유롭다 못해 매우 느리게 느껴지는 동작으로 봉당에 내려서면서 입을 열었다.

"나는 산을 지키는 사람이올시다."

산을 지키는 사람이라니? 나는 그 뜻을 얼른 깨닫지 못했다.

"산이란 슬픈 마음으로 보면 슬프고 기쁜 마음으로 보면 기쁘며 외로운 마음으로 보면 산처럼 친하고 사랑스러운 것이 없습니다."

그는 '산은 말없는, 그저 미더운 친구'라고 말했다. 그러나 그는 사시사철 산에서 산과 같이 생활해보면 결코 산이 말이 없는 것도 아니라고 했다. "산도 숨을 쉬고 또 말을 걸어오기도 하며, 눈을 뜨고 보기도 하고 또 외로운 모습을 짓기도 하며 매우 다정한 목소리로 사랑을 속삭여오기도 한다."고 그는 말했다.

이처럼 살아 있는 산을 보기 위해 그는 산에서 만 12년을 넘게 살아왔다고 했다. 이렇게 산에서만 살다보면 금방이라도 선계를 오르내릴 수도 있지만, 그러나 그는 어디까지나 산의 본질은 무심(無心)이라고 결론지었다. 바로 그 무심이 불가사의한 힘의 실체라는 것이다. 무심을 얻기 위해서, 무심으로 살기 위해서 이렇게 홀로 산에서 지내다니……. 참으로 이 무심을 터득한다면 산을 한숨에 삼킬 수도 뱉을 수도 있으며 산 속에 홀연히 자신이 사라져버릴 수도 있고, 홀연히 산이 사라져버리고 자신만이 남을 때도 있다고 했다.

"산도 바로 이 무심이니, 늘 이 무심 위에 다른 무엇이 더 있을 수 있겠습니까?"

어떻든 나는 그 날 밤 스님의 배려로 암자에서 하룻밤을 묵고 산을 내려오게 되었지만 자칭 산을 지키는 사람이라고 자신을 소개했던 그 스님이 도대체 산인지 사람인지 구별이 안 될 때가 많았다. 그러나 나는 지금도 그 날의 이야기를 허황되게 생각하거나 조금이라도 부인하려 들지 않는다. 어쩌면 그 스님의 이야기처럼 산 속에서 산을 잊고 열심히 산을 살면 그런 경지가 터득될 수도 있지 않을까 하는 생각이 들기도 한다.

이렇듯 내가 산에 대해서 아리송한 어려운 숙제를 안고 있을 때 예의 그 사람 좋은 최 전도사가 나타나 아들 이름 자를 '산'이라고 지었다니 그만 놀라지 않을 수 없었다. 처음엔 그가 내설악 스님이 말한 '산 이야기'를 나보다 한 발 앞서서 간파해버린 게 아닐까 하는 생각도 해보았다. 어떻든 귀여운 아기가 '산'이라는 이름으로 무럭무럭 자라서 산같이 깊고, 산같이 높고, 산같이 넓은 마음으로 우리의 모든 사람들을 사랑하고 지도하는 훌륭한 인재가 되기를 마음 속으로 기원한다.'

서울에서 제주까지 하늘에서 내려다 본 우리 땅은 몽땅 산이었다. 서울에서 설악까지 달리는 차창 너머로 본 것도 몽땅 산이었다. 멀리서 볼수록 우리가 사는 마을은 산 속에 묻혀 있었다. 통계로는 우리 국토의 3분의 2가 산이라 했는데 내가 보기에는 그냥 모든 것이 산이었다.

산은 어느덧 아버지의 마음이요, 어머니의 살결이 되었기에 나는 어쩔 수 없이 나이를 더해가면서 나도 모르게 점점 산을 닮아가고 있는 것이다. 저 산이 내 마음에 들어와 살고 저 황토 냄새가 내 살 속에 스며 있다. 이 엄청난 사실을 이제는 아들과 함께 영원히 잊을 수 없다. 내 아들의 이름을 산이라고 지은 이유를 아들 녀석이 알아듣고 기뻐할 날이 오겠지.

바라기는 그 이름이 지닌 뜻도 의미도 갈수록 넓어지고 깊어지기를……. 저 산이 이 아비 맘 속에 들어와 살고 있음부터 나도 너도 도시 속에서 광야를 마련하여 사는 사람들이요, 콘크리트 벽돌 속에서도 산을 불러와 산과 함께 사는 산사람인 것을, 자유인인 것을.

귀 밝으신 하나님

'가난해도 인간답게 살자.'

아내가 교직생활을 깨끗이 청산하고 교육전도사인 내 수입으로만 살아가기로 작정하면서 우리 두 사람이 함께 외친 비장한 결의였다. 또한 이 사람 저 사람 손에 옮겨다니며 자라야 했던 아들 산을 따뜻한 엄마 품으로 돌려주어야겠다는 부모로서의 마땅한 다짐이기도 했다. 그래서 평소 나의 궁핍함을 알고 가끔 주머니에 용돈을 찔러주던 친구에게 학부 졸업할 때까지 교육전도사라도 해야겠다며 교회를 소개해달라고 부탁했다. 그래서 간 곳이 불광동에 있는 은광교회였다. 가보니 철부지 시절부터 친구인 김상철이 부목사로 있었고, 난 그 친구 밑에서 교육전도사 생활을 다시 시작했다. 사람들 앞에서는 할 수 없이 "김 목사님, 김 목사님." 하다가도 열 받을 일이 생기면 끌고 나와서 소리쳤다.

"야, 상철아. 나 정말 못해먹겠다."

당시 사례는 월 17만원이었다. 여기서 십일조 1만7천원을 미리 빼고 난 15만3천원의 수입을 믿고 아내에게 학교에 사표를 던지라고 과감히 말했던 것이다. 아내도 그런 제의를 선뜻 받아들였다. 서로가 이의 없이 그렇게 쉽게 결정할 수 있었던 것은 무엇보다도 아이들이 가장 엄마를 필요하는 시기에 외할머니나 다른 사람들 손에서 이리저리 끌려다니며 자란다는 사실이 너무나도 괴로워서였다. 그리고 또 다른 이유가 있다면 의정부에 살면서 하나는 동두천시로, 하나는 서울시로 서

197

로 다른 도시를 오가면서 필요 이상의 정신적 육체적 에너지를 소모하는 바람에 하루 하루의 생활이 무척이나 힘들었다는 점이다. 어떻게 해서든 우리 아이를 우리 손으로 기르고 싶었고, 서로 떨어져 지내는 어려움에서 벗어나고 싶어서였다.

암사동에 있는 15평짜리 강동아파트를 간신히 전세내 들어 갔다. 의정부 집세 뺀 돈과 아내가 그동안 재형저축 등에 가입해 저축해 왔던 돈을 찾고, 퇴직금까지 합해서 겨우 집세를 마련했다. 아파트는 의정부 집보다는 좀 좁았지만, 그런대로 세 식구가 살기에는 별 어려움이 없어 보였다. 이렇게 해서 어린 산은 매일 아침 엄마와 헤어지는 고통과 작별했고, 나는 또 나대로 결혼한 이래 처음으로 집의 안락함을 느끼면서 살게 되었다. 매일 아내가 집에서 식사를 준비하고 빨래하고, 아들 산은 엄마 품에서 날로 튼튼하게 자라고, 학교도 훨씬 가까워졌고. 무엇보다 아침마다 출근 전쟁을 치르는 아내의 고달픈 모습을 보지 않게 되어 좋았다.

그러나 이런 편리함과 가정의 안락함 뒤에 이내 현실로 다가온 새로운 고통이 하나 있었다. 절반도 안 되게 줄어든 수입에서 오는 궁핍함은, 각오는 했지만 결코 만만치가 않았던 것이다. 이 고통도 무시할 수 없는 어려움인 것을 우리는 한 달이 채 못되어서 절실히 깨달아야 했다.

그뿐 아니라 당장 산의 우유를 빼놓고는 모든 물건들의 수준을 전보다 현격하게 낮추고, 옷가지들은 철이 지나도 아예 살 엄두조차 내지 못했다. 아내나 나나 태어나서 처음으로 궁핍함을 온몸으로 느끼며 살아본 시기였다. 그래도 우리는 기도할 때마다 "너무 궁핍하게도 마옵시고 넘치게도 마옵소서, 그냥 하루 하루 일용할 양식으로 만족하면서 살도록 도와주십시오." 라고 기도하면서 그렇게 가난함을 몰고 오는 삶을 오히려 편한 심정으로 즐겼다.

수업이 오후에 있는 날은 산을 유모차에 태우고 아내와 함께 암사 수원지 근처의 약수터로 산책도 가고, 산 발치에 있는 화원에서 2, 3백 원 하는 비싸지 않은 화초들을 사다 기르기도 했다. 또 저녁 때는 서녘 하늘로 기우는 마지막 햇살과 그 사이로 번지는 부드럽고 고운 노을을 바라보며 사색에 잠기기도 했다. 이런 때면 가난한 신학생의 아내로 살아가는 여류시인 김연수는 몇몇 단상을 빠짐없이 메모해 두었다가 며칠 뒤에는 기막힌 시로 엮어 내놓곤 해서, 때때로 좌절과 실의 속을 헤맬 수밖에 없던 내게 수시로 용기와 희망을 주었다.

자연은
무수한 말씀
감추어두신 비밀스러운 성서

감아야 열리는
맑은 눈으로
감격하며 넘겨가는
갈피마다

산에는
산의 말씀
꽃잎마다 향그런 꽃의 말씀
순간마다 새롭게
살아옵니다.

귀를 닫아
새로 열려 오는 귀
가만히 기울여 보면
바람결에 바람 말씀

물결마다 물의 말씀
목마른 영혼 적시며
여울져웁니다.

그뿐 아니라 한가한 저녁이면 가난 속에서도 가까운 이웃에 사는 신학생 동기들을 불러서 녹차를 나누어 마시는 정담을 잊지 않았다.

당시 생활에서 잊혀지지 않는 것은 장신대 성종현 교수 가족과 그 동네에 살던 지연웅, 곽성률, 허강대 목사의 가족들이 한 달에 한번씩 만나 구역예배를 드렸던 일이다. 그 때 우리들은 모두 교육전도사였는데 성 교수는 우리 모임에 기꺼이 동참해 기껏해야 열댓 평 되는 제자들의 작은 아파트에서 예배도 함께 드리고, 약간의 다과도 나누며 밤늦도록 살아가는 이야기로 꽃을 피웠다. 이런 과정을 통해서 우리는 사제지간의 격의없는 정을 느끼며 학부생으로서, 자녀를 기르는 가장으로서, 교회의 교육전도사로서 1인 3역 4역을 해내는 고달픈 목사 후보생의 험난한 길을 서로 위로하며 우애를 다졌다.

특히 그 무렵 성교수와 남다른 정을 쌓을 수 있는 기회가 자연스레 닿으면서 우리 삶에 감사와 풍족함을 더해주었다. 어느 가을날이었다. 느닷없이 초인종 소리가 나서 아내가 나가보니 웬 낯선 남자가 문 밖에 서 있었다. 갑자기 찾아온 손님은 자그마한 쇼핑 백 하나를 내놓으며 말했다.

"어제 고향을 다녀왔는데, 최일도 전도사님 댁이 생각나서요."

생전 처음 보는 남자가 갑작스레 출현해서 이렇게 말하자 아내는 얼떨결에 방에 있는 나를 향해 소리쳤다.

"여보, 좀 나와보세요."

마침 그날 잔뜩 밀린 리포트를 써내느라고 내 방에서 책을 뒤적이며 낑낑대던 참이었다. 황급히 나가보니 성종현 교수가 문 앞에 서 있었다. 그분이 우리집을 찾아오리라곤 상상도 못한 일이었다. 신발 신을

새도 없이 뛰어나가 현관에 엉거주춤
서서 반갑게 인사했다.

가방에는 배와 감이 들어 있었다. 고
향 나주의 맛을 함께 나누고 싶다고 했
다. 덕분에 우리는 모처럼 원산지 나주
배의 진미를 맘껏 즐길 수 있었다. 다음
해 우리가 어머니의 도움으로 같은 아
파트단지 내 17평짜리 집을 어렵게 구
해 이사했을 때도, 그해 초겨울 아내가
딸 가람이를 낳았을 때도 그분은 방문
기도로 축하해 주었다. 그뿐 아니다. 내
가 이것저것 닥치는대로 아르바이트 하
느라 바쁘다가 과로로 쓰러져서 여의도

친구 박진홍, 주머닛돈을 건네주면서도
"너무 적어서 어쩌나" 라는 말을 잊지
않았던 친구. 그러나 그 안엔 언제나
넘쳐흐르는 우정이 담겨 있었다.

성모병원에 입원했을 때도, 또 아내가 어려운 과제를 놓고 상담할 때
도 항상 자신의 일처럼 친절하게 응해 주었다. 이따금 고구마나 붕어
빵 한 봉지를 사다가 산이에게 안겨 주어 더욱 인기가 높았다. 아내는
성 교수를 통해서 받은 감동을 〈기독공보〉에 쓴 일이 있고, 나 역시
그분을 생각하며 짧은 시 한 편을 쓰기도 했다.

> 뜨거운 사랑 한 봉지
> 선뜻 건네시고
> 길 건너 가시는
> 그 분의 카키색 바바리 자락
> 싸늘한 겨울거리
> 포근히 감싸오는
> 제자에 대한 크고 작은 걱정
> 사랑으로 다독이는 스승의

뜨거운 가슴 한 자락
선지동산의 학우들 가슴 가슴마다
흘러 흘러
사랑의 불씨 댕기면
금간 한반도
흔들리는 누리도
아픈 상처 치유받고
푸르른 희망의 머리카락 날리면서
일치의 손과 손 마주잡으리.

- 군고구마 가게에서 -

강동아파트에서의 생활은 가정의 안정과 친밀감을 더하게는 했으나, 경제적으로는 실로 견디기 어려운 나날이 계속되었다. 다행히 등록금은 당시 고등부 교육전도사 시절 고등부 교사로 봉사하던 삼립식품 부사장 권오훈 장로가 책임지는 덕에 별 어려움이 없었지만, 아들과 딸 두 아이를 기르며 살아가기엔 15만3천원이라는 생활비는 턱없이 부족했다. 사실 차비가 없어서 광진교를 걸어서 등하교 하던 날도 있었고, 아차산의 약수로 점심을 때운 날도 많았다. 하지만 누구에게도 티 내고 싶지 않아서 난 언제나 웃고 다녔다. 정 배고픈 날이면 친구 진홍이와 용석이를 찾아가 밥을 실컷 얻어 먹었고 돌아올 때면 그 녀석들이 주는 차비로 가람이 우유를 사들고 오곤 했다.

참다 못한 아내는 궁여지책으로 아이들에게 국어를 가르치기도 하고, 출판사에서 교정 원고나 윤문 원고를 받아다 처리해주는 이른 바 주부 아르바이트를 시작했다. 나도 모르는 사이에. 내가 어쩌다 생활비라도 걱정하는 눈치가 보이면 아내는 웃으며 간단히 대답했다.

"우리 집 창고는 엘리사가 축복한 창고라고요.".

80년대 초, 나는 아내를 위해 정말이지 떡 한덩어리를 사올 돈조차 없었다.
사랑의 나눔이 있는 곳에 하나님께서 함께 하시는 체험을 실제의 가난을
살아가면서부터 하나씩 둘씩……

'어느 날 엘리사는 배가 고파 가난한 어느 과부 집에 들어가 음식을
청했다. 어린 아들과 단 둘이 살고 있던 그녀는 남은 밀가루와 기름으
로 마지막 빵을 구워 먹고는 죽음을 기다리려던 참이었다. 그러나 배
고프다는 엘리사의 청을 받자 그 자리에서 빵을 구워 엘리사를 대접했
다. 과부의 궁핍한 삶을 다 아는 엘리사는 그만 감동해 그 집의 밀가루
통과 기름통을 축복해 주었다. 그 후론 그 과부의 집에 밀가루와 기름
이 떨어지는 일이 없었다.'

대략 이렇게 요약되는 엘리사의 이야기를 인용해 대답한 것이다. 가
난한 살림이 힘든 만큼, 왠지 신앙의 힘은 더욱 풍성하게 다져지는 그
시절이었다. 아내는 가끔 나에게 자신의 기도 체험에 대해 말하곤 했
다.

"지금부터 내가 무슨 말을 해도 코웃음치거나 신비주의자라고 말하
면 안돼요."

이렇게 서두를 꺼낸 아내는 크고 작은 기도체험을 들려 주었다.

한 번은 산의 병원 문제를 놓고 기도했는데, 마침 아파트 위층에 사시는 명성교회 다니던 집사가 대성의원을 소개해 주었다고 했다. 그러던 어느 날, 마침 병원장이 진료를 마치면서 아이 아빠가 뭐 하는 사람이냐고 묻기에 무심코 장로회신학대학 다니는 신학생이라고 했더니 그분은 아주 겸손하게 이렇게 말하더란다.

"이후부터 진료가 필요할 땐 언제든지 저희 병원에 오세요. 돈 걱정은 하지 마시고요. 그래야 저도 하나님의 일꾼이 공부하는 데 눈곱만큼이나 밀어드릴 기회를 얻지요."

그렇게 무료진료를 약속했다는 것이다. 그 때 우리 형편에 그분의 그런 선의가 얼마나 큰 도움이 되었는지. 그래서 우리는 우리 산이 세 돌 되던 날, 예수의 작은 형제회에서 얻은 자그마한 성화 하나를 들고 가 감사의 인사를 드렸다. 요즈음도 다일공동체에서 가난한 이들에게 무료로 진료를 할 때면 늘 그분에 대한 고마움이 새롭게 가슴을 채워 온다. 노 장로께 지은 사랑의 빚을 저 분들께 갚는 거라고, 다 갚을 길 없는 주님의 은혜를 만분의 일이라도 갚는 것일 뿐이라고 다짐하곤 한다.

그것만이 아니다. 진심으로 원하는 사소한 일까지도 아내는 하나님께 기도했고, 그 때마다 하나님은 응답해주셨다고 몇 번이고 간증하듯 말했다. 하다 못해 모자라는 쌀이나 반찬 마늘 고춧가루 깨소금도 하나님께 그 사정을 말씀드렸고, 그러면 틀림없이 뜻하지 않았던 선의의 사람들을 통해 응답해 주시더라는 것이다.

심지어 둘째 아이를 가졌을 때 떡이 먹고 싶더라나(정말이지 그 때 나는 아내를 위해 떡 한 덩어리를 사올 돈조차 없었다). 돈은 한 푼도 없지, 떡은 먹고 싶지……. 그 때 아내는 순진하게도 "하나님! 떡이 먹고 싶어요."라고 호소했다는 것이다.

그런데 정말 기도드린 지 사흘 만에 성공회 성 베다교회의 교우인 이준호(또로따) 회장이 떡 한 시루를 쪄서 집에 들렀더란다. 전에도 가끔씩 시골에서 농사지은 콩이며 현미 찹쌀이며 마늘 같은 것들을 꼭 필요할 때마다 어떻게 알았는지 봉지 봉지 들고 우리집을 찾아와서는 늘 이렇게 인사했다.

"웬지 전도사님 댁에 꼭 가봐야겠다는 생각이 자꾸 들어서 나도 모르게 왔어요. 변변한 것은 아니지만 이거라도 맛있게 드세요."

그분은 '이거라도' 라고 표현하셨지만 그 때 우리에겐 그것이 '꼭 필요한 것' 이었음을 생각하면 정말 놀라운 일이 아닐 수 없었다. 그래서 그 때부터 아내는 좋으신 하나님을 '귀가 밝으신 분' 이라고 불렀다.

어린이날, 아카데미 하우스에서 산이랑 가람이랑.

산이랑 가람이랑

　85년 11월 13일 딸 가람이가 태어났다. 또 아들일까 하고 조금은 걱정했기 때문에 딸이라는 간호사의 말이 무척이나 반갑고 기뻤다. 이로써 우리는 명실공히 두 아이의 아빠가 되고 엄마가 되었다. 딸은 '가람'이라고 이름지었다. 그리고는 우리는 산과 강의 부모가 되었으니 대자연의 부모가 되었다며 웃었다.

　가람이는 저녁 8시 30분경에 출생했는데 태어나자마자 울기 시작해서 다음 날 아침까지 꼬박 밤을 새워 울어댔다. 아내 곁에서 간호를 하던 이유순(시도니아) 자매는 날밤을 꼬박 새우며 모녀를 돌보느라 바빴다.
　"언니예, 야는 뭐가 되어도 크게 될란가 봅니더. 갓난 애기가 우째 이래 줄기차게 웁니꺼?"
　토박이 부산 사투리로 이제 갓 태어난 아이를 어르며 아내를 도와주던 이 시도니아 자매도 수도원 출신이었다. 노트르담 성모회 수련생활을 마친 후 환속했던 자매는 그 무렵 우리 아파트 상가의 슈퍼마켓 옆에서 양품점을 경영하고 있었다. 우리 가족이 슈퍼마켓 드나드는 길에 그 예쁘고 상냥한 자매가 우리 산이 코도 닦아주고 귀여워하다가 아내와 친자매처럼 정이 든 터였다.

　두 사람은 인생 여정이 비슷해서였는지 만나자마자 유별나게 친해져서 거의 매일 오가며 이야기를 나누었다. 거기에 성 베다교회에 다니던 마리아 자매가 어울려 격의없는 정을 나누며 함께 기도하곤 했다. 이들의 관계를 잘 모르는 사람들은 세 사람이 친자매들이라고 믿을 정도로 서로 비슷한 점이 많고 잘 어울렸다. 덕분에 나는 뜻하지 않게 처형 처제가 줄줄이 생긴 셈이 되었다.

우리 집은 그 때도 지금처럼 많은 사람들이 모여 정담을 나누고 함께 기도하는 '만남의 집'이었다. 내가 본래 사람 만나는 것을 좋아해서 거의 매일 친구나 교회 학생들이 우리 집을 방문했고, 아내 또한 그런 생활을 싫어하지 않았다. 없는 살림에도 손님들이 오면 한 번도 싫은 기색 없이 밥을 짓고 차를 끓였다. 이른 아침이건 늦은 밤이건 가리지 않고. 어떤 날은 하루에 서너 명씩 두세 팀이 찾아오기도 했는데 그땐 열댓 명의 식사를 준비해야만 했다. 그래도 아내는 밥을 해내고 차를 내가며 친구들을 반가워했다.

아예 밤 11시나 자정이 넘은 시각에 초인종을 누르고 들어와선 "아직 저녁을 못먹었는데요." 하거나 "밤참으로 주실 삼계탕 생각이 간절해서요." 그 때 아내는 숫제 몇 가지 고정메뉴를 정해놓기까지 했다. 생활비 들어온 날로부터 1주 안에 오는 사람들에겐 비빔밥을, 2주 안에 찾아오는 사람에겐 콩나물밥을, 그 이후에 오는 사람들에겐 예외없이 삼계탕(삼양라면+계란)이었다.

가람이 백일은 장로회신학대학 신학과 학부 졸업식 날이기도 했다. 어렵사리 4년을 마치고 마침내 졸업식을 맞게 된 것이다. 아내는 안도의 숨을 내쉬었다. 내가 학기마다 신학을 계속할까 말까를 고민해왔기 때문이었다. '요즘처럼 곳곳에 신학교가 세워지고, 목사 지망생이 널려 있는 상태에서 목사 후보생이 과연 필요한가'라는 심각한 의문에 부딪히곤 했는데, 늘 대답은 '별로 필요없다'는 쪽으로 기울었다.

"나, 신학 그만두고 싶어. 요즘은 신학하는 사람이 너무 많아 오히려 공해 요인이 되는 것 같아."

이런 나를 볼 때마다 아내는 내 주장을 누구보다 공감했다. 그녀 자신도 시인이 너무 많은 시대라 시인이 되지 않으려고 몇 번씩 다짐하기도 했다면서. 하지만 가장인 내가 소명을 확인하고 선택했던 길을 도중에 바꾸려 한다는 대목에서는 불안한 마음과 걱정을 감추지 못했다. 아내는 그럴 때마다 간곡히 만류했다.

"좋아요. 하지만 일단 학부를 마친 후에 대학원 선택을 재고해 보세요. 지금의 그런 고민도 이해 못하는 것은 아니지만, 자신이 신중하게 생각해서 선택한 길을 어려움을 참고 가보는 것도 중요한 것 같아요. 그리고 우리 삶의 전 과정에서 나는 어느 때든 당신을 목회자로 부르시는 그분의 소명을 확신해 왔거든요."

아내의 불안해하는 얼굴과 염려의 말, 그러면서도 한 편으론 신념에 가득찬 이야기를 들으며 속으로 생각했다.

'그래, 일단 학부는 졸업하고 보자. 대학원 과정을 밟으면서도 선택의 여지가 있을 테니까.'

그렇게 몇 번을 고민한 끝에 마침내 졸업을 맞게 된 것이다. 늙은 신학생 졸업식이 뭐 대단하다고 은광교회 학생들, 주일학교 교사와 여기저기서 아는 사람들이 몰려왔다. 더욱이 평소 때와는 달리 어머니와 아내도 이 날만은 한 마음 한 뜻이 되어 졸업식에도 참석하고 손님 접대도 같이 해냈다.

이 날 나의 졸업식으로 온 가족이 법석을 떠느라 백일상도 제대로 받지 못한 가람에게는 무척이나 미안했다. 하지만 백일맞이 가람이는 제법 입을 빠끔대고 눈을 깜박여 엄마를 아는 듯했다. 그동안 태열에다 눈물샘이 막혀 고생하던 가람이는 그제서야 나았는지 밝은 표정이어서 그 날 우리의 기쁨은 더욱 컸다.

호사다마라구요?

84년 3월말 뜻밖의 전화가 걸려왔다. 광장중학교 교장실에서 걸려온 전화였다.

"김연수 선생님, 내일부터 출근하셔도 됩니다."

새 학기가 시작된 지 근 한 달이 넘어가는 화사한 봄날에 아내의 새로운 생활을 알리는 전화가 걸려왔던 것이다. 전화기를 내려 놓은 아내는 어느 새 무릎을 꿇고 조용히 기도를 올리고 있었다.

"하나님께서 제 기도를 들어주셨어요. 3월이 다 가도록 학교에서 소식이 없어 낙망하고 있었는데. 그래도 남은 1퍼센트의 가능성을 믿고 계속 기도해왔어요."

말 끝을 흐리는 아내의 눈에는 눈물이 괴어 있었다. 말없이 아내의 얼굴을 바라보았다. 눈물에 담긴 수많은 의미를 너무나 잘 알고 있었기에.

가람이가 태어난 이래 우리 생활은 무척 어려웠다. 교육전도사 사례인 15만3천원에 아내의 아르바이트 수입 10만원 정도로 두 아이를 기르며 대학원에서 공부를 계속한다는 것은 정말 버거운 일이었다. 거의 모든 돈을 학비와 육아비로 털어넣고 나면 불과 2, 3만원 정도 남아 식생활 해결도 제대로 못할 지경이었다. 설상가상으로 어떤 일에 몰두하면 밤낮을 가리지 않고 빠져버리는 나인지라 건강에도 많은 문제를 안고 있었다. 어떤 때는 얼굴이 노래지고 어떤 때는 입 안이 다 헐고, 심하면 쓰러져서 며칠씩 앓아 눕기가 일쑤였다. 게다가 주변머리가 없어 집에 쌀이 떨어질망정 어디 가서 백원짜리 한 장 빌려오지를 못했다. 아내는 아내대로 살림이 궁핍하다고 여기저기 손 벌릴 성격도 처지도 아니었다. 그래서 아내는 더욱 더 하나님께 기도하고 매달렸는지 모른다.

어쨌든 아내는 가람이를 낳은 후 산후 조리가 채 끝나기도 전에 취업을 위한 금식기도를 해오고 있었다. 생계에 불편함이 없을 정도의 정기적인 수입과 의료보험증이 발급되는 직장에서 일하기를 원했고, 그러기 위해선 다시 학교에 복직되기를 희망했다. 하지만 당시만 해도 모든 중고등학교가 평준화 제도에 묶여 경직된 운영체제로 일관해온 데다, 사립학교에서는 경력있는 교사를 기피하는 경향이 있다. 따라서 아내는 몇 학교에 이력서를 넣어보았지만 쉽게 취업이 되지 않던 터였다.

그런데 뜻밖에 공립학교인 광장중학교에서 임시교사로 3년 동안 근무해 달라고 연락이 왔던 것이다. 나중에 알게 된 일이지만 그 학교 주임으로 있던 6촌형 최문익 선생이 마침 자리가 난 3년 임시교사에 아내를 소개했고, 학교에서 아내의 이력서를 보고 결정을 내린 것이었다. 임시교사란 모든 교직 경력을 인정받고 정교사와 똑같이 대우해주는 대신 기간에 제한이 따르는 자리였다. 3년이면 대학원 수업을 끝낼 수 있으므로 아내는 3년 동안 교사생활을 하게 해달라고 기도해 왔다는 것이다. 과연 기도 내용대로 3년의 교사생활이 이루어진 셈이고, 아내는 귀 밝으신 하나님께 거듭 감사기도를 올리며 출근 준비를 서둘렀다.

그러나 당장 두 가지 큰 문제가 터지고 말았다. 아내가 학교에 가 있는 동안 아이들을 누가 돌보느냐 하는 문제였다. 기도하고 생각한 끝에 명성교회 다니는 집사 한 분이 떠올라 아이들을 부탁했더니 다행스럽게도 잘 돌보아주겠다고 했다. 그 분은 우리가 강동아파트 1단지에 살 때 바로 위층에 살던 이웃으로, 산이 비교적 잘 따르던 인연이 있었다. 또 한 가지 문제는 아내는 거의 몇 년 동안 옷을 사지 않고 살아왔기 때문에 입고 나설 만한 옷이 없었다. 생각다 못해 아내는 우선 마리아 자매에게서 몇 벌의 옷을 빌려 입기로 하고 출근 첫날을 맞았다.

광장중학교와 장로회신학대학은 바로 이웃해 있었기 때문에, 우리는 같은 버스를 타고 한 사람은 배우러 가고 한 사람은 가르치러 갔다. 또 어떤 날은 퇴근길에 둘이 만나서 자판기에서 커피 한 컵씩 뽑아 들고는 워커힐로 진입하는 산책로와 아차산 오솔길을 거닐기도 했다.

아내의 월급날 우리는 깜짝 놀랐다. 월급이 생각보다 훨씬 많았기 때문이다. 6년간의 교직경력을 인정해 준다고는 들었지만, 어쨌든 모든 세금과 공제금을 다 제한 실수입이 무려 50만원에 육박했던 것이다. 뿐만 아니라 2개월 후부터는 상여금도 전액 받을 수 있었다. 우리는 갑자기 부자가 된 느낌이었다. 물론 그렇게 원하던 의료보험카드도 손에 쥘 수 있었고.

그런데 기쁨도 잠깐이었다. 아이들이 급격히 바뀐 생활에 적응하지 못했다. 집사님이 가람이를 돌보며 집안 일을 하는 사이에 세살배기 산은 아파트 단지 이곳 저곳을 울며 돌아다닌다는 사실을 한 달이 훨씬 지나서야 알게 되었다.

어느 날 저녁 시도니아 자매가 늦게 우리 집을 찾아왔다. 늦은 밤에 일부러 찾아온 데는 무슨 이유가 있겠지 싶어 문 밖에서 말하고 가겠다는 그녀를 차라도 한 잔 마시자며 안으로 데리고 들어왔다. 방에 들어와 앉자마자 시도니아 자매가 먼저 입을 뗐다.

"언니예, 오늘 낮에 산이 우리 가게에 왔었어예. 그런데 이놈아가 사람 디게 울리데예."

"왜? 산이 어쨌기에."

갑작스러운 말에 우리는 깜짝 놀라 다그쳐 물었다.

"오전 11시 쯤 됐을까예, 갑자기 산이 '이모' 하면서 들어오데예. 그

래서 얼른 손을 잡고 가게로 들어와 앉혔더니 빵을 사달라카데예. 배
고프다꼬 말입니더. 그래 앞집 빵가게에서 단팥빵 하나를 사줬드만,
맛있게 먹고는 어디서 찾아왔는지 쬐맨한 언니 사진 한 장을 뜩 끄내
놓는기라예. 그래 내가 우예 사진을 가지고 왔능가고 물었드만 엄마가
보고 싶어서 그런다고 하며 눈물을 흘리고 막 그럽디더."

우리는 뜻밖의 말에 너무 놀랐다. 그리고 당황했다. 전부터 잘 아는
분이 보아주니 아무 문제가 없을 거라고 믿어버린 자신들을 발견하곤
산에게 한없이 미안해지기 시작했다. 처음 서울로 올라올 때는 어린
산을 이 사람 저 사람 손에 내맡기지 않으려고 모든 걸 포기하고 오지
않았던가. 그런데 주에 한두 번씩 서너 시간을 누구에겐가 맡기고 다
니는 것으로도 모자라 이제는 매일 온종일을 다른 사람에게 맡기는 어
이없는 상태로 되돌아간 것이 아닌가. 경제적인 이유만으로.
그 날 밤 잠을 이룰 수가 없었다. 갖가지 방법을 생각해보았지만 별
다른 대안이 떠오르지 않았다. 우리는 부모의 고민은 까마득히 모르는
채 고이 잠든 어린 산과 가람을 손으로 쓸어보고 토닥거려보며 말없이
괴로워했다. 하지만 아무런 대책을 세우지 못한 채 그 날 밤을 보내고
말았다. 다음 날도 그 다음 날도.
아내의 교직 복귀로 넉넉해진 생활 만큼 아이들에 대한 안쓰러움과
미안한 마음이 정비례로 증폭되는 동안, 우리는 또 별수없이 하나님께
매달리며 기도했다.

그러던 어느 날 어머니께서 갑자기 전화를 걸어왔다. 애들을 맡아주
겠다고. 우리가 평소 마음으로 바라던 바였지만 그렇게 쉽게 이루어질
줄은 상상도 못했다. 우리의 가슴아픈 사정을 알게 된 육촌 문익 형님
이 어머니께 전화를 걸어 우리 애들을 돌보아주는 게 좋겠다고 사정한
모양이었다. 어머니는 처음엔 그 말을 듣고 무척 망설였다고 한다. 그
냥 집에서 놀고 있던 것도 아니고, 당시 당산동에 있는 중앙제일교회의

여전도사로 시무중이었기 때문이다. 정년퇴직을 불과 3, 4년 앞두고 개인적인 사정으로 성무를 쉽게 버릴 수 없다는 것이 그 분의 생각이었다. 그러나 어린 산과 가람이 짐마냥 이 사람 저 사람 손에 맡겨지는 것을 불쌍하게 생각해서 끝내 어려운 결단을 내리게 되었다는 것이다.

4월 맨 끝 주일 저녁예배를 마지막으로 어머니는 영등포 중앙제일교회를 사임했다. 그 날 우리 가족과 큰누나, 그리고 시집간 둘째 누나네 가족이 모두 찾아가 함께 예배를 드리고 가족창까지 했다.
 '지금까지 지내온 것 주의 크신 은혜라/ 한이 없는 주의 사랑 어찌 이루 말하랴/ 자나 깨나 주의 손이 항상 살펴주시고/ 모든 일을 주 안에서 형통하게 하시네.'
 우리는 감사한 마음으로 함께 찬송하며 앞으로의 모든 일도 주께서 인도해주시기를 간절히 기도했다.
 5월 초에 어머니는 교회 전도사직을 사임하고 우리 집으로 오셨다. 물론 산과 가람은 할머니의 사랑을 받으며 긴 낮 시간을 지낼 수 있게 되었다. 우리는 더없이 안심했다. 집안 친척이나 우리를 아는 사람들은 모두 잘되었다며 어머니의 결행에 감사드렸다.

그런데…… 아아, 호사다마라던가? 인생은 고해라던가? 왜 한 가지 어려움을 보내고 나면 또 다른 어려움이 그 자리를 채워오는 것일까. 아니, 우리가 못 다한 무슨 보속이 남아서 보다 큰 고통으로 자꾸만 더욱 불려서 다가오는 것일까. 어머니와 함께 살게 된 기쁨과 다행함을 충분히 느끼기도 전에 끝이 안 보이는 큰 고통이 우리 코 앞에 닥쳐왔다. 그것은 다름이 아닌 홀어머니와 아내의 그 흔한 고부 갈등이었다.
 어머니는 처음부터 며느리를 탐탁지 않게 여겨오던 터였고, 또 서로의 성격이 극과 극이었다. 어머니는 바지런하고 빠른 편인데 비해 아내는 차분하고 느긋한 데다 일을 천천히 처리하는 전형적인 충청도 스타일이었다. 더구나 학교 생활에서 곧바로 수도원 생활로 접어들어서

인지 부엌일이나 살림살이를 거의 해본 적이 없는 처지였다. 그러니 어머니 보기에는 며느리의 행동거지가 매사 못마땅하고 거슬렸던 것 같다.

어쨌든 어머니는 우리 집에 오신 지 사흘이 채 안되어 아내에 대한 불만을 토로하기 시작했다. 또한 아내의 천주교식 신앙 표현이 골수 개신교인 어머니와는 너무 큰 차이가 있었다. 아내는 혼자 조용히 기도했고, 성서도 혼자서 읽었다. 또 일상생활에서 신앙에 대한 말을 빈번히 하는 것을 극도로 싫어했다. 그저 묵묵히 믿고 침묵 속에 기도하며 믿는 바를 실천하려 애썼다.

반면에 어머니의 신앙은 열정적이었고 말끝마다 구구절절 신앙에 관한 말을 빼놓지 않았다. 기독교 신자가 된 이래 단 한 번도 새벽기도회를 빠뜨린 일이 없다는 어머니 눈에 아내는 못내 신앙이 부족한 며느리요, 기도하지 않는 '날나리 신자'로 보였는지도 모른다. 전형적인 홀어머니와 외 며느리라는 갈등에다 종교적인 견해와 문화적 차이가 빚어내는 갈등이 함께 어우러져 도대체 해결의 실마리가 보이지 않았다.

어머니는 사사건건 아내를 못마땅해 했고, 게다가 그런 갈등을 마음 깊이 담아두질 못했다. 본래 남에게 잘하기로 소문이 나있는 어머니였지만 외아들을 며느리에게 빼앗긴 듯한 상실감이 당장 눈 앞에 펼쳐지는 현실이어서 더 그랬는지 모를 일이다. 어쨌든 어머니의 말 끝은 늘 곱지 않았고, 누구보다도 감성이 예민한 아내가 그것을 모를 리가 없었다.

아내는 아내대로 그런 어머니를 불편하게 생각했다. 아내의 얼굴에는 점차 웃음기가 사라지고 매사에 지나치게 조심했다. 그러니 어머니와의 자연스러운 대화가 갈수록 힘들어지고 서로 마주 바라보기조차 어려워했다. 어머니가 거실에 계시면 아내는 방으로 들어오고, 아내가 거실에 있으면 어머니가 문을 탁 닫고 당신 방으로 들어가는 상황이었다.

나는 두 사람 사이에서 질식할 것만 같았다. 그리 중요한 일도 아닌데 의견 차가 생기고 아주 사소한 일에 교묘하게 얽히고 설키는 두 사람의 갈등의 실꾸리가 가늘고 질긴 실로 내 목을 점점 휘어감는 고통이 갈수록 심화되어 갔다.

어릴 때부터 거의 야단맞지 않고 칭찬 속에 자라온 성장과정이 작은 비판이나 타이름도 수용할 수 없는 마음을 갖게 했는지도 모를 일이었다. 더욱이 아내는 충청도에서 양반입네 하는 집안에서 자라 좋든 싫든 자기할 도리를 꼭꼭 챙겼고, 우리 집 살림살이를 도맡아 꾸려가다시피 하는 형편이었다. 그뿐 아니라 퇴근해서는 곧바로 부엌에 들어가서 저녁밥을 짓고 밀린 집안일을 처리했다.

하루종일 엄마와 떨어져 있던 아이들도 엄마 얼굴을 보는 순간 와르르 매달려서 업어달라, 안아달라 투정이 이만저만이 아니었다. 자정이 넘도록 일하고 아침 일찍 일어나 밥해서 아침상 차려놓고 학교나갈 준비하고, 거의 정신없이 이리 뛰고 저리 뛰는 형편이었다. 또 주일날엔 작은 애 가람이를 들쳐업고 산이는 걸리며 당시 내가 시무하던 삼성동 갈보리교회 예배를 다녀와야 했다. 그러니 아내는 1주일에 어느 하루라도 다리 뻗고 쉴 날이 없었다. 약한 몸에 그렇게 살겠다고 안간힘을 다하는데 날마다 어머니에게 야단만 맞는 형국이었다.

한편 어머니는 어머니대로 그럴 듯한 이유를 내세웠다.

"내가 할 일 없어서 너희 집에 얻어 먹으러 온 사람이 아니다. 너희 집 식모는 더더욱 아니고. 그런데 아침밥이라고 해놓고 저만 쏙 빠져나가고 나면 애들 밥 먹이랴 빨래하랴, 청소하랴 손목이 다 시큰거린다. 너무 피곤하니 새벽기도회조차 지각할 때가 다 생기고. 자연히 주님의 은혜가 떨어져 사는 낙마저 못 느끼게 되니, 도대체 내 꼴이 이게 뭐냐?"

안방에 가면 시어머니 말이 옳고, 부엌에 가면 며느리 말이 옳다고 했던가. 어머니 말씀을 들으면 그게 옳은 것 같고, 아내 말을 들으면 그 말도 틀리지 않았다. 그러니 나는 갈수록 난감할 수밖에 없었다. 이럴 수도 저럴 수도 없었다. 하지만 어떻게든 어려운 국면을 해결하고 싶었다. 그래서 별 도리없이 아내에게 말했다.

"어쨌든 젊은 당신이 져야지, 별 수 없잖아. 당신하고야 앞으로도 살 날이 많지만 홀로 된 어머니야 알 수 없는 일 아닌가. 우리 두 사람이 부족해서 그러니 무조건 잘못했다고 말씀드리자구."

처음엔 이 작전이 먹혀들었다. 아내도 궁여지책으로 어머니께 잘못했다고 빌었다. 그러나 그 방법도 썩 좋은 해결책이 되지 못했다. 번번이 아내가 잘못했다고 용서를 청하자 어머니는 '자신마저 잘못을 시인할 정도니까' 하는 식으로 더욱 큰 소리를 치는 거였다.

홀어머니 슬하 외아들에게 시집간 여자는 예외없이 고생한다는 이야기는 익히 들어 아는 터지만, 그 외아들이 더욱 맘 고생한다는 사실을 듣지도 보지도 못하다가 실제로 당하고 보니, 나도 아내 만큼이나 죽을 맛이었다.

한편 생각하면 어머니에게도 아내에게도 면목이 없고 미안했다. 그러나 칼날 같은 고부 갈등의 틈바구니에서 너무 힘들게 지내다 보니 미안하고 안쓰러운 생각은 어디론가 사라지고 두 사람 모두가 미워지기 시작했다. 따지고 보면 목숨보다 더욱 귀하게 여긴 사랑 하나만 믿고 온갖 비난과 조소를 참아내며 시집온 아내에게 나는 불평할 거리가 도무지 없는 사람이었다. 그러나 갈등의 골은 더욱 첨예하게 대립되면서 하루하루 깊어만 갔다.

"내 입장을 보아서라도 서로 참아야 하지 않는가. 자기들 좋을대로 하면 난 어쩌란 말인가."

아내에게도 터진 내 불만의 소리였다.

게다가 이런 어수선한 집안에서 자라는 애들을 생각하니 두 사람이 더없이 야속하고 미웠다. 아마 그 무렵부터 아내를 거칠게 대하기 시작했던 것 같다. 왜냐하면 어머니에게 불만을 표현하기보다는 아내에게 폭발하는 쪽이 좀더 수월했기 때문이다. 어쨌든 나는 그토록 사랑하던 아내에게 냉정하게 대했고, 어머니에 대한 불만을 말로는 표현하지 않았지만 주로 못 들은 척 못 본 척하는 것으로 내 감정을 전달했다.

집안 사정이 이렇게 되자 집에 들어가기가 겁이 났다. 아니 좀더 정직하게 말하면 되도록이면 집에 들어가고 싶지 않았다. 용산 베들레헴 집으로, 친구들의 기숙사로, 또 마석에 있는 작은 형제 수도원으로 떠돌아 다니다가 때로는 강원대학 중문학과 교수인 친구 이경규를 찾아 춘천에서 하룻밤을 머물기도 했다.

나마저 이렇게 밖으로 돌자 아내는 어쩔 줄을 몰랐다. 하지만 나는 문제 해결의 책임을 통감하면서도 고통의 진원지를 피해 집 밖으로만 맴돌았다. 또 그렇게밖에 대처할 수 없는 자신이 견딜 수 없이 싫었다. 다 포기하고 싶었다. 아주 어디론가 증발해 버리고 싶었다. 하지만 두 아이의 아빠라는 막중한 책임감이 나의 두 발을 꽉 붙들어 맸다.

'어디론가 사라지고 싶다. 내 인생에 가장 큰 기쁨과 고통을 주고 영향을 미친 이 두 여인들로부터 자유롭고 싶다.'는 도피의식에 지배되었다가도 '그럴 순 없다. 이 모든 고통과 고뇌의 책임자는 나다. 어머니도 아내도, 산도 가람도 다 내가 목숨걸고 지켜야 할 사람들 아닌가. 한 여자의 남편으로서 두 아이의 아빠로서 홀어머니의 외아들로서 이 막중한 의무와 신성한 책임을 저버리고 어디로 떠난단 말인가.'

끊임없이 번민했고 끝없이 방황했다. 어디에도, 누구에게도 하소연할 수 없는 고통을 안은 채 집 밖을 빠져나오면 얼마 후 다시 돋아나는 번민으로 그만 땅에 털썩 주저앉아야 했다.

6

내 안에 그대 머물듯

내 안에 그대 머물듯
그대 안에 나 있기 원하오.

그대의 모습 내 가슴에
더 깊이 새겨지도록
나 항상 준비한다오
내 안에 그대의 모습 살뜰히 담기 위해
이른 새벽부터 잠들기까지
가장 깊은 음성으로
가장 경건하게
그대 이름 부르노니
사랑하는 이여
사랑하는 이여

그대 위해 내 목숨 내 놓을 수 있음은
사랑이 목숨보다 위대함이요
이 세상 잔인한 삶의 한 끝
고뇌의 오지에서나
그리움의 숲속에서도
사랑의 아픔을 견디어냄은
사랑으로 죽을 수 있음보다
사랑으로 살 수 있음이 강하기 때문이니
사랑하는 이여
사랑하는 이여

내 마음은 그대의 영원한 집이라오
그대의 영광처럼
그대의 약함도 소중한
그대의 영토라오
그대 품에 안기듯
나 그대를 안음은
내 안에 그대 머물듯
그대 안에 나 있기 원하기 때문이니

사랑하는 이여
사랑하는 이여.

- 내 안에 그대 머물듯 -

실낙원의 연인들

원죄! 모태에서부터 수없이 들어온 단어! 그러나 설명해내기는 결코 쉽지 않은 단어. 천지창조 당시 하나님께서 가장 공들여 만들었다는 창조물 아담과 하와, 최초의 사람들이 지은 죄로 인해 인류에게 계속 유전되었다는 이 어둡고 무겁고 끈적거리는 죄. 신학공부를 하면 할수록 이러한 원죄에 물든 인간성의 실체를 더욱 설명해내기가 어려웠다. '하나님 뜻을 거스른 사람들의 의지' '피조물이 조물주와 동등해지려는 교만이 빚은 결과' '어둠에 물든 인간성' '도저히 인간으로서는 어쩔 수 없는 인간 한계'……. 나는 나름대로 배운 지식을 총동원하여 그 실체를 해명하려 애썼다.

하지만 그것조차 기독교를 생판 모르는 사람에게 잘 알려준다는 것은 쉽지 않았다. 한데 이 무렵 나는 그토록 이해시키기 힘든 원죄의 실체를 일상 속에서 만지고 느끼며 체득하고 있었다. 살과 피를 나눈 어머니와 아들이 서로 이해하지 못하고 상처를 주고 받을 수밖에 없는 인간됨, 일생을 함께 살아가고 싶어 죽음보다 더 큰 사랑을 나눈 연인들, 결혼한 부부가 서로를 이해하지 못하고 어쩔 수 없이 고통을 주고 받는 인간의 한계성, 이들 속에서 원죄의 본질과 실체를 매일매일 실감나게 보고 만질 수 있었다.

원죄의 실체가 커지는 만큼 아내는 점점 야위어갔다. 항상 웃음을 띠고 있던 얼굴이 어느덧 슬픔과 걱정으로 뒤덮이고, 음성조차 방어적인 색깔을 띠게 되었다. 나는 그 모든 것을 마음 속 깊이 아프게 아프게 느꼈다. 하지만 그런 아내를 위로해줄 여유도, 태도를 바꿀 힘도 내게는 없었다. 나 역시 지칠대로 지치고 힘겨웠으므로 아내를 만난 이래 최악의 고통 속에 우리는 휘말려 들어갔다.

더욱이 아내를 힘들게 한 것은 고통의 무게를 견디지 못한 내가 계속 집 밖으로 나도는 것이었다. 밖에서 주로 일을 처리하다보니 자연히 나에게 상담을 청해 오는 사람들도 있었고, 본래 상담이라는 것이 하루 아침에 끝나는 성격이 아니어서 한 사람을 몇 번씩 만나야 하는 경우도 적잖았다. 만나는 사람들 중에는 남녀노소가 다 끼여 있게 마련이었고, 따라서 노인도 있고 젊은이 중에는 젊은 아가씨도 있었다. 그런데 교회 생활이라는 게 빤해서 그런 일들을 잘못 생각하자면 전혀 오해의 소지가 없는 것도 아니었다.

그런 일들은 때로 아내에게 또다른 오해를 불러 일으키는 불씨가 되었다. 하지만 아무리 사랑하는 아내라 해도 절대 비밀을 기본으로 하는 상담 내용을 발설할 수는 없지 않은가. 더구나 목회자에 대한 신뢰를 가지고 털어놓은 개인적인 비밀을. 그러다 보니 추궁하는 아내에게 대해서 단지 직무상의 만남이고 상담일 뿐이라고 막연히 말할 수밖에 없었다. 하지만 아내는 이 말을 선뜻 믿으려 하지 않았다.

한번 신뢰가 깨지면 모든 게 의심스러워지는 모양이다. 어쨌든 나는 그러한 의혹의 눈길을 받아가며 밤늦게까지 밖에서 사람들을 만나 일을 해결했고, 또 모임이 없는 날에는 도서관에서 눈에 들어오지도 않는 낡은 책들을 뒤적이거나 그것도 싫을 때는 영화관이라도 가서 시간을 때우다 집에 들어오곤 했다. 청량리 역전에서 굶주려 쓰러진 무의탁 할아버지를 만나 돈을 쓰기 시작한 것도 바로 그 무렵이었기 때문에 아내의 의혹은 눈덩이처럼 불어날 수밖에 없었다.

어머니는 여전히 아내를 향해 비난의 폭격을 퍼부었고, 아내의 반격도 만만치 않았다. 빨리 이 상태를 결딴내야지, 어서 다른 길을 찾아야지 결심했어도 새로운 방도를 찾기란 정말 막막했다. 게다가 집을 살 때 어머니의 돈을 많이 썼기에 곧바로 두 집으로 나누어 살 수 있는 형편조차 못되었다. 그러다보니 나의 고통은 점차 두 사람에 대한 분노로 바뀌어 갔다.

화를 버럭 낸 첫날, 아내는 그 충격이 너무 컸는지 갑자기 가방에 소지품들을 대충 챙겨 넣고는 횡하니 집을 나가버렸다. 그리고는 일주일이 넘도록 들어오지 않았다. 아무리 충격을 받았어도 그렇지, 세상에 한마디 말없이 집을 나가다니……. 아내는 본래 자기 자리를 정리하지 않으면 못 떠나는 사람이었다. 그 전에도 서로 심하게 다툰 날이면 으레 이불호청부터 뜯어 빨고 온 집안 정리를 시작하곤 했었다. 하루는 그 모습이 하도 이상해 이유를 물은 적이 있다. 그랬더니 아내는 이렇게 덤덤히 말하는 거였다.

"집을 나가려고 그랬지, 뭐."

"집 나갈 사람이 무슨 빨래와 집안 정리를 그렇게 열심히 해?"

나는 터져 나오는 웃음을 입 안으로 밀어넣으며 물었다.

"…제가 살던 자리도 정리해놓지 않고 어떻게 훌쩍 떠나요?"

"그런데 왜 다 정리하고는 그대로 있지?"

"그야, 빨래하고 집안 정리하는 동안에 당신을 이해하게 되고 그러다보니까 화가 가라앉게 되는거지, 뭐."

그런 아내였기에 '가출 사태'를 지켜보는 내 마음은 가시방석에 앉아 있는 것 같아 일분 일초가 심히 괴로웠다. 그런데 1주일이 다 되어가도록 아무 연락이 없던 아내에게서 전화가 왔다. 강원도 태백에 있는 예수원에서 금식기도중이니 너무 걱정하지 말라고.

비로소 마음을 쓸어내리고 있는데 아이들이 다시 내 무릎에 모여 "엄마 어디 갔어?" 하고 연신 물어댄다. 나는 몹시 걱정스런 얼굴로 불안해 하는 애들에게 비로소 확실한 목소리로 대답할 수 있었다.

"응, 엄마는 지금 멀리 있는 수도원에서 기도하고 있는 중이야.

산과 가람이 더 예쁘게 자라라고. 그러니까 울지 말고 며칠 더 기다리자."

"쳇, 그래도 엄마 나빴다. 우릴 데리고 가면 더 좋았을 걸. 그치 가람아?"

"응, 맞다."

그러더니 아이들은 훌쩍 떠난 엄마가 보고 싶어 죽겠는지 만나게 해달라고 조르기 시작했다.

"아빠, 그러면 아빠가 우릴 데리고 엄마한테 가면 되잖아. ……우리 안 울게, 응? 아빠!"

처음으로 1주일씩이나 엄마와 떨어져 지낸 아이들의 얼굴에는 점점 슬픈 빛이 감돌았고, 특히 두 살 더 많은 산의 얼굴에는 무언가 알 수 없는 일이 벌어지고 있다는 염려와 의혹의 빛이 역력했다. 나는 애들을 달래며 여러가지 생각과 감정으로 복잡하게 얽힌 마음을 정리하기 시작했다. 그리고는 나름대로 하나의 결론을 얻었다.

'그래, 어느 한 쪽에 서자. 중립은 너무나 큰 고통과 희생을 요구할 뿐 아니라 어느 한 쪽에게도 제대로 힘이 되어 줄 수가 없다.'

여기까지 생각이 미쳤지만 그렇다면 '어느 편에 서야 하는가?'라는 질문 앞에선 또 다시 한없이 무력해졌다. 젊어서 홀로 되어 어려움 속에서 자식들을 키워온 어머니 편에 서야 마땅한가, 아니면 오랫 동안의 수도생활을 희생하고 나 한 사람만 믿고 훌쩍 시집온 아내 편에 서야 마땅한가?

오랜 번민과 고민 끝에 최종적으로 결론을 내렸다.

'우선 아내를 살려놓고 보자. 그것이 두 아이와 더불어 새 가정을 이룬 우리 두 사람이 인간다운 삶을 다시 시작할 수 있는 길이고 이를 배려한 하나님의 은혜에 보답하는 일이다. 신뢰와 사랑에 금이 가면서 실낙원이 되어버린 우리 가정이 복낙원이 되도록.'

그래서 아내가 집을 떠나 기도하고 있는 동안 나대로 열심히 기도하며 가정을 회복하기 위해 내가 할 일들을 깊이 생각하고 있던 터였다.

 1주일 만에 돌아온 아내의 얼굴은 해쓱한 정도가 아니라 뼈에 가죽만 입힌 사람처럼 앙상하게 말라 있었다. 눈이 움푹 패었지만 표정은 아주 맑게 개어 있었다. 마치 길고도 지루했던 장마 끝에 반짝 햇빛나는 7월의 아침처럼. 그런 아내의 얼굴을 보며 나는 죄책감과 함께 안도감으로 그녀를 맞았다. 아내가 처연하게 웃을 때면 나는 속으로 눈물을 삼켰다. 기뻐서 어쩔 줄 모르는 아이들은 매달리고 안기고 징징대고……. 그 모습을 조용히 지켜보면서 엄마의 존재가 이토록 중요하다는 평범한 진리를 콧날이 시큰해지도록 깨닫고 있었다.
 그날 밤 아내는 말했다.
 "이제 결심했어요. 누가 뭐라고 해도, 무슨 일이 있어도 나는 아이들을 지키고 우리 가정을 잘 꾸려갈 거예요. 당신이나 어머니의 태도와는 상관없이 말이에요. 당신을 사랑해요"

 나는 아내가 하는 말을 그저 듣고만 있었다. 그녀가 하는 말이 옳고 그르고를 떠나서. 옳으면 옳은 대로, 그르면 그른 대로 받아들이면서 차차 우리 가정을 작은 천국으로 만들어가야 한다고 거듭 다짐을 거듭했다. 상황을 바꾸기 위한 어떤 인위적인 선택이나, 옳은 것은 수용하고 그른 것은 배척하는 것이 부부 사이에선 결코 통하지 않는다는 것을 뼈아픈 날들을 통해 조금씩 깨닫게 되었기 때문이다.
 아내는 계속해서 말했다.
 "밥을 굶으며 찬송하고 성경을 읽고 기도했어요. 내내 울면서요. 그런데 3, 4일이 지나면서부터 마음이 밝아오며 확신이 한 가지 들더군요. 그리고는 마음 속에 떠오르는 소리와 크고 든든한 믿음이 자리잡기 시작했어요. '걱정마라, 내 딸아. 나를 믿고 아버지를 믿어라' 라는 말씀이 마음 속에 계속 메아리치고 있었어요. 그리고 '네 옆의 사람들도 돌아보아라. 다 너처럼 고통스럽고 힘들어 한단다' 하는 말씀도 압도해 왔어요."

그녀는 마치 기도하듯 말을 이어갔다.

"이런 음성도 들렸어요. '네 모든 근심과 걱정을 내게 맡겨보렴. 일어나라, 나와 함께 가자꾸나.' 그때 모든 걱정 근심이 사라지면서 앞으로 모든 일이 잘될 것만 같은 확신이 들더군요. 또 무엇보다 중요한 사실은 우리가 하나님 안에 있고 우리가 다 살아 있다는 사실이에요. 살아 있다는 사실보다 더 나은 가치는 없더라구요. 하나님 앞에서 살아가노라면 어떤 나쁜 조건과 어려운 현실도 하나님 은총으로 바뀌어갈 수 있으니까요. 그러니 당신도 이제 날 너무 염려하지 마세요. 정말 제 걱정일랑 마세요."

그 날 밤 깊이 잠든 아내의 얼굴을 바라보다가 더 사랑하지 못하고 더 참아내지 못하고 더 이해하지 못한 내 얕은 사랑에 대해 참회의 눈물을 소리없이 흘렸다. 밤이 새도록 곤히 잠든 아내와 그 양 옆에 잠든 두 아이의 행복한 얼굴을 지켜보면서 〈실낙원의 연인들〉이라는 졸시 한 편을 써서 베갯머리 위에 살며시 남겨두었다. 여명이 밝아오자 나는 약수터로 향했다. 아직은 보호식을 해야 할 아내를 위해 물통을 들고 뒷산에 올랐다. 동터오는 태양을 가슴에 안고.

실낙원의 연인들

우리는 에덴에서
쫓겨난 사람들의 후손이었어
결국 우린 추방자들의 자손이었거든
우리는 우릴 향해 죄인이라고
쫓아내는 사람들의 지역에서 떠나온 거야
행복의 극치를 누릴 수 있는
동산을 떠나서
상처입은 피부를 서로 어루만져주며
아들과 딸을 낳는 것은
정말 중요한 거야
행복의 동산에선 둘뿐이었지만
쫓겨난 후에야 자손 둘을 낳았거든
그건 아주 중요해
안정과 행복을 깨뜨리고 넘어섰을 때
생명이 잉태되었다는 떨리는 사실 때문이야

비록 쫓겨나긴 했지만
그들은 참으로 위대했어
그래서 옛 동산이
더욱 아름답게 생각되고, 그리워지고,
구원자가 약속되고
어둔 밤이 있어서
새벽이 더욱 아름답고
눈부신 것처럼 말이야
새 창조를 위한 고통이었기에
기쁨이며 행복이었던 거야

동산에서 쫓겨난 후 그들은
엉겅퀴와 가시덤불을 맨손으로 헤치며
눈물로 바위를 뚫어 우물을 파고
땀으로 물주어 곡식을 거두었지
마구 휘두르는 자연의 커다란 손 앞에
풀잎처럼 떨면서도
서로를 위해 꺾이지 않았어
더욱 중요한 것은
사람을 참사람답게 하는
사랑의 수업이 마침내 둘 사이에서
시작되었다는 사실이야
쫓겨난 뒤에야 말이지

언제 어디서 우리들이 쫓겨날지라도
이상히 여길 필요가 없는 거야
집에서 쫓겨나야 거리로
거리에서 쫓겨나야 광야로
광야에서 쫓겨나야 저 바다로
바다에서 쫓겨나야 세상 끝까지 갈 수 있거든
우리는 우릴 향해 비정상이라고
쫓아내는 사람들의 지역에서
미련없이 떠나는 거야
새 역사는 언제나
쫓겨난 이들로부터 비롯되었거든

우리는 에덴에서
쫓겨난 사람들의 후손이었어
결국 우린 추방자들의 자손이었거든.

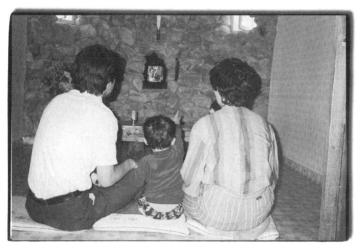

아내가, 아이가 곁에 있다는 것은 정말 소중한 일이었다. 안정을 깨뜨리고 이뤄낸 새 생명……. 아내와 함께 자주 찾던 예수의 작은 형제 수도회 수련원에서.

되찾은 꿈

아내는 잠에서 깨어나 〈실낙원의 연인들〉을 읽고 또 읽으면서 사랑하는 우리 두 연인의 만남 사이에 함께 임하시는 하나님께 감사드리고 감격했다. 그 날 이후로 우리 집은 훨씬 평화로워졌다. 어머니도 기도원으로 장기간 기도하러 떠난 데다, 때마침 방학이라 아이들도 아내가 돌볼 수 있었다. 그래서 우리는 아이들이 잠든 저녁에 모처럼 진지한 대화를 나눌 수 있게 되었다.

나는 맨처음 우리가 주고 받았던 녹음 테이프를 찾아내 녹음기에 넣고 재생 버튼을 눌렀다. 7년 전 어느 날, 나의 기타 반주 노래 세 곡을 녹음해서 아내에게 주었던 일이 있다. 그 답례로 아내는 시편 139편을 녹음해 내게 선물했던 것이다. 녹음기에서 해묵은 우리 추억의 노래와 시편이 흘러나오고, 우리 두 사람의 머리 속에선 그 때의 아름답던 추억들이 회상의 터널을 지나 현실처럼 생생하게 재현되고 있었다. 내가 먼저 입을 열었다.

"여보!"

아내는 대답 대신 조용히 나를 바라보았다.

"우리 이제부터라도 생각을 정리하고 내일의 목표를 재확인해 보는 게 어떻겠소?"

"무슨……?"

"너무 생활에 지쳐서 당신은 우리의 꿈조차 다 잃어버린 모양이군."

"……"

"이제 1년 후면 신학대학원을 졸업하게 되지 않소? 그 후의 이야기를 해봅시다. 전부터 이야기했던 대로 우리 유학을 떠납시다. 당신 뜻대로 프랑스로 가든 내가 말한대로 독일로 가든. 그도 저도 아니면 남미나 아시아의 가난한 나라를 선택해서 선교의 길을 떠날 수도 있을 테고."

학부 시절 거듭되는 목회자 소명에 대한 회의로 번민하던 나는 아내와의 대화에서 우리가 가야 할 좋은 길을 찾았던 것이다. 한국 교회를 위해선 무엇보다 깊은 영성수련이 필요하다는 결론이었다.

"당신 생각은 어떤데요?"

"일단 올 겨울에 내가 먼저 서정운 교수님과 인도네시아로 선교훈련을 다녀온 다음에 최종 결정을 짓고 싶지만, 지금은 우리의 미래 청사진을 다시 한 번 확인하고 싶소. 우리가 늘 이야기해오던 대로 유학을 마친 후든, 아니면 몇 년 동안 선교사 생활을 한 후든 한적한 숲에 영성수련센터를 만들어 이렇다 할 영성훈련 프로그램이나 수련센터가 없는 한국 교회에 봉사하는 것이 좋을 것 같은데."

조용히 듣고 있는 아내의 얼굴에는 한동안 잊고 지낸 우리들의 꿈을 다시 찾은 듯한 기쁨의 빛이 감돌기 시작했다.

"나도 그렇게 생각해요. 그렇다면 공부를 좀더 해야겠네요."

"올 겨울에 인도네시아 선교전지훈련단에 우선 합류하기로 신청했는데."

"왜요?"

"아직 젊으니까 6, 7년 정도는 인도네시아 선교사 생활을 한 후에 영성수련 센터를 위해 준비해도 늦지 않을 것 같아서."

"이제까지 당신과 함께 살아오면서 내가 얻은 결론 중 하나가 멀고 길게 생각하면 당신 생각이 옳고, 눈 앞의 일과 현실을 생각하면 내 판단이 더 효과적이라는 것이에요. 그러니까 이번에도 당신이 결정하면 그대로 따를게요. 당신과 함께라면 어디를 못 가고 무슨 일인들 못 하겠어요. 하나님이 문을 열어주시는 대로 물 흐르듯이 그렇게요."

아내의 말을 들으며 지난 몇 년 동안의 신학생 시절을 회상해 보았다. 방학이 끝날 때면 나는 매번 새로운 등록을 망설였고, 그 때마다 아내는 어렵게 준비한 등록금(권오훈 장로님을 만나기 전까지는 아내가 등록금을 준비했다)을 내 손에 쥐어주며 어쨌든 시작한 과정은 마쳐야 한다고 등록을 서둘렀다. 그러면 차마 착한 아내를 실망시킬 수 없어서 마지 못해 등록금을 들고는 학교로 갔다.

그런데 그 때마다 어찌된 영문인지 당장 밥값이나 하숙비가 없어 쩔쩔매는 학우들을 만났고, 맘이 약해진 나는 등록금의 일부를 떼어 그들에게 건네주곤 했다. 등록은 펑크낸 채. 나중에서야 그런 사실을 알게 된 아내는 등록금을 마련하기 위해 겪어야 했던 어려움을 생각하며 불만을 터뜨렸다.

"그게 어떻게 마련한 돈인데요?"

그럴 때면 나는 오히려 큰소리를 쳤다.

"밥이 더 급해요, 등록이 더 급해요?"

그러면 아내는 자신의 입장을 너무 모른다고 섭섭해 했다. 하지만 며칠 지나면 아내는 내 손을 잡으며 이렇게 말했다.

"잘 생각해보니 당신 말이 맞는 것 같아요. 길게 앞을 내다 보면 당신 말이 더 맞아요. 하지만 당장 눈 앞의 현실을 생각하면 내 말도 틀린 건 아녜요. 어쨌든 당신 등록금 모자라는 것, 여기 있어요."

그 때마다 나는 아내에게 무척 미안한 마음을 안고 다시 등록금을 채워서 등록을 마치곤 했다. 이렇게 하나씩 결론을 내리고 보니 뒤엉킨 실꾸리처럼 복잡하던 생각과 번민들이 조금씩 풀리며 차츰 가정에서 한참이나 빗나가 있는 자신을 되돌릴 수 있게 되었다. 아내의 얼굴에도 기쁨의 빛이 감돌기 시작했다. 뿐만 아니라 그토록 견디기 어려운 어머니의 미움이나 학대도 전보다 쉽게 적응해냈다.

하지만 어머니는 달랐다. 내가 아내 편에 섰다는 사실을 알게 되자 어쩔 줄을 모르셨다. 혼자 당신 방에서 소리높여 기도하고 찬송부르며, 특별기도에 참석하곤 하셨다. 그러고 나면 마음이 가라앉는지 나와 아내를 불러놓고 말씀하셨다.

"미안하구나. 나도 그러지 않으려고 무진 애를 쓰는데, 어떨 땐 내가 왜 그렇게 되는지 나도 모르겠다. 그러니 젊은 너희들이 이 늙은이를 좀 이해해다오."

그럴 때면 어머니 눈엔 눈물이 괴기 일쑤였다. 나는 무척 가슴이 아팠다. 자식이 되어 가지고 늦게 공부한답시고 홀로 된 어머니 한 분도 제대로 모시지 못하니.

아내 뜻대로 프랑스로 가든,
내가 말한대로 독일로 가든, 그도 아니면
남미나 아시아의 가난한 나라를
택해 선교사의 길을 떠나고픈 꿈에
부풀어 있었다.

가는 길이 바뀌면서

88년 1월, 졸업을 1년 앞두고 이집트 카이로를 향하는 KAL 항공기를 탔다. 이스라엘 · 이집트 성지순례와 유럽 8개국 여행을 위한 20박 21일 코스. 정말 뜻밖의 일이었다. 가난한 학생 신분으로선 상상하기 어려운.

1월 15일 오성춘 교수가 급히 나를 찾는다는 친구 김덕규 전도사의 전갈을 받고 교수 연구실로 뛰어갔다. 문을 밀고 들어서자 오 교수는 물었다.

"최일도 전도사! 내일 여행 떠나는 거 준비 잘 되고 있나?"

"네, 내일 인도네시아로 선교훈련을 떠나게 되어 있습니다. 그러지 않아도 전화로 인사드릴 참이었는데."

"알고 있어요. 그래서 부른 거예요. 내일 나와 동행해야 할 일이 생겼는데."

"무슨 말씀이세요? 교수님도 인도네시아로 갑니까?"

"아니."

"어디를 가시는데요?"

"이스라엘과 이집트, 그리고 유럽 8개국을 도는 성지 순례단이 내일 아침 김포공항서 출발하네."

"……?"

"이번 성지순례에 내가 인솔교수를 맡게 됐어. 그런데 갑자기 한 자리가 남아서 말야, 누굴 데리고 갈까 생각하다 마침 신대원 학생들이 내일 인도네시아로 선교 전지훈련 간다기에 그 일원 중 최 전도사 생각이 난 거야. 실은 내 조교가 함께 가기로 되어 있었는데 갑자기 일이 생겼다누만. 아홉이 가나 열이 가나 비용은 마찬가지여서 이 기회에 자네를 교육적인 차원에서 데려가려고 하네."

"전 아무 준비도 하지 않았는데요. 또 내일 떠나기로 한 인도네시아 선교 전지훈련은 어떻게 하구요?"

"그건 걱정할 것 없어."

"죄송합니다만, 전 뜻한 바대로 인도네시아에 가겠습니다. 성지순례는 이 다음에 여력이 닿으면 참여하도록 하지요."

"물론 그렇게 생각할 수도 있지. 하지만 인도네시아야 최 전도사가 다시 맘만 먹으면 갈 수 있는 일이지만 성지와 유럽 여행은 언제 다시 기회가 올지 알 수 없는 일이거든. 인도네시아로 가시는 서정운 교수님과 벌써 얘기가 다 끝났으니 자네는 따라오기만 하면 돼."

"인도네시아 갔다 오는 경비 이외에는 한 푼도 없는데요."

"알았어. 자네에게 돈 없는 거 다 알고 하는 소리지. 그러면 누가 자네더러 돈드는 여행을 함께 가자고 할 줄 알았나? 이건 말하자면 교육의 연장일세. 나머지 경비와 여행에 필요한 용돈도 내가 다 알아서 할 테니까, 추운 유럽 날씨에 맞추어서 짐만 잘 챙겨 나오라고. 자, 그럼 내일 공항에서 만나세."

얼떨떨했지만 평소에 늘 깊은 관심과 사랑으로 살펴주던 지도교수의 말씀이라 깊이 생각할 겨를도 없이 대답했다.

"네, 알겠습니다. 그렇지만 서 교수님과 다시 상의해보구요."

"그분과는 방금 얘기하고 왔다니까. 자네는 이미 인도네시아 가는 팀에선 제외된 셈이야. 이도 저도 아니면 그냥 학교에 남아서 허전한 시를 쓰든지 도서관에서 책이나 봐야 할 걸."

"그렇다면 알겠습니다. 시키시는 대로 할게요."

"허허, 그래야지. 만약 최 전도사가 부득부득 인도네시아로 가겠다고 우기면 어쩌나 내심 걱정하고 있었다네."

오 교수는 만면에 웃음을 띠고 제자의 어깨를 두드리며 기분좋게 웃었다. 하지만 난 좋은 기분이라기보다는 그저 얼떨떨한 생각에 멈칫멈칫하다가 일단 합의하기로 했다.

이렇게 해서 나는 하나님의 아들 예수가 우리와 똑같은 인간의 모습으로 태어나시고 33년의 생애를 보내셨던 바로 그 약속의 땅 이스라엘을 향해, 인간을 사랑하셔서 인간을 위해 죽으시고 인간을 위해 부활하시고, 당신 제자들을 통해 최초의 교회를 세우신 그 거룩한 땅을 향해 뜻도 모른 채 날아가고 있었다.

아직 학생 신분인 나에게는 어울리지 않는 순례 여정이요, 화려한 유럽 나들이였다. 그 일로 나의 진로가 선교사의 길이 아닌 이 땅의 버려진 도시 한가운데로 선회하게 된 것을 나는 그 후로도 몇년의 세월이 흘러 청량리에 와서야 비로소 깨달을 수 있었다.

졸업 후 6, 7년간은 인도네시아 아니면 남미의 가난한 나라를 선택해 오지의 선교사로 살고 싶었던 나의 뜻이 청량리 뒷골목에 버려진 가난하고 병든 이들을 대상으로 하는 이 땅의 도시 빈민 선교로 바뀔 줄이야.

진짜 목사님 맞아요?

가정의 어려움을 덜기 위해 월간 〈새벗〉의 객원기자로 아르바이트를 할 때의 일이다. 주로 탐방특집 등을 맡았는데, 취재도 재미 있지만 무엇보다 각계 분야의 지인을 만나는 즐거움이 컸다. 하루는 모든 직원이 외출하고 '나 홀로 사무실에' 신세로 앉아 있는데, 누군가 반쯤 열린 문을 노크하며 들어섰다. 얼핏 바라보니 허름한 작업복에 양말도 없이 까만 고무신을 신은 약간 '볼품 없는' 남자가 서 있었다.

"누구세요? 무슨 용무로 오셨나요?"

용무를 묻자 그는 어눌한 말투로 대답했다.

"예, 저, 볼일이 좀 있어서요. 그런데 저, 신지견 부장은 어디 갔나요?"

"네, 잠시 밖에 볼일이 있어서 나가셨는데요."

이 때 열린 문으로 찬 바람이 휙 불어왔다. 그래서 나는 문도 닫을 겸해서 말했다.

"추운데 들어와서 기다리시겠습니까?"

"예, 그럼, 그러지요."

우리는 그 자리에서 통성명을 했다.

"제 이름은 최일도인데요, 여기 객원기자로 일하고 있습니다. 장신대에 다니고 있구요……."

그는 어눌한 말투로 대답했다.

"저는 이현주라고 합니다. 그저 볼일이 좀 있어서요."

그런데 한참을 기다려도 곧 들어오겠다던 신 부장도 다른 직원들도 감감 무소식이었다. 짧은 겨울해가 꼴깍 넘어가고 배는 슬슬 고파오는데 참으로 낭패스러운 사태가 아닐 수 없었다. 그래서 슬그머니 주머니에 손을 넣어보니 차비를 빼면 달랑 라면 두 그릇 값 정도의 돈이 들어 있었다. 하는 수 없이 그이에게 말을 건넸다.

"저어, 날도 어둡고 배도 고픈데 어디 가서 라면이라도 드실까요?"

"그래도 되겠어요? 아닌 게 아니라 배가 좀 고프군요."

우리는 곧바로 일어서서 음식점이 다닥다닥 붙어있는 종로3가 골목으로 나왔다. 그리고는 가장 허름해 보이는 분식집에서 라면 두 그릇을 시켰다. 두어 번 후룩후룩 하니 사리는 간 데 없고 국물만 남았다. 그마저 후루룩 들이키고 나니 더 할 일이 없어 서로 마주보고 씨익 한 번 웃고는 부시시 일어나 다시 사무실로 왔다. 그런데 그 때까지도 사무실은 텅 비어 있었다.

뒤늦게 돌아온 신 부장에게 그 사람이 맡기고 간 서류봉투를 내밀자 금방 얼굴빛이 변하며 말했다.

"아뿔싸, 내가 큰 실수를 해뿌렀네. 그 양반이 온다고 했는디. 자네는 그 양반이 누군줄 모르능가? 앞으로 자주 볼 걸세. 신춘문예로 나온 동화작가 이현주 씬데 목사이기도 하지."

그 후 이 목사와 나는 어린이잡지 일 관계로 자주 만나게 되었는데, 한 달 쯤 지나서야 감리교 목사였던 그가 모과주 사건으로 모가지가 달아난 사연과 죽변교회 사임 이후의 이야기를 들었다. 그렇다면 왜 처음부터 목사임을 밝히지 않았느냐고 물었더니 아무렇지도 않다는 듯 "그게 뭐가 그렇게 중요한가. 난 목사라는 자의식이 없네. '난 목사인데' 라는 의식이 너무 큰 것보다야 없는 게 편하지. 이현주를 이현주라고 소개하면 충분하다고 보는데." 라는 것이었다.

나는 그 날부터 이 목사를 형님으로, 이 목사는 나를 동생으로 맞기로 하고 오늘날까지 호형호제하며 지내오고 있다.

그즈음 어느 날인가, 은광교회 창립기념 신앙 세미나에 이현주 형님을 강사로 모시게 되었다. 형님 이외의 강사들은 모두 이름깨나 알려지고 얼굴엔 기름기가 줄줄 흐르는데 비해, 형님의 몰골은 정말 말이 아니었다. 얼굴과 입은 옷이 다른 강사와는 너무 대조적이어서 친구인 김상철 목사는 걱정이 태산이었다.

"야, 네가 강사를 섭외했으니 강사 접대도 네가 책임져라. 교회에서 식사 접대비로 돈이 나왔는데 뷔페로 모시든지 갈비집으로 모시든지 알아서 해."

"야, 임마 난 뷔페는 아직 구경도 못했어. 니가 안내해."

상철이는 잠시 난감해 하더니 현주 형님에게 물었다.

"강사님, 어디로 모실까요?"

"라면집이오."

"아, 라면을 좋아하시나 본데 그건 설교 후에 이 친구랑 더 하시고요. 어디 뷔페로 갈까요, 전문 음식점으로 갈까요?"

"아니오, 전 정말 라면이 먹고 싶습니다. 배불리 먹어봐야 설교하는데 부담만 될 테고. 어디, 이 교회 근처 분식집이라도 가면 좋겠습니다."

결국 형님과 상철이와 나는 저녁을 라면으로 때울 수밖에 없었다.

"제가 강사 접대하면서 라면을 내놓기는 오늘이 처음인데, 정말 이거 이래도 되는 건지 모르겠네요."

그 날 집회를 마치고 나서 형님이 "우리 집에 가서 차나 한 잔 하자."고 권해 잠시 들렀는데 이런 저런 이야기로 늦어지는 바람에 겨우 막차를 타고 집에 돌아왔다.

다음 날 아침, 나는 웃저고리 주머니에 든 봉투를 보고 깜짝 놀랐다. 분명히 담임목사 대신 사례비를 현주 형님께 드린 것 같았는데, 내 주머니에 그대로 있는 게 아닌가.

"어젯밤 어지간히 정신 없었나 보다. 분명히 형님께 드렸는데."

허겁지겁 형님께 전화했다.

"제가 어제 깜빡했나 봅니다. 그만 전해드린 줄 알았습니다."

"여보게, 일도. 그 돈은 자네 딸 우유값일세. 난 그거 얼마 들었는지 세어보지도 않았어. 적든 많든 그건 자네 몫이야. 그냥 받아서 가난한 살림에 보탠다면 내 맘이 기쁘겠네. 미안하네. 자네 어려움을 좀더 나누지 못해서 말이야."

난 더 이상 할 말이 없었다.

"고 고 고맙습…….""

나머지 말을 끝내 마치지 못한 채 그냥 수화기를 내려놓았다. 그러나 웬지 맘에 걸려 한참 후 다시 전화를 걸었다.

"형님, 왜 이러십니까? 이 돈은 우리 교회에서 감사 표시로 드리는 건데요. 목사님도 어렵긴 마찬가지잖아요."

"누가 그걸 모르나. 이건 자네 부인에게 보내는 것이니 단지 심부름만 하면 되네. 그러니 거절할 자격도 미리 열어볼 자격도 없는 걸 알겠지?"

결국 두말도 못한 채 수화기를 내려놓고 돈봉투를 그대로 아내에게 전했다. 아내는 사례비 받는 주일도 아닌데 웬 봉투냐며 열어보더니, "이거 돈인데요. 5만원인데요?" 하며 놀라 물었다. 나는 자초지종을 말했다.

"다 보았으면 다시 이리 내요. 다음에 만나면 돌려드리게. 그 분도 부자가 아니라고요."

아내는 순순히 돈봉투를 도로 내밀었다. 다음 날 아침식사를 하며 아내는 고개를 갸웃거렸다.

"그것 참 이상하네요."

"뭐가?"

"사실은 제가 요즘 하나님께 기도하며 연탄 보일러 순환모터를 교체

할 돈을 구하고 있었거든요."

"수리비가 얼만데?"

"6만원이요."

"그럼, 액수가 다르잖아."

그런데 그 날 저녁이 되자 아내는 또 이상하다는 표정으로 말했다.

"오늘 모터 수리공들이 다녀갔는데요, 순환모터를 교체하지 않아도 된다며 기타 수리비로 4만8천원이 든다고 하더군요. 금주 내로 그 대금을 주겠다고 약속했는데."

나는 곰곰이 생각해보았다. 아내의 기도와 주신 분의 성의를. 그래서 우리는 그 돈을 연탄보일러 수리비로 알고 고맙게 썼고, 추운 겨울날을 형님 덕분에 따뜻하게 보냈다.

어느 여름에 이 목사가 우리 집을 방문했다. 생모시 고의적삼을 입고 약간 앞머리가 벗겨진 얼굴에 수염을 기르고, 여전히 고무신을 신은 채로. 그 때 우리 집에는 방이 두 칸 있었는데, 한 칸은 어머니가 쓰고 계셨다. 그런데 이 목사가 방문하던 날 마침 어머니가 누님 댁에 가 계신 중이어서 형님을 어머니 방에서 주무시도록 했다. 그 밤이 지나고 다음 날 아침 가람이가 거실에서 놀다가 갑자기 소리쳤다.

"아빠, 우리 할머니가 결혼한 거야?"

뚱딴지 같은 소리에 깜짝 놀라 가람이를 바라보니 가람이는 웃음을 막으려는 듯 두 손으로 입을 가리고 있었다.

"왜, 가람아?"

"저기 웬 할아버지가 할머니 방에서 나오시잖아?"

너무나 갑작스럽고도 엉뚱한 말에 웃음을 터뜨리고 말았다. 아마도 가람이가 말하는 할아버지는 이 목사를 가리키는 듯했다.

"뭐라고? 할머니는 이미 회갑이 넘으셨고 이 목사님은 얼마나 젊으신데, 아빠의 형님이신 걸 모르고 그런 섭섭한 소릴 하니? 큰아버지라고 불러드려야지."

그러자 형님은 미소를 띠며 별일 아니라는 듯이 말했다.

"얘야, 가람아! 네 말이 맞다. 나도 곧 늙을 테니까 할아버지가 될 건 뻔하잖니. 그런데 너희 할머니와 결혼하질 않아서 네 할아버지가 못된 것이 미안하구나. 그렇지만 그냥 너 부르고 싶은대로 할아버지라고 부르렴."

우리는 우습기도 하고 민망하기도 한 그 순간을 모면하고는 휴우 하고 한숨을 몰아쉬었다. 아이들도 실수를 용서받은 기쁨으로 마음이 확 풀렸는지 소리쳤다.

"어쨌든 할아버지는 할아버지다. 이 옷 좀 봐. 수염도 꼭 할아버지 모습이잖아, 그치, 가람아."

"오빠, 맞다. 여기 이 신발도 꼭 그래. TV에 나오는 고무신 말야!"

애들은 박수를 치며 TV 프로그램에나 나왔음직한 복장을 신기해 하고 재미있어 했다.

"얘들아. 이 형님은 목사님이면서 어린이들을 위해서 재미있는 이야기들을 쓰시는 동화작가란다. 그러니 재미있는 옛날 얘기를 들려달라고 말씀 드려보렴."

"와아, 그게 정말이세요?"

산이 먼저 신나서 물었다. 이 목사가 그렇다고 고개를 끄덕이자 아이들은 또 신바람이 났다.

"그럼, 옛날 얘기 해주세요."

그러자 현주 형님은 두 아이를 앉혀놓고 짧은 이야기 한 편을 들려주었다. 그리하여 그 날 우리 아이들은 동화작가에게서 직접 동화를 듣는 큰 영광을 처음으로 누리게 되었다.

"그런데 말야. 아빠 이 분이 진짜 목사님 맞아요?"

가람이가 아무래도 목사답지 않은 외모에 자꾸 의심이 가는지 묻고 또 묻는 것이었다.

"그래, 내가 무슨 목사냐? 큰아버지라고 하든지, 가람이가 부르고 싶은대로 그냥 할아버지라고만 부르든지 너희들 맘대로다. 허허."

낡은 배낭과 통기타는 방황으로 이어진 내 사랑의
열정을 나름대로 삭여주며 위로하던 오랜 벗이었다.
그럴 즈음 현주형님 같은 자유인을 만나면서부터 자유를
위해 떠나지 않아도 늘 자유롭고, 지금 여기에 있으나
여기에 머물지 않는 사람의 참자유를 알게 되었다.

내 안에 그대 머물듯

축 하합니다."

"최 형, 축하해."

"최 군, 축하하네."

1988년 11월 18일, 모교인 장로회신학대학 채플실에서 드린 나의 첫 시집 〈내 안에 그대 머물듯〉 출판기념 예배가 끝나자마자 사방에서 축하인사가 쏟아져 나왔다.

나는 넘치는 기쁨과 감사와 행복감에 젖어 답례했다.

"감사합니다."

"고맙습니다. 더욱 시심을 키우고 열심히 시를 쓰겠습니다."

인사를 드리며 이날 시집 출간 예배가 있기까지 사랑과 격려를 보내 주던 많은 분들의 얼굴을 떠올렸다. 그 중에서도 특히 클로즈 업 되어 다가오는 얼굴이 있었다. 바로 예영수 박사다. 일찍이 외국어대학교 영문학과 교수와 학장을 지낸 바 있고, 당시 한국신학대학 대학원장으로 재직중이면서 기독교 장로회 성남교회 장로였던 그분을 만난 것은 신학대학원에 입학하고 며칠이 지나서였다.

머리칼이 하얀 구름을 연상시키는 은발의 노신사, 그러나 홍안의 미소년처럼 꿈과 낭만이 넘치는 얼굴을 가진 그는 당시 우리 학교 신학 대학원에 입학해서 우리들과 동기생으로 신학을 공부하셨다. 그래서 우리는 가끔씩 수업 시간 전후에 이런저런 이야기를 나누었고, 대화를 통해 문학적인 사색과 접근을 하면서 연령과 신분을 뛰어넘어 급격히 친해졌다.

신대원 기간 3년 동안 목회실습을 가르친 증경 총회장 임택진 목사 역시 내가 글을 쓸 수 있도록 인도한 분으로, 만날 때마다 격려의 말을 아끼지 않았다.

"여보게, 최 전도사. 요즘은 너무들 말로만 한몫 보려는 목사들이 판을 친단 말야. 이럴 때일수록 말보다는 삶으로 복음을 전하고 복음을 다시 글로 표현하는 목사가 기대되지. 말 잘하는 목사보다는 글 잘 쓰는 목사가 되어주게나. 또 시심을 잘 키워 좋은 시인도 되고."

또한 문학을 신학과 함께 전공한 나채운 교수도 복도에서 스칠 때마다 인사말을 건넸다.

"학교 신문에 발표된 최 전도사 시가 아주 좋아요. 잘 읽었어요."

나는 그 한 마디에 비록 졸시이긴 하지만 평생을 시인으로 살고픈 문학적 정열과 소명의식에 불타올랐다.

그러던 어느 날, 예 박사와 시에 대한 이야기를 나누다가 그동안 써 온 작품들에 대해서 말씀드렸다. 그러자 그분은 그간의 작품들을 한번 읽어보고 싶다고 했다. 집에 돌아와서 그동안 써온 작품들을 챙겼다. 그리고 다음 날 그 어설픈 작품들을 보여드렸다. 말할 수 없이 부끄러운 마음으로. 벌써 몇 년 동안 어린 시절부터 지녔던 소설가로서의 꿈에 '신춘문예병'까지 겹쳐 앓아온 나였지만, 막상 예 박사 앞에 작품을 내놓고 보니 마치 벌거벗고 큰 거리에 나선 것 같은 부끄러움에 휩싸이고 말았다. 그런데 한참 동안 작품을 읽어가던 예 박사의 입에서 뜻밖에도 칭찬의 말씀이 나왔다.

"최 전도사, 놀랍군! 아주 좋아요. 사실 나는 작품을 보여달라고 말하면서도 마음 속으로 염려가 조금은 있었거든요. 수준이 너무 떨어지는 작품을 들고 와서 지도해달라고 조를 때처럼 곤란한 건 없으니까. 그런데 최 전도사의 작품은 내 기대를 뛰어넘을 만큼 수준이 높아요."

나는 얼떨결에 고개를 숙이며 '감사합니다'를 연발했다.

"부족한 저와 제 작품들을 아껴주시니 정말 감사합니다."

그러자 그분은 정색을 하며 나를 바라보았다.

"우리 이럴 게 아니라 되도록 빠른 시일 내에 최 전도사의 시집을 펴냅시다."

"정말 이 시들을 책으로 내도 되겠습니까? 전 사실 아직도 시가 뭔지 잘 모르는 습작생인데요."

"겸손도 지나치면 교만이 되는 거예요. 암말 말고 시집 출간 준비나 서둘러요."

"알겠습니다. 박사님 생각이 그러시다면 감사한 마음으로 따르겠습니다."

아예 퇴고 날짜까지 잡은 그분은 바쁜 일정 중에서도 며칠 저녁을 몸소 우리 작은 아파트에 들러 밤 늦게까지 작품을 일일이 다 읽으며 퇴고까지 도왔다. 출판은 기민사의 최익현 형제가 맡아주기로 약속하고. 그로부터 2개월 후 책이 나왔다. 예박사의 '역설적인 역전을 통한 하나됨'이란 제목의 평론과 함께.

광나루 시인 최일도의 시 세계는 역설적인 역전(逆轉)을 통하여 '하나됨(Oneness)'을 극명하게 나타내주고 있다. 그의 시의 극치는 사랑하는 여인과 '하나됨'에 있는데, 이 하나됨은 결국 연인을 넘어 가난한 자, 억눌린 자, 병든 자, 목자 잃은 양들과도 하나 되는 것이며, 궁극적으로는 그리스도와 하나 되고 영원과 하나 되는 것이다.

'하나됨'은 역설적인 역전을 통해서만 가능하다. 시인은 불안에서 안정을, 어둠에서 빛을, 슬픔에서 기쁨을, 고통에서 희망을, 죽음에서 삶을, 순간에서 영원을 경험하는 깊고 오묘한 역설적인 역전의 진리를 노래하고 있다. 이 진리는 이론적이고 추상적인 것이 아니라, 그의 생명의 심연 속에서 오랫동안 쓰라리고 고뇌어린 사랑의 방황을 경험한 후에 얻어진 것이다. 높은 벽돌담 너머 수녀원 안에 숨어 있는 수도녀와의 이루어질 수 없을 것 같은 애절한 사랑의 고뇌를 경험한 후, 그리고 방황 속에서 완전한 자기 부정을 통해, 진실로 값진 사랑의 고뇌와 환희를 거친 후 얻은 산 체험을 노래한 것이다.

시인은 독특한 삶의 자리에서 사랑의 고뇌와 신앙인의 몸부림을 계속하면서 마침내 연인과 하나됨의 낭만적인 차원을 넘어선다. 이웃과 가난한 자들과 목자 잃은 양과 드디어 하나 되고, 궁극적으로는 신(神)과 일치하는 데에 이르고 있다. 그럼으로써 순간과 영원의 하나됨을 노래하고 있는 것이다.

나다니엘 호돈은 사람들이 전락한 후 죄로 인한 불완전성 때문에 서로 뒤엉켜서 공동체를 이루어 살 수 있는 길이 열렸다고 했다. 즉, 인간의 전락으로 인해 역설적인 행운을 가져오게 되었다는 다행스런 전락(Fortunate Fall)을 말하는 것이다. 성 어거스틴은 이것을 행복한 과오(Happy Fault)라고도 말했다.

최일도의 '역설적인 역전의 사상'은 이러한 사상과 맥을 같이 한다고 하겠다. 11년이라는 세월을 선지동산에서 경건과 학문의 훈련을 통해 신앙 인격을 다져온 신학도지만, 그의 시에서는 신학의 관념적이고 상투적인 용어는 찾아볼 수 없다. 오히려 그의 시에서는 마치 단테의 베아트리체가 그의 작품 '실낙원'에 영감을 주는 원동력이 되고, 또한 천상으로 인도하는 길잡이가 되듯 수녀원 안의 사랑하는 여인이 시의 원천이 되고 고뇌를 환희로 이끄는 길잡이가 된다.

그는 수녀원의 높은 담을 헐어버리고 연인과 하나 되는 경험을 통해서 이웃들과 하나 되고, 궁극적으로 그리스도와 하나 되는 화해와 일치의 아름다움을 창조한다. 이 아름다움은 신의 속성이기에 우리에게서 경탄과 존경을 자아내게 하는지도 모른다.

나무꾼의 고백

아빠, 오늘은 아빠가 옛날 얘기 해줘요, 네?"

모처럼 한가로운 시간에 내 팔을 베개 삼아 누워 있던 가람이가 응석을 부린다. 산이도 질세라 남은 한 팔을 당겨서 베고는 맞장구를 쳐댄다.

"아빠, 그러세요. 엄마가 해주는 얘기는 많이 들었잖아요."
"그래, 무슨 얘기?"
"아주 재미있는 얘기요."
"아빠가 생각하기에 세상에서 제일 재미있는 얘기해 주세요."
"좋아. 세상에서 제일 아름답고 가장 재미있는 얘길 해줄게."
"야! 신난다."
아이들의 입에서 함성이 터져 나왔다.

"옛날 어느 산 속에 나무꾼이 살고 있었어요. 그 나무꾼은 나무를 해서 내다 팔며, 마음 속으로는 항상 도사가 되고 싶은 꿈을 가지고 있었대요. 어느 날 그는 나무를 베러 깊은 산 속으로 들어갔어요. 그 날 따라 포근한 햇살이 숲을 온통 감싸고 있었지요. 나무꾼이 한참 나무를 하고 있는데, 어디선가 아름다운 노랫소리가 들려왔어요. 나무꾼은 자신도 모르게 도끼를 땅에 내려놓고 신비로운 노랫소리를 따라가 보았어요. 한참 가다보니 폭포 아래 연못에서 선녀들이 수영을 하고 있었어요."

가람이가 말을 끊었다.

"아빠, 예쁜 수영복을 입었나요?"

248

"수영복은 중요한 게 아니야. 가람아."

"아빠, 빨리 얘기해 주세요."

"그래, 그래. 내가 막 수영복 이야기를 하려고 했는데."

"아빠도 그게 궁금했는데, 수영복 이야긴 아빠도 못 들었거든. 아무튼 아빠 생각엔 예쁜 물놀이 옷을 입었을 것 같애."

"아마 좋은 향기도 날 거야."

어린 가람이는 계속 상상의 나래를 펴며 이야기 속으로 끼여 들었다.

"그런데 말야. 선녀들이 무슨 이야긴지 작은 소리로 속살거리더래요. 그래서 나무꾼이 좀더 가까이 가서 귀를 기울여 보았대요. 그랬더니 옛날 옛날에 수영하러 왔다가 날개옷을 잃어버려서 하늘나라로 가지 못하고 나무꾼의 아내가 된 어느 선녀 이야기를 하고 있었다지 뭐야. 그 이야기를 들으면서 나무꾼은 결심했다나. '나도 날개옷을 숨겼다가 선녀를 데리고 우리 집으로 가야지.'

그래서 나무꾼은 선녀들을 찬찬히 살펴보다가 가장 예쁜 선녀를 찾아냈어요. 그리고는 숨을 죽이고 살며시 다가가서 선녀의 얼굴을 자세히 보았대요. 그는 그만 숨이 막히는 줄 알았어요. 얼굴 하며 자태가 눈부시도록 아름다웠고 눈빛은 가끔 꿈 속에서 보았던 예쁜 암사슴의 눈을 쏙 빼닮아 있었거든요. 그는 선녀의 날개옷을 옷소매에 감추고는 냅다 집을 향해 달렸어요.

집에 돌아와서 장롱 깊은 곳에 감춰놓고는 밤 늦은 시간에 다시 깊은 숲 속을 찾아갔지요. 선녀는 훌쩍거리며 하염없이 울고 있었어요.

"선녀님, 선녀님. 울지 말아요. 밤도 깊었는데 우리 집에 가서 한 밤 쉬었다가 가세요."

"저는 날개옷 없이는 아무 데도 갈 수가 없어요. 제 옷을 찾아주셔요."

선녀는 계속 슬피 울었지요. 울다가 지친 선녀를 간신히 집에 데리고 왔대요. 그런데 선녀는 나무꾼의 집에 살면서도 하늘나라만을 그리

위했지요.

어느날 나무꾼이 선녀에게 물어보았어요.

"선녀님의 이름은?"

"제 이름은 수련(水蓮)입니다."

"아아, 물에 피어난 연꽃이라고요. 제 이름은 다일(多一)입니다. 현재는 나무꾼으로 이 산 속에서 나뭇짐을 메고 다니지만, 늘 기도하면서 착한 일 하며 정말 이 다음엔 훌륭한 도사가 되게 해달라고 빌고 있어요."

선녀는 바다를 보지 않은 산 사나이가 어찌 바다를 그리워할 수 있으랴면서 수평선이 보이는 높은 언덕으로 자신을 데려다 달라고 졸랐어요. 산을 넘고 물을 건너 거친 광야를 지나 수평선이 보이는 아득히 높은 언덕 위의 집을 찾아 안간 곳이 없을 정도로 이곳 저곳을 옮겨 다니며 살았어요. 정처없는 셋방살이에 때로는 월세가 없어서 이리저리 쫓겨 다니면서.

어느 덧 두 아이를 낳아 길렀대요. 선녀와 함께 살면서 나무꾼 집에 있는 건 가난과 예쁜 꿈뿐이었지요. 하지만 하늘님은 작은 나무꾼 집의 가난과 꿈을 아껴주셨어요. 가난한 그들의 집에 웬 하늘나라 손님들이 많이 찾아오는지요, 허허허. 가난 속에서 피어난 아들과 딸 아이는 아주 잘 자랐어요. 큰 아이 이름은 '마운틴' 이라고 했고 둘째 아이는 '리버' 라고 지어 불렀어요."

아이들은 너무 어려서 자신들의 이름을 영어로 바꾼 내 말을 잘 알아 듣지 못한 채 턱을 괴고 듣고 있었다.

"그들은 가난 속에서도 꿈을 잘 키워서 나무꾼은 어느덧 저도 모르는 사이 다양한 사람들 속에서 사랑을 실천하는 사랑 도사가 되었대요. 선녀는 아름다운 시를 쓰는 수련 시인이 되었고요. 그런데 두 아이를 낳아 행복하게 살면서도 선녀는 남 모르게 하늘나라를 올려다 보며 눈시울을 적시곤 했지요. 천진난만한 아이들의 웃음 속에서도 나무꾼의

"그래 그래, 오늘부터 아빠를 나무꾼이라고 부르렴."

"그럼 오늘부터 엄마를 선녀라고 불러야겠네."

"하하하, 호호호, 히히히, 헤헤헤!"

눈물어린 애원에도 선녀는 하늘나라에 대한 그리움을 좀처럼 버리지 못했어요. 몸은 땅 위에 있지만 선녀의 영혼은 언제나 하늘과 맞닿아 있었기 때문이었죠. 그러다가 끝내 가족을 버려두고 하늘나라로 올라가 버리는 것은 아닐까 나무꾼은 남모르게 큰 근심을 하며 하나님께 기도했대요.

"하나님, 이제는 애들 엄마가 이 땅의 자잘한 인생사에 정 붙이면서 잘 살 수 있게 해주세요."

기도를 들으신 하늘님은 선녀님에게 하늘나라는 손이 닿지 않는 먼 곳에만 있는 게 아니라 모든 사람들 마음 속에도 있다는 것을 가르쳐 주셨어요. 누추한 이 땅에서 깊은 상처만을 가슴에 안고서 신음 속에서 사는 날이 많던 선녀가 어느 날부터인가 더 이상 울지 않았어요. 하늘나라가 두레박 타고 올라가야 있는 저 높은 하늘 먼 곳에 있지 않음을 깨달았기 때문이에요. 이젠 더 이상 울지 않으며 생의 지평을 넘을 수 없는 슬픈 운명의 선녀가 아니었어요.

"아빠, 생의 지평은 어디 있는 건데?"

"운명은 뭔데요."

애들이 듣다 말고 말을 끊었다.

"아차! 내가 어려운 소릴 했구나. 나무꾼이 그만 도사인 척하고 도사 같은 얘길 했어요. 미안해요. 선녀와 나무꾼은 도를 닦다가 깨달은 것이 있었대요.

"아빠, 도는 뭔데 닦기도 해요?"

"으음, 도가 뭐겠니. 그냥 사는 거지, 나답게 사는 거야. 아빠 이름이 일도잖니. 한 일자 길 도거든. 한 길로 가라는 뜻이야. 너희 할아버지가 지어주신 이름이지. 일도는 일도답게 산은 산답게 가람이는 가람이답게 나다움을 감사하며 사는 걸 도닦는 거라고 얘기한단다.

사람들에게 칭찬 받으려고 도사같이 폼잡고 사는 것보다는 거짓없이 성실하게 매일매일 살아가는 나무꾼이 더욱 바른 믿음이고 바른 삶이라고 하늘님이 가르쳐주셨대요. 산 아래 동네의 가난한 사람들, 병든 사람들, 집 없는 사람들, 죄인이라고 손가락질 받는 사람들에게서 하늘님의 얼굴을 보았기 때문이래요. 그래서 나무꾼 가족들은 가난한 이웃들과 함께 지금 여기서 하늘나라를 살고 있구요. 언제나 어디서나 행복하게 살고 있대요."

"아빠, 지금도 살고 있으면, 옛날 얘기가 아니잖아요."
"음, 사실은 그래."
"그런데 아빠, 애들 이름이 좀 이상한데, 무슨 뜻이에요?"
"그건 큰 애 이름 '마운틴'은 산이란 뜻이고, 작은 애 이름 '리버'는 강이란 뜻이야."
"에계계, 그럼 아빠가 우리 가족 얘기 했잖아요?"
"그래 맞아. 우리 얘기니까 세상에서 가장 재미있지, 안 그래?"
"그럼 아빠가 나무꾼이야? 엄마는 선녀고?"
"그래, 가람아, 아빠가 전도사였으니까, 그냥 도사라고 해도 되고."
"아빠, 도사보다는 나무꾼이 더 좋은데요."
"그래 그래. 오늘부터 아빠를 나무꾼이라고 부르렴."
"그럼 엄마를 선녀라고 불러야겠네."
"하하하, 호호호, 히히히, 헤헤헤."
"참 재미있다. 또 해주세요."
"참 재미있어요. 또 해주세요."
"다음에 또 해줄게. 이 다음에!"
아이들은 재잘거리다 잠이 들었다.

7

한 발은 땅에
한 발은 하늘에

보고 계십니까
찢긴 마음의 상처 가릴 길 없는
588 누이들의 불안한 눈동자를,
듣고 계십니까
흙탕물에서 벗어나려는
외로움에 지친 무의탁 노인들의 신음소리를,
아아, 속히 오십시오
양지 쪽에 서는 날
가슴 펴고 사는 날
기다리다 기다리다 주저앉은
청량리의 행려자들에게 알코올 중독자들에게도
이 모든 사람들이 결국은
당신 안에서 당신으로 말미암아
당신께로 가는 길목에 있음을
깨닫게 하여 주십시오.
생의 전환점에서
이 동네에 널려진 사물들과
바쁘게 움직이는 사람들 중에
그 어느 것도 그 어느 누구도
버릴 것이 없고 속된 것이 없는
오히려 모든 것은
시초부터 거룩하였음을
인정하게 하여 주십시오.

ー생의 전환점에서ー

생의 전환점

88년 찬바람이 옷깃을 여미게 하는 초겨울 아침, 나는 이미 예매해 두었던 열차표를 들고 출발시각에 맞추어 청량리역 광장을 빠져나가고 있었다. 좀 서둘러서. 그런데 이게 웬일인가. 대여섯 발짝 앞서 걷고 있던 한 노인이 갑자기 힘없이 폭 고꾸라지는 것이었다. 뒷모습으로 보니 할아버지였다. 순간 작은 갈등에 빠졌다. 저 노인을 부축해드릴까, 아니면 그대로 지나쳐 버릴까?

그러나 우선 쉬운 쪽을 택했다. 많은 다른 사람들처럼 그냥 못본 체하고 스쳐 지나가기로 한 것이다. 사실 그럴 듯한 핑계도 없지 않았다. 생면부지의 할아버지를 돕는답시고 우왕좌왕 하다보면 기차는 떠나버릴 테고, 애꿎게 나만 하루 일을 망치고 말 것이라는 생각이 들었기 때문이었다. 그래서 일단 쓰러진 할아버지를 지나쳐 갔다.

하지만 무언가 개운치 않은 기분이 들어 뒤를 돌아 보았다. 쓰러진 할아버지는 절박하게 손을 허우적대고 있었다. 입에 거품까지 물고 있는 그의 눈은 뒤집힌 것 같았다. 주위에서 "그냥 내버려 둬." 하는 소리도 들리는 것 같았다. 간질환자는 발작시간만 지나면 평상시로 돌아온다는 얘길 어디서 들은 기억이 스치면서 '맞아. 간질 환자는 그냥 둬도 상관없지.' 하는 생각을 하며 열차에 몸을 실었다. 역 광장에 쓰러진 할아버지의 절박한 모습이 자꾸만 나를 따라왔다. 하지만 즐거운 여행을 위해선 그 모습을 빨리 잊어버려야 했고, 춘천이 가까워지면서부터는 정말로 까마득히 잊었다.

그때가 신학대학원 졸업학기였다. 무슨 일 때문이었는지는 기억이 안 나지만 아무튼 오전 오후 수업 모두가 휴강이었다. 그래서 늘 그래 왔던 것처럼 그날도 '마침 잘 됐다'고 환호성을 올리며 청량리 역을 향했던 참이었다. 틈만 나면 어디론가 횡하니 다녀오던 방랑기가 걸음을 또 재촉했던 것이다. 그날은 춘천을 다녀올 참이었다. 특별한 목적 같은 건 애초부터 없었다. 굳이 이유를 붙이자면 일상의 울타리를 떠나 조금이라도 이색적인 다른 도시에서 느낄 수 있는 새로운 느낌과 시상들을 시로 쓰거나 몇몇 단상을 수록해 보려는 다소 사치스런 기대가 있었다고나 할까.

아내는 어떻게 보면 역마살이 낀 방랑과도 같은 이런 행동을 큰 불평없이 받아들였고, 내겐 그것만이 앞으로 나아갈 길에 대한 새로운 모색이요, 그로써 얻게 된 확신을 피부로 느낄 수 있는 유일한 길이기도 했다. 만일 이런 과정이 없었더라면 아마도 목사가 되는 일을 끝내 포기했을지도 모른다. 무슨 일이건 자신의 의지와 희망대로 진행되는 것은 아니긴 했지만.

춘천에 도착하자 우선 호숫가로 갔다. 가을의 청량감이 감도는 호숫가에서 이런 저런 상념에 잠기다가 근처 '이디오피아의 집'이라는 찻집에 들어가 커피를 마셨다. 호반이 내려다 보이는 창가, 깊어가는 가을의 호수와 가을빛에 물든 호반의 나뭇잎들과 풀잎들……. 잔잔히 물살 이는 호숫가를 거닐며 책을 읽고 시도 쓰며 한나절을 보냈다.

다시 기차를 타고 청량리에 올라왔을 때는 밤이 깊어 있었다. 빨리 집으로 돌아가기 위해 역 광장을 막 빠져나가던 나는 소스라치게 놀라며 걸음을 멈추고 말았다. 아침에 보았던 할아버지가 그때까지도 온몸을 오그린 채 쓰러져 누워 있었기 때문이다. 순간 가슴 속에선 무언가 불끈 치밀어 오르고 있었다.

'역 광장에는 전경 버스 두 대가 온종일 서 있었다. 그런데도 긴긴 시간 아무도 손을 쓰지 못했단 말인가. 공무원이나 사회복지요원은 뭘 하고 있단 말인가. 어쨌든 쓰러진 할아버지를 돌보는 일은 내 책임이 아니다. 유학을 마친 후 영성수련센터와 전원 교회를 세우는 일을 하기 위해 이제까지 준비해온 나 아닌가.'

행정기관에 대해 말할 수 없는 분노가 치솟는 만큼 자신은 난처한 이 일에서 발뺌하고 도피하고 싶은 데에서 오는 수많은 변명들이 마음속에 오갔다. 그래도 일말의 신앙적 양심은 살아남아서 할아버지를 향해 다가갔다. 악취를 풍기는 할아버지를 바라보며 손댈 엄두도 못낸 채 그저 어정쩡하게 허리를 굽히고 말을 건넸다.

"할아버지, 진지 드셨어요?"

어쭙잖게 나온 질문이었다. 대답을 기다렸지만 할아버지는 아무런 반응이 없었다. 그건 어쩌면 내가 바라던 상태였는지 모른다. 그렇게 되면 일단 모른 체한 상황만큼은 면할 수 있을 테고, 위급한 사실을 파출소에 신고만 하면 나머진 다 공무원의 책임이 되니까. 이런 생각을 하며 역전 파출소를 향해 발을 떼려고 할 때 등 뒤에서 희미한 음성이 들려왔다.

"아니……."

깜짝 놀라 반사적으로 돌아섰다. 그리고는 할아버지 곁으로 한발 다가섰다.

"뭐라구요? 뭐라고 하셨어요?"

하지만 할아버지는 입만 달싹거릴 뿐 아무 소리도 내지 못하고 있었다. 지금도 그때 들은 소리가 할아버지가 혼신을 다해 지른 소리인지, 마침 그때 길을 지나던 다른 사람의 소리를 들은 건지, 아니면 남들이 고백하는 것처럼 나를 깨우치는 하나님의 음성인지를 잘 모른다. 하지만 지금도 나는 그 소리가 곧 나의 양심을 깨우치는 하나님의 음성이었다고 믿고 있다.

다시 발길을 멈추고 할아버지를 뒤돌아 보았을때 "아니, 아직 먹지 못했다. 일도야, 너는 언제까지 나를 이 차가운 길바닥 위에 눕혀놓을 작정이냐?" 하시는 주님의 음성이 들리는 듯하였다. 순간적으로 성경에서 강도 만난 자를 그냥 스쳐 지나간 레위인과 제사장의 모습이 나인 양 오버랩되면서 스쳐 지나갔다. 그제서야 하나님 말씀이 떠올랐다.

'지극히 보잘것 없는 사람 하나에게 한 것이 곧 내게 한 것이고, 이들에게 하지 않은 것이 내게 하지 않은 것이다.(마태 25 : 40)'

나는 무척이나 부끄러운 심정이 되었다. 주저하던 심정은 어느새 사라지고 노인을 안다시피 하여 일으켰다. 그리고는 가장 가까운 음식점을 찾아 두리번거렸다. 마침 건너편 맘모스 빌딩 뒤쪽으로 설렁탕집 간판이 눈에 들어왔다. 이것 저것 생각할 겨를도 없이 할아버지를 부축해 식당 안으로 들어갔다. 반갑게 손님을 맞던 식당주인은 할아버지를 힐끗 바라보더니 금세 얼굴을 찌푸렸다. 아랑곳하지 않고 노인을 일단 의자에 앉힌 후 설렁탕 한그릇을 시키고는 손수건에 물을 묻혀 할아버지의 얼굴을 닦아주고 사지를 주물러 주었다. 한참을 그렇게 하자 할아버지는 감았던 눈을 간신히 뜨고 나를 바라보았다.

"지금까지 저녁을 안 드시면 어떻게 해요."

"…나, 어제부터 아무 것도 못 먹었어."

"아니, 어제부터?"

"이틀 사흘 굶길 밥먹듯이 하지 뭐."

대한방적(효성그룹의 전신)의 간부사원이었던 아버지와 대지주의 딸로 고생 모르고 자란 어머니 덕에 가난을 모르고 성장한 나였기에 사람이 몇 끼씩 굶는다는 것은 상상조차 하기 힘들었다. 가난한 사람들이 모여 있던 용산시장이 가락동으로 이사가면서 용산시장과 시장 한복판을 흐르던 개천 주변의 행려자와 노숙자들을 까마득히 잊고 살아온 터였다. 또 당시 정부는 올림픽을 개최하는 나라답게(?) 거지나 행려병자들을 눈에 띄는대로 수용시설로 끌고가던 상황이었기에 어둠 속에서 사는 사람들을 쉽게 볼 수가 없었다. 서울의 고층 빌딩이 높이 올라가면 갈수록 그늘 또한 깊이 드리워진다는 사실을 편한대로 잊고 살아왔던 것이다. 설렁탕을 다 든 할아버지에게 다시 물었다.

"어디 사세요?"

"……"

"자녀는 없으신가요?"

"……"

노인은 대답 대신 고개만 가로 흔들었다. 그야말로 난감했다. 이를 어쩐담……. 집도 절도 없는 분이니 자녀들에게 연락 취할 방법도 없고, 파출소 같은 데 모시고 가면 해결해주려나.

"어젯밤은 어디서 주무셨는데요?"

혹시 친척집에 왔다가 갑자기 길을 잃어버린 것은 아닐까 싶었다.

"저기 지하도에서……."

"고향은 어디시구요."

"음, 함경도야."

함경도? 정말 대책이 안 섰다. 막연히 내일 다시 만나자는 약속을 남긴 채 노인과 헤어져 집으로 발길을 옮기면서 내일 날이 밝으면 그 노인을 수용시설에라도 모셔다 드려야겠다고 생각했다. 함경도에서 피란 내려와서 이날 이때까지 집도 절도 없이 떠돌아 다니다가 라면박스나 합판 종이 따위를 주워 고물상에 갔다주는 것으로 입에 풀칠해온 할아버지였다. 그 일마저도 자주 거품을 물고 넘어질 때가 많아서 하루 끼니 때우기가 버거웠고 온몸은 상처투성이로 지금까지 이름을 불러주는 이마저 없는 노인이었다.

그런데 이렇듯 이 세상에서 철저히 소외된 채 살아온 한 불쌍한 할아버지가 내 생애를 바꾸어놓는 결정적 계기가 될 줄이야 어느 누가 알았을까. 역사는 나도 모르는 채 그도 모르는 채 아무도 모르게 진행되고 있었다.

이튿날 노인을 만나러 청량리역 광장 시계탑 앞으로 갔다. 할아버지는 다섯 명의 행려자를 더 데리고 와서 나를 기다리고 있었다. 그 중의한 사람은 청년이었는데 눈의 초점이 풀리고 온몸에서 술 냄새가 물씬나는 것이 한눈에 알코올 중독자라는 걸 알 수 있었다. 노인은 그 청년과 네 노인을 자기 친구라며 인사시켰다. 나는 울며 겨자먹기로 모두에게 설렁탕 한 그릇씩을 샀다.

밥을 먹는 동안 묻지도 않았는데 자신들을 일일이 소개했다. 두 사람은 경동시장에 좌판이 걷힌 다음 그곳에서 잔다고 했고, 두 사람은청량리 수산시장 쓰레기더미에서, 또 젊은 알코올 중독자는 밤새 대기중인 청량리역 화물 열차칸에 몰래 들어가 밤을 지새운다고 했다. 단한 사람만이 지난 밤 하루에 1천원을 내는 쪽방에서 잤다고 했다. 쪽방이란 대여섯 명이 함께 머리만 간신히 뉘고 칼잠을 자는 비좁은 방으로 지금은 2천원으로 값이 올랐다. 그들의 말을 듣고 있자니 한편놀랍기도 하고 한편 기가 막혔다.

'아직도 수도 서울의 중심가에서 이런 일들이 벌어지고 있었구나.나는 그런 것도 전혀 모른 채 내 가족만 알고 살아왔구나.' 하는 자책감과 함께, 할 수만 있다면 그들을 충분히 먹여주고 편히 재워주고 싶었다. 하지만 나 자신을 돌아보면 다른 사람을 날마다 보살필 만한 처지가 못되었다. 그것도 노인을 다섯 명씩이나 돌본다는 것은 당시로선도저히 불가능한 일이었다. 그래서 궁리 끝에 한가지 제안을 했다.

"며칠 동안 노인들께서 살아갈 만한 곳을 찾아 안내하겠습니다."

"어디요? 수용소 같은데 말이요? 관두쇼. 갱생원이라면 이제 신물이 납니다. 그냥 이대로 댕기면서 얻어먹다 죽게 내버려둬요."

"맞는 말이요. 우리 떨거지 인생들일랑 자유롭게 다니다가 그냥 죽게 내버려둬요."

"우리가 언제 형씨보고 먹여 살리랬소?"

"이제 잘 얻어 먹었응게 젊은인 그만 가보쇼."

그들은 어디든 보내주겠다는 말에 발끈해서 저마다 한마디씩 쏘아붙였다. 하는 수 없이 수용소로 보내는 일 따위는 서두르지 않겠다는 약속을 남기고 그곳을 떠났다. 설렁탕 여섯 그릇에 비어버린 내 얇은 주머니를 가슴 아파하면서. 그날 이후로도 가끔 그들을 만나러 청량리로 갔고, 그때마다 용돈은 날개가 달린 듯 날아갔다.

그런 턱없는 지출은 곧 우리집 살림에 문제가 되고 말았다. 아내는 내가 용돈을 쓰기에 불편할까봐 화장대에 돈을 넣어두고 각자 필요할 때마다 명목을 쓰고 꺼내도록 했는데, 언제부터인가 '식사대' 라는 명목이 눈에 띄게 늘자 아내는 매우 당황하는 듯했다. 그러던 어느날 아내가 물었다.

"뭐, 나에게 말 못할 일이라도 있나요?"

"……"

"숨기는 게 있긴 있나 보죠."

"……"

"누구하고 남 모르게 식사를 하고 와선 이렇게 없는 살림을 거덜내나요."

"……"

머뭇거리며 선뜻 말을 잇지 못하는 나를 보며 아내는 결정적인 확인이라도 한 듯한 표정으로 날카롭게 질문했다.

"오늘도 만나러 갈 건가요? 어떤 여자기에 말 못해요? 그렇게 재미보고 와서는 집에선 한숨만 푹푹 쉬니, 내가 이렇게 답답해 하는 맘을 좀 알아줘야 할 것 아니에요."

아뿔싸! 일이 참 묘했다. 정말 그날도 바로 그들과 약속한 날이었던 것이다. 아무 말도 하지 않고 고개만 끄덕이자 아내는 당장 따라나설 폼이었다.

"얼굴이라도 보아두는 게 좋겠죠? 어때요, 당신 생각은?"

"……"

　그 물음은 내 의견을 묻는 것이 아니었다. 함께 가서 남편이 몰래몰
래 만나온 사람이 누군지 확인해보겠다는 통보였다. 아마도 아내는 내
가 말 못할 사정으로 어떤 여자를 만나고 있다고 생각한 모양이었다.
그도 그럴 것이 어머니와 아내의 갈등으로 집안 분위기가 썰렁해질 무
렵부터 나는 계속 밖으로 돌며 집안일에 소홀해왔던 것이다. 그러지
않아도 불만을 갖고 있던 아내는 우물쭈물하는 나를 보자 바짝 의심이
더 났던 것 같다.

　그날 나와 아내는 함께 집을 나왔다. 59번 좌석버스를 타고 전농동
태양아파트 앞에서 내렸다. 그리고 전농동 굴다리 쪽으로 걸어서 588
홍등가를 지나 청량리역 가까이에 있는 설렁탕 집으로 들어갔다. 여덟
명의 할아버지는 이미 식사를 끝내고 나를 기다리고 있었다. 말 없이
밥값을 치르고 며칠 후 다시 만날 날짜를 잡고는 그곳을 나왔다.

　사태를 대강 파악한 아내는 한편으로 안도의 숨을 내쉬는 듯했다.
하지만 그렇다고 해서 모든 일이 좋아진 건 아니었다. 집으로 걸어오
며 아내가 먼저 입을 열었다.

　"계속할 건가요?"

　"글쎄…… 뭐 잘 되겠지."

　"계속할 건가요?"

　"글쎄 누군가는 해야 될 일이니, 누군가는……."

　나는 긍정도 부정도 아닌 말로 얼버무렸다. 하지만 그만 둘 생각은
전혀 없었다. 그런 속마음을 알아차렸는지 아내는 쏘아붙였다.

　"왜 집으로 모시고 와서 함께 살지 그러세요?"

　"……"

　"참 기가 막혀서, 그렇게 두 발이 몽땅 공중에 둥둥 떠 있으니. '가
난 구제는 나랏님도 못한다'는 속담도 모르세요? 당신은 정말 못 말리

는 이상주의자고 몽상가예요. 기껏해야 소영웅주의에 빠진 사람이라고 손가락질을 받을 거고요. 자기 앞가림도 못하면서. 안 그런가요?"

정말 버럭버럭 화를 내는 거였다. 결혼 이후 이제까지 참아 왔던 모든 화가 폭발한 것 같았다. 직장 생활하랴, 어린 산과 가람을 낳아 기르랴, 학생 남편 뒷바라지 하랴 고생이 많은 데다, 요즘은 어머니와 함께 살면서 호된 시집살이까지 하고 있지 않은가. 한데 그 고생으로 모자라 생판 모르는 행려자 할아버지들의 밥값까지 책임져야 한단 말인가. 틀림없이 아내는 그런 생각을 했을 터였다.

아니나 다를까, 그날 이후 아내는 어떻게든 나를 그 일에서 손을 떼게 하려고 애썼다. 나 역시 무슨 방법이든 찾아보려고 노력했다. 고민 끝에 마침내 한가지 단안을 내리면서 모질게 마음먹었다. 청량리 가까운 곳에 다일교회와 생활 공동체를 설립해야겠다고. 유럽 공동체 순례와 유학 생활, 수도원과 전원공동체의 꿈을 고이고이 접어둔 채.

"거짓 없고 욕심 없는 만남이 진정한
만남인 줄 압니다."

공동체 첫 출발

때 : 89년 7월 첫주일 11시/ 곳 : 청량리 인쇄소 사무실/ 참가자 : 아내, 산, 가람, 신길순 김성수 형제, 송금순 자매, 그리고 나.

위의 기록은 다일공동체가 청량리 588에서 예배를 드리던 날 나의 메모장에 기록된 비망록이다. 그날은 청량리역 부속 창고건물 내 작은 사무실에서의 창립예배와 나의 단독목회 준비 기도회를 위한 첫날이었다. 사무실은 신길순 형제가 인쇄소 사무를 보던 방으로, 길순 형제와는 은광교회 교육전도사 시절부터 거의 친구 사이로 가까워진 관계였다. 물론 나이는 내가 몇 살 위였지만 늘 과묵하고 신중한 그를 좋아했고, 그 역시 한국 개신교 교회의 쇄신을 위해 무언가 해보려 발버둥치는 나를 좋아했던 것 같다. 또한 성수 형제는 은광교회에서 만난 사랑하는 형제로 평생을 친형제처럼 살고픈 맘이 절로 나는 사람이었다. 이 시대 마지막 남은 천연기념물 같다고 할까, 순수와 맑음이 그대로 보존된 양심 바른 건강한 친구였다.

우리는 가톨릭의 작은 형제 수도원, 살레시오 수도원, 성공회, 그리스정교회 등 교회 전통이 다른 다양한 교파들을 두루 다니며 독신 공동체 생활과 예배 예전들을 배웠다. 특히 살레시오 수도원의 도요안 관구장 신부와 자주 만나며 영성 수도에 대해 많은 공부를 할 수 있었다. 또한 타 교파의 여러 사회복지기관도 함께 찾아다니며 개신교 공동체가 나아갈 길에 대해서도 많은 이야기를 나누었다.

그러나 친형제 같은 우리 세 친구들이라도 공동체를 건설해 보겠다는 꿈이 현실로 다가오는 데에는 5년이나 길게는 10년 세월이 더 필요했다. 길순 형제는 결혼 후 갑자기 진로를 바꾸어 곧바로 인쇄업에 뛰어들었고, 성수 형제는 생각보다 빨리 영국 유학길에 올랐다. 나 또한 내 계획과는 상관도 없는 사건, 물론 지금은 그것을 하나님의 인도하심으로 생각하지만 청량리역에서 함경도 할아버지를 만난 사건으로 인해 나의 모든 계획과 진로가 하나님의 의도와 계획대로 변경되었던 것이다. 더욱이 청량리라는 척박한 지역에서 우리 교회와 공동체가 시작될 줄은 꿈에도 몰랐다.

1988년 가을, 그러니까 장로회신학대학 대학원에서 마지막 학기를 보내고 있을 때였다. 그때만 해도 나와 아내는 졸업 후 유럽으로 유학 갈 행복한 꿈에 부풀어 있었다. 우리 두 사람이 만난 이래 7년 동안을 줄곧 품어온 꿈이고, 한시도 잊지 않고 그 날을 위해 준비하며 다듬어 왔던 에큐메니컬 공동체 삶의 구현, 그곳은 한적한 계곡이나 산비탈에 세워진 그림 같은 집이었다. 그런 전원교회와 영성수련센터를 건립하기 위해서는 당시 한국 개신교 안에서는 미개척 황무지 같았던 공동체 순례와 영성신학을 공부할 필요가 있었다.

그래서 우리 부부는 졸업 후 유럽으로 날아갈 참이었다. 그것은 아내가 어머니와의 지독한 갈등 끝에 소원했던 관계를 조금은 회복하면서 우리 두 사람이 새롭게 다짐한 미래이기도 했다. 그렇지만 결과는 또 다시 내 생각과 그분의 생각이 다름을 보여주었다. 아내는 프랑스로, 나는 독일로 가고 싶어했지만 하나님은 유럽 유학을 보내는 대신에 우리 부부를 소외된 이들이 모여사는 청량리 뒷골목으로 이끄셨던 것이다.

아내와는 별다른 의논이 없이 당시 청량리에서 인쇄업을 하고 있던 신길순 형제를 만나 변경된 나의 기본계획에 대해 의논했다. 물론 행려자를 돌보는 일 등에 대해서는 언급없이. 왜냐하면 교회 창립멤버가 되어준다는 것만으로도 결단이 버거울 터인데, 처음부터 무료급식 등의 이야기를 해서 부담주고 싶지는 않았기 때문이다. 또 그와는 전에 용산시장을 쏘다니며 행려자들을 함께 돌본 적도 있어서 나중에 그 일들을 하자고 해도 크게 문제될 것은 없을 것 같았다. 어쨌든 신길순 형제는 내 제의를 흔쾌히 받아들였다.

"저희 인쇄공장에서 교회 준비 첫 예배가 이뤄진다면 영광이죠."

바로 7월 4일, 생활공동체 구현을 위한 첫 준비예배가 '거행' 됐다. 인쇄소에 붙은 간이사무실이었지만 우리는 은총의 땅으로 감사하며, 또 감격했다.

책상을 제단삼아 예배 준비를 했다. 군소리없이 내 뜻을 따라준 아내는 청량리역 주변 철로 옆에 피어난 무궁화꽃과 강아지풀들을 꺾어 작은 꽃병에 꽂아 제단을 꾸몄다. 그때 아내는 웃으며 이렇게 말했다.

"당신이 여기에서 교회를 설립하고 공동체 삶을 산다고 해봐야 분명히 6개월도 못 되어 두손 들 사람이란 걸 제가 알거든요. 그러나 좋은 경험은 될 테니 어쨌든 잘하셔요. 당신이 원하는 일, 당신이 기뻐하는 일 반대하고 싶지는 않으니까요."

촛불을 밝히고 나와 아내, 신길순 김성수 형제, 그리고 송금순 자매와 산과 가람이, 이렇게 일곱 사람이 참석한 첫 준비예배는 영원히 잊을 수 없는 감동을 안겨다주었다. 예배 예전은 전부터 구상했던 대로 말씀과 성찬의 전례를 조화시킨 양식을 택했다. 예배 시간에 우리는 '다양성 안에서 일치를 추구하는' (다일) 교회가 은혜롭게 창립될 수 있도록 은총을 간구했다.

그날 이후 가족들이 눈치채지 못하게 등산용 버너와 코펠을 들고 역전에서 기다리는 행려자와 알코올 중독자와 경동시장 청량리시장 구석구석에 누워 있는 무의탁 노인들에게 라면을 끓여드리는 일을 시작했다.

물 인심은 좋아서 집집마다 상점마다 물 좀 달라고 청하면 거절하는 집은 거의 없었다. 밥상공동체는 시작됐다. 신길순 형제는 토요일마다 사무실을 예배당으로 바꾸는 깜짝 마술을 연출했고, 김성수 형제는 초대 주방의 황제답게 라면 먹고 남은 그릇을 설거지했다. 주일마다 우리는 그곳에 모여 예배드리고 찬양하고 교회 창립을 위한 작업들을 차근히 준비해 나갔다.

저 종을 울려야 했다.
먼 훗날이 아닌 바로 지금 이 자리에서.
"저 종소리, 당신의 목소리가 되게 하소서."

창고에서 드린 창립 예배

커다란 수양버드나무 아래 인쇄소 창고에 달아 지은 나지막한 사무실을 다일교회의 예배당이자 다일공동체의 나눔의 집으로 바꾸는 작업이 드디어 시작됐다. 스무 평이 채 안 되는 공간이었지만 김성수 신길순 형제와 나는 서툰 솜씨로나마 직접 도배하고 커튼을 재단해 달았다. 유백색 벽지에 크림색 커튼, 자줏빛에 연한 커피색이 섞인 카펫을 바닥에 깔았다. 제대 좌우로 예쁜 스탠드를 세우고, 양옆에 집례자용 의자를 보기좋게 늘어놓았다. 불에 검게 그은 듯한 원목의자는 모노 드라마하는 절친한 친구 조철규 집사가 사당동 중고 가구시장에서 애써 고른 것이어서 그런지 첫눈에 애정이 갔다.

예배당 뒤쪽으로는 중고 책상과 의자 한조를 배치한 다음 그 옆에 싱크대를 놓아 주방을 겸하게 했다. 또 싱크대 위에 휴대용 가스레인지 두 개를 놓아 차와 라면을 끓여 먹을 수 있게 했는데, 우리는 말하자면 '원룸식 예배당'에서 보글보글 끓는 삼계탕 라면(라면+계란)을 맛보며 얼마나 행복해 했는지 모른다. 중고가구와 싼 벽지, 그것도 미장과 목수일을 해본 적이 없는 사람들이 뚜덕뚜덕 꾸민 작은 예배당이지만 막상 작업을 끝내고 나니 그렇게 아늑하고 좋을 수가 없었다. 특히 카펫을 깐 바닥에 엎드려 기도하면 마치 최초로 성령이 강림했다는 마가의 다락방에 와 있는 듯한 느낌마저 들곤 하였다.

작업을 다 끝내놓고 우리들은 다같이 무릎을 꿇고 감사의 기도를 올렸다. 새로 시작될 우리 교회와 공동체를 하나님 손에 맡기는 위탁 기

270

도와 함께.

89년 9월 첫주일 오후 2시, 드디어 다일교회 다일공동체의 창립 예배를 우리 손으로 준비한 작은 예배당에서 올렸다. 장신대 예배학 교수인 정장복 목사와 감리교 작은교회의 김영운 목사 한신대 대학원장이신 예영수 박사가 공동집례를, 예수의 작은 형제 수도원의 주흡 신부가 축사를 맡아주었다. 여기에 칠명회의 친구 목사들과 오류동 동산교회, 불광동 은광교회, 갈보리교회, 감리교 작은교회의 여러 교우들, 그리고 여러 친지 등 1백명 가까운 사람들이 참여하여 좁은 예배당에 앉거나 서서 뜨겁게 창립 축하기도를 해주었다.

그동안 여러 교회를 다니면서 모은 자료와 리마 예식서, 그리고 정장복 교수가 제시한 모범 예배 순서를 참고로 새로운 개신교 예배예전을 만들었다. 입당 찬송에 이은 예배의 초대시편 침묵 속의 참회와 사죄 선언에 이어 구약성서 신약성서 복음서를 봉독하고, 말씀을 통해 그날 하나님께서 우리에게 주시는 설교 봉헌예절 성찬식 등의 파견과 축도가 이어지는, 당시 교회 신자들에겐 가위 파격적이라 할 만한 예배 순서였다. 하지만 그동안 공부해온 예배학에 의하면 조금도 그릇된 점이 없는, 오히려 개혁교회의 전통 예배양식에 더 가까운 보수적 예배양식이었다.

가난한 교회의 창립 예배치고는 성대하고 화려했다. 정성스레 차려진 다과 순서가 어느덧 끝나고 손님들은 하나씩 둘씩 떠나기 시작했다. 손님들이 모두 빠져나가고 우리 가족만 덩그러니 남았을 때 정장복 교수는 내 어깨를 두드리며 말씀하셨다.

"오늘은 이렇게 많은 사람이 함께 예배를 드려서 흐뭇하고 좋았네. 하지만 무척 쓸쓸해질 거야. 다음 주일부터는 불과 몇 명 안 되는 신자들과 예배를 드리다 보면. 최군, 벌써 내 맘이 다 허전하게 느껴지는데 자네 심정이야 오죽하겠는가. 하지만 그런 고비를 잘 넘겨야 앞을 내

271

다볼 수 있는 거지. 자네가 이미 각오한 바 아닌가. 고비고비마다 잘 넘기리라고 믿네."

초가을의 해가 설핏설핏 넘어가고 버드나무 긴 그늘이 예배당을 덮을 무렵, 그 주부터 정말 정교수의 말대로 우리 교인들만 오롯이 남았다. 다섯 사람뿐이었다. 다섯 명이라 해봐야 나와 집사람을 빼면 세 사람만이 남아 다일교회의 첫 출발을 지켰다. 그날은 감사한 마음에 떠밀려서 어떤 쓸쓸함도 허전함도 느낄 수가 없었다.

그러나 다음날부터는 달랐다. 신길순 형제는 안산공장 일터로 가고 성수 형제와 금순 자매는 주일이 되어야 얼굴 한번 볼 테고, 하루 종일 있어봐야 아무도 찾아오지 않는 588 뒷골목의 예배당. 나 홀로 덩그러니 앉아 있자니 한가롭다 못해 밀물처럼 와닿는 외로움에 그저 막막하기만 했다.

전화도 없어서 옆 인쇄소 사무실의 전화를 빌려 쓰는 형편이다보니 전화를 걸어오는 사람도 없고, 그렇다고 걸 곳도 마땅히 없었다. 외부 신자래야 어쩌다가 힘내라고 가끔씩 들르는 원선자 집사와 이경규 형제뿐이니 딱히 심방갈 곳도 없었다. 거의 온종일을 벽에 매달린 나무 십자가만 우두커니 바라보다가 기도할 맘이 내키면 무릎을 꿇고 침묵 속에 있다가 그나마도 발이 저리면 다시 십자가를 땅에 내려놓고 벽에 기대길 수도 없이 반복하고 반복했다.

"주님, 왜 저를 이 곳에 보내셨습니까?"

수백번, 아니 수천번을 그렇게 묻고 또 물었을 것이다.

북받쳐 오르는 심정이 어느 정도 진정된 건 보름쯤 지나서였다.

"주님, 당신의 뜻이 이루어지기를……."

샤를르 작은 형제가 주님께 드린 기도문은 풍랑 속에 중심잃은 나를 붙잡은 독백이었다.

'아버지, 이 몸을 당신께 바치오니 좋으실 대로 하십시오.

저를 어떻게 쓰든지 감사드릴 뿐

저는 무엇에나 준비되어 있고, 무엇이나 받아들이겠습니다.

아버지, 내 영혼을 당신 손에 도로 드립니다.

당신을 사랑하옵기에

이 마음의 사랑을 다하여 이 영혼을 바치옵니다.

하나님은 내 아버지이기에 끝없이 믿으며

남김없이 이 몸을 드리고

당신 손에 맡기는 것이

어쩔 수 없는 저의 사랑입니다.'

순간 결심했다. 마침내 내 계획을 실천할 때가 왔음을 깨달았다. 두 무릎을 탁 치고 허전하고 외롭기만 한 자리를 박차고 일어섰다.

기다리는 마음, 찾아가는 마음

산이가 메고 다니던 작은 가방에 등산용 버너와 코펠을 넣고 보리차와 우롱차도 상비약으로 한줌 집어넣고 역광장으로 걸어나왔다. 정오 직전. 역전 이곳 저곳을 두리번거리다보니 무의탁 할아버지 몇 분과 술에 찌든 노숙자 두 사람이 눈에 들어 왔다. 먼저 힘없이 앉아 있는 할아버지 두 분에게 다가가서 물었다.

"할아버지, 진지 드셨어요?"

"……"

그들은 뜻밖의 질문에 놀란 표정을 지으며 말없이 고개만 가로저었다. 경계심을 풀어주기 위해 그들 옆에 털썩 주저앉아 서로의 이야기를 주거니 받거니 하다보니 거의 한 시간 가량을 떠들었나 보다. 얘길 듣고 들은 얘길 또 듣다가 다시 말을 이었다.

"할아버지도 시장하시지요. 제가 사는 집이 바로 코 앞인데 잠시 가시면 흰 쌀밥은 아니지만 라면을 맛있게 끓여드릴게요. 자주 오셔서 재미난 얘기 좀 해주셔요. 저는 얘기 듣는 게 취미거든요."

결국 예배당까지 끌려온 두 분은 다행히 전혀 낯설어하질 않는 모습이었다. 시작이 잘 풀린다 싶어 나도 모르게 흥이 났다. 버너에 불 붙이고 라면을 끓여 나누어 냄비째 상에 내자 노인들은 이게 웬 떡이냐 싶었는지 국물을 후후 불어가며 아주 맛있게 먹었다. 술에 찌든 친구를 위해 다시 역광장으로 나갔지만 처음보는 내가 귀찮았는지 소주만 사달라고 졸랐다. '모시고' 오는 건 포기해야 했다.

274

이거 영 잘 안 풀리는데, 내심 긴장하면서 3시간 가량 무슨 소린지도 모를 술주정을 받아주었다. 얼마 후 가까스로 일어선 그는 다시 털썩 자리에 주저앉았더니 골목길까지 따라들어갈 생각이 없다는 것이다. 할 수 없이 그냥 역광장 구석에 쭈그리고 앉았다. 그리고 버너에 불을 붙이고 물을 얻어다가 컵라면에 부어서 권했다. 그릇을 말끔히 비운 그에게 이경규 형제가 갖다준 우롱차를 냄비에 끓여 국자로 떠서 주었더니 "얼마 내면 돼?" 하고 퉁명스레 묻는다. "짜슥 돈도 없으면서." 옆에 있던 노숙자가 낄낄대며 웃어대는 거였다.

다음날부터는 두세 명씩 짝지은 행려자들과 무의탁 노인들이 예배당으로 찾아오기 시작했다. 많아야 십여 명, 적은 날은 대여섯 명이 고작이었다. 나는 날마다 라면을 끓이며 오히려 주일보다도 평일을 더 즐겁게 보냈다. 하지만 기쁨은 그리 길게 가질 못했다. 우선 제일 먼저 제동을 걸고 나온 사람들이 인쇄소 사람들이었다. 바로 앞 건물에 있던 목재소며 역전 파출소 맞은편에 있는 쭉 길게 뻗은 건물의 588 펨푸 아주머니들도 소매를 걷어붙이긴 마찬가지였다.

"아니, 여기가 거지 소굴인가?"

"저 친구 뭐하는 놈인데 거지들을 끌고 다녀?"

보는 사람들마다 얼굴을 붉혀가며 버럭버럭 화를 냈다. 거지들을 동네 근처와 입구에서부터 얼씬도 못하게 하라고 호통을 쳐댔다. 나는 "네, 알았습니다. 알았습니다." 라고 말하며, 그들을 더 이상 이 곳에 데려오지 않겠다고 약속을 하고야 갖은 으름장에서 벗어날 수 있었다.

할 수 없이 버너와 냄비와 컵라면을 들고 나가 역 광장의 후미진 곳을 찾아서, 또는 청량리 채소시장과 경동시장 등을 돌면서 노인들에게 컵라면을 끓여주기 시작했다. 이렇게 해서 1년 전 역광장에서 만났던 함경도 할아버지와 한 무언의 약속을 날마다 지킬 수가 있었다.

하지만 기쁨은 잠깐이라던가. 약속을 매일 지켜 기분좋은 만큼 거의 매일같이 우리 교회와 공동체 간판이 땅바닥에 나동그라지는 사태가

너무 추워, 겨울이 너무 추워 피운 모닥불,
그 불길을 구들삼아 지붕삼아 삶과 죽음의 날을
지새우는 사람들. 그 '아픈' 곳을
애써 피해 지나가는 우리 이웃의 싸늘한
발걸음은 또 뭐란 말인가.

벌어졌다. 누가 그랬는지는 알 수 없지만, 어쨌든 주변에 나의 행동거지에 대해 불만을 품은 사람들이 있다는 사실만은 확실히 알 수 있었다.

한 번은 경동시장을 다녀오니 하루해가 저물었다. 이른 아침부터 시작한 그날은 정말 지칠 대로 지쳐 있었다. 너무 추워서 그만 집에 돌아가고 싶었지만 해질 무렵 함경도 할아버지가 교회로 찾아오겠다고 해서 호호 손을 불며 기다리고 있었다. 그런데 갑자기 밖에서 누군가가 다리를 질질 끌며 나를 찾는 신음소리가 들렸다. 나가보니 웬 할아버지가 심한 화상으로 허벅지살을 허옇게 드러내고 있었다.

"최씨! 병원에 좀 보내줘. 나 좀 병원에 좀 보내줘."

다 죽어가는 목소리였다.

"아니, 어떻게 된 일입니까? 왜 이 지경이 되셨어요?"

이유를 묻자 날이 너무 추워 모닥불 곁에서 소주 한병을 마시고 누웠는데 잠결에 그만 동상 걸린 다리를 잿더미 위에 올려놓는 바람에 이렇게 바지도 태워먹고 살까지 데서 아파죽겠다며 소릴 지르고 있었다.

"병원엘 가야지, 여길 오면 어떻게 합니까?"

"아이고 죽더라도 시립 병원엔 안 갈라요. 최씨, 최선생, 부탁이니 제발 거긴 보내지 말라구요."

그는 단호한 말투로 애걸했다.

"아니, 그렇다면 가까운 성 바오로 병원에라도 갈 일이지 여긴 왜

276

와요. 약이 있길 하나, 내가 무슨 수로 병원에 모시고 갑니까."

"다리를 질질 끌고 바오로 병원에 갔더니 수위가 들어오지도 못하게 내쫓는 바람에……. 다리는 끊어질듯 아프지, 이 천지에 날 치료해줄 덴 없지. 그래서 소주라도 먹어야 통증을 참을 수 있을 것 같아 까마셨는데, 아이고 아파라. 미치겠어, 아파서……."

앞이 캄캄했다. 할 수 없이 역전 파출소로 뛰어가서 도움을 청했다. 경찰차는 안 타겠다는 그를 가까스로 시립병원의 행려자 병동에 데려다놓고 다시 교회로 돌아왔다. 앞으로도 이런 일을 자주 당할 거라는 생각이 들자 정말 대책이 안 섰다. 허기진 배를 우선 라면으로 채울겸 기도하고 싶은 생각이 간절해져 교회에 다시 와보니 문이 활짝 열려졌고 예배당의 모든 집기가 곳곳에 내동댕이쳐져 있었다. 벽 중앙에 걸어놓은 십자가마저 어디론가 사라져 주변을 샅샅이 찾아보니 누군가가 쓰레기 소각장에 처박아놓고 가버린 뒤였다. 순간 피가 거꾸로 도는 듯한 현기증이 일었다.

"아니, 이럴 수가 이럴 수가."

도무지 믿어지지 않는 광경에 그저 넋나간 사람마냥 89년의 첫 추위를 맞았다.

어려운 일은 날씨와 환경만이 아니었다. 다음날 아무 일도 없었다는 듯이 초연한 얼굴로 588 골목을 빗자루를 들고 이리 쓸고 저리 쓸며 지나갔다. 인쇄소 창고 안에 교회가 세워졌고, 그 교회를 책임진 전도사가 바로 나라는 사실을 알아낸 동네 포주들은 내가 지나갈 때마다 "에잇, 예수쟁이 놈 재수 없게시리. 왜 우리집 앞을 얼쩡거려." 하며 소금을 뿌리기도 하고, 가는 길에 가래침을 탁 뱉기도 했다. 당황스러웠지만 이제부터 올 것이 오는구나 싶은 생각에 오히려 담담한 심정이 되었다.

당황스럽고 속상한 마음을 꾹꾹 누르고 겉으로는 웃으며 지나오곤 했다. 이웃사람들을 만나면 머리숙여 먼저 인사했다. 아주 반갑다는 표정으로, 상냥한 말투로. 그러면 어떤 분은 무안해 하기도 하고, 어떤 분은 못본 척 문을 닫고 들어가 버렸다. 그러는 사이에 점점 동네사람들과 얼굴을 익혀갔다. 어쨌든 이런 저런 일들로 그 일대에는 이상한 교회 하나가 생겼다는 소문이 입에서 입으로 퍼져나갔다. 엉뚱한 청년 하나가 거지떼들을 몰고 다닌다는.

그즈음 철도 민영화 계획과 더불어 청량리역 구내에 세든 업체들 사이에는 힘 겨루기가 시작되었다. 그러나 우리는 그런 힘 겨루기에는 아무런 관심이 없었다. 필요할 때까지만 그 건물을 사용하고 외곽보다는 청량리 588 한가운데로 들어갈 생각이었기 때문이다. 그러나 그들 눈에는 내가 가시로 박혔던가보다. 언제나 내 뒤통수에는 그들의 욕설이 뒤따라 다녔다.

"저 친구, 북에서 넘어온 놈 아냐? 저 놈 정체를 알 수가 있나."

"저 사람 전도사래."

"아냐, 무슨 전도사가 거지들을 끌고 다니고 시장에서 배추 시래기를 줍고 다니냐? 저건 또라이야."

"또라이가 아니라 내 눈에는 도사님으로 보인다. 몇 달 동안을 유심히 지켜봐도 저 사람 입으로는 예수의 '예' 자도 꺼내지 않는 걸 보면 말야. 틀림없어, 예수쟁이는 아냐!"

"그래, 예수쟁이가 좀 말 많냐? 저 놈, 말수가 적은 걸 보면 예수쟁이가 아니라 무슨 도 닦는 놈은 아닌가 몰러."

"도사인지 전도사인지, 아무튼 이 동네 얼씬거려봐야 손해보는 건 우리들이야. 저 사람 때문에 어디 장사 되겠어? 저 사람 꼴 좀 안 보고 살 수 있게 무슨 조치를 해야 되는 거 아냐?"

가난한, 너무나 가난한 교회

창립예배 다음날부터 아내는 크리스찬 아카데미에 근무하기 시작했다. 내가 신학대학 대학원 과정까지 마치자 이젠 가정의 경제적 책임을 벗어버리겠다며 과감하게 직장을 포기하고 집에 들어 앉았던 아내였다. 하지만 내가 졸업 후에도 이렇다 할 삶의 대책을 세우지 못하자 아내는 다시 직업을 찾기 시작했고, 2개월 전부터 크리스찬 아카데미 근무에 대해 의논이 진행되어 왔던 터였다.

당시 크리스찬 아카데미 협동원장이던 작은 교회의 김영운 목사는 영성 수련 프로그램을 위해 아내를 강원룡 목사에게 소개했고, 이미 두번이나 강원룡 목사와 면담을 끝낸 뒤였다. 그래도 아내는 창립예배 바로 다음날 자신의 일자리가 결정된 것은 결코 우연이 아니라며, 너무도 적절한 때에 적절한 곳에 일자리를 주신 하나님께 감사했다. 물론 나도 한시름 놓았다.

단 일곱 명의 신자가 있는 교회, 그것도 우리 가족 네 명을 빼고나면 세 명의 신자가 꾸려가는 다일교회에 무슨 목회자 사례비니 운영비니 선교비니 하는 것이 있을 리 만무였다. 따라서 우리집 생활비가 막막하던 터에 아내가 다시 일자리를 갖게 된 것은 큰 축복이었다.

당시 공동체 살림이라고 해봐야 아내가 주는 5만원에 친구 이경규 교수가 이따금 보내는 5만원이 전부였다. 1년 정도를 신길순 집사가 생활비 명목으로 매달 20만원씩 주었지만, 그 돈은 아내에게 미처 건네지기도 전에 교회일이나 할아버지의 식비로 다 쓰였다.

　그러던 어느날 신 집사는 이 사실을 알아냈고, 그 후부터는 아내에게 직접 주거나 아내의 통장에 입금시켰다. 하지만 나는 사업상(?) 최소한의 돈이 필요했기 때문에 아내에게 부탁하여 곧바로 도로 찾아다 라면도 사고, 그 밖에 필요한 것들을 위해 금방 써버릴 수밖에 없었다. 사태가 이쯤되자 아내는 크리스찬 아카데미에 근무하며 나 모르게 아르바이트를 했다. 나중에 아내가 과로로 입원했을 때야 비로소 이런 사실을 알게 되었다.

　그 무렵 주일예배와 수요예배 외에는 목회라고 할 만한 일이 거의 없다시피했다. 다만 매일 아침 혼자 교회에 나가 성서를 읽고 기도드린 후에 할아버지들을 찾아 라면을 끓여주고 588의 이집 저집을 찾아 다니며 살아가는 이야기를 주고 받는 처지였지만 그래도 목회생활에 감사했다.

　처음엔 그렇게도 못마땅해 하던 그들이 날이 가고 달이 바뀌어가면서 차차 웃는 낯으로 나를 맞아주게 되었다. 청량리 역전 파출소 앞에 사는 향단이 아줌마는 그렇게 해서 588에서 사귄 제1호 동네 주민이다. 그녀도 처음엔 다른 사람과 똑같이 냉정하게 대했다. 하지만 내가 몇 번 인사를 건네자 어느 날부턴가는 그녀도 반갑게 나를 맞아주었다.

　그녀는 말하자면 퇴역 언니였다. 588 지역에서는 '인간 진열대' 에 앉아 호객 행위를 하고, 몸을 파는 사람들을 보통 언니라고 부른다. 향단이 아줌마도 전에는 현역 언니였던 것 같다. 딱히 그렇게 자기소개를 하진 않았지만 그의 얼굴과 말투, 눈빛을 보아 짐작할 수 있는 일이었다. 그녀는 '현역' 에서 물러난 뒤 너무 쓸쓸했는지 아비가 누군지 알 수 없는 사생아 하나를 기르고 있었다. 향단이 아줌마 주변에는 사생아를 데려다 기르는 사람들이 더러 있었다. 피붙이 살붙이가 그리운 그들이기에, 아주 갓난아기 때부터 기르다보면 정이 들고, 기른 정이 듬뿍 들면 가족이 되어 함께 살아 가는 것이다. 어쨌든 다른 사람들이 나를 냉대할 때도 향단이 아줌마만은 따뜻한 미소로 대해주었고, 가끔은 우리 교회를 찾아오기까지 했다.

내게 따뜻한 힘을 주었던 건 이웃만이 아니었다. 전부터 알고 지내던 사람들이 거의 매일 한두 사람씩 교회로 찾아왔다. 그들은 한결같이 창립 초기에 쓸쓸한 나머지 실망하고 좌절하지나 않을까 염려가 되어 위로차 방문한다는 사실이었다. 거의 그런 마음을 드러내지는 않았지만 대화 속에 그들의 따뜻한 마음이 묻어났고, 나는 그 고마운 뜻을 하나 하나 가슴에 곱게 접었다.

은광교회 김용일 집사(연합통신 편집부장)와 홍승권·홍미나 남매, 장명실 선생, 강기완 형제를 비롯한 많은 형제 자매들과 작은 교회의 윤명선 전도사, 박종훈 교수 외에 생각지 않던 많은 형제 자매들이 주일 오후나 수요일 저녁 예배에 일부러 찾아와서 함께 예배했다.

그네들은 교회에 올 때마다 라면 10봉지, 밑반찬 한두 통, 콩나물 서너 봉지…… 등을 들고 왔다. 나와 우리 교회 공동체에 한 번 다녀간 사람들은 며칠 후 다시 찾아 왔고, 그들은 무슨 약속이라도 한듯이 손에 조그만 물건 꾸러미들을 들고 있었다. 준비할 수 있는 작은 것부터 성의를 다해. 그들은 또 가는 곳마다 나와 우리 교회와 공동체에 대해 이야기했던가보다. 그들이 다녀간 며칠 후면 '아는 분에게 이야기 들었어요.' 라며 사람들이 찾아오곤 했다.

찾아온 사람들마다 너무나 가난한 우리 교회를 보고는 아무 말도 못하고 무릎을 꿇고 기도하다가, 다음에 다시 올 때 하다 못해 식빵 한 줄이라도 들고와야 마음이 편했던 것 같다. 이렇게 해서 가난해서, 너무 가난해서 전화도 없는 우리 교회 소식은 입에서 입으로 참으로 멀리 퍼져나갔다. 행려자와 무의탁 할아버지들과 라면을 끓여 먹는다는 이야기까지도 전부.

그 해 11월 초순에 경동교회 집사 몇 분이 찾아와서는 물었다.

"우리는 휘경동에 사는 가난한 사람들인데요, 돈을 모았어요. 그걸로 어디에 유용하게 쓸까를 생각하던 중 다일교회 이야길 들었답니다. 저희가 거들 만한 것이 있으면 알려주세요."

그들은 교회 안을 빙 둘러보았다. 교회 안이라고 해봤자 라면 박스와 침낭 등이 쌓여있는 열댓 평도 채 못되는 공간이었다. 조금 후 한 사람이 큰 소리로 말했다.

"찾았다!"

모든 사람의 시선이 그 쪽으로 쏠렸다.

"전화요! 이 교회는 전화도 없어요."

그러자 여기 저기서 연방 한숨이 새나왔다.

"어머, 세상에. 정말이네."

"아니, 요즘 세상에 전화도 없이 시작하는 교회도 다 있어요?"

"놀랍네요. 전도사님의 그 용기 말예요."

나는 멋쩍기도 하고, 그러고보니 좀 부끄러운 생각도 들고 해서 머리만 긁적거리고 있었다.

"전화는 없는 게 편하잖아요. 있어봐야 걸 사람도 없고. 당분간 아무에게도 전화하고 싶지도 않구요."

그러자 그 분들은 보물찾기에서 가장 큰 상품을 찾아낸 학생들처럼 말했다.

"저희가 전화 한대 놓아드릴게요. 주소 좀 알려주세요."

그렇게 해서 다일교회와 공동체에 '전용' 전화기가 처음 가설되었다.

하나님, 다 아시지요?

그해 11월도 끝나갈 무렵, 밤새 때 아닌 비가 억수로 내렸다. 아침에 눈을 뜨자마자 예배당이 걱정되어 아침밥도 먹는 둥 마는 둥 하고 서둘러 교회로 가보았다. 아나나 다를까, 흙탕물은 588 골목길을 덮고 있었다. 웅덩이진 구석마다 발 밑 시멘트 블록이 울퉁불퉁 기우뚱한 모습으로 비에 씻긴 상처를 사정없이 드러내고 있었다.

그즈음 인쇄소 앞 터를 깎느라 쌓인 흙더미로 우리 예배당 앞은 지나다니기가 어려울 정도였는데, 빠지지 못한 빗물에 시뻘건 흙탕물이 되면서 예배당 입구는 물이 무릎까지 차올라 있었다. 당황한 나머지 쓰레받기를 들고 물을 퍼냈다. 늦가을 비가 내린 끝이라 날씨는 살을 에는 듯한 냉기로 파고들었고 물은 좀체로 줄어들지 않았다. 얼마를 그렇게 물을 퍼냈을까, 아무리 물을 퍼내도 해결의 실마리가 보이지 않았다. 하는 수 없이 혼자서 하는 작업을 포기하고 아내에게 전화를 걸었다.

"오늘 일 끝나는대로 헌 신문지는 모두 챙겨들고 청량리로 와요."

아내는 대강 짐작을 했는지 생각보다 두 시간 가량이나 빨리 신문지 뭉치를 들고 달려왔다. 들어오자마자 옷을 걷어올리고 함께 물을 푸기 시작했다. 때마침 사랑하는 후배 백열승 형제가 찾아왔다. 그도 들어오다가 물을 푸고 있는 우리 부부를 발견하고는 곧바로 옷을 걷어붙이고 아내 손에서 쓰레받기를 받아 물을 푸기 시작했다. 물이 조금씩 줄어드는 기색이었다. 하지만 일은 더 커진 셈이다. 어느 정도 물이 빠지고보니 카펫이며 집기며 사방천지에 젖은 물건들이 눈에 들어왔다. 아내는 신문지를 카펫 위에 펴고 손으로 누르고 발로 밟으면서 물기를 없애느라 애를 썼다.

얼마나 시간이 흘렀을까. 그 추운 날씨에도 우리는 땀을 흘렸고, 물 푸기가 끝나자 다시 한기가 몰려들었다. 우리는 하루종일 물만 퍼내느라 라면도 못 먹고 돌아간 백열승 형제가 감기에 걸리지 않게 해달라고 기도하며 그날을 보냈다.

그러던 어느날, 우리는 뜻밖에도 철도청으로부터 무단 용도변경이란 사유로 연말까지 교회를 비우라는 통보를 받았다. 연말이래야 불과 한 달 남짓 남아 있을 무렵이었다. 우리는 매일 매일 차디찬 바닥에 꿇어앉아 창립예배를 드린 지 석 달 만에 예배당에서 쫓겨나게 된 사정을 하나님께 고했다. 그리고 우리의 예배 처소를 마련해주십사고 기도하기 시작했다.

소망교회에서 헌신해온 한은자 전도사가 찾아왔다. 손에는 전기장판 3개가 들려 있었다. 우리는 작은 중고난로와 전기 장판으로 안팎의 추위를 몰아내며 기도했다.

"하나님, 다 아시지요? 우리의 기도를 들어주세요."

"하나님, 감사합니다."

기도의 끄트머리는 감사로 끝났다. 물론 돈 있고 힘 있는 사람들을 찾아가서 도와달라고 해볼까도 생각했지만, 우리는 그것을 일찌감치 포기했다. 어떤 절박한 필요가 있더라도 우리가 먼저 사람들을 찾아가서 이런 일을 하니 도와달라고 요청하는 일은 하지 말자고 굳게굳게 다짐했다.

창립 후 겨우 몇 개월이 흘렀지만, 나와 우리 교회 신자들은 분명하게 깨달은 것이 있다. 그것은 우리가 '기대했던 사람' 들은 거의가 1백 80도 다른 태도를 나타냈고, 반면에 전혀 기대하지 않았던 뜻밖의 사람들을 통해서 뜻밖의 방법으로 우리의 기도가 이뤄진다는 놀라운 사실이다. 돈 많은 사람이라고 해서 누구나 사람을 돕고, 돈 적은 사람이라고 해서 아무도 도울 수 없는 것이 아니라는 가슴 아린 사실도 우리는 그때 온몸으로 체험하며 깨달아가고 있었다. 하나님의 생각과 사람의 생각은 다르다는 평범한 진리.

그래서 우리는 가장 힘 있고 능력있고 모든 것의 가장 큰 힘이신 하나님께 우리의 필요를 간절히 간구했다.

"하나님, 다 아시지요?"

"하나님, 감사합니다!"

8
징검다리 놓으며

불을 안 꺼도 어둠 속으로 어둠 속으로
가라앉는 도시의 자정
그대들 내 창가에 모여와 왜 흐느끼는가
신문지에도 바람 한 점 없는
이 평온한 밤에

누구의 살이 찢기기에
누구의 꿈이 으깨지기에
누구의 피보다 진한 한(恨)이 은폐되기에
잠 못들어 흐느껴 우는가
이름있는 사람들은
잡초와 나무들을 노래하며
빌딩이 늘어선 사진 위에
색종이를 찢어 붙이고
루소의 웃도리를 벗고
공기도 맑은 지역에서 주무시는데

글 한 줄에 겨레의 얼을 담기까지
여러 겹의 그늘에서 서럽게 흐느끼던
친구들아 ·
죽어서도 못 죽는
詩人들아.

－풀벌레－

달동네의 산타

"야! 산타 할아버지가 우리 동네에 나타나셨다!"

"정말? 어디?"

"저기, 지금 저 아래 저 집에 막 들어가셨어."

"우리도 한 번 기다려볼까."

다일공동체교회가 청량리에 세워진 이래 해마다 성탄 전야를 즈음해 커다란 주머니에 선물을 가득 짊어진 산타 할아버지가 청량리 달동네와 전농동 달동네 일대를, 그리고 588거리를 돌며 어린이와 언니들에게 정성어린 선물을 돌려왔다. 선물꾸러미에는 다일교회 이름도, 꼭 예수를 믿으라는 어떤 요구사항도 적혀 있지 않다. 예쁘게 포장된 선물 속에 끼워 넣은 작은 카드에는 성탄과 새해를 맞아 축복과 기쁨을 나누는 인사말이 씌어 있을 뿐이다.

'이 선물을 받는 분께 아기 예수님의 사랑이 함께 하시기를 기도합니다.'

'안녕, 이름 모를 친구야. 복 많이 받고 더 행복해지길 기도할게.'

'정말 기쁜 성탄절이에요. 이 큰 기쁨을 함께 나누고 싶어요.'

'우리 함께 성탄절의 은혜와 사랑을 나누어요.'

갖가지 예쁜 사연들을 은현교회에 다니는 어린이와 연세대 IVF 형제 자매들, 또 자원봉사자가 일일이 적어서 성탄 카드와 초콜릿 손수건 크레용 노트 수첩 연필 색연필 오색사인펜 필통 등의 예쁜 선물이 담겨 있는 선물꾸러미에 넣으면, 산타 할아버지가 그 지역 달동네의 어린이와 588 지역의 언니에게 하나씩 건네며 축복의 기도를 올렸고, 산타 할아버지를 에워싸고 다니는 청년들은 캐럴을 경쾌하게 노래했다.

처음엔 이상하게 바라보고 멋쩍어하며 간신히 손을 내밀던 몇 명의 어린이들이 선물을 받아서 뜯어본 뒤엔 골목마다 아이들이 쏟아져 나오며 산타 앞에 줄을 섰다. 이런 산타 선물 나누기가 6년째 계속되자, 이젠 성탄전야가 되면 어린이들은 으레 동네 어귀에 나와 이제나 저제나 하며 산타 할아버지를 기다리게까지 되었다.

성탄절 선물은 주로 협력 교회들이 준비해 주었다. 첫 해와 둘째 해까진 주님의 교회와 은현교회, 셋째 해부터는 다른 협력 교회들도 선물 나눔에 참여하기 시작했다. 물론 우리는 지금까지 선물 꾸러미를 싸며 나눔에 참여한 어떤 교회 이름도 밝히지 않았다. 이유는 산타 할아버지나 성탄의 주인이신 예수님이 어느 지정된 교회나 교파 소속이 아니기 때문이다. 이런 우리의 선물 나눔을 어떤 분들은 무모한 일이라고 말하거나, 선교의 열매를 위해서는 당연히 '예수 믿고 구원 받으라'는 내용과 교회 안내를 표시해야 한다고 말하기도 한다. 하지만 우리의 입장은 달랐다.

"다일교회가 중요합니까, 예수님이 중요합니까? 예수님 생일날 어린이들이 선물받고 좋아하면, 그 애들이 예수님을 좋아하게 되지 않겠어요? 복음의 씨앗은 꼭 선물 주는 사람을 밝혀야 잘 뿌려지는 것은 아니랍니다. 예수님의 탄생일인 성탄절이 정말 기쁜 날로 기다려지는 어린이들이 늘어간다면 머지 않아 예수 믿을 다음 세대가 많아지게 될 겁니다. 그러니 우리는 부지런히 선물이나 줍시다."

우리가 그렇게까지 설명해도 어떤 사람들은 도통 이해가 가지 않는다는 듯 고개만 갸우뚱거렸다. 그러나 이미 우리 다일교회와 협력 교회들 사이에는 익명의 성탄 선물 나누기가 잘 알려져 있다. 그리고 그것은 이제 우리들 사이에서는 더 이상 문제가 되지 않는다. 우리의 작은 노력으로 달동네 어린이도, 영세 좌판상 엄마 등에 매달려 콧물을 흘리는 어린이도 기쁜 마음으로 성탄을 기다리게 된다면 무얼 더 바라겠는가.

"어머! 내가 왜 초콜릿과 손수건을 받고 눈물까지 흘리죠. 아이 참, 나도 모르겠어요." 하며 눈물을 닦던 588 언니의 갑자기 순박해진 모습 속에서 우리는 이미 복음의 씨앗이 그녀의 가슴 깊은 곳에 묻히고 있음을 바라보기 때문이다.

"기쁘다. 구주 오셨네!"

첫 해에 성탄 노래를 부르며 588거리를 돌 때만 해도 문을 탁 닫고 돌아서거나 심지어 소금을 뿌리는 사람들도 많았다. 하지만 이제는 거리에 함께 나와 우리와 노래를 부르는 사람, 춤을 추는 사람도 많아졌고, 집집이 음료를 준비했다가 산타 할아버지 손에 쥐어주는 모습도 어렵잖게 볼 수 있다. 나도 청년들 가운데 섞여서 588 거리를 돌다가 그렇듯 달라진 크리스마스 풍경에 눈시울이 몇 번이나 뜨거워졌는지 모른다.

함박눈이 쏟아지는 588거리에서 언니와 포주, 펨푸들이 함께 나와 어우러져 성탄절 노래를 부르고 어깨춤을 덩실덩실 출 때 산타할아버지로 분장한 청년과 캐럴을 부르던 합창단 모두가 감격해서 눈물을 흘리기도 했었다. 복음성가 가수인 홍순관 형제도 588의 거리 축제 속에서 비로소 인카네이션(성육화)의 신비가 온몸으로 체득되었다며 성탄 캐럴을 부른 이 감격을 두고두고 뜻깊게 말하기도 하였다.

수도권 각 대학의 선교단체 학생들이 어느덧 산타역과 캐럴 성가대 자리를 서로 양보하지 않으려고 할 정도로 이 일은 어느덧 그 누구에게도 마음이 담긴 소중한 선물로 사랑의 무게를 실어갔다. 찾아줄 이도 없는 이 지역의 소외된 사람들, 특히 윤락여성과 집 없는 사람들과 무의탁 노인들과 가난한 달동네 어린이들 사이에서 세상의 평화와 만물을 잉태하는 참 사랑의 모습으로.

성탄절 기도

들어주소서
삶의 그늘과
죄악의 어둠에서 벗어나려
발버둥치다 지쳐버린
가난한 우리 동네 사람들의 소리 없는 절규를

보아주소서
고개 숙이고 벽을 향해 돌아 앉아
가만 가만히 숨죽여도
마음의 상처가 훤히 보이는
고달픈 우리 동네 여인들의
휘어진 등줄기를

용서하소서
스스로 거룩하게 살아
회개할 일도 없고
할 일도 너무 많아 기도할 틈도 없는
목이 굳은 우리 동네 지도자들의
빈껍데기 경건을

비춰주소서
더 가지려는 탐심과

보다 더 높아지려는 욕망 때문에
낮은 곳에 오시는 당신을 외면하고 살아가는
지체 높은 우리 동네 어른들의
허황된 꿈에도

만나주소서
높은 보좌 버리고 말구유에 누우신
평화의 왕이시여
저마다의 어둠을 그림자로 떨구고 살아가는
불쌍한 우리 동네 모든 이들을
자비로운 눈빛으로, 따뜻한 가슴으로

살아주소서
당신의 따뜻한 눈물로
뒷골목의 어둠과 달동네의 설움도 씻기시고
참 빛 맞아 새 날을 열게 하소서
손에 손 잡고 기도하는 오늘은
말씀이 육신이 되어 오신 아기 예수 나신 날

매서운 칼날 바람에
온 세상 서거서걱 얼음 드는 겨울밤
우리 동네 집집마다 창문마다
화육하신 신비를 찬양하는 노랫소리
은방울 종소리로 맑게 맑게 울리게 하소서
감사와 기쁨의 촛불로 환히 타오르게 하소서
아멘.

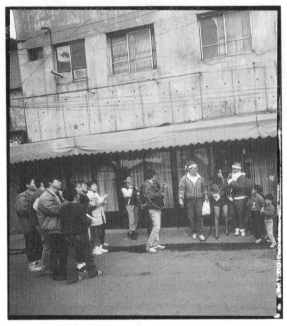

89년 성탄절엔 기쁨보다 슬픔이 컸다. 음란과 폭력이 난무하는
청량리 588골목에서 뛰노는 철부지 어린이들,
그들의 무표정한 얼굴에 저무는 한 해의 슬픔이 묻어났기 때문이다.

피가 되고 살이 되는 S 라면

어느덧 그해 가을이 다 가고 겨울을 재촉하는 찬비가 두어 차례 내리고 나더니 이윽고 추위가 밀려들었다. 축축 늘어진 가지에 길고 푸른 잎새를 무수하게 달고 여름 내 넉넉한 그늘을 드리우던 청량리 철도변의 버드나무는 미처 떨구지 못한 마른 잎새를 매단 채 바스락거리고 있었다. 예배당과 목재소 사이의 공터에 무성하게 자라던 잡초들도 어느새 몸을 가리고, 이제는 앙상하게 서 있는 몇 그루의 무궁화가 겨울바람에 몸을 맡긴 채 흔들리고 있었다.

이따금 달랑 몇 칸을 달고 떠나는 교외선 열차가 삭막한 공기를 휘저어놓을 뿐이었다. 그래도 나는 계절의 순환이야말로 대우주의 질서이니 아름다운 것이라고 스스로 위로하면서 하던 일을 계속해 나갔다. 역광장에서, 채소시장 쓰레기더미 위에서, 경동시장 골목에서 예닐곱 명이 모이면 그곳에 자리를 잡고 땅바닥에 그대로 퍼질러 앉아서 컵라면을 끓였다.

처음엔 이 지역에 많아야 30~40명의 행려자가 있을 거라고 생각했었다. 그래서 단순하게 40명의 한달치 컵라면으로 1백20개를 염두에 두고 일을 벌렸던 것이다. 설마 한 달에 그 정도의 라면이야 대지 못하랴 싶어. 그러나 산수상으로는 정확한 그 계산이 실제 현장에선 웬지 맞지 않았다. 우선 청량리 일대의 행려자를 30~40명으로 추산한 어림짐작이 빗나갔고, 라면을 하루 한번만 끓여주면 되겠거니 여겼던 것도 터무니없는 생각이었다.

웬 키 큰 남자가 라면을 끓여서 나눈다는 소식은 삽시간에 일대에 퍼졌고 배 주린 사람들은 물만 끓이면 몰려들었다. 그리고 그들은 시도 때도 없이 굶주린 배를 움켜쥐고 인쇄소 옆 최초의 다일교회 예배당 자리로 나를 찾아 왔다. 걸치고 있는 모든 옷이 몇 년 묵은 때로 찌들다 못해 아예 거무튀튀한 색으로 변해 버리고, 한번도 씻지 않은 때가 번쩍거릴 정도의 행색인 사람들이 대다수였다. 한두 해 전만 하더라도 멀리서부터 피해가던 사람들을, 이제는 일부러 찾아나섰고, 또 그들이 찾아오면 식구를 보듯 반갑게 맞이했다. 그들 중에는 더럽기만 한 것이 아니라 폭력 영화에 나오는 성격 배우들처럼 얼굴에 칼자국이 험상궂게 난 사람도 있었고, 끊어진 손목에 쇠갈고리를 매달고 다니는 사람도 있었다.

하지만 그들도 컵라면 한 그릇을 받아먹고는 고개를 숙이고 고마워했다. 그 모습을 물끄러미 바라보며 인간에게 먹고 사는 문제가 얼마나 중차대한가를 실감할 수 있었다. 그야말로 대책없는 주먹구구식 계산에 따라 컵라면을 사대기도 점점 버겁게 되었다. 그런 모습이 안쓰러웠는지 나 없는 사이에 정장복 교수가 사과 두 박스를 실어다 놓기도 했고, 이름을 밝히지 않은 분들이 교회 앞에 라면 한 두 박스를 내려놓고 가는 일이 생겼다.

그러던 어느날, 낯선 목소리의 남자로부터 전화를 받았다.

"거기가 청량리 역 근처 거지들하고 라면 끓여 먹는 라면 교회 맞습니까?"

"아니, 뭐라고요? 거지들이 아니라 나그네입니다. 그리고 라면교회가 아니고 저희 교회는 다일교회입니다, 다일공동체교회요."

"라면인지 다일인지는 다 그만두고요, 거기가 최 전도사가 라면 끓여주는 데는 맞지요?"

"예, 제가 최 전도사, 최일도입니다만⋯⋯. 무슨 일 있으세요? 라면을 같이 먹어야 할 어려운 사람이 있나 보죠?"

"아, 그런 게 아니고요, 저희가 라면을 좀 보내 드리려고요. 받아주시겠죠?"

"네? 아, 물론이지요. 언제 오시려구요?"

"준비되는 대로 연락드리고 가겠습니다. 아참, 그런데 이 라면이 요즘 매스컴에서 공업용기름 어쩌구 저쩌구 하며 떠들어대는 S회사 라면인데 그래도 괜찮으시겠어요?"

"없어서 못 먹지요. 그게 왜 문제가 됩니까? 괜찮아요. 늘 그거 먹고 지냈는데요, 별탈 없더라구요."

전화를 건 쪽에서는 사뭇 미안하다는 말투로 최근에 문제가 된 S회사 이름을 대면서 무척이나 자신없어 했다. 하지만 우리에겐 그런 것이 문제될 리 없었다.

"정말 괜찮겠지요?"

"괜찮다마다요. 오늘 아침에도 그 라면을 먹었는데요. 없어서 탈이지요. 가지고 오는 데 부담 없으시다면 고맙게 받겠습니다."

상대방은 그제야 안심이라는듯이 다시 전화하겠다는 말을 남기고 전화를 끊었다. 그리고 며칠 후 약속대로 전화가 왔다. 시간 맞추어 청량리역 시계탑 앞으로 나가보았다. 혹시 한 두 상자 정도 되면 거기서 받아 들고올 요량이었다. 그런데 이게 웬일인가. 역 광장 시계탑 앞으로 내려간 나는 그만 깜짝 놀라 뒤로 자빠질 뻔했다. 엄청나게 큰 트럭 두 대가 라면을 가득 싣고 서 있었던 것이다.

"세상에! 이럴 수가."

말문이 막혔다. 나중에 알게 된 일이지만 그 라면은 공업용 유지 사용 시비로 더 이상 공급이 원활해지지 않아 창고에 쌓이게 된 제품이었다.

"이걸 우리에게 다 주시는 겁니까?"

"필요하시면 더 드릴 수도 있습니다. 하지만 쌓아두실 곳이 없을 것 같아서요."

"고맙습니다. 한데 도대체 어디서 누가 이 라면을 보낸 겁니까?"

"아무 말 말고 전달해 드리고 오라는 부탁만 받고 온 겁니다. 그럼 전 이만 물러갑니다."

나는 리어카를 빌려서 라면을 실어 나르다가 근처에 사는 후배 박종원 형제를 불러냈다. 함께 라면을 나르기 시작했다. 그러나 큰 트럭 두 대에 가득 쌓인 라면을 실어 나르는 일은 결코 쉽지 않았다. 우리가 쩔쩔 매며 라면을 나르는 모습을 보다 못한 구두수리센터 주인과 청년들이 달려들어 도움을 주었다.

그러나 문제는 손만 모자라는 것이 아니었다. 반 트럭분을 채 옮겨 놓기도 전에 교회는 천장까지 라면으로 그득 찼다. 생각다못해 추녀 밑 베란다에 비닐을 깔고 라면 상자를 쌓기 시작했다. 그래도 라면은 길거리에 수북하게 쌓여 있었다. 그 많은 라면을 어떻게 받아놓을까를 고민하다가 한 가지 묘안을 생각해냈다. 트럭 한 대를 먼저 보내고 나서 대기중인 운전기사의 옆 좌석에 올라 탔다.

"죄송하지만, 차 좀 588 한복판으로 들어가주세요."

그러자 무슨 영문인지 모른 기사는 얼떨결에 차를 돌렸고, 그 차를 향단이 아줌마네 집 앞에 대게 했다. 그리고는 급히 향단이 아줌마를 찾았다. 마침 아줌마와 화영이 엄마도 집에 있었다. 그래서 아줌마에게 사정을 설명하고 어떤 방법이든 라면을 맡아 보관해달라고 부탁했다. 맘씨 좋은 향단이 아줌마는 집집마다 다니면서 라면을 맡아달라고 부탁을 했고, 그 뒤를 따라 우리는 588 지역의 집집에 작게는 네댓 상자씩 많게는 열 상자씩을 맡길 수 있었다.

빈 차를 돌려보낸 후 라면을 보관해준 펨푸 아주머니와 포주들에게 일일이 고맙다는 인사를 하면서 "심심하면 끓여 잡수세요." 라고 미안한 마음을 표현했다. 그러자 그들은 "이게 어디 전도사님을 위해서 하는 일인가요? 이런 일 안 해도 먹고 살 수 있는 양반이 불쌍한 사람들을 위해서 이렇게 애쓴게, 우리도 양심이 있어 쪼까 거드는 거지요, 뭐어…." 하며 유쾌하게 받았다. 가슴이 뭉클했다. 어쨌든 라면 사건으로 그 지역 포주들과 더욱 친근한 사이가 되었다.

그날 이후 라면은 우리의 든든한 '친구'가 되어주었다. 아무리 많은 사람과 끓여 먹어도 바닥이 보이질 않았다. 남들은 매스컴에서 몇 주 동안을 연일 대서 특필한 문제된 라면이라고 해서 이미 먹은 기억도 다 씻어내고 싶어할 때에 우리는 바로 그 라면을 신나게 끓여 먹었다. 주의 이름으로 먹으면 이 라면도 우리의 살이 되고 피가 될 줄 믿고 먹었다.

"우리는 죽어도 시체가 부패하는 일은 없을 거예요. 방부제를 섞었다는 라면을 이렇게 날마다 먹어서 말예요. 설령 공업용 기름으로 튀겼다해도 까짓거 그게 대숩니까? 덕분에 우리 뱃속에 있던 회충 요충 십이지장충이 모두 죽고 말았을 겁니다. 이제 이 라면은 우리가 먹는 대로 피가 되고 살이 될 줄로 믿습니다."

이렇게 농담을 하자 같이 먹던 행려자 중 한 사람이 입담좋게 받아 넘겼다.

"인제 두고 보드라고, 잉. 우리 얼굴도 손발도 모두 라면 맨치로 노리땡 안해지겠나?"

"전도사님 머리카락도 갈수록 곱슬곱슬해지는 걸 봉게 라면 모양이 대이, 안 그렇나?"

그 말에 우리는 모두 폭소를 터뜨렸다.

사랑의 연쇄고리

89년 12월은 유난히도 추웠다. 아니, 우리 다일공동체교회 가족들에게 특히 혹독한 겨울이었다는 표현이 정확하리라. 교회 창립예배를 드린 지 불과 석달 만에 그해 12월 말까지만 예배당으로 사용할 수 있다는 통보가 날아왔던 것이다. 더군다나 신 집사는 안산에 새 사업을 벌이는 통에 주일에만 간신히 얼굴을 보게 되었고, 송금순 자매는 대구에 사는 가톨릭 교우 요셉 형제에게 시집가버려서 얼굴도 못볼 처지가 되었고, 하나 남은 김성수 형제는 영국으로 유학가겠다며 준비를 서두르고 있었다. 석달 만에 다섯명 교인중 셋이 이리저리 흩어지고 주일이면 아내와 나만 덩그러니 남아서 예배드린 날도 많았다. 수요일 저녁 기도회는 주로 홀로 무릎을 조아리고 있다가 발에 쥐가 나면 그 자리에 엎드려 울 때도 종종 있었다.

우리는 당황했다. 이렇게 외로운 처지에 교회도 공동체 나눔의 집도 기반을 잃어버리고 이 추운 겨울에 거리로 내몰린다고 생각하니 어이없고 기가 막혔다. 12월 말이래야 이제 겨우 한달 남짓 남았을, 때 맞추어 몰아닥친 추위는 거리마다 골목마다 얼음판을 만들었다. 그런 엄동설한에 이제 어딜 가야 하나…… 건물 구할 돈이라고는 종이 한 장도 준비하지 못한 처지에 이사를 가야 한다는 사실이 실로 기막힐 뿐이었다. 설령 돈을 구한다한들, 한 달 남짓한 짧은 기간에 청량리 바닥 어디에서 마땅한 곳을 찾아낼 수 있겠는가. 손에 쥔 어떤 것도, 딴 곳을 돌아볼 어떤 시간도 없지 않은가. 우리들은 오직 제단에 엎드려 한 마음 한 뜻이 되어 기도드렸다.

"우리의 기도를 들어주소서."

"우리에게 예배 공간을, 집 없는 사람들, 배고픈 사람들을 섬길 수 있는 나눔의 집을 허락해주소서."

기도는 단순했다. 다 모여야 열 명도 채 안 되는 신자들이 작은 석유 난로에 의지하여 온몸으로 파고드는 추위를 밀어내며 기도하고 또 기도했다. 그러는 동안 나는 매일 청량리 일대를 돌며 예배당으로 빌려쓸 만한 공간을 찾기 시작했다. 얼마나 많은 공간을 찾아보고, 얼마나 많은 건물주들을 만났던가. 그토록 많은 사람들이 그토록 값 비싼 많은 공간을 점유하고 산다는 것을 그때 처음으로 알고는 놀랄 지경이었다.

그러던 중 드디어 한 곳을 발견했다. 청량리역 뒤쪽에 설치된 가건물 가운데 쓸만한 공간을 찾아낸 것이다. 보증금 3백만원 월세 15만원이라는 말을 듣고 너무 기쁜 나머지 바로 주인을 만났다. 다일공동체 교회의 설립 취지와 엄동설한에 이사해야 하는 처지를 상세히 설명하고는 일주일 내 계약금을 마련해올 터이니 기다려 달라고 간절히 부탁했다. 아니, 부탁이라기보다는 눈물어린 애원이었다. 다행스럽게 건물주가 K선교회 회장인 장로였고, 이내 허락을 받을 수 있었다.

그후 나와 신길순 형제는 일주일 동안 우여곡절 끝에 간신히 계약금을 준비해 건물주를 찾아갔다. 그런데 뜻밖에도 주인은 계약을 할 수 없다고 잘라말했다. 이유인즉, 그 공동체 교회로는 건물을 빌려줄 수가 없다는 것이다. 참으로 어이가 없었다. 그 유명한 선교회 회장이 텅 비어 있는 자신 소유 건물을 교회로는 빌려줄 수 없다니.

그 분은 나름대로 이유를 들었다. 그동안 가난한 교회에 건물을 빌려주었다가 당한 어려움들을. 그래도 우리들은 이해하기가 힘들었다. 청량리역 주변의 행려자, 노숙자, 윤락여성 등 소외당한 사람들을 섬기고

자 하는 우리의 사역을 설명했지만 아무 소용이 없었다. 일이 이쯤되자 우리는 그 장로와 잘 아는 어느 목사를 통해 전화로 다시 사정을 해보았다. 그러나 주인은 이미 다른 사람과 계약을 했다며 말을 끊고 말았다.

우리는 더욱 시려오는 손을 모으고 또 다시 주님께 기도하기 시작했다. 교인이, 가난한 교회에는 자신의 건물을 빌려줄 수 없다는 물질주의 이기주의에 물들기까지 오늘날 한국 교회의 현주소를 아프게 확인하며 우리는 더욱 매달렸던 것이다.

"주여, 우리 한국 교회를 진정 거듭나게 해주소서."

"교회 갱신을 위하여 우리들을 산제물로 삼아주소서."

"우리의 기도를 들으소서."

그러던 중 우리는 지금의 다일교회 사무실겸 도시문제연구소 사무실로 쓰고 있는 3층짜리 건물 위에 지은 가건물 하나를 발견했다. 비록 쓰레기가 여기저기 쌓여 있는 참으로 허술한 공간이긴 했지만, 권리금이 붙어 있지 않은 곳은 거기뿐이었다. 주인은 보증금 1천만원에 월세 35만원을 내라고 했다. 그 정도면 아주 헐값에 내주는 거라는 표정이었다.

그때만 해도 보증금 1천만원은 '무려'라는 말을 붙여야 비로소 실감이 나는 어마어마한 돈이었다. 그나마 창고 예배당 떠날 날을 열흘 남짓 남기고 옮겨갈만한 어떤 공간도 찾지 못 했으니, 그야말로 막다른 골목에 들어선 심정으로 하나님께 매달렸다. 예배당을 잃어버린 후 몇 주일을 수유리 집에서 모여 예배를 드리던 어느날, 주님의 교회 담임인 이재철 전도사로부터 뜻밖의 연락이 왔다.

"최 전도사님, 우리 한번 만나서 그 문제를 의논하면 어떨까요?"

주님의 교회는 당시 강남 YMCA 건물의 강당 하나를 임대해 쓰고 있는 개척교회였다. 그리고 이재철 전도사는 출판사인 홍성사를 경영하다가 장로회신학대학원에서 신학공부를 마친 후 '주님의 교회'를 개척한 1년 선배 전도사였다. 그런데 누구를 통해서 우리 교회 이야기를 들었는지 나에게 전화를 했던 것이다.

약속한 날 나와 신길순 집사는 주님의 교회로 찾아갔다. 이재철 전도사와 몇 분의 집사가 우리를 기다리고 있었다. 서로 인사를 주고 받은 후에 이 전도사가 먼저 얘기를 꺼냈다.

"다름이 아니고, 최 전도사님께서 청량리에 개척하신 다일교회에 급히 돈이 필요하다는 말을 전해 들었습니다. 마침 저희 교회에 얼마간의 선교비가 있어서 가장 필요한 곳에 사용되기를 기도하고 있었는데 예배당을 구하는 데 써주시면 좋을 것 같아서요."

우리 두 사람은 놀라서 입을 다물지 못했다. 놀랍다 못해서 충격적이었다. 이 전도사와는 신학대 시절에 복도나 교정에서 몇 번 마주친 정도의 안면이 있을 뿐이었다. 그는 평소 나를 잘 알지도 못했을 것이고, 또 우리가 주님의 교회에 보조청원서나 교회재정 운영계획서 같은 것을 올린 일도 없는 터였다. 그런데 우리의 딱한 사정을 미리 알고 이렇게 아무런 조건도 달지 않고 선뜻 선교비를 지원하겠다는 뜻을 전하고 있지 않은가.

"사실 저희도 창립한지 2년밖에 안 되는 신생교회랍니다. 그런데 우리 교회는 창립 초기부터 단독 건물을 갖지 않고 영원히 임대교회로 머무는 대신에 교회 헌금 총수입의 50%를 선교비로 쓰기로 교인들 앞에 약속했지요. 그래서 창립 이래 모은 선교비로 몇몇 교회에 정성을 표하고, 이제 남은 선교비는 모두 6백만원밖에 안 된답니다. 모두 드릴 테니 주님의 영광을 위해서 써주시길 바랍니다."

당시만 해도 얼마나 많은 교회들이 선교비를 불과 몇 만원씩 쪼개서 어려운 교회들에 보내곤 협력 교회 숫자 늘리기에 열을 올려왔던가. 그런데 이제 창립된 지 2년밖에 안 되는 신생교회가 그토록 많은 선교비를 선선히 우리에게 내놓다니.

선교비를 건네며 이 전도사는 이렇게 덧붙였다.

"저희 교회가 드린 것으로 기억하지 마십시오. 드리는 날부터 저희는 그런 사실을 잊겠습니다. 다일교회가 직접 하나님께 받은 것으로 기억하면서 사람과 교회로부터 받았다는 부담감도 버리셔야 합니다. 오직 하나님의 영광을 위한 목회에만 전념하시면 그것으로 족할 뿐입니다."

그때 선배에 대한 고마움과 놀라움과 이 전도사를 만나게 된 기쁨을 어떻게 표현해야 좋을까. 그런데 더욱 놀라운 일은 그 며칠 후 이재철 전도사는 아무도 모르게 2백만원을 더 보내온 것이다. 자신이 우리 교회를 위해서 나눌 수 있는 정성의 전부라고 하며, 누구에게도 알리지 말고 꼭 필요한 일에 하나님의 영광을 위해서 써달라는 것이었다.

우리는 그 귀한 도움의 손길을 받아서 예배당으로 쓸 공간을 얻을 수 있었다. 빌린 건물은 사실상 건물이라기보다는 허섭쓰레기가 가득 찬 허술한 창고에 불과했다. 청량리 로터리에 있는 가장 낡은 건물의 4층 옥상 위에 있는 20평 남짓한 가건물이었던 것이다. 가벼운 바람에도 덜렁거리는 유리창, 바닥에 수북이 쌓인 쓰레기 여기저기 흩어져 있는 쥐똥들……. 하지만 우리들은 그런 게 문제가 아니었다. 연말의 혹한에도 불구하고 우리들은 힘든 줄도 모르고 열심히 일했다. 쓰레기를 치우고 도배하고 유리창을 고쳐달고 전기 공사도 새롭게 했다. 장신대의 박종원 박월심 김수남 김혜경 후배들이 거의 매일 몰려와서 그 어려운 일들을 기쁘게 감당해주었다. 특히 박종원 형제는 나와 함께 하루도 거르지 않고 예배당을 수리하고 꾸미면서 지독한 감기몸살까지 얻었음에도 불구하고 설렁탕 한 그릇 먹는 것으로 기쁘게 여기던 천사 같은 인정을 보여주었다.

이렇게 나의 모교인 장로회신학대학의 선배와 후배들의 사랑과 협조로 다일교회와 다일공동체는 새 예배 처소를 얻게 되었다. 실로 기적이라고 생각할 수밖에 없는.

다일공동체의 첫번째 삶의 자리.

하루를 지내면 지낼수록 없는 게 너무도 많았다.

교인도 없고 돈도 없고 전화도 없고 난로도 없고 쌀도 없고. 하지만 가난을 염려하지는 않았다.

그곳엔 꿈이 있고, 사랑이 있었기에.

함께 밥을 먹게 해 주세요

청량리의 겨울은 길고도 험했다. 인쇄소 창고 예배당 시절부터 살 속으로, 뼈 속으로 파고들던 한기는 우리가 청량리 로터리 4층 건물 옥상에 있는 가건물로 예배당을 옮긴 후에도 계속 따라다녔다. 의지할 벽 하나 없이 허허벌판이나 다름없는 청량리 채소시장 쓰레기더미 옆에서 버너에 불을 붙이고 코펠에 라면을 끓여 나누어주다 보면 그 한기는 더욱 뼈 속까지 스며들었다.

청량리는 하루에도 수십만 명의 사람들이 출입하는 서울 동북쪽 상권 집약지이기도 하다. 반드르르 윤기나고 휘황한 조명등이 켜진 진열대가 시선을 끄는 현대식 백화점이 있는가 하면 그 뒤로는 청량리 채소 도매시장 수산시장 한약재와 각종 농산물이 거래되는 경동시장 등의 재래 시장이 공존하고, 현대 빌딩과 고층 아파트 뒤로는 판잣집들이 다닥다닥 붙어 있는 달동네가 연접해 있다.

또한 내로라 하는 직함과 자리를 가지고 사는 사람들, 억수로 부자인 사람들과 더불어 주민등록에 이름 석자도 기재하지 못한 채 살아가는 사생아와 한뎃잠을 자는 부랑인들까지 공존하면서 인간의 여러 체취를 뿜어내며 살아가고 있는 것이다. 그래서인지 크고 높은 건물 뒤의 그늘은 2월이 가고 3월이 찾아와도 얼어붙은 땅이 쉽게 풀리지를 않았고, 골목으로 몰아치는 칼바람은 '라면가족' 중 몇 사람의 목숨을 거두어 가버리곤 했다.

어느 추운 겨울 밤, 혹한을 못 이긴 우리 '가족' 중 한 사람이 김장 쓰레기더미 속을 파고들어가 자다가 환경미화 차량에 쓰레기와 함께 실려가 죽고 만 사건이 벌어졌다. 다른 한 사람은 추위를 이기기 위해 피워놓은 모닥불 가까이서 잠이 들었다가 동상 걸린 다리를 다 태우고 고생하다 죽어갔다.

우리는 그런 기막힌 일 앞에서 하염없이 슬퍼했고 무관심한 당국의 복지 정책에 대해 분노했다. 그러나 그뿐이었다. 그저 하루에 한 번씩 라면을 끓여서 나누어 줄 뿐, 그 이상의 어떤 도움도 줄 수가 없었다. 속수무책이었다.

그럭저럭 3월도 다 갈 무렵이 되어서야 날씨가 점점 풀리면서, 청량리 채소시장 주변은 점점 활기를 되찾아가기 시작했다. 하지만 날씨가 풀리면 풀리는 만큼 시장 골목 골목은 냄새까지 얼어붙었다 풀리는지 묵은 채소 찌꺼기 썩는 냄새가 온통 코를 들쑤셔대댔다. 그 냄새는 한번만 맡아도 오장육부가 말 그대로 뒤틀려 올라올 것만 같았다. 처음엔 영 못 견디겠더니 역한 냄새 참기도 이력이 붙는지 점점 면역되어 가는 듯했고 악취에 적응되는 만큼 하루하루 늘어나는 '라면 가족'들의 석삼년 묵은 땟국 냄새에도 차차 적응이 되어 갔다.

날 찾아온 사람들을 데리고 별 생각 없이 채소 시장의 라면 식탁(?)으로 갔는데, 그들은 잠깐만으로도 코를 쥐어잡고 머리를 흔들어댔다. 하지만 찌들고 썩는 냄새를 맡으면서도 라면을 끓여 나누어 먹는 동안은 함께 있을 도리밖에 없던 그들은 교회에 돌아와선 박박 손을 씻고 옷도 벗어 훌훌 털며 법석을 피웠다.

그런데 이상한 것은 그런 고역을 치렀던 사람들이 얼마 후면 또 다시 동료들과 함께 우리 교회를 찾는다는 점이었다. 우리는 그들과 함께 기도를 드렸다. "하나님, 우리 라면가족이 하루에 한 끼라도 따뜻한 밥과 국을 먹을 수 있게 해주십시오."

이 기도는 이미 90년 1월 초부터 다일교회와 다일공동체의 첫번째 간절한 중보기도 제목이기도 했다. 예배당을 청량리 로터리로 옮기고 난 이후 우리는 첫 예배 때부터 줄곧 저들과 함께 라면이 아닌 밥을 나눌 수 있게 해달라고 간구해 왔다. "아무리 늦어도 올 부활절부터는…… 부활절부터는 저들과 함께 밥을 나누어 먹게 해주십시오."

하지만 교인들은 물론 아내마저도 기도를 하면서 그것은 어쩌면 꿈에 불과할는지 모른다고 생각하는 듯했다.

더욱이 '부활절부터는'이라는 시한부 기도를 드리자, 그들은 불안한 시선으로 나를 바라보았다.

하긴 그들의 태도도 무리는 아니었다. '무일푼으로 출발한 교회'가 기적처럼 청량리 로터리에 예배 처소를 마련하고, 이어서 신길순 집사와 원선자 집사의 헌신으로 중고 차량이지만 베스타까지 준비해서 여기 저기에서 헌옷과 라면을 실어나르는 것만으로도 벅찰 지경인데 게다가 라면 대신 밥을 먹이려 하다니, 그것도 부활절부터.

"아니, 지금 뭐가 부족해서 날까지 정해놓고 밥을 나누게 해달라고 조릅니까?"

"불과 40여 일밖에 남지 않은 부활절에 무슨 수로 밥을 해결하려 합니까? 누가 도깨비 방망이라도 두어 개 들고 오지 않고서야."

"대책을 세우고 날을 정해야지. 참, 대책없는 양반이야."

주위 사람들은 이렇게 따져 묻기도 했다. 얼마든지 그런 생각을 할 수 있는 처지임을 나도 잘 알고 있었다. 하지만 매일 한 끼밖에 못먹는 식사를 라면으로 때워야 하는 그들을 보면서 무슨 대책이니 계획이니 계산이니 하는 주판알 굴릴 생각이 나질 않았다. 정 안 되면 나 혼자서라도 밥지어 들고 나가겠다고 우겼다. 모두들 한바탕 웃으며 "역시 최 도사님은 대책없음이야. 무대책이 대책이지 뭐." 하며 웃음으로 일단락지었다.

집에 돌아와서 아이들과 함께 기도할 때나 몇 안 되는 교우들과 교회에서 기도할 때에도 내 입에서는 '부활절부터는……'이라는 절박한 기도가 불쑥불쑥 튀어나왔다. 지금 생각해보면 몇 안 되는 교인들에게 참으로 미안하기 짝이 없다. 나의 젊은 패기와 믿음 하나 보고 그 모든 어려움을 감수하고 따라나선 그들이 황당한(?) 나의 기도를 들을 때 얼마나 부담을 느꼈겠는가.

하지만 그때의 상황은 적어도 내겐 매우 절박했다. 그리고 기도를 마치고나면 '하나님 보시기에 필요한 일이고 하나님이 원하시는 일이면, 어떤 상황이나 여건 속에서도 반드시 이루어지고 말리라' 는 믿음이 솟구쳐 올랐다.

날이 가면 갈수록 그런 신념이 내 가슴을 꽉 채웠다. 하루는 그들에게 말했다.

"하나님의 일은 사람들의 계획과 계산으로 이루어지는 것이 아니라 믿음으로 이루어집니다. '믿음은 바라는 것의 실상이요, 보이지 않는 것의 증거가 됩니다' 는 히브리서의 말씀을 기억하십시오."

그러면 몇 명 안 되는 신자이긴 하지만 한 사람도 반대하지 않고 내 말을 묵묵히 따라주었다. 그리고는 그들도 함께 나의 목소리에 합해서 열심히 기도했다.

"우리의 기도를 들어주소서."

"배고픈 이들에게 밥을 허락하소서."

"밥으로 우리에게 오신 예수님 당신을 먹게 해주소서."

그 무렵 나는 거의 매일 거장 윤씨와 넙죽이 남씨, 죄 많은 인생이라는 이씨 등과 어울려 다니며 새로운 라면 동지들을 만나고 더러는 그들과 맨바닥에 눕기도 하고 더러는 예배당에 올라가서 잠을 잤다. 일주일을, 길게는 보름씩을 그들과 지내다가 빨랫감만 한보따리 안고 집에 들어가면 언제나 집사람은 인사말로 "아아, 대책없는 분 오셨군요. 어서 오시지요. 대책없음 씨." 라며 놀리고는 했다.

빨래는 청량리에서 해결할 수가 없었다. 빨랫감을 줄에 널어놓으면 빨래가 채 마르기도 전에 사라졌기 때문이었다. 재벌 2세가 아닌 다음에야 도저히 내의 한 번도 맘 편히 사입을 형편이 아니었다. 어쩔 수 없이 세탁할 옷가지 등을 들고 집에 들어가면 아내는 애들을 부르며 인사를 시켰다.

"애들아, 대책없는 분 오셨다. 얼른 나와 인사해야지."

그러면 애들은 내게 또 묻는다.

"대책이 뭐야?"

"으음, 그건 큰 책이란 뜻이야. 아빠는 큰 책은 없어도 작은 책은 많지, 허허."

좀 창피스럽기도 해 몇번 헛웃음을 치면서 말을 둘러댔다.

모처럼 들어와도 아이들에게 과자 한 봉지를 사들고 오길 하나, 단 천 원이라도 살림에 보태쓰라고 아내에게 쥐어줘봤나, 정말 집에 가서 줄 거라고는 공짜 웃음밖에는 아무 것도 없었다. 집에 돌아오면 우선 목욕부터 하고 입고 있던 옷을 몽땅 벗어서 욕조에 담가두고 새 옷으로 갈아입고 나와야 했다. 그렇게 하지 않으면 아예 가족들 곁에 올 생각도 말라는 아내의 주문이 있었기 때문이다.

한번은 아들이 밥 먹다 말고 "어, 이거 봐라. 이게 뭐지?" 하더니 내가 입고 있던 옷에서 기어나온 벼룩을 보고 신기한 듯 환호성을 지르는데, 딸애는 무엇이 방바닥에 튀니까 무섭다고 엄마를 부르고 난리를 쳐댔다. 그때 아내는 "당신더러 살림 보탤 돈 벌어오란 소릴랑은 다시는 안 할테니, 제발 빈대 벼룩 따위를 집까지 가지고 오지는 마세요. 알았죠." 하고 신신 당부하는 것이었다.

아내는 말은 그렇게 해도 기실 내가 돌아온 날이면 며칠동안 제대로 못 먹은 남편을 위해 밥상을 정성스레 차려냈다. 평소 내가 좋아하는 음식과 철에 맞는 재료들을 사다가 맛있게 요리해서 상에 내놓았다.

그런데 그날따라 나는 아내가 정성스럽게 차려준 밥상을 받고 식사

기도를 하다가 목이 메이는 것을 느꼈다. 아무리 밥을 입에 떠넣고 삼켜보려 해도 넘어가질 않고 도리어 치올라오는 것이었다. 속울음이라는 걸 그때 처음 경험했다. 무의식 속의 자아가 슬픔을 견디지 못한 채 밖으로 밀어내는 울음이었다.

'아무리 그들과 같이 라면 먹고 함께 땅바닥에 뒹군들 나는 그들과 같아질 수가 없다. 나에겐 사랑하는 아내와 눈에 넣어도 아프지 않은 자식이 둘이나 있고, 따뜻한 집과 언제든 원하면 맛있는 음식을 먹을 수 있다. 그러니 나의 이런 몸부림도 결국은 한 사람의 기득권자가 베푸는 시혜 차원에 불과할 것일지도 모른다.'

이런 자각과 자책은 따뜻한 밥상을 앞에 둔 나를 계속 매질했고, 끝내 이를 이기지 못해 그만 울먹이고 말았다. 그러자 옆에 앉아 있던 아내가 평소답지 않게 벌컥 화를 내며 말했다.

"당신 왜 그러는지 다 알아요. 없는 사람들 생각나서 그러죠? 그렇게 밥 한 끼도 편히 못 먹고 청승 떨려면 그 일 당장 그만 두어요. 그런다고 누가 밥을 줘, 우리 애들 공부를 시켜 줘! 왜 그래요. 정말 나도 이젠 못 참겠어요."

아내도 울음을 터뜨리고 말았다. 한참을 그렇게 울던 아내가 얼굴을 들지 못한 채 긴 한숨만을 내쉬는 내게 다시 말을 꺼냈다.

"그만두지 않으려면요, 얼른 이 밥 먹고 기운내서 그들에게도 밥을 해주세요."

아내의 말은 사뭇 냉담했다. 그러나 그 핀잔에는 따뜻한 사랑과 내가 하는 일에 대한 인정과 격려도 함께 담겨 있었기에 더욱 목이 메여서 밥을 삼킬 수가 없었다.

물린 밥상을 들고가 설거지를 마친 아내는 물기도 채 마르지 않은 손으로 통장 하나를 내밀었다.

"이걸 가지고 가서 당신 소원대로 한끼라도 밥을 지어 함께 나누어 드세요. 이게 지금 우리 집에 있는 현금 전부예요. 이제 내일 당장 무슨 일이 생기면 우린 이 집 안에서 꼼짝없이 굶고 살아야 되요. 그런 줄이나 알고 가지고 가세요."

아내를 바라보았다. 아주 미안하고 안쓰러운 눈으로. 하지만 아내는 잔잔한 미소로 괜찮다는 표정을 지어보였다. 순간 가슴이 뜨겁게 출렁거림을 느꼈다.

"여보……."

통장을 열어보았다. 맨 마지막 잔고에 79만원이라는 숫자가 찍혀 있었다. 다음날 통장에서 인출한 돈으로 10인분 밥을 지을 수 있는 전기밥솥 네 개와 40명분의 숟가락과 젓가락을 샀다. 그제야 비로소 내가 먹는 밥을 그들과도 함께 나눌 수 있겠구나 하는 확신이 들었다.

그러나 전기밥솥과 쌀이 있다고 해서 밥을 쉽게 나눌 수 있는 것은 아니었다. 밥을 짓고 반찬을 만들어야 하고, 밥을 한 곳에서 나누어 먹을 수 없으면 밥을 나누어 먹을 수 있는 곳까지 실어나를 도구도 있어야 했다. 설령 또 그 모든 것이 해결된다 해도 이미 취사도구를 사고 남은 돈으로는 하루 정도의 음식밖에 만들 수가 없었다. 하지만 그런들 어떠랴 싶었다. 단 한끼라도 그들에게 밥을 지어주겠다는 일념으로 그 일을 추진해 나갔다. 그리고 라면 가족들에게 "부활절 날 청량리역 광장에 모이십시오."라고 단단히 일러두었다.

그런데 그 말이 얼마나 빨리 멀리 퍼져 갔는지 전혀 생각지도 못한 곳에서 사람들이 찾아왔다. 한 팀은 소망교회의 손은경 전도사와 동부마르다 여전도회 회장 최문정 집사로 이 일을 지원하고 싶다고 찾아왔고, 다른 한 사람은 청량리 경찰서 정보과 형사였는데 일을 말리기 위해서 찾아왔다.

밥을 지을 수 있는 '나눔의 집' 공간과 밥을 짓고 설거지를 도와줄 인력이 필요하다고 어느 누구에게도 부탁한 일이 없는데 하나님께서 자원봉사자들을 때 맞추어 보내주시겠다는 데야 어찌 감격하지 않을 수 있을까. 어쨌든 밥 지을 만한 장소를 물색하는 일이 무엇보다 시급했다.

최 집사와 함께 청량리시장 일대를 다 뒤지기 시작했다. 마침내 기적적으로 찾아낸 곳이 중소기업은행 청량리지점 바로 옆 건물 6층이었다. 며칠 후 소망교회 여전도회 최문정 집사가 모금한 1천만원의 전세 계약금을 가지고 왔고, 동부 마르다 여전도회 회원들이 부활절 을 즈음해 밥 짓기 자원봉사를 하러 오겠다고 약속했다.

그런데 부활절을 며칠 앞두고 청량리 역전 광장에서 있을 '거사' 소문을 듣고 다급하게 찾아온 사람이 있었다. 청량리 경찰서 정보과 형사로, 그는 나를 보자마자 다짜고짜로 말했다.

"내일 청량리역 광장에서 거지들과 밥을 먹기로 했다면서요."

"어떻게 그걸 아셨어요? 내일 오셔요. 형사님께도 맛있는 점심을 대접해드릴 테니까요."

"그거 안 됩니다."

그는 나의 천연덕스러운 대답을 듣고 노골적으로 불쾌한 빛을 띠더니 한마디 더 쏘아붙였다.

"나를 지금 어떻게 보고 하는 소리요? 이건 이적 행위요. 당신은 지금 당신이 하는 일을 다들 좋아할 거라고 믿고 실천하려는 모양인데 꿈에서 좀 깨어나시오. 아니 지금이 어느 세상인데 역광장에서 거지들 수십 명이 퍼질러 앉아 밥을 먹어요? 그 장면을 사진이라도 찍어 북송된다고 생각해보쇼. 그러면 저들은 '남조선엔 아직도 거지가 득실거리고, 심지어는 역 광장에서조차 거지들이 공개적으로 밥을 얻어 먹는다'고 대서 특필하지 않겠소. 그렇게 되면 누가 좋아해? 김일성밖에 좋아할 사람이 또 있겠소?"

듣기에 어처구니없는 소리였지만 태연히 말을 받아 넘겼다.

"그럼 어디서 밥을 먹으란 말입니까? 나도 역광장에서 먹고 싶어서

거길 택했겠습니까? 먹을 장소를 아무리 찾고 뒤져봐도 아무도 도와주질 않으니. 이 사람들을 무슨 수로 한곳에 데려가 밥을 나누어 드립니까."

"어쨌든 청량리역 광장은 안돼요. 얼마나 이목이 많고 번잡한 곳인데."

이쯤 되니 어쩔 수 없이 화가 치밀어 올랐다. 그래서 볼멘 소리로 형사를 향해 날카롭게 질문했다.

"그럼 경찰서 옥상에서 밥 먹으면 어떻겠습니까?"

"아니, 이 사람이, 참 대책없는 양반이구만."

"제 아내가 지어준 별명이 대책없음입니다. 허허."

그러자 그는 실소를 머금고 또 물었다.

"당신도, 운동권이요? 역전 파출소 사람들 말로는 당신이 신학교 시절까진 참 얌전했다던데, 이거 어디 신원조회가 잘못되었나?"

그는 이미 역전 파출소 경사들과 청량리 경찰서 정보과 형사들에게서 벌써 나의 모든 신원조회 보고를 받았던 것 같다. 처음 우리 예배당이 있던 철도청 건물이 역전 파출소 담당구역이었고, 창립예배 직후에 파출소 순경과 정보과 형사 한 사람이 찾아온 일이 있었다. 그는 이것저것 몇 마디 질문을 던지고 총총히 사라졌는데, 아마도 그 보고가 어느새 청량리 경찰서까지 올라가 있었던가보다.

"운동권 출신이면서도 순진한 척하고 여기까지 스며든 모양인데, 어디 그렇게 대책없는 소리나 해볼테면 해봐."

"나는 생활권입니다."

그러자 형사의 눈이 갑자기 커졌다.

"생활권이라니?"

"운동권도 못 되구요. 되어본 적도 없구요. 될 생각도 없는 생활권이라구요."

"언제 장신대에 생활권이라는 서클도 있었나?"

314

그는 내가 장신대 출신이라는 것까지 다 알고 와서 묻는 것이었다.

"으흠 생활권이라."

"복음을 온몸으로 살고 싶다는 거지요."

"그게 무슨 말이요? 생활권이라니 난 처음 듣는 얘긴데."

"입으로 전하고 싶지 않다는 얘깁니다. 그냥 생활로 복음을 살고 싶을 뿐, 그 이상도 그 이하도 아닙니다."

부활절 날 우리는 공동체 나눔의 집에 모여 개원 감사예배를 드리고 모두들 음식을 손에 받쳐들고 형사가 일러준 채소시장 쓰레기더미 위로 올라갔다. 음식을 운반할 리어카도 준비 못한 살림살이었다. 흰 쌀로 지은 기름기 도는 밥과 소망교회 여전도회 회원들이 만든 맛있는 김치와 잡채, 무를 썰어넣고 끓인 쇠고기국, 그리고 우리 교회 몇 안 되는 가족이 준비한 떡을 식판에 골고루 담아서 라면가족들과 나누었다.

그때 비로소 지긋지긋한 라면 신세를 떨쳐버리고 모락모락 김이 나는 밥과 따뜻한 국을 떠먹던 배고픈 우리의 형제들. 생명을 살리는 밥상을 받으며 감사와 놀라움과 기쁨과 만족이 어우러진 웃음을 짓던 그분들을 나는 영원히 잊지 못한다.

그때야 비로소 예수께서 말씀하신 '요한복음 6장'을 몸으로 읽을 수 있었고, 그 뜻이 관념과 지식이 아닌 온몸으로부터 열리기 시작했다.

'내가 진실로 진실로 너희에게 이르노니 하늘에서 내린 떡은 모세가 준 것이 아니라 오직 내 아버지가 하늘에서 내린 참떡을 너희에게 주시나니. 내 살은 참된 양식이요 내 피는 참된 음료로다. 내 살을 먹고 내 피를 마시는 자는 내 안에 거하고 나도 그 안에 거하나니. 이것은 하늘로서 내려온 떡이니 조상들이 먹고도 죽은 그것과 같지 아니하여 이 떡을 먹는 자는 영원히 살리라.'

아아, 옳습니다! 주님, 그 떡을 먹여 주시오니 감사합니다! 그 떡의 신비를 이 노천식당에서, 쓰레기더미 속에서 깨닫게 하시오니 더욱 감사합니다.

그날부터 다일공동체 가족과 자원봉사자들은 매일매일 점심식사 때마다 식사기도를 새롭게 드리게 되었다. 정말 그때부터 밥을 볼 때마다 밥은 언제나 나를 보며 웃고 있었다. 자신을 통해 생명의 역사를 계속 이어가라는 은혜의 미소를.

경동시장 쪽으로 갈 때는 은행에서,
청량리일대는 펨푸 아주머니 집에서
물을 길어다 썼다.
버너 두 개와 코펠만을 들고서.
"이 라면도 주의 사랑으로 먹으면
피가 되고 살이 될 줄 믿나이다."

따뜻한 밥

　나눔의 집이 마련되면서부터 그동안 생각으로만 머물던 공동체 생활이 구체적으로 가시화하기 시작했다. 우리가 전세든 집은 비록 옥상에 증축한 가건물이긴 했지만 예배당과는 달리 탄탄했고 무엇보다도 부엌이 널찍한 데다 마루도 제법 컸다. 게다가 방이 작기는 하지만 4개나 됐다. 그 집에서 공동체생활을 희망하는 사람은 나와 두 명의 신학생, 그리고 행려자였던 전씨, 칼갈이 아저씨, 자매 두 사람으로 그중 나와 상호 이외는 거처가 마땅치 않은 사람들이었다.

　당시 나는 공동체 구성원의 조건이나 자격에 대해 아무런 제한을 두지 않았다. 여러가지 이유가 있긴 했지만 무엇보다도 평소 학력이나 출신에 대해 까다로운 규제를 둔 가톨릭 수도 공동체의 높은 벽을 조금이라도 헐어내고 싶은 생각이 강했던 것이다.

　처음에 나는 우리집을 아예 그곳으로 옮길까도 생각해 보았지만 아내가 직장 일 보며 학교 다니는 애들을 챙기려면 무엇보다 직장과 집이 가까워야 했기 때문에 우리집은 수유리 크리스찬 아카데미 근처 연립주택 지하실에 두었다. 그리고 나만 일주일에 나흘이나 닷새씩을 나눔의 집에서 지내다가 2, 3일간을 집에 다녀오곤 했다. 처음에는 일주일 내내 공동체에서 지내기도 했지만, 학교에 들어간 아들 녀석의 교육 문제가 심각하게 대두되면서 될 수 있으면 한 주에 이틀만은 반드시 집에서 지낼 것을 가족에게 약속했다.

아침 5시 30분에 일어나서 아침기도를 올리고 자원봉사자들과 함께 점심밥을 짓고, 만든 밥과 국 반찬들을 들고 내려가 손수레에 실어서 채소시장까지 운반하여 배식했다. 처음엔 밥을 나눌 수 있다는 기쁨과 공동체생활을 시작했다는 감격에 들떠 별다른 어려움이 없이 일들을 처리해냈다. 그러나 날마다 봉사팀이 정해진 것도 아니고, 무거운 음식통을 6층 옥상에서부터 아래층까지 들어나르기란 정말 힘이 들었다. 그래도 우리들은 사력을 다해 음식을 만들고 기쁨으로 음식을 운반하고 쓰레기더미 속에서도 감사함으로 나누어 먹었다.

음식 만드는 봉사에 힘을 모았던 교회 중 주님의 교회 소망교회 은현교회 새바람교회 신장위교회 등 다섯 교회가 제일 처음 참여해 주었다. 봉사자들이 만들어내는 음식은 메뉴도 새롭고 다양했다. 뿐만 아니라 정성을 다한 음식이라 정말 맛있었다.

윤기 흐르는 밥과 영양가 있고 따뜻한 국과 맛깔스러운 반찬들이 매일 나누어지자 밥상공동체 식구들은 날로 늘어갔다. 처음엔 40~50명쯤 되던 식구가 한달도 못 되어 70명, 그 다음달은 1백명이 되더니 석달만에 1백50명으로 늘어나고 말았다. 밥을 함께 먹는 사람들은 행려자와 무의탁 노인뿐이 아니었다. 청량리 채소시장 언저리에서 찌꺼기 야채를 모아 파는 영세 좌판상 할머니들과 근처의 가난한 상인들, 학교에 다니지 않는 가난한 어린이들도 있었다. 그러나 우리는 밥 먹는 사람들에게 어떤 제한을 두지 않았다. 배고픈 사람이면 누구가 다 함께 먹을 수 있다는. 우리의 태도에 불만을 품는 봉사자들도 있었다.

"저 사람은 옷차림으로 보아 얻어 먹을 사람이 아닌데요. 아니, 왜 멀쩡한 사람까지 밥을 주어야 하나요?"

그러면 한 마디로 대답했다.

"집에서 따슨 밥 편히 먹을 사람이 한 끼 얻어 먹자고 이 냄새나는 쓰레기더미 앞에서 몇 시간씩 줄 서서 기다리겠어요? 겉으론 그래 보여도 아마도 말 못할 사정이 있을 겁니다."

그러나 일부 자원봉사자들 가운데는 '오직 기쁘게 봉사하고 갔으면 좋겠는데' 하는 내 생각과는 달리 말도 많고 탈도 많은 팀이 의외로 적지 않았다. 어디에나 있을법한 일이기에 그저 참고 말없이 봉사하는 성숙한 신앙인이 되길 기도할 도리밖에 없었다.

　　우리는 처음부터 밥을 나누면서 말로 하는 선교행위를 일절 하지 않았다. 누구를 만나도 예수님이니 어느 교회니 하는 말은 입 밖에도 내지 않기로 작정했다. 나뿐 아니라 다른 자원봉사자 식구들에게도 예수의 '예' 자도 꺼내지 말라고 신신당부했다. 그러면 신학교에 갓 들어온 풋내기 신학생이나 처음 봉사하러온 열성쟁이 집사들은 도무지 이해가 안 간다는 표정을 지으며 물었다.
　　"아니, 그럼 밥 먹이는 것 자체가 교회의 목적이란 말이에요?"
　　"예수를 믿으라고 전도를 해야지요, 전도를……"
　　"밥만 주나요? 말씀을 줘야지요."
　　그럴 때마다 나는 말했다.
　　"밥 한 그릇으로 예수님을 팔 생각입니까? 우리가 아무 말 안 해도 정말 예수님 사랑으로 저들을 대하면 끝내 예수 사랑을 다 알게 되고 저 분들도 다 천국 가게 될 겁니다. 내 말을 듣고 아무 생각 말고 언제나 친절하게 웃으며 밥이나 퍼드리세요."
　　그래도 그네들은 고개를 갸웃거리며 영 모르겠다는 표정을 짓곤 했다. 심지어는 밥 푸던 주걱을 놓으며 "난 더 이상 인본주의자들과는 함께 일 못해요." 하고 토라져가는 예수쟁이 같지 않은 예수쟁이도 있었다.

　　'예수쟁이'라는 말이 나왔으니 생각나는 '사건' 하나가 있다. 동네 사람들에게 나를 소개할 때 한번도 전도사란 말을 쓰지 않았다. 누가 내 이름을 묻거나 직업을 알고 싶어하면 그냥 "예, 최씨입니다." 라고만 대답했다. 그러자 그들 사이에 매일 밥해 가지고 나오는 그 키 큰 젊은이가 누구냐는 말이 오갔던 모양이다. 하루는 두 패로 나뉜 사람들이 다가오더니 그중 한 노인이 물었다.

"최씨, 최씨는 성당 댕기는 사람이지유? 누가 그러는데 신부님인가, 수사님인가 말하던디유?"

그러자 다른 한 쪽에 있던 사람이 반박했다.

"아녀, 그게 아녀. 최씨는 교회 댕긴다더먼, 뭔 소리여."

"아이고, 교회에서 이런 일 하는 것 봤남? 내가 알기로는 이런 일은 다 성당에서 하더먼그랴?"

"그래도 지난번에 왔던 어떤 여자분에게 내가 살짝 물어봤더니, 자기는 집사라고 허고, 저 양반은 전도사라고 하던디."

"그럼 뭐가 진짜로 맞는대유? 속 션하게 말이나 해주셔유."

그들의 말을 듣다보니 우습기도 하고 교회에서 좋은 일 하는 건 못 보았다는 말에 가슴이 저려오기도 했다. 그래도 그들의 말을 못들은 척하며 대답했다.

"최씨예요. 그냥 밥집 아저씨라고 부르든지 최씨라고만 하든지 맘대로 하세요."

그러자 전도사라고 자신있게 말하던 사람이 시체말로 열받았는지 한마디 던졌다.

"아하, 이제 알았다. 전도사는 전도산디, 전도사라고 말할 수는 없는 사람이로구나. 데모하다가 제적을 당했든지 시국사건으로 '큰집'에 갔다 왔든지 말여."

"암, 그렇지 않고서야 자기 신분을 못 밝힐 리가 없잖은가."

옆사람이 또 거들었다. 그래도 그 말에 대해 아무런 반응도 보이지 않고 돌아섰다. 그러나 '저 사람이 누군가?' 하는 시비는 쉽게 끝나질 않는 듯했다.

그 후 며칠이 지나, 형사 한 사람이 나눔의 집으로 찾아왔다. 낯선 사람은 나를 보자 대뜸 물었다.

"간첩이 나타나서 거지떼에게 밥해주며 가난한 이들을 선동한다기에 일단 현장 조사를 하러 나왔습니다. 여기 저기 알아보니 최 전도사님이 시인이시고 곧 장로교 목사님이 되신다는 건 저희도 잘 알고 있습니다. 청량리역 광장에서 좋은 일하시는 것까지도요. 하지만 그들이 최 전도사님께 밥을 얻어 먹고도 간첩일지 모른다고 신고까지 하니 도대체 어떻게 된 일입니까?"

"글쎄요, 얼마 전 그들이 모여 내가 누구냐고 자꾸 묻기에 그저 최씨라고, '밥집 아저씨'라고 했더니 수상쩍게 생각했나보군요."

하도 기가 막혀서 그만 하하 웃으며 대꾸했다. 그러자 그 형사도 웃음을 터뜨리며 이 한 마디를 남기고 자리를 떴다.

"우리 청량리 경찰서 관할 내에서는 전도사님에 대해 소문이 좌악 퍼져 있어요. 전도를 할 바에야 저렇게 어려운 현장을 직접 뛰며 전도해야 진짜 전도라고요."

이 무렵 나는 이 교회 저 교회로, 또 각 대학의 선교단체와 동아리 모임으로 설교를 부탁받았다. 한번 설교를 요청한 교회에서 다른 교회에 소개했고, 설교를 들은 또 다른 사람이 다른 교회에 나를 소개했던 것 같다. 뿐만 아니라 각 대학 기독학생회나 성서연구반 학생으로부터도 강연 요청이 왔다. 이곳 저곳 다니며 설교하고 싶지는 않았지만, 많은 사람들에게 소외된 사람의 실태를 알리고 싶은 욕심에 거의 사양하지 않고 초청에 응했다.

그러다보니 가끔씩 공동체를 비우는 일이 생겼다. 그런 틈새를 타고 공동체 가족들 사이에 자질구레한 문제들이 발생하기 시작했다. 행려자였다가 아픈 허리를 치료받고 우리와 함께 살고 있던 D씨가 틈만 나면 봉사자들에게 용돈을 요청했던 것도 그런 문제 가운데 하나다. 봉사자들이 매일 바뀌다보니 그때마다 오는 사람들에게 손을 벌렸던 모양이고, 그를 가엾게 여긴 봉사자들은 주머니를 털어 용돈을 주었던 것 같다. 그런데 문제는 그것으로 끝나지 않았다. 돈이 생기자 그는 날마다 술을 퍼마시고 들어와서는 공동체 사람들에게 폭언을 하고 행패를 부렸다. 심지어 나에게도 할 소리 못할 소리를 가리지 않고 퍼부어 댔다. 참다 못해 회의를 열고 그를 '제명'하기로 결의했다.

그날 밤, 잠을 자다가 섬뜩한 기분이 들어 눈을 떠보니 누군가 내 목을 짓누르고 있었다. 바로 D씨였다. 그는 부엌칼을 목에 들이대고 협박했다.

"돈 있는 거 다 내놔. 안 내면 죽여버려!"

무섭다기보다는 기가 막혔다. 길에서 굶어 죽어가는 사람을 밥해 먹이고 잠자리 없어 재워주며 '형제' '형제' 불렀더니 이제 와서 칼을 들이대다니…… 망연한 심정을 가다듬어 단호히 잘라 말했다.

"어디 하고 싶은대로 해봐요. 하지만 돈은 없어, 한 푼도 없어. 필요하면 돼지저금통 털어가든지."

"어서 내놔! 안 내면 정말 죽여버린다."

그는 칼 끝에 힘을 가하며 노려보았다. 노려보는 눈빛을 제압이라도 하듯 내 눈엔 불꽃이 튀었다.

"이 따위 짓이 겁 났으면 애시당초 이 지역에 들어오지도 않았다, 이 친구야. 나 하나 죽여서 어디서 돈이 나와? 나 죽여서 행복해진다면 죽여도 좋다. 하지만 유감스럽게도 이 집을 밤새 다 뒤져도 돈은 없을 걸. 그러니 알아서 하라고!"

그는 한참만에 칼을 거두었다. 나는 문을 박차고 나간 D씨의 뒷모습을 넋이 나간 채 바라보았다. 그날 밤 뜬눈으로 새웠다. 그가 홧김에 다른 사람을 해칠까 염려되었기 때문이다. 다음날 어찌된 영문인지 아예 자취를 감출 줄 알았던 D씨가 다시 돌아왔다. 그를 조용히 불러놓고 형제 자매들의 결정사항을 알려주며 떠나라고 했다. 그도 전날 밤 저지른 일이 켕기는지 아무 말도 안 하고 고개만 숙였다. 그리고는 고향인 부산으로 내려가겠다며 여비로 10만원만 보태달라고 했다. 이 사람 저 사람 갖고 있는 돈을 다 털어보았다. 빈 손으로 들어온 그였는데, 갈 때는 군용 배낭처럼 생긴 커다란 봇짐에 가득 물건을 채워가지고는 여비 4만원까지 들고 나갔다.

그뿐 아니다. 칼갈이 요셉씨는 전에 용산 베들레헴집에서 봉사할 때부터 아는 사람이었다. 착하고 신앙심 있고 칼도 잘 갈아주어서 좋았는데, 딱 한 가지 결점은 판단력이 좋지 않아 뜻하지 않은 사건을 몰고 온다는 점이었다. 자신이 옳다고 생각하면 누가 어떻게 생각하든 개의치 않고 행동했다.

하루는 밤 늦도록 촛불을 켜놓고 기도하다가 잠이 들었던 모양이다. 공동체 식구들이 자다가 매캐해서 깨어보니 창가에 연기가 자욱하고 커튼에 불이 붙고 있었다. 황급히 불길을 잡은 뒤 멀뚱멀뚱 서있는 그를 질책하자 대답이 참으로 가관이다.

"기도할 때는 촛불을 켜야지요. 안 그래요? 집이 다 타기 전에 껐으면 됐지, 뭘 이걸 가지고 그렇게들 난리입니까?"

하루는 청량리 경찰서에서 전화가 걸려왔다. 자신의 보호자가 최일도 전도사라는 절도범 한 사람이 붙잡혀 왔는데 그게 사실이냐는 것이다. 놀라서 쫓아가보니 요셉씨가 유치장 구석에 쭈그리고 앉아 있었다. 무얼 훔쳤느냐고 물었더니, 음식을 만들다가 소금이 모자라서 다른 집 소금을 한 주먹 가져다 썼다는 것이다. 왜 사다 쓰지 않고 남의 것에 손댔느냐고 나무라자 그는 아무렇지도 않은 표정으로 퉁명스럽게 말했다.

"쳇, 그깟 소금 한 주먹 사러 6층에서 내려가요? 우선 쓰고 나중에 채워주면 그만이지, 안 그래요?"

딴엔 잘못이 없다는 태도였다. 하기야, 잘 아는 사람끼리라면 그만한 일로 신고하는 법석을 피우진 않았겠지만, 건물에 세든 대부분의 사람들이 우리를 싫어하던 터라 소금 한 주먹 가지고도 경찰서까지 끌고가서 난리법석을 떨었다. 세입자들은 우리가 건물에 들어온 후로 거렁뱅이들이 자주 들락거리고, 또 물을 많이 소비해서 영업에 피해가 있다며 못마땅해 했다. 심지어는 취사시간을 즈음해 수돗물을 끊는 등 그들의 불편한 심기를 노골적으로 드러낸 적도 많다. 수돗물 공급을 차단까지 하는 처지에 칼갈이 요셉씨의 사건은 우리를 싫어할 또 하나의 이유를 제공한 셈이 되었다.

7월로 접어들면서 점점 날씨는 무더워졌다. 그런데 수돗물이 끊기면 이만저만 힘드는 것이 아니었다. 밥짓는 물은 중소기업은행에 가서 사정하여 올려다가 썼지만 설거지는 정말 문제였다. 2백 명분이 넘는 밥상공동체의 설거지감이 폭염 속에 그대로 방치되면 쉬고 썩는 냄새로 코를 막고 다닐 지경이었다.

이미 수돗물이 나오고 있는데도 형제 자매들이 보이지 않을 때면 혼자서 씻다보면 네댓시간 걸리기가 예사였다.

한번은 외출 했다 돌아온 그들에게 왜 설거지도 해놓지 않고 저녁밥도 안 짓고 이렇게 늦게 오느냐고 따지듯 물었다. 대답은 나를 당혹스럽게 만들었다.

"이번 주 두 번이나 설거지에 빠지셨잖아요. 그래, 오늘은 전도사님 몫의 일감을 남겨놓은 거지요. 그래야 공평한 것 아녜요? 공동체 생활을 제대로 하려면?"

"뭐라고? 그게 공동체 생활을 하겠다는 사람의 참된 태도냐? 내가 놀다 왔냐, 쉬기라도 했냐? 이 공동체 살려보겠다고 목숨 걸고 몸이 부서지게 뛰어 다녔더니 기껏하는 말이 그 따위냐?"

사흘이 멀다 하고 반복되는 그런 일들에 그만 질식할 것만 같았다. 외롭기도 하고 서글프기도 하고, 하나님 앞에서 한탄하고 푸념하고 기도하다가 무언가 한 가지 깨달음이 있었다. 사람이 함께 같은 집에서 살아간다고 공동체가 되는 것이 아니라는 것을, 왜 가톨릭 수도 공동체에서 사람들을 엄선해서 회원으로 받는지를. 그리고 더욱 가슴 아프게 깨달은 것은 아무리 신학을 공부한 사람이라 할지라도 공동체 삶의 체험과 역사, 그리고 전통 없이 어느날 갑자기 공동체를 형성해간다는 것이 얼마나 무리이고 어려운 일인가를.

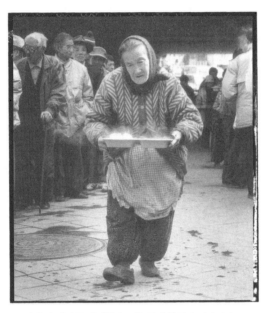

우리의 진 자리를 살펴주시고 밥 먹여 주시던 어머니여,
우리의 어머니여…….
주름 패인 얼굴 거친 손에, 우리는 대체 무엇을 돌려드렸습니까.

9
길을 쓸고 마음을 쓸고

시린 내 발로는

아무 것도 덮지 못한 채

눈길을 밟고 가서

맞닿은 청량리시장

자꾸 밑둥이 시리고

허리가 결리어 오는데

하루살이 시들어가는 눈빛들마저

내 마음을 찢고

눈시울 적시는 인생 종착역

언제나 구김살 없이

웃음 나누는

그 친구와 함께

말없이 걷는 겨울 한복판

겁쟁이의 보기좋게 붙은 살보다

고민해서 얇아지고

못 먹어서 까칠해진

그 친구의 피부가 그리울 때면

추운 들녘을 헤치고 달리는

완행열차에 몸을 맡긴다.

ㅡ완행열차ㅡ

다시 588 한가운데로

다일 교회와 공동체에는 정말 일복이 터진 사람들만 모였다. 그래서 많을 '다' 자에 일할 '일' 자가 아니냐고 해서 웃음보따리가 터진 적이 있다. 예배당은 구했지만 3개월이 못 되어서 나눔의 집은 길바닥으로 내몰렸다. 예배당에서는 예배만 드릴 수 있을 뿐 거지들을 몰고다니며 밥짓고 설거지하는 일은 절대 안 된다는 주인의 다짐에 결국 예배당과 나눔의 집은 한곳에 있지 못하고 그만 생이별을 하고 말았다.

일복과 집 옮겨 다니는 복만큼은 남 부럽잖게 받은 모양이어서 간신히 마련한 다일공동체 나눔의 집에서도 계약기간 1년을 절반도 못 채운 시점에 또 쫓겨나게 되었다. 이유는 냄새나는 사람들 때문에 아래층 임대건물의 손님이 줄었다는 것이다.

어느날 집주인이 찾아와서 말했다.

"최 전도사님, 뜻이 좋은 일이긴 한데 다른 곳에 가서 하셔야겠습니다."

우리는 계약서를 내보이며 나갈 수 없다고 버텼다. 사실 법적으로는 아무런 하자가 없었다. 적어도 남은 계약기간까지는. 그러자 건물주인은 곧바로 우리를 고소했다.

드디어 난생 처음 '피고'가 되어 법정에 서던 날 아침, 나는 기도 끝에 마음을 바꾸어 먹었다. 그리고 판사 앞에 서서 말했다.

"맞대응해서라도 상대의 부당한 요구를 이겨보려고 생각했는데, 오늘 아침 생각을 바꾸었습니다. 저는 하나님을 믿는 사람입니다. 하나님이 새 장소를 마련해주시리라 믿고 싸움을 포기하겠습니다."

그후 우리는 교회 옮길 때처럼 이곳 저곳을 찾아다녀보았지만 끝내 마땅한 곳을 구하지 못했다. 어떤 건물도 행려자를 위한 나눔과 섬김의 집으로는 빌려줄 수 없다는 태도였다. 6층 나눔의 집 옥상에서 설거지하는 것을 포기하고 윤락가 한복판인 588 포주 아주머니와 구멍가게에서 수돗물을 얻어 설거지하기가 일쑤였다. 다행히 펨푸 아주머니 한 분이 집을 구하지 못해 애태우는 우리에게 588 사창가 한가운데 있는 빈 집 하나를 소개했다.

너무 낡아 비가 주룩주룩 새는 집이긴 했지만 무료식사 배식소에서 가깝고 일층짜리 단독 한옥건물이어서 그곳을 빌리기로 결정했다. 때마침 우리의 딱한 사정을 전해 들은 영락교회 남선교회가 모자라는 임대금 전부를 대주겠다고 제의해 왔다. 어찌나 고맙던지.

그런데 문제는 그곳을 수리하는 일이었다. 너무 낡아서 주인조차 고치기를 포기하고 비워둔 집을 어떻게 고치고 개조하여 쓰나? 그런데 이 사정을 어떻게 알아챘는지, 어느날인가, 새벽에 선배 목사로부터 전화가 걸려왔다.

"여기 청량린데요. 지금 인테리어 하시는 집사님과 함께 나눔의 집으로 가려고 합니다. 낡은 집을 좀더 안전하고 쾌적하게 수리할 수 있는 방법을 찾고 있어요."

아아, 무슨 말이 더 필요할까. 어떻게 이 이름없는 작고 가난한 교회에서 하는 일을 돕기 위해 새벽부터 먼 길을 달려올 수 있을까.

이렇게 해서 그해 11월 다일공동체는 588-152번지를 떠난 지 불과 10개월만에 다시 588 한가운데로 들어가게 되었다. 물론 교회는 청량리 로터리에 그대로 두고.

이사하던 날 모처럼 기분도 풀겸 찹쌀 두 가마로 팥시루떡을 쪄서 동네사람들을 초대하고 집집마다 조금씩 돌렸다. 청량리에 들어온 지

1년 2개월 만에 지역 주민의 환영을 받으며 입주예배를 올리게 된 것이었다. 그날 영락교회를 비롯한 여러 협력교회와 우리를 후원해온 많은 분들이 찾아와 함께 기도하며 기쁨을 나누었다. 또한 포주 펨푸 아주머니들도 가루비누며 물비누를 사들고 인사차 우리를 찾았다.

우리는 그분들과 어울려 음식을 나누어 먹으며 한 동네사람이 된 것을 진심으로 기뻐했다. 식사가 끝나고 그들이 돌아갈 때 대문 앞까지 따라나가며 "또 놀러오세요." 하고 인사를 하자 펨푸 아줌마들은 갑자기 깔깔대고 웃었다. 영문을 몰라 멍하니 서 있자 그 중 한 사람이 설명했다.

"그 인사말은 이 동네 아가씨들이 손님에게 쓰는 전문 용어라서……."

그제야 우리도 그 뜻을 알아듣고 한바탕 웃고 말았다.

그날부터 주위의 많은 사람들은 부담없이 또 기쁘게 우리 식탁을 찾았고, 때로는 밥값이라며 천원짜리 한 장씩을 놓고 가기도 했다. 또 무슨 어려운 일이 생기면 호소해오기도 했고, 자기들이 도울 일이 있다 싶으면 맨발 벗고 뛰어올 정도로 적극성을 보였다.

그러던 어느날 나눔의 집 바로 두 집 건너편에서 불이 났다. 온동네 사람들이 우왕좌왕 뛰고 소방차가 달려왔다. 우리는 불이 나눔의 집으로 옮겨붙을까 걱정이 되기도 하여 불을 끄는데 합세했다. 그런데 그 북새통에 주변 사람들이 불을 피한답시고 모두들 나눔의 집으로 우루루 몰려드는 것이었다. 그 통에 불이 옮겨 붙을까 염려하던 것을 다 잊어버리고 갑작스레 밀어닥친 손님 접대에 바빴다. 다행히 불이 꺼지자 각자 집으로 돌아가며 말했다.

"아니, 근데 왜 우리들이 이 집으로 다들 몰려온 거유? 우리집보다 불난 집에서 더 가까운데."

"글쎄 말이에요. 그래도 겁난께로 우선 전도사님네 집으로 온 거지, 뭐."

그들이 떠나고 난 뒤에 우리 공동체 가족과 나눔의 집을 방문했다가 졸지에 불끄는 데 뛰어든 후배 김수택 김광기 전도사와 의미 있는 미소를 나누었다. 어쨌든 우리가 이 지역의 어려움을 덜어주려고 애쓰는 사람으로 차츰 인식되고 있다는 흔들림없는 믿음을.

　몇 번씩이나 쫓겨난 밥상공동체를 아무 말 없이 받아준 동네, 붉은 전등 아래 반라의 앳된 여자들이 돈 몇푼에 남자를 유혹하는 동네, 바로 그 588에서 나눔의 집은 다시 서서히 삶의 뿌리를 내려갔다.

　총 4백27세대 가운데서 '영업'을 하지 않는 유일한 집으로 남으면서 588에서 피어나는 사랑의 신화는 '사랑의 나눔 있는 곳에 하나님께서 계시도다.'라는 노래로 다시 시작되고 있었다.

거장의 몸부림

몇잎 남지 않은 낙엽이 길가에 나뒹굴며 스산한 여운을 남기던 어느 초겨울, 누더기옷에 턱수염을 그럴 듯하게 기른 한 남자가 답십리 굴다리에 나타났다. 성이 윤씨라고 밝힌 그는 스스로를 '거지 대장'이라고 소개했다. 벌겋게 취한 얼굴, 충혈된 부리부리한 눈에 체격이 다부져 보이는 사십대 후반의 남자였다. 그는 자기소개에 이어 따라온 몇몇 동료 노숙자들을 일일이 소개하는데, 그 태도에는 일종의 자부심이 엿보였다. 우리들은 악수를 나누며 낯선 손님을 웃음으로 맞았고, 이후 그들은 식탁공동체의 단골손님이 되었다.

그는 배식을 기다리며 늘어선 줄에 언제나 자기의 졸개(?)들을 앞에 세웠다. 아무리 배가 고파도 자기 앞에 동료들을 세우는 일을 잊지 않았다. 뿐만 아니라 식사를 하러 온 사람 중에 앞에 세워달라고 부탁하는 이가 있으면 두말없이 허용했다. 어떤 날은 그런 저런 이유로 대열의 맨끝에 서 있다가 음식이 동이나 배를 굶을 때도 있었다. 그래도 못먹게 된 것을 불평하기보다는 배고픈 다른 사람이 끼니를 때웠으니 다행이라는 듯 사라져 갔다. 이런 윤씨에게 어떤 의리와 품위를 느끼곤 했다. 얼마 되지 않아 그에겐 '거장'이라는 애칭이 붙여졌다. 거지대장의 가운데 두 자를 빼버리고 만든 이름이다.

윤씨는 언제나 술에 취한 채 하루하루를 살아갔다. 우리는 그를 만날 때마다 이제 술 끊고 사람답게 살라고 권하며 참된 삶의 회복을 위해 틈만 나면 기도했다. 그러던 어느날, 점심 배식을 끝내고 돌아온 윤씨가 내 손목을 꼭 잡더니 할 말이 있다고 했다. 약간 부끄러워 하는 표정으로 자신도 봉사하는 일을 찾아 조금이라도 거들고 싶다는 것이었다. 약속대로 다음날부터 배식받은 사람들이 질서있게 식사를 할 수 있도록 하는 일을 돕기 시작했다.

우리는 그날부터 그를 '봉장'이라고 불렀다. 그는 거장이란 칭호보다는 봉사대장의 준말인 '봉장'으로 불리는 것을 더 좋아했다. 뿐만 아니라 그 무렵부터는 술도 눈에 띄게 덜 마셨다. 새 삶을 향한 그의 간절한 소망을 발견한 나는 너무 기쁜 나머지 자리에 꿇어앉아 함께 기도했다. 하나님의 은총으로 술의 사슬을 끊어버리고 새로 거듭날 수 있도록 도와주시기를.

신기하게도 윤씨는 한 달쯤 지나자 정말 술을 끊었다. 그래서 우리는 자신의 생계를 스스로 꾸려갈 수 있도록 손수레에 비닐봉지를 싣고 판매하는 일을 주선해 주었다. 얼마 후 푼돈을 조금 모은 그는 도매시장에서 싸게 사온 생선을 길에서 소매하는 일로 업종을 바꾸는 등 생업에 전념했다. 또 주일날이면 깨끗한 옷을 갈아입고 이발까지 한 말끔한 모습으로 예배당에 나와 성경책과 찬송가를 두 손으로 받쳐들고 열심히 기도를 드렸다.

윤씨는 어느날 느닷없이 나눔의 집으로 전화를 했다.

"온라인 통장번호 좀 불러주세요!"

내용인즉 자신이 남긴 수익금 중 일부를 성금으로 보내겠다는 거였다. 전화를 받은 형제가 번거롭게 은행까지 가지 말고 나눔의 집에 올 때 전해주면 어떻겠느냐고 제의하자, 그는 돌아서면 마음이 변해 술집으로 갈지도 모른다면서 예금통장 계좌번호를 알려달라고 재촉했다. 물론 그날 그가 입금한 돈은 뜻 깊은 성금으로 행려자들의 배식비에 보태졌다.

하지만 안타깝게도 그의 새 삶은 두 달을 채 넘기지 못하고 다시 술의 마수에 사로잡히고 말았다. 또다시 수염을 텁수룩하게 기르고 온종일 술에 취한 채 이 거리 저 거리를 배회하는 윤씨를 보며 우리는 말없이 속을 태워야 했다. 모일 때마다 그가 다시 술로부터 탈출하기를 기다리며 수도 없이 중보기도를 올렸다.

그렇게 몇 달의 세월이 흘렀다. 어느날 말끔한 차림으로 다시 나타난 윤씨가 생선도매상인 '뚱보수산'에 취직했다며 환하게 웃었다. 우리는 가게 주인인 마음씨 좋은 백집사 얼굴을 떠올리며 일제히 박수를 쳤다. 그로부터 알코올 중독에서 벗어나려는 윤씨의 피눈물나는 두 번째 안간힘이 시작되었다. 전처럼 주일날이면 예배당에 나와 정성을 다해 찬송했고, 때로는 기도원에 들어가 열심히 기도하기도 했다. 술의 유혹에 힘겹게 대항하며 나날이 정상적인 삶을 회복해나가려는 윤씨를 지켜보며 우리들도 함께 기도했다.

어느날이었던가. 점심을 먹고 난 윤씨는 자신의 가족에 관한 이야기를 시작했다. 부인과 두 아들, 그리고 딸 하나가 있다고 했다. 아들 둘 다 대학에 재학중이라고 말하는 그의 음성엔 자랑스러움이 꽉 차 있었다. 우리들은 한결같이 "이번에야말로 마음 단단히 먹고 그놈의 웬수같은 술을 끊어버리고 돈 벌어서 추석엔 집으로 돌아가라"고 당부했다. 그의 눈에서 두 줄기 눈물이 주르르 흘러내렸다.

그럼에도 불구하고 윤씨는 한 해를 못 넘기고 술에 빠져들었다. 추석을 며칠 앞둔 어느날, 시장에서 만난 윤씨는 술에 흠뻑 취해 있었다. 그는 만나자마자 또 다시 술독에 빠졌다며 울먹였다. 물론 일과 잠자리를 내주었던 수산시장의 일터도 잃었다는 것이다. 처음 만났을 때의 '거장'의 모습으로 되돌아가서 길바닥에 누워 있는 윤씨를 바라보며 한없는 무력감을 느꼈다. 손을 잡아 일으켜 세우니 입에서는 토하다만 음식 찌꺼기의 썩은 악취가 확 풍겨나왔다. 동네 펌푸 아주머니들마저도 "제발 그 인간은 이제 포기하라."며 소리쳤다.

알코올 중독으로 일찍부터 가정에서 버림 받고 사회로부터 격리 수용되면서 교도소와 갱생원을 자기집처럼 드나들었던 윤씨의 비명 같은 기도 소리가 저 멀리서 아득히 들려왔다. 한 가족처럼 돌보겠다던 백 집사의 헌신적인 노력도, 주님 섬기듯 돌보겠다며 씻기고 입히고 먹이 며 말씀을 가르쳐주던 공동체 형제들의 노력도 석달을 넘기지 못하고 허물어져버리고 만 것이다.

그는 갱생원과 수용소 시설을 갖춘 일부 기도원을 가장 미워하고 싫 어했다. 쇠사슬로 묶어두고 짐승처럼 자신을 다루던 그곳은 이 세상에 없어야 할 인간시장이라고 토로했다. 갱생원 같은 곳에만은 제발 보내 지 말아달라는 것이 그의 절실한 부탁이었다. 누가 이 '거장'과 그의 동료들을 살려낼 것인가?

알코올 중독에서 벗어나기 위해 짐승처럼 울부짖는 거장을 지켜보던 뚱보수산의 백집사는 눈물을 글썽이며 무겁게 입을 열었다.

"목사님, 이제 와서 윤씨를 포기할 순 없어요. 하지만 청량리 바닥 은 더 이상 저 분이 있을 곳이 못 된다고 봅니다."

공동체 형제들도 다 같은 생각이었다.

"술 없는 세상이 아닌 다음에는 윤씨가 이 바닥에서 술 끊기란 불가 능하니까요."

하지만 윤씨는 술 마실 돈이 떨어지면 근처 성 바오로 병원 영안실 로 쫓아가서 밤샘하는 조객들에게 공짜술을 얻어 먹고, 그것도 거절당 할 때면 완전히 미친 사람이 되어 입에 술병이 닿을 때까지 거의 발작 적으로 퍼마셔댔다.

우리는 행려자 한 사람을 새 삶의 자리로 인도하고, 한 사람 한 사람 을 형제로 맞아들여 가족처럼 돌본다는 것이 얼마나 뼈저리게 아프고 어려운 일인가를 나날이 실감해야 했다. 왜냐하면 윤씨가 한때 술 중 독에서 해방되고 교회에도 열심히 다닌다는 기적 같은 소문이 쫙악 퍼 지면서 제2의 윤씨가 되겠다면서 교회와 나눔의 집을 찾는 사람들이 적잖았기 때문이다.

윤씨는 항상 입버릇처럼 말했다.

"목사님, 내게도 꿈이 있습니다. 술 딱 끊고 보란 듯이 집 장만해서 사람답게 사는 모습을 보여 줄 겁니다."

그러다가 술을 이기지 못한 날엔 전화기에 매달린 채 울음 섞인 목소리로 호소했다.

"목사님, 면목이 없어요. 내 꿈은 이제 완전히 물거품이 되었어요. 제가 오늘 그만 그 웬수놈의 두꺼비를, 쐬주를 또 까버리고 말았어요."

나는 안타까운 마음을 속으로 감추고 담담히 말했다.

"그럴 수도 있지요."

"그럴 수도 있다니, 정말 그렇게 관대한 분입니까?"

"예, 그럴 수도 있다고 했습니다. 지금 혼자 있기 괴로우면 나눔의 집으로 오십시오."

"흑흑…모모, 목사님. 목사님이야 은인 중 은인이시지, 은혜를 원수로 갚는 내가 죽을 놈이지. 난 인간이 아녜요. 짐승이라구요. 목사님, 내가 왜 그놈의 두꺼비를 깐 줄 아십니까? 백집사님 돈 30만원이요. 실은 내가 훔쳤어요. 그분이 나를 믿고 백만원이 넘는 돈을 심부름시켰는데 치사스럽게 그걸 훔쳤다구요. 목사님 뵙고 나서 사람처럼 살아보고 싶었는데, 예수 믿기로 결심했는데 말예요. 더는 착한 사람들에게 폐 끼치지 말자고 결심했습니다. 이 동네 이젠 아주 떠납니다. 정말 떠나요."

그가 내게 남긴 마지막 말이었다. 며칠이 지나 백 집사가 다급하게 나를 찾았다.

"윤씨를 경찰차가 실어갔대요. 윤씨가 술 취한 채 길에서 잠들었다가 그만 추위에 얼어 죽었다는 겁니다, 글쎄."

나는 목이 메였다. 백 집사의 헌신적인 돌봄과 우리 가족들의 간절한 눈물과 기도가 그의 몸에 스며들었건만, 영하의 첫 추위에 그만 목숨을 잃고 만 것이다. 아무도 슬퍼하는 사람 없이, 아무도 애도해 주는 사람 없이 무심한 콘크리트 바닥 위에 홀로 뒹굴다가……

내가 있는 이곳은 어둠이오나, 당신 곁에는 빛이 있습니다.
나는 당신을 이해하지 못하오나 당신은 나를 아십니다.
갈 길을 밝혀주소서.

돌아오지 않은 텍사스 소녀

집으로 돌아가기 위해 588 골목 끝에 세워두었던 베스타에 시동을 걸었다. 음산한 날씨에 마치 죽음의 거리처럼 축 처져 있던 588 골목이 어느 결엔가 핑크빛 등불로 반짝 살아나기 시작할 무렵이었다.

시동이 걸리는 소리와 함께 어디선가 여인의 토악질 소리가 들려왔다. 누굴까, 무슨 일일까 하는 생각이 스쳤지만 그냥 묻어두고 떠나고 싶었다. 피곤한 몸을 간신히 추스르며 천천히 차를 몰아 막 성 바오로 병원을 지날 때였다. 어디선가 여인의 통곡 소리가 다시 들려왔다.

흠칫 놀라 옆 차창 너머로 주변을 살펴보았다. 한 여인이 부림호텔로 가는 골목길에 주저앉아 구토질과 함께 땅을 치며 오열하는 모습이 눈에 들어왔다. 구토하던 음식 찌꺼기가 기도에 걸렸는지 숨을 헉헉거리며 살려달라고 몸부림을 치는 것이었다. 순간적으로 망설였다. '그냥 지나쳐버릴까? 아니, 그럴 순 없지. 아니, 그냥 가자. 몸도 몹시 피곤한데, 저런 꼴 한 두번 보고 산 것도 아니고. 그래도 그렇지 않아, 가서 도울 일이 있느냐고 물어나 보고 가자.'

내키지 않는 마음으로 차를 세웠다. 땅바닥에 토해놓은 음식물 악취가 내장을 뒤흔들 지경이었다. 여인은 너무나도 처절하게 울었다. 다시 토악질하는 여인에게 마지 못해 다가가서는 "등을 두드려 드려도 되겠습니까?" 하고 묻자 그녀는 본척 만척 계속 통곡을 해대는 것이었다.

휴지로 땅바닥의 오물을 대충 치우고는 휴지를 접어 입 주위를 닦으라고 건네자 그제야 그녀는 잠시 울음을 그치고 실핏줄이 터져 빨갛게 충혈된 눈으로 나를 올려다 보았다. 네온사인의 붉은 불빛에 드러난 얼굴은 얼핏 20대 후반처럼 보였지만, 알고보니 만으로 이제 갓 스물된 아가씨였다. 마치 인생의 모든 소망과 기대가 깡그리 꺾이고 짓밟힌듯 그녀는 어깨를 들먹거리며 계속 짐승처럼 울기만 했다. 나는 용기를 내서 다시 물었다.

"아가씨, 어쩌자고 그렇게 술을 많이 마셨어요? 왜 그렇게 슬프게 우세요? 이 동네 사람이 아닌 것 같구만요."

"……"

"아가씨한테 무슨 어려운 일이 생겼나요?"

"아저씨가 그걸 알아서 무얼 하시겠어요. 다 저 같이 못난 년 팔자 때문이에요. 으흐흑"

이 한마디를 내뱉고는 거친 숨을 몰아쉬며 또 다시 울기 시작했다.

"그래도 얘기라도 한번해 보세요. 그러면 속이라도 시원하지 않겠어요."

그녀는 잠시 울음을 그치고 말했다.

"저거 아저씨 차예요? 미아리까지만 좀 태워다 주세요."

"그럽시다. 수유리 집으로 가는 길이니, 잘됐네요."

베스타 뒷자리에 오르더니 청산유수로 말을 이어가기 시작했다.

"약속한 사람이 안 와서 그래요. 청량리역에서 6시에 만나기로 했는데 그 짜식이 아직껏 안 나타나지 뭐예요?"

"누구요?"

"내 몸 팔아 모은 돈 다 쓸어간 놈예요."

"돈 때문에 그렇게 괴로웠군요."

"아이고, 그 돈이 어떤 돈인데."

그녀는 다시 쉰 목소리로 울기 시작했다.

"아니, 그럼 다시 전화라도 해보세요. 무슨 일이 생긴 것이 아닐까요? 아니면 교통사정이 안 좋아서 늦게라도 도착했는지 누가 알겠어요. 그러니 그렇게 울지만 말고…… 차를 청량리 쪽으로 돌릴까요?"

"아뇨, 그냥 텍사스로 가주세요."

"텍사스?"

그제서야 미아리 텍사스에서 몸 파는 여인이란 걸 눈치챘다. 그녀는 혼자 중얼중얼거렸다.

"그렇지가 않은 것 같아요. 벌써 서울 뜬 지 오래 됐대요. 딴 년이랑 서울 뜬 지 벌써 오래래요. 어디로 튀었는지 아는 놈도 없고요."

"그러면 오늘은 일단 집으로 가시고 내일 다시 연락해보세요."

"그 새끼가 어디 있는 줄 알고 연락해요? 나쁜 놈의 새끼 X새끼, X 같은 새끼……."

"언젠가는 다시 아가씨한테 연락이 오겠죠."

"아이고, 그게 아녜요. 아저씨는 뭘 모르면 집에 가서 발이나 씻고 주무세요. 남은 속 터져 죽겠는데. 딴 세상 사람처럼 말하고 있으니. 그래 아저씬 뭐하는 사람이에요?"

"으음, 난 밥 장사해요."

"어디서요? 한식이요, 양식이요."

"식당도 없어. 노천에서 밥을 나누지. 시장이나 다리 밑이나 쓰레기 모아둔 곳에서."

"아아, 아저씨 도시락 장사 하는구나."

"아가씨는 장사한 지 몇 년이나 되었지?"

"4년이요. 근데 아저씨가 날 어떻게 알아요. 나를 본 적 있어요?"

"아니, 아가씨가 텍사스로 가달라고 해서 텍사스가 직장인 걸 알았지. 아까 말한 그 사람을 꼭 만나야 할 무슨 중요한 이유라도 있는 겁니까?"

"그렇지 않으면 제가 왜 이러겠어요? 그 새끼가 내 돈을, 끝내 내 돈을 안 가져오면 내 인생 망치고 말게 돼요. 정말 정말 새롭게 살아보려고 했는데, 인생 다시 시작하려고 했단 말예요. 동생이 많이 아파 당장 입원비도 마련해야 하는데."

내 귀가 번쩍 열렸다. 다시 시작해보고 싶다는 그 말이 맘 속 깊이 와닿으면서 어떻든 텍사스 소녀가 새로운 인생을 다시 시작했으면 하는 마음이 일었다. 미아리 텍사스 중간쯤 되는 위치에 차를 세웠다. 그리고는 메모지에 연락처를 써주려고 가방을 뒤지기 시작했다. 종이를 내밀며 이렇게 말할 요량이었다.

'지금은 별 도움을 못주어 미안합니다. 혹시 다음에 저 같은 사람이 도움이 되겠다 싶으면 이리로 연락을 주십시오.'

그런데 그때 가방에서 찾으려던 메모지 대신에 십일조가 든 하얀 봉투가 먼저 손에 닿았다. 순간 반가움과 실망의 두 감정 사이에 당황했다. 일단 이런 상황에서 십일조라도 있다는 사실은 다행이었지만, 안타깝게도 그 돈은 내 것이 아니기 때문이다. 원선자 집사가 일본으로 떠나기 직전에 건네준 헌금 50만원이었다.

당시 평신도가 모두 8명에 불과한 우리교회에 마땅한 재정 담당자가 있을 리 만무해 내가 잠시 그 일을 처리했고 때에 따라 결산까지 하곤 했었다. 교회 재정이래 보았자 한달 총수입이 70만원 될까 말까한 상태였고, 그나마 교회 건물 임대료와 전기세 수도세 청소비 등을 내고 나면 바닥이 날 정도였다. 물론 나는 교회에서 일체의 사례를 받지 않고 있었고, 또 다른 어느 누구도 사례를 받고 일하는 사람은 없었다. 그러니까 예배당 월세와 교회 유지비 외에는 특별한 돈이 필요하지 않은 '행복한' 시기였다.

차에서 내려 힘없이 걸어가는 텍사스 소녀의 축 늘어진 어깨를 물끄러미 바라보았다. 온 세상 모든 슬픔의 무게가 그 여자의 가냘픈 어깨를 짓누르고 있는 것처럼 느껴졌다. 그 순간 예수님이라면 지금 어떻게 하셨을까 하는 생각이 머리를 때렸다. 그 길로 쫓아가 불러 세워놓고는 황급히 돈봉투를 손에 쥐어주며 말했다.

"우선 이거라도 받아서 동생을 입원시키세요. 사실 제 돈은 아닙니다만, 바로 이런 데 쓰라고 하나님께 바친 헌금으로 여기고 싶습니다."

소녀는 깜짝 놀라 돈을 쥐고 멀거니 서 있더니 몇 번이나 고개를 가로저었다.

"안 됩니다. 아저씨 돈도 아니라면서요. 그리고 교회 한번 안 나간 제가 어떻게 하나님 헌금을 받아 써요?"

"어쨌든 사람부터 살려내야 하잖아요. 얼른 받아 넣으세요."

"정히 그렇다면 선생님의 연락처를 일러주세요. 어떻게든 돈을 마련해 수일 내로 갚을게요."

나는 다일교회와 나눔의 집 전화번호를 적어주었다. 그 여자는 전화번호와 돈을 받아서 주머니에 넣더니 고맙다고 정중히 인사하고선 텍사스 골목 안으로 총총히 사라졌다. 그리고 며칠이 지났다. 그러나 그녀에게서는 아무런 연락이 없었다. 물론 처음부터 꼭 되돌려 받겠다는 생각으로 내준 돈은 아니었다. 하지만 그렇게도 진지하게 되돌려주겠다고 몇 번이나 약속했고, 더욱이 그건 내 맘대로 쓸 돈이 아니었다.

당시 50만원은 우리에게 결코 작은 돈이 아니었다. 예배당 밀린 월세를 제때 못내서 쩔쩔매던 시절이었다. 결국 그 주 내내 '문제'의 헌금 내역에 대해 수입지출 기재를 보류할 수밖에 없었다.

날이 새면 연락이 올까 하여 기다렸다. 하지만 아무리 기다려도 2주가 지난 후에 당시 공동체 살림살이를 맡고 있던 C에게 원 집사의 헌금 50만원을 수입란에 기록해두라고 말하고는 그 사건을 어정쩡하게 넘기고 말았다.

어느새 성탄절이 다가왔고 곧이어 연말 연시. 그 바쁜 틈바구니에서 텍사스 소녀의 일도, 또 '잃어버린' 헌금의 지출용도를 확실히 밝히지 않은 채 교회장부에 '보류'라고만 기재한 사실도 까맣게 잊은 채 그날그날 닥쳐오는 행려자들의 절박한 일 속에 빠져들었다.

그런데 그 일이 공동체가 공중분해되는 듯한 처절한 고통으로 내게 되돌아오게 될 줄이야. 견딜 수 없이 괴로웠던 세 번째 시련기에 텍사스 소녀에게 준 헌금이 풀리지 않는 수수께끼가 되어 나를 위협하는 무기로 사용될 줄이야. 하지만 이 사건으로 공동체가 깨지는 듯한 고통을 치렀어도 그때나 오랜 세월이 흐른 지금이나 돌아오지 않은 텍사스 소녀를 원망하고 싶은 생각은 결코 없다. 단지 내 마음을 읽어주고 내 친절을 믿어주고 내 소망을 잊지 않고 있다면 더 이상 바랄 것이 있을까.

588언니, 그는 누구인가?
생각해보면 바로 우리의 딸이요, 동생이요,
이웃이 아닌가, 골목의 여인으로
남고 싶지 않은 그들을,
우리는 언제까지나 타인으로만 볼 것인가.

하래공부방의 아이들

비오는 날의 청량리 채소시장은 언제나 그렇듯이 눅눅하고 고리타분하게 축 처져 있었다. 봄비라도 추적추적 내리는 날이면 시장은 농산물 찌꺼기 썩는 냄새가 질척질척한 길바닥에 합쳐져 코를 들쑤셔놓는 바람에, 기실 인간 삶의 밑바닥을 가장 솔직히 드러내는 내음에 그만 빠져들 때도 있었다.

그래서인지 나는 이제 이 냄새에 일종의 애정마저 느끼게 되었다. 이 냄새를 맡음으로써 오장육부와 맞닿은 복음의 현장을 스스로 확인이라도 하듯, 비 오는 날이면 어김없이 청량리 시장 골목골목을 뒤지고 다니는 버릇이 생겼다. 발길 닿는대로 역 주변과 시장을 걸어다니다가 애잔한 풍경에 발을 멈추고 서서 저려오는 가슴을 간신히 누르고 침묵하시는 하나님을 향해 외마디 비명을 질렀다.

"이 사람들을 따뜻하게 보호해주십시오!"

잘해 보았자 가마니 한 장 깔아놓은 정도의 좌판에 자질구레한 채소 따위를 늘어놓은 주름살 깊이 팬 할머니들의 시름, 엄마 등에 매달리다시피 업혀 있는 아이들이 온갖 혼탁한 세상에 방치되어 있는 모습을 볼 때마다 더 이상 걸음을 옮기기가 어려웠다.

어디 그 뿐인가. 청량리 588번지 뒷골목 낡은 건물 속에서 진종일 빠끔히 머리를 내밀고 오가는 행인들을 무표정하게 바라보는 어린이, 시장 골목 물 웅덩이에서 맑은 시냇물이라도 만난 듯 첨벙거리며 노는 어린이, 먹지 못해 누렇게 뜬 슬픈 얼굴들……. 이것이 선진국 대열로 발돋움하고 있는 수도 서울의 거리, 그 중에서도 이름난 홍등가, 네온 사인의 찬란한 불빛에 파묻힌 도시의 그늘진 또 다른 얼굴이다.

며칠 전 일간지에 실린 눈물겨운 기사를 보면서 나는 더 이상 봄을 노래할 수 없었다. 지하실·방에 갇혀서 질식사해버린 어린 남매의 얼굴이 어제 만난 청량리 시장 어린이들의 모습과 오버랩되면서 또다시 전율해야 했다.

나라의 미래인 어린이가 이렇게 보호받지 못하는 곳이 이 세상에 또 있으랴. 월 2, 3만원의 탁아비가 없어서 하루 종일 방에만 갇혀 있어야 하고, 그나마 탁아비를 마련해도 어설픈 탁아시설이 우리 어린이의 얼굴을 어둡게 만든다. 전국적으로 탁아를 필요로 하는 6세 미만의 어린이가 자그마치 1백만명 남짓 된다고 하니 이 얼마나 절박한 상황인가.

어이없는 화재로 어린 남매를 한꺼번에 잃어버린 부모의 피맺힌 슬픔과 비극이 결코 그들만의 것이 아닐진대, '죄인'일 수밖에 없는 우리는 어찌하여 이 참담한 현실을 남의 일처럼 비켜만 가나. 우리 모두가 이 참담한 현실 앞에서 고개를 들 수 없는 죄인들인 것이다. 왜 하필이면 밖에서 문을 잠가 그 지경을 만들었느냐고 질책하는 사람이 있다면 그는 이미 그리스도를 아는 사람도, 인간도 아니다. 월 3만원의 탁아비를 낼 형편이 안돼 유아원에 못 맡긴 부모의 심정은 어떠할까.

한 쪽에서는 고도성장을 자축하는 노래가 향락과 과소비에 묻어 나올 때, 또 다른 한 쪽에서는 타버린 아이의 시신을 붙들고 오열하는 부모와 고향을 떠나 도시의 음지에서 간신히 하루하루 연명하는 빈민들의 비명과 신음이 흘러나오는 비극적 현실이 공존하고 있다.

이 글은 90년 4월호 〈기도〉라는 교계지에 기고했던 원고 중 일부다. 행려자들과 무의탁 노인과 윤락녀 정도를 소외된 이웃으로 생각하고 있던 나에게 청량리 일대에서 만나는 어린이들의 모습은 너무나 큰 충격을 안겨주었다.

 나는 아예 날을 잡아서 이른 새벽부터 늦은 밤까지 588지역과 전농동 달동네를 돌아다녀 보았다. 부모의 보호를 받지 못한 채 방치된 어린이들의 실태를 파악하기 위해서였다. 우선 우리 밥상공동체에 나와서 점심을 함께 먹는 현숙이 4남매와 현성이와 도현이에게 자신의 친구들을 아는대로 소개해달라고 했다. 그러자 무슨 영문인지 모르는 그들은 신이 나서 이 골목 저 골목을 돌아다니며 제 친구들을 불러냈다.
 찾아간 집은 얼추 열댓 집을 넘었다. 예고 없는 방문이라 다 만날 수는 없었지만, 그들의 친구가 588지역에 이렇게나 많다는 사실에 깜짝 놀랐다. 어디 그뿐인가. 우리가 애들을 찾으며 돌아다니자 무슨 일인가 싶어서 집 앞에 나온 애들, 문 앞까지 나오지는 않았지만 창을 열고 얼굴만 빠끔히 내미는 애들…… 어림잡아도 3, 40명쯤은 살고 있는 것으로 짐작됐다. 동네 한 바퀴를 구석구석 돌아다니며 아이찾기를 끝낸 후 한 사람씩 만나면서 마음 나누기를 시작했다. 우선 현성이에게 온종일 무얼하며 지내느냐고 물었다. 그러자 현성이는 얼굴이 벌개지며 우물쭈물했다. 그래서 얼른 화제를 바꾸어서 물었다.

 "네 친구 중에서 학교에 다니는 아이들은 몇 명이니?"
 그러자 현성이는 대답할 말이 있어서 매우 다행이라는 듯 확실한 목소리로 대답했다.
 "거의 없어요."
 "거의 없다고?"
 나는 놀라서 소리쳤다.
 "네가 지금 몇 살인데?"
 "몰라요, 나이 같은 건. 아무도 안 알려줘요."
 "그으래?"
 "그럼, 너는 누구랑 사는데?"

"아빠랑요. 아참 아빠가 감옥갔을 때는 옆집에서 밥만 얻어 먹고 그 냥 혼자 살았어요."

"감옥에? 왜?"

"……"

"말 못할 일이 있나 보구나."

"아아, 아니요. 사실은 아빠가 울 엄마 목을 꺅 했거든요."

현성이는 '꺅' 소리와 함께 손으로 목 조르는 시늉을 해보였다.

"설마, 네 아빠가 그랬을 리가 있겠니?"

"아녜요. 내가 진짜로 봤는데요. 그래서 아빠는 경찰한테 잡혀갔걸 랑요. 지금은 감방서 나와 나랑 살지만."

우리의 대화를 듣고 있던 현숙이 남매는 얼굴을 찡그리며 두려운 표 정으로 현성이를 건너다보았다. 그래서 그의 어깨를 부드럽게 두드리 며 다시 말머리를 돌렸다.

"됐어, 잘 알았으니까 우리 그 이야기는 다음에 하자. 그리고 현숙 이, 넌 뭐하고 노니?"

"그앙 노아으."

현숙이의 발음은 쉽게 알아들을 수가 없었다. 평소에 얼핏 대할 때 도 그 집 식구의 발음이 이상하다고는 생각했지만 그 정도로 어둔할 줄은 몰랐다. 현숙이도 제 나이 모르기는 현성이와 매한가지였다. 다 른 것이 있다면 찌그러지긴 했어도 제 집이 있고, 엄마 아빠와 함께 살 고 있으며 4남매나 된다는 점이다. 현숙이 엄마는 매일 점심때가 되면 아이들을 줄줄이 데리고 나와 행려자 틈에서 두어시간씩이나 줄을 섰 다가 점심을 얻어먹고 가곤 했다. 아주 뚱뚱한 몸집에 발음이 나빴다. 현숙이 남매 중 영숙이 하나만 빼고 셋은 다 엄마말을 그대로 따라 배 운 듯 거의 알아듣기 힘들 정도였다.

어쨌든 3일간의 실태 조사를 통해 몇 가지 사실을 알아낼 수 있었다. 무엇보다도 친부모와 살지 않는 아이들이 많았다. 또 호적에 오르지 못해 취학 연령이 되었거나 이미 넘었어도 학교 문턱에도 가보지 못했거나 588이라는 환경 때문에 자퇴한 어린이들이 의외로 많았다.

더욱 가슴을 아프게 한 것은 많은 어린이들이 소매치기나 앵벌이로 나서 이른바 '밥값'을 하며 하루하루를 살아가고 있다는 사실이다. 알고보니 동네 어린이 가운데 제일 먼저 만나서 우정을 나눈 현성이도 앵벌이 소년이었다.

하지만 당시 나눔의 집 형편으로서는 딱한 어린이들을 위해 어떤 교육도, 선도 조치도 취하기가 쉽지 않았다. 아쉬운대로 배식이 끝난 후 어린이들을 데리고 와서 목욕도 시켜주고 간식도 먹이고 그림그리기와 한글 교육을 시작했다. 그렇다고 이 일을 전담할 인력이 딱히 있는 것도 아니어서 처음에는 공동체 형제 자매에게, 나중에는 몇몇 의과대학생 친구들에게 도움을 청했다.

그런데 처음엔 제법 약속도 지키고 질서도 지키던 아이들이 점점 낯이 익어가면서 영 딴판으로 돌변했다. 공부엔 전혀 관심이 없을 뿐더러 규칙과 질서에 전혀 적응하지 못했다. 심지어 여교사를 상대로 어른들도 입에 담기 어려운 농담이나 욕설까지 내뱉기도 했다. 더욱 한심한 것은 먹을 것이나 학용품을 놓고 서로 싸우는 일이 자꾸 벌어졌다. 그러나 아이들을 책망하거나 체벌하는 교사는 없었다.

그것이 과연 참사랑일까. 사랑이 아닌 연민과 동정으로 우는 아이들 입에 사탕만 집어 넣어주었지, 이가 썩는 것을 방치하는 것과 다름없는 일 아닐까. 많은 고민 끝에 공동체 가족들은 이 일을 전담할 자원봉사팀을 물색하기에 이르렀다.

다행히 반포침례교회 대학부 학생들이 자원해와, 그들이 전적으로 어린이 공부방을 맡아 운영해 나갔다. 특히 그 해 봄에 공동체에서 호적을 만들어서 입학시켰던 영숙이는 나눔의 집으로 와서 식사하고 하래공부방 교사들의 개별지도를 받으며 숙제도 하고 보충 교육도 받았다.

그런데 한 가지 문제가 발생했다. 내가 청량리에 들어오기 전부터 M

자매가 숨은 봉사를 하고 있었다. 주된 일이 지역 어린이를 위한 공부방이었다. 시간이 나면 손수레에 커피 등을 싣고 다니며 팔기도 하고, 주민들의 필요에 따라 이 집 저 집을 돌며 부모 손을 벗어난 아이들을 가르치고 돌보았다.

내가 M 자매에 대해서 알게 된 것은 예수의 작은 형제수도회 수사들을 통해서였다. 청량리에 들어오기 전부터 피상적이긴 하지만 자매가 하는 사역에 대해 미리 들었던 터에, 같은 소명을 가진 신앙인이 들어가면 제일 먼저 반길 줄 알았는데 그렇지 않았다. 그래서 청량리에서 일을 시작한 지 얼마 안 되었을 때 M 자매를 만나 상호 협조의 뜻을 나누려고 여러 번 전화도 걸고 펨푸 아주머니를 통해 연락을 취했으나 단 한번도 만나주지 않았다. 지금까지 7년이 넘도록.

이유를 들어보니 자신이 이미 하고 있는 공부방을 왜 방해놓느냐는 거였다. 우리가 나눔의 집을 588 한복판으로 다시 옮기고 하래공부방을 시작하자 여러 사람을 통해서 유감의 뜻을 표해 왔다. 588지역, 이미 봉사해오는 지역에 어느날 갑자기 교회 전도사가 나타나 물질 공세를 퍼부으며 이미 오래 전부터 자신이 해오던 일들을 흔들어놓는다는 거였다.

그런 사실을 알게 된 나는 처음엔 참으로 미안했다. 그래서 서로 만나 오해를 풀고 힘을 모아 주님의 일을 해나가자고 이야기하려 애썼다. 그러나 끝내 만남을 거부한 채 내가 하는 일이 부당하다고만 지적했다. 일이 이렇게 되니 매우 당혹스럽고 언짢았다.

우리는 열악한 여건 속에서도 공부방을 계속 열고 어린이들을 가르쳤다. 강원도 예수원에서 나온 한글교육 지도자로부터 성경 한글 교육법을 배워서 가르치고, 주로 도덕 언어 수리 미술 음악 등을 가르쳤다. 하지만 가르치는 사람의 열성이 아무리 높은들 무엇하랴. 어린 학생들이 따라주질 않았다. 태어난 이래 한 자리에 오래 앉아 무언가를 배우는 연습을 한 번도 해보지 않은 어린이들은 수업시간에도 벌떡 일어나 책상을 넘어다니며 장난치기가 일쑤였다. 그리고 이를 제재하는 선생

"왜, 이 지역 아이들에게 취학통지서를 보내지 않습니까?"
"그게 목사라는 사람이 궁금해 할 일이야?"
"그럼 누가 할 일입니까?
누군가 그 꿈나무들을 양지에 바르게 심어야 하지 않겠습니까?"

들이 있으면 심한 불만을 나타내기도 했다.

싫증이 나면 며칠씩 공부방에 나타나지를 않았다. 그런 날이면 집으로 찾아가보기도 하고, 알만한 사람들에게 물어도 보지만 그들의 행방을 찾아낼 길은 묘연했다. 그러다가 며칠 후 길에서 우연히 만나거나 제발로 나눔의 집에 찾아왔을 때 어디를 다녀왔느냐고 물으면 대답은 어처구니없이 간단했다.

"그냥, 심심해서 딴 동네 가서 놀다 왔어요."

그들은 으레 주머니 속에 손을 넣고 무언가 많이 들어 있다는 시늉을 했다. 나중에 알게 된 사실이지만 '딴 동네 갔다 왔다'는 말은 '밥값'을 벌어왔다는 뜻을 담고 있었다.

이런 저런 이유로 우리는 공부방을 시작한 10개월 만에 두 손을 들고 말았다. 안타깝지만 가르치기에 보다 좋은 여건이 마련되기까지는 잠정적으로 하래공부방 문을 닫고 말았다. 이미 시작한 자매들이 하래공부방의 불편 부당을 호소하니 그곳만이라도 잘되도록 돕자는 의도도 있었다.

어쩌자고 이런 곳에 어린이들을 방치하는가? 우선 납득이 되질 않았다. 곳곳에 '미성년자는 출입을 금합니다.'라는 현수막이 걸려있지만, 어느 한 사람도 이 지역에 버젓이 살고 있는 어린이들 때문에 가슴앓이를 하지 않는다. 하래공부방의 궁극적 목표도 이 지역 어린이들을 어떻게 해서든지 좋은 환경으로 옮겨야 한다는 것이었다.

결국 하래공부방은 문을 닫았다. 그리고 다른 공부방을 낯설어 하는 아이들은 각자 뿔뿔이 흩어졌다. 다시 앵벌이로 나선 현성이, 책가방을 팽개친 채 떠돌아 다니는 도현이를 보면서 내 마음은 절절히 찢겨나갔다. 참다 못해 동사무소를 찾아갔다.

"왜 취학 통지서를 안보냅니까? 열 살이 넘도록 학교 가본 적이 없다니……, 이건 순전히 직무유기입니다. 국민학교 정도는 의무 교육 아닙니까, 국방의 의무만 신성합니까? 군대 안 간 녀석들은 어딜 가서라도 잡아오듯이, 의무교육 못 받는 아이들은 어떡해서든 찾아내서 우리 글을 가르쳐야 옳지 않습니까?"

그러자 동사무소 직원들은 구청가서 말해 보라고 딴전을 피웠다.

"여보쇼, 그게 어째 우리 책임이요. 호적에 오른 애들은 1백퍼센트 취학통지서를 써보냈어. 호적 신고에서 빠진 것을 어떻게 일일이 찾아내 학교를 보내?"

그는 짜증섞인 목소리를 높이더니 딴 방으로 들어가고 말았다.

다음날 그들이 일러준대로 동대문구청을 찾아가서 이 지역 어린이들을 위한 호적신고와 취학을 위한 구청장 면담을 신청했다. 하지만 돌아가서 기다리면 곧 결과를 알려주겠다던 그들은 한달이 지나도 감감무소식이었다. 다시 찾아갔지만 "구청장이 바뀌었어요. 아마 지금은 면담이 어려울 겁니다."라는 애매한 대답뿐이었다.

나눔의 집에 돌아와서 벽 중앙에 붙어 있는 십자가를 떼어 바닥에 눕혀 놓았다. 그날 따라 매달려 있는 예수 그리스도의 모습이 너무 힘들고 피곤해 보였기 때문이다. 나도 나란히 누워 주님께 독백하듯 기도했다.

"예수님, 구청장은 너무 할 일이 많아서 나 같은 놈은 만나줄 시간이 없다나요. 하지만 예수님은 이렇게 내 이야길 다 들어주시니 그저 고맙고 눈물이 절로 나올 뿐입니다.

다일진료소 이야기

굶주린 사람이 배불리 먹게 되면 그 다음엔 자신의 차림새를 돌아본다. 좋은 옷을 입고 나면 병든 몸을 고쳐 건강한 삶을 살고자 한다. 병까지 고친 사람은 이어 밑바닥 생활을 청산하고 봉사자가 되거나 '새사람'이 되어 살던 지역을 아주 떠나간다. 이런 과정은 내가 청량리에서 7년째 살아오면서 누차 보아온 밥상공동체 사람들의 삶의 모습이다.

우리는 나눔의 집을 세 번씩 옮기면서 하루도 빠짐없이 1백50명, 많게는 2백여명의 밥을 해댔다. 또 각 교회에서 보내온 헌옷, 옷가게에서 팔다 남은 재고품, 약간의 결함이 있는 옷들을 모아 오병이어 가족들에게 나누어줬다.

그들의 행색은 날로 말끔해져 갔다. 하지만 거의가 병자였다. 결핵, 피부병, 무기력증, 정신 장애, 알코올 중독……, 그들의 병은 가벼운 감기나 몸살에서부터 회복 불능의 만성 질환까지 천차 만별이었다. 영세 좌판상, 달동네의 어린이들, 혼자 사는 무의탁 노인 등 가깝게는 동네사람부터 멀리는 인천이나 성남 의정부 수원 등지에서 588 나눔의 집을 찾는 분들도 있었다.

1년에 단 한번이라도 병원 문턱을 넘어 보았을까. 주거지조차 없어서 떠돌아다니는 형편에 병원을 간다는 것은 상상조차 할 수 없는 일이었다. 물론 의료보험증이나 현금이 있을 리 없고, 심지어 주민등록증조차 없는 경우도 더러 눈에 띄었다. 그러니 일반 병원은 물론이고 수용소

354

시설로도 갈 수가 없는 것이다. 시립 병원에서 무료 치료를 받으려면 동사무소에서 발급하는 생활보호대상자라는 영세민 증명이 있어야 하고, 만일 그 증명서가 없을 때는 경찰차에 실려가야 치료가 가능하다.

그러나 주민등록 자체가 말소된 그들에게 영세민 증명서가 발급될 리 만무였다. 또 '백차'라면 죽어 의식이 끊기기 전에는 거부하는 것이 공통된 심정이었으니 간단한 치료만 받으면 금방 완쾌될 것도 때를 놓치고, 이래저래 시일이 흐르다보면 합병증으로까지 번지면서 손 쓰기가 힘든 경우가 흔하다.

의료봉사가 시작된 것은 로터리의 6층 건물에 다일공동체 '나눔의 집'을 열면서부터다. 그 무렵 갈릴리 의료선교회가 우리의 뜻을 전해듣고 맨 먼저 달려왔다. 당시 갈릴리 의료선교회는 국내는 물론 해외에서도 많은 의료 선교를 하고 있었다. 처음 우리는 의료봉사를 할 만한 마땅한 자리를 찾지 못해 우선 청량리 채소시장 조합건물 한 구석에 자리를 펴고 환자들을 맞았다. 매주 토요일 오후만 되면 채소 썩는 냄새, 온갖 폐기물 썩는 냄새로 머리가 지끈지끈한 구석이지만 환자들은 길게 줄을 섰다. 의료진은 부족한 손길이나마 정성을 다해 치료해주었다.

두 달 정도가 지나자 채소시장 상인협회에서 연락이 왔다.

"좋은 일을 하시는데 저희가 큰 보탬은 못 되어도 저희 협회 사무실을 의료 장소로 빌려드리기로 결정했습니다. 그러니 어려워 마시고 사용하세요."

그네들은 전부터 우리의 한결같은 정성에 감탄했다며 팔다 남은 무 시금치 파 등 채소를 몇 단씩 나눔의 집에 보내오던 사람들이었다. 덕분에 매주 토요일이면 시장조합 사무실에서 의료기구와 약을 펼쳐놓고 걷지 못하는 환자들을 업어다가 돌보며 치료해주었다. 학부 후배인 김의종 윤민용 형제가 이 일을 돕겠다고 나섰고, 윤민용은 환자들을 업어 나르는데 아주 날렵해서 여러 사람들을 흐뭇하게 해주었다.

매주 토요일이면 의대생과 의사가 직접 시장에 나와서 무료로 치료

상처받은 이들은 토요일만 되면 새벽부터 무료 진료팀이 오기를 목을 빼고 기다렸다.
몸이 아파, 마음이 아파.

해 준다는 이야기가 인근에 퍼져 나갔는지 날이면 날마다 환자가 늘어
났다. 날이 저물면 의료진과 함께 남은 약을 들고 588거리를 한차례씩
돌았다. 그러면 우리를 기다렸다가 불러들여 치료받는 노인도 있고,
그저 젊은 의학도와 이야기를 나누고 싶은 마음에 문 밖까지 나와서
건강 상담을 하는 588 언니들도 있었다.

이런 우여곡절 끝에 588 거리는 조금씩 따뜻해지기 시작했다. '인간
다움'의 실천 현장에 선 우리는 더 이상 '재수없는 예수쟁이'라고 박
대받지 않아도 되었다. 하지만 환자에 비해 치료의 손길이 너무나도
모자랐다. 때마침 경희대학교와 이화여대 의과대학 CMF 학생들의 부
탁으로 두 대학에 가서 강연을 한 일이 있었다. 강연이 끝나자 학생들
은 감동을 받았다며 자신들도 의료봉사에 참여하게 해달라고 청했다.
그후 얼마 지나지 않아 고려대 서울대 연세대 등 각 학교의 의과대 학
생들이 다일공동체 나눔의 집에 동참하게 되었다. 의대생들의 CMF 모
임, 잇따른 초청 강연, 그리고 일반 매스컴을 통해서 다일교회와 공동

356

체 일이 보도되면서 서울의 다섯 개 의과대학 학생들이 청량리에 자연스레 모이게 된 것이다.

진료와 관련하여 빼놓을 수 없는 사람이 있다. 당시 의대생이면서 설거지 봉사부터 참여한 최영아 부부 의사와 경희의대 한의학과 학생들, 그리고 침술 진료로 일약 '스타'가 된 대광고등학교의 김학복 목사와 틀니 제작 치료에 헌신적 봉사를 해온 염상국 치과의원 및 경희대 치대생들이 그 주인공이다. 특히 침술로 노인들의 온갖 질병을 계속 치료해오고 있는 김 목사 인기는 단연 1위다.

경희대 의대 한의학과 학생들의 한방 진료 역시 할아버지 할머니들에겐 최고의 인기를 누리는 종목으로, 감기약 한 봉지 마음 놓고 못 사먹던 사람들이 꽃보다 아름다운 젊은 의료인들에게 자신의 아픔을 하소연하고, 치료와 간호를 받는다는 사실 자체가 더 없는 기쁨이자, 최고의 보약인듯 보였다. 어느 누가 냄새나는 몸을 살펴주고 아픈 데를 어루만져 주었을까. 하루가 지나 다음날이 되고 그 며칠이 흘러 토요일이 되면 노인들은 아침 일찍부터 의료진이 오기를 목을 빼고 기다렸다.

의료봉사 참가 학생들은 없는 용돈을 털어 의약품을 준비하고 선배들을 찾아다니며 모금을 해서 노인들의 틀니도 직접 제작하는 등 매주 일 오후를 가난한 형제 자매들을 위해 금쪽 같은 시간을 쪼개서 헌신했다.

하지만 그들의 큰 헌신에도 불구하고 다일공동체의 의료 봉사는 시설 및 지속적인 치료 면에서 부족하기 짝이 없었다. 상설 진료소는 물론 전담 의사와 간호사를 갖추지 못했을 뿐더러 사용할 수 있는 의료 장비는 그야말로 원시성을 벗어나지 못하고 있다. 다일교회 신자들과 공동체 가족들이 상설 무료병원이 마련되길 간절히 기도했던 것도 이런 연유 때문이다.

쥐들과의 전쟁, 그리고 화해

나눔의 집 건물은 40년이 넘은 낡은 목조 주택인데다가 재래식 집이어서 건물 곳곳에 쥐가 넘나들 수 있는 틈새가 너무도 많았다. 우선 서까래와 천장 사이 큰 공간은 아예 쥐들의 운동장이었다. 특히 내가 쓰던 방은 지반이 내려앉으면서 비스듬히 기운 한 쪽 벽과 다락방 사이에 큰 틈이 있었다. 아무리 종이나 나무로 쑤셔박고 시멘트를 발라봐야 며칠 지나면 다시 터널 같은 큰 구멍이 뚫리면서 쥐들의 세상으로 바뀌었다.

이사가던 첫날부터 날뛰는 쥐를 보며 적이 염려는 했지만, 이토록 쥐가 들끓을 줄은 몰랐다. 그렇다고 쥐 많다고 이사갈 형편은 못 되고. 처음에는 심각하게 여기지 않았다. '지금은 빈 집이라 이렇지, 사람이 들어 가서 살면 쥐들이 도망가겠지.' '쥐 무서워 이사 못하랴!' 싶어 수리할 때 자주 눈에 띄던 집쥐 행렬에 대해서 그저 관대하게 보았던 참이었다. 그리고 쥐의 출입구가 될 만한 구멍은 모조리 벽돌이나 시멘트로 발라서 통로를 막았다.

그런데 이게 어찌된 일인가. 우리 생각은 한참을 빗나가서 정반대의 광경이 벌어졌다. 배고픈 사람들에게 줄 음식을 매일 만들고, 식료품을 구석구석 쌓아두게 되니 쥐들은 전보다 몇 배 더 기승을 부리며 들끓기 시작했던 것이다. 588 동네뿐 아니라 청량리 일대의 모든 쥐들이 다 한번씩은 우리집에 들러가는 모양이라고 생각될 정도였다. 쥐들은 밤낮을 가리지 않고 나눔의 집을 공략하고 맴돌았다. 사람들이 잠시라도 주방을 비우고 방 안에 들어와 있으면 벌써 부엌 주변은 여기 저기서 들려오는 바스락 바스락 우당탕장창 소리로 북새통을 이루었다.

매일 아침 대청소를 해대도 오후엔 여기저기 쥐똥 굴러다니는 꼴을 보아야 했고, 더욱 참기 힘들었던 것은 곳곳에 쥐벼룩을 퍼뜨리고 다니는 통에 팔이며 다리며 할 것 없이 온가족이 긁느라고 밤을 지샐 지경이었다.

당시 서울대 교육학과에 다니던 손영재 형제는 자원봉사 기간 내내 쥐벼룩에 시달리면서 궂은 일을 처리했는데, 심할 때는 얼굴 형태를 알아보기 힘들 정도로 부어올라 곁에서 보기가 민망할 정도였다. 특히 해마다 겨울방학이면 이곳 청량리에서 와서 섬김 훈련을 받으며 겨울 수련회를 치르는 전라도 전주의 제자교회 대학부 학생들은 "온몸의 가려움을 참는 것도 다일공동체 영성 수련 프로그램 통과절차 중 하나입니까?"라고 해서 모두들 한바탕 웃었던 일이 있다.

자원봉사자가 부엌에서 갑자기 비명을 질러 무슨 일인가 싶어서 튀어나가보면 언제나 쥐 때문이었다. 놀라움은 고사하고 근모형제는 성질난 쥐에게 손가락을 물리는 수모까지 당해서 잠시나마 온 집안을 공포 속에 몰아넣기도 했다. 이경자 권사는 이를 보다 못해 쥐를 하루에 예닐곱 마리는 보통이고 많을 때는 열 댓마리까지 잡는 실력을 발휘했다.

그러나 언제나 그 다음이 문제였다. 잡은 쥐를 어떻게 처리해야 하나. 그렇다고 일일이 파묻을 수는 없는 일이고……. 궁여지책으로 생각해낸 것이 화형식이었는데, 나는 죽어가는 쥐들의 최후를 바라보며 '이렇게 잡고 죽이는 일을 되풀이해야만 하는가' 하는 감상적인 회의에 빠져들기도 했다.

하루는 화해와 일치를 위한 수요기도회를 마치고 나눔의 집으로 돌아오는데 현관문을 열기가 무섭게 쥐들이 사방으로 튀어 달아나는 거였다. 모두가 기도회에 참석하기 위해서 교회에 나가있던 관계로 집안은 이미 쥐들의 천국이 되어 있었다.

얼마나 난리 법석을 떨어놓았던지 부엌은 곳곳에 얼룩진 발자국과 흘려놓은 똥에 차마 눈 뜨고 볼 수가 없을 지경이었다. 더군다나 내 방엔 미처 대피하지 못한 새끼 쥐들이 책상 위에서 고물고물 기어다니고 있었다. 손가락만한 새끼쥐 세 마리가 미처 피하지 못한 걸 알았는지 어미쥐 한마리가 연신 다락방과 내 방 사이의 뚫린 통로를 오가며 불안해 하는 모습이 눈에 띄었다.

기겁한 마음을 겨우 가라앉히고 불을 끈 채 몇 발 뒤로 물러서서 쥐들을 향해 가만히 속삭였다.

"이젠 제발 전쟁을 멈추자. 우리 서로 화해하자. 서로에게 피해를 주는 살생과 원망을 멈추고 우리 서로 살 길을 찾자꾸나. 너희들은 쥐답게 우리들은 인간답게……. 우리 오늘 평화 협정을 맺도록 하자. 자, 어서 너희 집으로 돌아가라. 그리고 이젠 제발 허락없이 쳐들어와서 난장판을 만들진 말아다오. 나도 이제 인간답게 살고 싶구나."

5분여 지났을까, 다시 형광등을 켜보니 간신히 실눈을 뜨고 고물고물 기어다니던 새끼쥐 삼형제도 그새 제 갈길을 찾아갔는지 보이질 않았다. 잠시 멍하게 있으려니 덩치 큰 쥐 두 마리가 한 놈이 얼굴을 내밀었다가 사라지면 다른 놈이 또 한 번 얼굴을 쑥 내밀었다 사라지기를 두 번 반복하더니 시야에서 사라졌다.

아마도 새끼쥐의 엄마 아빠 쥐였던 모양이다. 얼굴 두 번 쑥쑥 내밀고 가는 큰 쥐였지만 왠지 미운 마음이 사라지고 말았다. 새끼 쥐를 죽이지 않고 살려준 내게 고마움(?)을 나타내려는 것일까 하는 엉뚱한 생각까지 들면서 계속 딴 생각에 빠져들고 말았다. 이젠 전쟁에서 쥐들과 화해하는 시대로 접어들고 싶다는……

그날 밤 편안한 마음으로 잠을 청했다. 새끼쥐를 죽이지 않고 살려보내길 잘했다는 생각으로 잠이 들었는데 정말 놀랍게도 자면서 쥐 꿈을 꾸었다. 그것도 전세계 어린이들의 친구인 미키마우스 꿈을. 미키마우스는 큰 나무 그늘 아래서 쉬고 있는 내게 다가와 이렇게 물었다.

"아저씨, 쥐가 싫은 겁니까?"

"······"

"쥐가 싫은 거냐구요?"

"왜, 쥐를 싫어하세요?"

"아니, 꼭 싫다기보다는 좋지도 않다는 거지, 뭐."

"쥐가 싫은 거예요?"

"아니."

"쥐가 좋은 건가요?"

"아니······"

"그럼 쥐가 뭐예요?"

"쥐야 쥐지, 쥐가 뭐겠어."

"그래요, 맞아요. 쥐는 쥐예요."

"그래, 그래. 사람이 사람인 것처럼 말이지."

"예, 맞아요."

미키마우스는 엄지손가락을 세우며 유쾌하게 웃었다. "댓츠 라이트!(That's right!)"

드디어 쥐들과의 전쟁은 끝나고 바야흐로 화해의 시대가 막을 올렸다. 난 그때까지 하나님이 온 우주에 지으신 모든 피조물들 중에서 가장 싫은 게 뭐냐고 물으면 주저없이 쥐를 먼저 들었고, 둘째가 뱀이라고 대답해 왔다. 가장 싫어하는 사람을 향해서 하는 욕은 당연히 "쥐새끼 같은 놈!"이라고 나왔고, "독사의 새끼들!"이라는 욕은 그 다음 순이었다. 그러다보니 내 입에서 '쥐새끼 같은 놈'이란 소리를 들은 사람도 적지 않았는데, 이제는 쥐마저 싫지 않게 되었으니 결국 욕설마저 내 뜻대로 못하는 시절을 맞게 된 셈이다.

이제 누구라도 "싫은 것이 무엇입니까?"라고 물으면 "더 이상 싫은 것이 없습니다." 라고 대답할 수밖에 없는 처지가 되었다. 이제는 피조물 중에서 가장 싫어했던 쥐도 더 이상 싫은 게 아니고 쥐는 쥐일 뿐이다. 뱀 역시 뱀일 뿐이기에 피조물이 있는 그대로 보이는 세계가 열린 것이다. 있는 그대로의 쥐로, 있는 그대로의 뱀으로 바라보는 이 기쁨 또한 결코 작지가 않다. 있는 그대로의 너를 보듯이 마침내 있는 그대로의 내가 보이기 때문이다.

그날 이후로 어찌된 일인지 쥐와 새끼쥐들이 우리집에서 생난리를 치고 나눔의 집을 난장판으로 만드는 일은 거의 없었다. 기적 같은 일이 생긴 것이었다. 우리 가족의 이야기로는 그날 이후로 난데 없는 도둑 고양이 두 마리가 밤낮없이 우리 공동체 나눔의 집 주위를 계속 맴돌며 우리집 지붕에 아예 살림을 차렸기 때문이라고 하기도 하고, 쥐 쫓는 전자파 기계가 그동안 계속 고장이다가 그날 이후로 다시 작동한 덕분이라고 말하는 등 의견이 분분했는데, 나만은 새끼쥐들을 살려준 은혜를 못 잊어서 마침내 쥐들과의 화해가 극적으로 이루어진 것이라 믿고 있다.

10

밥짓는 시인
퍼주는 사랑

내 작은 영지에서
아주 그럴듯한 이유를 대가며
그를 추방하지만
그렇게 그렇게 잘 맞아 떨어지는
세상 일이 오히려 숨막혀
허튼 소리 늘어놓을 때면
그는 어느결에 내 곁에 다가와
손바닥을 두드리며
죽이 맞는 친구로 있소이다.

나는 때때로
과거형의 문장 속에
그를 가두어놓고
회상의 창 틈으로
강 건너 산이나 보듯 하지만
작은 회중전등을 켜들고
내가 신나는 구석들을 뒤지고 있노라면
그는 불빛의 한가운데
어느새 우뚝 서 있소이다.

아아,
자존심도 팽개치고
짓궂게도 따라다니며
피할 수도 없고
어찌 할 수 없게 만드는
가난한 목수가
내 가장 가까운 친구로 있소이다.

－그 친구 이야기－

저를 위해 이렇게 기도해 주세요

어머니는 여전히 며느리를 싫어했다. 게다가 아들인 나는 어떤가. 큰 교회의 큰 목사가 되려면 목사나 장로의 딸과 결혼하는 게 좋으련만, 수녀 출신의 아내와 살아가는 일들이 어머니 눈에는 개신교를 저버리고 모두 천주교식으로만 되어가는 것처럼 보였나보다. 어머니는 아내를 앞에 앉혀놓고 노골적으로 화를 내며 야단쳤다.

"다 너 때문이다. 하나밖에 없는 내 아들 일도가 교회 운영하는 거며, 공동첸지 뭔지 한다고 하는 짓거리도 다 너 때문이야. 널 안 만났으면 크게 될 사람이었는데. 대학원 나와 10년 넘게 신학공부한 사람이 밥이나 짓고 콩나물 씻고 하는 꼴을 보면 속이 뒤집혀서 못 살겠다. 안 그러냐? 국민학교조차 안 나온 사람도 다 할 수 있는 일을 왜 지가 나서냐? 아내인 너라도 말려야지, 이제는 말려야 할 거 아니냐?"

그러나 5년 넘게 한 집에 살면서 시달려온 시어머니 등쌀에 아내는 아내대로 단련돼 있어서 그런지, 어머니의 야단을 한 귀로 듣고 한 귀로 흘려보낼 정도가 되었다. 더구나 어머니의 야단치는 내용이 전혀 사리에 맞지 않았기 때문에 아내의 태도는 더욱 그랬다. 일이 당신의 뜻대로 안되면 일말의 주저도 없이 며느리 탓으로 돌리는 시어머니에게 아내는 자신의 생각을 차근차근 설명했다.

"어머니, 이제는 산이 아범과 저를 믿으세요. 아범도 신학대학원까지 졸업하는 동안 신학을 배울 만큼 배운 사람이고, 어디 간들 무슨 일을 하던 좋은 목회자로서 소명을 다할 거예요. 저 역시 일자무식은 아니고요. 또 가톨릭 신자이기 전에 그리스도 신자예요. 아들 며느리 안 믿고 누굴 믿고 살려고 그러세요?"

"그래, 난 무식하다. 난 성경의 가르침 외에는 아는 바도 배운 것도 없다. 하지만 교회를 다녀도 내가 더 오래 다녔고, 새벽기도를 해도 더 많이 했다. 배운 건 짧아도 바른 교회 바른 믿음에 대해서 알 건 다 안다. 교회 예배가 그게 뭐냐, 차라리 천주교 미사지. 그리고 목사가 목회를 해야지, 어쩌자구 허구한 날 거지들하고 밥만 나누어 먹냐. 언제까지 그 일을 계속할 거냐구?"

"어머니, 그건 천주교 미사가 아니라 교회 개혁 당시부터 전수되어 온 정통 예배 양식이에요. 단지 미국에서 들어온 교회 예배 양식과 조금 다를 뿐이지요. 예배학을 전공하고 가르치는 교수까지도 참여한 다일교회 예배예요. 그러니 어머니도 이젠 아들의 목회를 위해 기도해주실지언정 더는 막지 마세요. 그럴수록 아범이 얼마나 괴로워 하겠어요?"

"누구를 가르치려는 거야? 니가 선생했으면 애들 선생했지, 지금 시에미를 가르칠 참이냐?"

이제 아무리 야단쳐도 기죽지 않고 할 말을 다 하는 며느리가 오죽 미웠을까. 그러면 어머니는 또 나를 붙잡고 화를 내셨다. 나는 두 사람의 대화에 있어서만은 언제나 입을 굳게 다물고 침묵을 지키고 있었다.

"다 네가 돈 못 벌고 마누라 덕에 얻어먹고 사니까 내가 이 설움 당하는 거다. 자네 똑똑히 잘 알아두라우. 쟤가 저렇게 기 살아 내게 덤비는 건 다 돈벌어 왔다고 그러는 기야, 알았서? 왜 자네는 남들처럼 못 벌어오는거야. 이제 할 공부 다했으면 홀어머니 모시고 가족들 부양하는 거이 다 자네 책임 아니갔어. 신성한 책임을 다 피하구서리 어째서 창녀촌 뒷골목에서 거지들하고만 지내는 기야."

어머니, 저를 위해 이렇게 기도해주세요. 유명한 목사보다는 유익한 목사가 될 수 있도록,
작은 것이 아름답다는 진리를 드러낼 수 있도록.

　스스로 더욱 괴로운 지경으로 파고드는 어머니를 바라보면 정말 안
쓰러웠다. 그리고 나 역시 아들의 책임과 가장의 의무를 들을 때마다
마음 깊은 곳이 흔들렸고, 다일공동체를 포기하려는 위기는 언제나 어
머니 말씀이 끝난 후에 찾아왔다. '다일' 현장에서 별별 수모와 어려
움을 다 겪었어도 포기하고 싶을 만큼 처참하거나 괴롭지는 않았는데,
어머니 말씀엔 그렇게 굳게 먹은 마음마저도 언제나 풀잎처럼 흔들렸
다. 어머니 앞에서 나는 언제나 죄인이었다.
　어느날 어머니 앞에서 오랜 침묵을 깨고 말을 꺼냈다.
　"어머니, 교회일은 다 내게 맡기세요. 어머니는 그저 기도만 하시면
돼요. 왜 괜스레 사서 걱정하고 괴로워하세요. 어머니 앞에 바른 말 탁
탁하는 건 좀 뭣해도, 따지고 보면 틀린 말은 아니에요. 그러니 내가
뭐라고 야단치겠어요? 이제 어머니도 우격다짐으로 며느리 쥐고 살려
고 하지 마세요. 뿔난 송아지를 두 손으로 움켜 잡으면 어떡합니까?
길게 매놓고 멀리서 잡고 있다가 가끔씩 고삐를 잡아당기셔야죠."
　사태가 이쯤되자 어머니는 아예 아무 말도 안 하고 그저 주일과 수
요 공동집회 시간에만 간신히 함께 가셨다. 그런데 그런 날도 오래가
지 못했다. 나마저도 어머니 앞에서 입을 열었던 것을 정말 크게 후회
할 일이 벌어지고야 말았다.

어느 수요일 저녁 예배시간에 어머니는 갑자기 휑하니 문을 박차고 떠나버렸다. "내가 이 교회 다시는 오나 봐라." 라는 한마디를 내뱉고는. 그날 이후로 어머니는 우리 교회에 더 이상 참석 안 했고, 다른 교회를 다니기 시작했다.

그러다가 어머니는 당시 방학동의 한 교회에서 전도사로 일 하는 큰누님과 함께 상계동으로 아예 거처를 옮겨 버렸다. 이렇게 해서 5년이라는 세월 끝에 비참한 모습으로 헤어지게 된 것이었다. 그 일로 나는 잠을 편히 잘 수 없었다. 집에서는 어머니께 불효하고, 밖에 나가서는 공동체 삶을 계속 꾸리기에 너무 지쳐 있어 그야말로 안팎으로 시련에 부닥치게 되었다.

가슴이 쓰리고 아팠다. 물을 마셔도 명치 끝이 아파오고 가슴에 피멍이 든 것처럼 언제나 죄여들고 통증마저 생겼다. 하지만 그렇게라도 멀리서 바라보며 서로 기도하며 살게 된 것이 아내와 아이들에게는 최선책이었다. 다행히 어머니는 몇달 후 작은 누님이 다니던 교회의 심방 전도사로 다시 일하게 되었다.

하지만 어머니는 이런 '이별'로도 나의 목회 활동과 공동체 사역에 대해 생각이 달라진 건 없었다. 가끔씩 찾아뵙는 아들을 대할 때마다 이렇게 말씀하셨다.

"자네가 지금 친어머니조차도 봉양 못하면서 무슨 무의탁 노인들을 섬긴다고 하는가. 한 집안 가장이면 식구들을 벌어 먹여야 할 것 아닌가. 아내에게 모든 경제력을 맡겨놓은 채 거지들 밥만 먹이니 나도 며느리에게 할 말이 없어. 이 사람아, 언제나 자네가 벌어다 주는 용돈으로 좋은 세월 살아볼 건가. 이젠 다 틀렸네. 며느리 주는 용돈으로 난 더 이상 못 살아. 그래서 죽는 날까지 내가 일해서 먹으려고 이 나이에 다시 전도사직을 맡은 거라네."

그러면서 어머니는 큰 교회 목사의 지도적 역량을 못내 흠모하는 말씀을 빼놓질 않았다. 심할 때는 S교회의 K목사와 M교회의 K목사를 직접 거론하며 탄식하셨다.

"제발 그 목사님들 좀 본받아서 목회를 해요. 누가 보기에도 성공적인 목회를 했다는 소릴 좀 들어보면 좋겠서요. 내 맘 알겠는가. 으이구, 이 무심한 사람아."

그런 어머니의 말씀을 들을 때마다 나는 속으로 말했다.

"아들 도리를 못하고 있는 현실을 괴로워할 뿐, 성공한 목사님들과 비교해서 상대적인 박탈감을 느껴본 적은 없습니다."

어머니 집을 나와 어두운 길을 걸을 때면 오히려 그런 의지가 더 뜨겁게 다져지는 것 같았다. 차 안에서 독백하듯 중얼거렸다.

"어머니, 알겠습니다. 어머니 마음 제가 읽고 있어요. 그렇지만 제발 이제는 제 걱정일랑 마세요. 평생 어머니 기도하시는 것처럼 좋은 목사될게요. 하나님 앞에서 거짓없이 정직하게 사는 목사가 될게요. 그렇지만 유명한 목사가 되란 주문은 더 이상 마세요. 큰 교회 유명한 목사 되는 거, 전 자신없어요. 되고 싶지도 않구요. 작지만 아름다운 교회 목사 되고 싶어요. 그리고 유명하진 못해도 유익한 목사가 되고 싶구요. 어머니도 저를 위해 그렇게 기도해 주세요."

7602197, 예금주 다일공동체

여보세요? 다일공동체죠?"

"네, 그렇습니다. 누구신가요?"

"누군지는 밝히고 싶지 않고요, 지로번호 좀 알려주세요."

"죄송합니다. 저희 공동체는 아직 지로 개설이 안 되어 있는데요."

"그러면 통장 온라인번호라도 좀 가르쳐주세요."

"아이고, 어떻게 하죠. 통장도 없어요."

"아니, 그러고도 어떻게 일이 돼 나가나요? 요즘 세상에 후원회나 통장 하나도 없이……."

초창기엔 가끔 이런 내용의 전화를 받곤 했다. 그럴 때마다 다일교회 가족들은 다른 봉사단체들처럼 후원회도 구성하고 온라인 계좌와 지로계좌를 개설하자고 졸랐다. 하지만 내 생각은 달랐다. 왜냐하면 저금 통장이나 금전을 저축하는 어떤 방법을 끌어들이기보다는, 그때그때 생기는 물질을 적절히 쓰면서 '나눔'과 '섬김'의 미래를 이끌어 가고 싶은 꿈이 간절했기 때문이다.

이런 나의 의지는 1년 만에 꺾이고 말았다. 너무도 많은 사람들이 사랑의 나눔을 실천할 수 있는 작은 창구라도 있었으면 좋겠다고 호소해왔기 때문이었다. 그래서 우선 두 개의 온라인 계좌를 개설했다. 통장번호를 전해 들은 몇 분이 성금을 보내기 시작했다. 뿐만 아니라 가끔씩 전화를 통해 우리가 하고 있는 일을 위해 자신들도 열심히 기도

하고 있다고 격려해 주었다. 우리가 부탁하지도 않은 후원회원이 스스로 되어 주었고, 자연스럽게 후원회는 뿌리를 뻗어갔다.

뿌리는 어느날 큰 가지를 이루고, 가지 사이엔 크고 작은 사랑의 열매가 소담스레 열렸다. 이런 사랑에 넘치는 후원은 당시 빈 손으로 하늘에서 내리는 양식만 거두어 가난한 형제 자매들을 섬기던 우리에게 큰 위로와 도움이 되었다. 후원회원 중 한 사람인 임완수 집사는 책 한 권을 사들고와서 말했다.

"목사님께서 꼭 보셔야 할 책 같아서 사왔습니다. 한번 읽어보시고 기왕에 하는 일, 이 분처럼 적극적으로 하세요. 모든 일이 다 하나님의 영광을 위해서 하는 일이지. 목사님 개인을 위해서 하는 일은 아니지 않습니까?"

프랑스 빈민들의 대부라 할 수 있는 피에르 신부에 관한 책이었다. 그날 밤 한 권을 다 읽어버렸다. 피에르 신부의 빈자를 위한 노력과 그의 말에 귀 기울이는 프랑스인의 이야기는 정말 감동적이었다. 특히 추운 겨울밤 빈민가를 돌아보던 피에르 신부가 방송국으로 달려가 뉴스 진행중인 아나운서의 마이크를 빼앗아쥐는 장면에 이르러선 전율하지 않을 수 없었다.

"지금 파리 시내 여러 곳에서 가난한 형제 자매들이 죽어가고 있습니다. 그런데 우리가 이 사실을 모른 체하고 넘긴다면 이는 프랑스의 자존심을 무너뜨리는 수치가 될 것입니다."

놀라움은 그것으로 끝나지 않았다. 갑작스레 TV 채널을 통해 전국으로 퍼져나간 피에르 신부를 지켜본 프랑스 사람들의 반응은 놀랍다 못해 충격적이었다. 도처에서 수많은 사람이 그들을 돕고 싶다는 전화를 걸어왔고, 경찰과 공무원들이 구호를 위해 즉각적으로 나섰다. 뿐만 아니라 파리 시내의 한 호텔 주인은 가난한 사람들을 위해 자신의 호텔을 내놓겠다는 제의까지 해왔다.

기상천외의 기적 같아 보이는 사건을 읽으면서 마음에 큰 파도가 출렁임을 느꼈다. 가난한 사람과 삶을 나누면서 그들을 위해서는 할 수 있는 모든 노력을 다 동원하여 활동하는 피에르 신부의 용기와 헌신에 무엇보다도 감동했지만 그곳은 어디까지나 프랑스요, 감동한 이들은 유럽 사람이었다. 그리고 한 신부의 그같은 노력을 신뢰하고 그의 말에 귀를 기울이고 따라준 시민의 수준 높은 양식과 뜨겁고도 열린 가슴이 부러웠다.

오늘의 한국인은 어떤가, 한국교회는 어떤가. 우리 토양에 뿌려질 사랑의 씨앗은 그저 한 알의 밀알이 되어 죽는 길이 더 큰 용기가 아닐까 믿었기에 인도의 마더 테레사라면, 예수님이라면 어떻게 했을까 하는 생각을 깊이 생각했다. 또 피에르 신부라면……

그후 며칠이고 몇 달이고 피에르 신부의 행적이 머리를 떠나지 않고 줄곧 따라다녔다. 과연 옳은가, 이 땅에서도 가능한가. 참으로 오래 생각하고 기도한 끝에 단안을 내렸다. 좋다. 다리를 놓자. 있어서 나누어 주고 없어서 나누어 받는 '사랑의 징검다리'를 만들자!

그 무렵 거장에서 봉장으로 거듭나 새 삶을 살겠다고 그토록 몸부림치던 알코올 중독자 윤씨가 11월의 첫추위에 얼어 죽는 사건이 발생했다. 소식을 듣고 아내와 함께 달려간 적십자 병원 영안실은 참으로 쓸쓸했다. 애도하는 이 없는 불꺼진 영안실. 어두운 냉동칸에 버려진 윤씨의 주검을 보고 돌아오며 결심했다. 생각을 바꾸자, 보다 적극적으로 뜻을 실천해 나가자. 설령 어떤 비난과 의혹이 쏟아지더라도 개의치 말고 인간다운 삶을 위해 뛰어들자. 그리고 우리 밥상공동체 가족들이 누울 방 한 칸이 없어 길에서 얼어죽는 일이 다시는 없도록 뜻있는 사람들을 만나자.

다음날 공동체 가족들이 모두 둘러앉은 자리에서 나의 단호한 의지를 이야기했다. 그리고 그 날로 시내 주요 은행 모두에 온라인 예금계좌를 개설했다. 작게는 천원에서부터 많게는 백만원에 이르는 사랑의 나눔은 '7602197 · 예금주 다일공동체'라는 지로번호로 시작됐다.

나그네 이씨의 주검 앞에서

92년 7월 8일 노천 식당의 단골손님이었던 이종상 씨가 죽는 사건이 일어났다. 여름의 문턱에서 공기마저 음습하던 날, 잘 곳도 갈 곳도 없던 그는 우리집에서 점심 한 끼를 얻어먹고는 그날 밤 아무도 모르게 이 세상을 떠나고 만 것이다. 지난 봄날 "이제 한겨울 지냈으니 다시 또 일년은 문제없이 살 겁니다." 라던 그의 컬컬한 목소리는 여전히 쌍굴다리 아래를 쟁쟁 울리며 남아 있는데, 이제 그는 가고 없다.

"한여름에 죽는 놈도 다 있다냐. 그 추운 겨울 잘 넘기고서 죽긴 왜 죽어? 왜 죽어?"
동료를 잃은 나그네들의 서러운 목소리가 여기저기서 들려왔다.
"어쩔거나, 병원에서 하루를 못 넘기고서 죽고 말았다네. 어이, 최목사. 당신이 빨리 가서 장례를 치러 주셔야 할 것 아닌가벼?"
아예 성화에 가까운 목소리에 귀를 막고 말았다.
"마지막 가는 길을 목사님께 부탁드립니다." 라는 말을 남긴 이씨의 유언을 지켜주어야 할 최소한의 의무감이 남아 있었지만, 그마저 잊고 싶어 이불을 머리까지 덮어 쓴 채 방구석에 돌아 누워버렸다.
"오늘 목사님이 너무 피곤하고 지쳐 누워 계시니까 걱정들 말고 가 보세요."
그들을 달래는 근모 형제와 은영 자매의 목소리가 어렴풋이 들려왔다. 나는 죽은 듯이 누워 근모 형제가 몇 번이고 조바심을 내며 방과 마루 사이를 왔다 갔다 하는 소리를 듣고만 있었다.

문짝도 없이 커튼 하나로 마루와 방의 경계를 삼고 있는 방구석이 그날따라 그렇게 싫을 수가 없었다. 얇은 천 한 장에 의지한 방 너머로 나의 일거수 일투족이 어떤 보호도 없이 그대로 노출되는.

웬일인지 그의 사망 소식을 듣고 난 후부터 온몸에 맥이 쭉 빠지면서 거의 탈진 상태가 되어 몸을 가누기조차 쉽지 않았다. 사나흘 계속된 설사와 이른 아침부터 찾아와서 시비를 거는 행려자들의 하소연을 받아내느라 이미 몸은 파김치가 되어 있었다. 이 지겨운 청량리를 오늘 하루만이라도 벗어나 새소리 들리고 숲이 우거진 미지의 세계로 떠나 몸을 던졌으면 좋겠다는 생각뿐이었다.

예민한 감정마저도 그들의 숱한 죽음 앞에서 마비 되는 걸까. 한여름에 이불을 덮어 쓰고 있자니 좁고 냄새나는 방 안 공기가 숨통을 더욱 죄는 것 같고 이불을 벗기면 죽은 이씨의 모습이 다시 떠오르면서 알 수 없는 고통으로 나를 몰고갔다. 땡볕과 악취도 아랑곳하지 않고 쓰레기더미에서 식사를 하던 이씨와 먼저 죽은 거장 윤씨와 넙죽이 남씨 등의 얼굴이 차례차례로 떠오르는데, 말 그대로 미칠 것만 같았다. 거장과 넙죽이가 애처로운 눈빛으로 나를 바라보는 모습이 오버랩될 때면 신음소리까지 나오며 식은 땀을 줄줄 흘렸다. 그리고는 외쳤다.

"제발 혼자 있게 내버려 둬! 제발 날 혼자 있게 해줘!"

"어디 가서 푹 쉬어야 하질 않겠어요? 이러다가 큰 병 치르겠습니다." 라는 소리조차 못하는 근모 형제가 섭섭할 만큼 나는 지쳤고 외로웠다. 나도 누군가에게 기대고 싶을 때가 있다는 걸 이 친구들은 도무지 모르는 것 같았다. 이 지역에서, 작게는 이 공동체 안에서 모든 사람이 나 한 사람에게 기대고 나만을 찾고 있는 현실이 그날따라 너무 버거웠다.

덮어 쓴 홑이불에 온몸에서 흐른 땀이 흥건하게 배어들었다. 비가 쏟아지는 듯이 땀구멍으로 배어나오는 액체를 바라보며 홀로 자학의 쓰디쓴 웃음을 삼켰다. 그때 밖에서 기다리다 못한 근모 형제가 커튼을 열고 머리를 내밀었다.

"어, 목사님 무슨 땀을 그렇게 많이 흘리세요. 베개가 다 젖었네." 라더니 이내 깨끗한 타월과 새 베개를 갖다주면서 "좀 더 쉬세요."라는 말을 남기곤 나가버렸다.

선풍기 바람에 땀이 마르는가 싶더니 어느덧 한기마저 느껴졌다. 푸른빛이 도는 온몸에 소름이 돋아나왔다. 팔뚝에 솟아난 소름을 보며 스스로를 비웃었다.

"가난한 사람들을 위해 네가 뭘 할 수 있다고, 병든 이들에게 네가 무슨 도움이 되고 있다고. 이렇게 손 하나 쓰지 못한 채 턱없이 죽어나자빠지는데."

정작 밥상공동체 가족들을 위해 할 수 있는 일이 너무도 미미하여 그저 하찮은 존재밖에 되지 않는 내 꼴이 역겹고 싫었다. 그 사이 잠깐 잠이 들었다가 꿈을 꾸었는지, 누군가가 절규하면서 기도하는 소리에 놀라서 눈을 떴다. 원주 IVF 박용덕 간사가 대학생들을 데리고 와 무릎을 꿇고 조용히 기도하고 있었다. 학생들에게 섬김이 무엇인지 말로 설명하고 싶지 않아 직접 섬김의 현장에 데리고 왔노라며 환한 얼굴로 인사를 하는 것이었다.

"목사님, 힘 내셔야지요. 저희가 이렇게 입으로만 살 때 몸으로 다 때우시니 얼마나 힘드셨겠어요. 섬김의 집 마련을 위한 자선음악회가 벌써 다음 주 토요일로 다가오는데 첫 번째 치르는 큰 행사에 아름다운 열매가 있도록 힘이 되어 드리기 위해서 이렇게 왔습니다."

나는 눈물을 보이고 싶지 않아서 커튼을 닫았다. 그리고 다시 돌아누워 숨을 죽인 채 소리없이 속으로만 속으로만 눈물을 삼켰다. 먼 데서 찾아와 준 녀석들이 고맙기도 하고, 무관심 속에서 죽어간 사람들을 생각하니 다시 서럽기도 하여…….

밖에 나갔던 근모형제가 들어오며 커튼을 다시 열었다.

"어, 베개가 또 젖었네."

내 얼굴과 베개를 번갈아 쳐다보며 고개를 내저었다.

"걱정마라. 이젠 일어나련다. 허기지는데 라면이나 끓여 먹자."

이렇게 잠깐 왔다가 가는 자원봉사자나 함께 사는 공동체 가족 역시 나의 눈물과 비애를 어찌 다 알 것인가. 내가 서러움의 자리를 떨치고 일어나는 게 좋았는지, 아니면 라면을 함께 끓여 먹게 된 것이 좋았는지 학생들은 일제히 일어나 환호했다.

"목사님은 라면을 좋아해서 머리카락이 점점 곱슬머리가 되나보죠."
"목사님은 아마 죽어서도 썩질 않고 미라처럼 보존될 겁니다. 방부제를 드실 만큼 드셨을 테니까요."라며 조크하는 친구들도 있었다.

비록 라면이긴 하지만 큰 사발에 담긴 두 그릇을 다 비우고나니 푹 꺼진 허리에 힘이 들어왔다. 일어선 김에 수도가에 엎드려 등목까지 하고나니 몸이 한결 가뿐해지면서 그제야 이씨가 안치되어 있는 시립병원에 갈 엄두가 났다.

행려자 전문병동이 설치된 신설동 시립병원을 찾아갈 때마다 병원 영안실 직원들에겐 언제나 부드러운 얼굴일 수밖에 없었다. 노상에서 개처럼 서럽게 죽어간 사람의 마지막 얼굴이라도 보여달라고 허리 굽혀 애원했고, 그런 부탁에도 막무가내인 직원에게는 때로 돈을 찔러넣어주고야 냉동칸을 열어 밥상공동체 가족임을 확인했다.

하지만 그날은 사정이 달랐다. 예전처럼 '부드러운 남자'가 될 기분도 아니었고, 또 그렇게 해서도 안 된다는 생각이 들었다. 참으로 당당하게, 그리고 매우 마땅하고 옳은 일이니 당장 문을 열어달라고 청했을 때 그들은 의외로 순순히 시신을 확인하게 해주었다. 한데 장례건에 대해서 만큼은 '조건'을 붙이면서 험악하게 나오는 것이었다. 장례식을 치르고 싶거든 80만원을 내고서 인도해 가라고 고집을 부리기 시작했다. 국민이 내는 세금 안에는 무의탁 행려자들을 위한 장례비가 포함되어 있는 것으로 아는데, 정부는 그 돈을 어디에 쓰고 우리들한테 돈을 달라는 거냐며 따지고 들자 영안실이 잠시 어수선해졌다. 더 이상 그 꼴을 보기가 싫어 공동체에라도 있으면 당장 갖다 주고픈 마음도 있었지만, 당시 우리에겐 그만한 돈이 없었다.

"당신이 목사님이라니까, 지금 이 정도로 그나마 잘봐 주고 있는데."라는 그들의 말에 그만 열이 치밀어올라 분통을 터뜨리고 말았다. "목사라서 이만큼 봐주다니. 그렇다면 목사가 아니고 그도 저도 아닌, '사' 자가 안 붙은 평민이라면 영안실에서 벌레처럼 기란 말이냐 뭐냐?" 공동체 가족들 앞에서 더 큰 소리 내고 싶지 않아 울분을 삼키고 영정도 없는 이씨의 영안실 마룻바닥에 꿇어 앉았다. 이미 앞서 죽은 행려자들의 영혼들을 무릎에 담아 머리를 숙이고 두 손을 모으자니 어디서부터인가 출처를 알 수 없는 서러움이 복받치며 마음을 뒤흔들어 놓았다.

두 눈이 통통 붓고 목이 쉰 채 집으로 돌아와서는 죽은 듯이 잠들고 말았다. 다음날 눈을 떠보니 박 간사가 놓고간 편지가 책상 위에 반듯이 놓여있었다.

행려자 이씨의 주검 앞에서

처음 본 얼굴
알 수 없는 키
그 작은 얼굴에 깊이 팬 눈
짧은 머리

솟은 광대뼈
핏빛 가셔버린 창백한 이씨
이 더운 여름날
아무도 슬퍼해 주는 이 없는 곳에
홀로 누운 그대
이 세상에서 철저히 버림받은 이종삼
그 주검 앞에
구더기 꾀고 파리떼가 날아든다
주검이 다시 죽는 이씨
양심도 구겨지고
돈 되면 뜯는 이만
있는가 했는데
주검 위로 태양을 창조하신 하나님
따사로운 햇살을 드리우시네
눈물 움켜잡고 침묵 속에 앉아 있는
최 목사님, 근모 형, 정득 형, 동선 자매, 은영 자매
자본주의의 구조적 모순을 직시하며
몰인간화와 처절하게 싸우는 그들이 운다
자신의 한계를 느끼며
이별의 아픔 너머로 강하게 짓누르는
악의 세력 느끼지만
하나님의 전신갑주로 죽음을 넘어서서
살림의 세상을 열어가는 그들을 본다
아아
버려진 주검 앞에
작은 그리스도들이 무릎으로 나아가고 있다
세상에선 버림받았으나
아브라함의 품에서 영생을 누릴

작은 형제 이종삼 씨가 마침내 웃고 있다.

아아 이 덧없는 주검의 행렬 속에서

처연한 슬픔 딛고 일어선 다일의 형제 자매들이

부활의 첫 열매 되신 그 분의 영광 바라보며

개선가를 부른다네

개선가를 부른다네

7월 9일 원주 IVF 간사 박용덕 형제 올림.

"어이, 밥짓는 시인, 최씨 양반!"

"밥을 더 드릴까요? 국을 더 퍼드릴까요?"

"그런데 최씨, 시인이 뭐여?"

"아, 네……시시해서 시인이지요, 뭐."

정트리오 가족의 자선음악회

1992년 초 느닷없이 세화예술재단에서 전화가 걸려왔다. 정 트리오 가족의 맏형인 정명근 씨의 전화였다. 며칠 전 TV에서 다일공동체 사역이 소개되는 것을 어머님 이원숙 여사가 잠시 보았는데, 그때 우리 공동체를 위해 자선공연을 하면 좋겠다는 뜻을 자제들에게 전하시더라는 것이다. 만일 우리 쪽에서만 좋다면 언제든 음악회 날짜를 잡자는 호의적인 내용이었다. 나는 너무 갑작스러운 제안에 어리둥절하기도 하여 일단 한번 만나자고 의견을 맞추었다.

며칠 후 정명근 씨와 이원숙 여사를 만났다. 그분들의 태도는 감동적일 정도로 겸손했다. 더욱이 뜻있는 자선 음악회를 베풀어주겠다고 제의한 분들이 더없이 조심스럽게 우리의 의사를 묻는 데는 놀랄 수밖에 없었다. 그때만 해도 다일공동체는 몇 개 일간지와 월간지, 그리고 KBS TV, MBC TV에 단편적으로 소개된 정도여서 관심갖는 이들에게나 알려져 있을 정도의 작은 모임이고, 그들은 세계적으로도 유명한 일가이며 공신력 있는 재단 아닌가.

몇 차례 의논 끝에 그해 7월 25일 오후 7시 인터콘티넨탈 호텔에서 '섬김의 집' 마련을 위한 디너 음악회를 갖기로 결정했다. 세화예술재단에서 모든 음악회 준비와 호텔 계약, 후원단체 섭외 및 유인물 제작을 맡기로 하고, 우리 쪽에서는 음악회 티켓을 판매하고 행사시 필요한 자원봉사자를 확보하기로 약속했다.

생전 처음 자선음악회 행사를 대대적으로 기획하게 되자 우리는 사뭇 걱정되었다. 우선 행사 규모가 생각보다 크고, 행사 전과정이 청량리라는 삶과는 너무 동떨어진 최고급 호텔에다가 웬지 문화 수준차까지 느껴져서 거북스럽기도 했다. 우리의 그런 마음을 읽었는지 몇 주후 세화예술재단에서 연락이 왔다. 신라호텔에서 열리는 천주교 장애인학교를 위한 자선음악회에 우리 부부를 초대하고 싶다는 것이었다. 그래서 우리는 난생 처음으로 호텔의 디너 음악회에 참석해 진행 사항 전반을 견학할 수 있었다. 그날의 음악회는 국내외 귀빈과 천주교 사업가들이 대거 참석한 프로그램이었다.

돌아와서 이것저것 정리해보니 그런대로 행사의 밑그림이 그려졌다. 우선 음악회 준비위원을 선정했다. 대내적으로는 우리 교회 집사로 구성된 준비위원회를 가졌다. 제2차 모임은 후원회장인 황산성 변호사 사무실에서 임원이 모여서 이루어졌다. 우리들은 이 모임을 통해 입장권 판매전략을 세우고 행사 진행을 위한 역할 분담을 치밀하게 세웠다. 세화음악재단 역시 나름대로 열심히 일을 진행해 나갔다.

그런데 일을 진행해가던 중 정명훈씨가 상임지휘자로 있던 프랑스 국립오페라단에서 사고가 일어나고, 이어서 정 트리오가 세계 금연 유엔대사로 뽑히게 되어 세화음악재단의 일이 폭주하는 사태가 벌어졌다. 그 바람에 세화에서 담당했던 기독교 실업인과 국제적 주요 손님 초대를 섭외할 충분한 시간을 갖지 못해 아쉬웠다. 그럼에도 불구하고 세화음악재단은 출연진 교섭, VIP 초대는 물론, 식탁배치도에 이르기까지 할 수 있는 한 노력을 다 기울였다.

마침내 음악회날인 7월25일, 그곳을 찾은 많은 손님들은 함께 맛있는 식사를 즐기며 아울러 그 멋진 음악을 감상했다. 성심을 다한 협력 교회들, 그리고 다일공동체를 아껴온 많은 분들이 한 자리에 둘러앉아 함께 음식을 먹고 집 없는 행려자나 길에서, 지하철 역에서 잠자는 사람들을 위해 함께 기도하던 그 날의 따뜻한 장면을 언제나 잊지 못한다.

행사가 끝나고 결산하는 과정에서 호텔 측에서 예약분의 대금을 다 치르게 하는 바람에 우리는 무척 마음이 아팠다. 나를 포함해 다일가족 스무 명 정도는 한 사람이라도 호텔 식사를 덜하면 음식값 지불이 줄어들 거라는 생각으로 아예 저녁을 굶기까지 했는데. 행려자 숙소 마련을 위한 우리들의 안타깝고 눈물겨운 노력과는 상관없이 계산돼 나온 호텔 청구서가 무척이나 야속하게 느껴졌다.

총 수입금은 2천3백만 원 정도였다. 우리 공동체에 주어진 최초의 거금이었다. 나는 음악 행사를 계기로 여러가지 생각을 하게 되었다. 무엇보다도 먼저 정트리오 가족, 특히 세계 정상의 음악가를 길러낸 장한 어머니 이원숙 여사의 겸손한 자세와 정명근 선생의 노력은 우리들을 감동시키기에 충분했다.

또 행사가 있기까지 알게 모르게 봉사한 수많은 사람들이 우리를 격려하고 아끼고 있다. 그분들이 앞으로도 다일공동체를 기억하고 기도해주리라 생각하니, 후원금을 얼마 모았다는 사실보다 더 크게 설레었고 감격스러웠다.

'김연수 시화전 & 박영 성화전'을 열던 날,
한복 입은 아내의 모습이 그날 따라 눈에 환히 들어왔다.
먹을 것 없고 잘 데마저 없는 이웃의 무료숙소 건립을 위해
마련된 자리. 타오르는 하얀 촛불처럼 우리 가슴 속의 불빛이
그곳을 환히 밝혔다.

11
아름다운 세상 찾기

작은 기적은 어머니로부터 | 숙이가 이사가던 날
아빠, 요술 같아요

아슬한 절망의 벼랑에서
부르짖는 그대의 외침이
내 가슴을 찢기에
그대의 희망을 겹겹이 에워싼
암막이 나를 덮기에
그대 외에 아무도 볼 수 없이
나는 눈이 멀었다.
율법도 바리사이도
안 보이게 눈이 멀었다
눈 먼 사람아
눈 먼 사람아
나를 흔드는 사람아
네 믿음대로 되리라.

－치유자의 말씀－

작은 기적은 어머니로부터

92년 추석이 가까워 올 무렵이었다. 황산성 변호사가 진행하던 MBC TV 여론광장의 추석특집 '소외된 이웃을 돌아봅시다' 라는 프로그램에 다일공동체가 약 15분간 소개된 일이 있다.

황 변호사는 사전 제작된 다일공동체의 프로그램을 시청하고는 그날로 당장 전화를 해주었다.

"최 전도사, 고생 많이 한다는 소리를 여기저기서 듣기만 했는데 오늘 방송국에 갔다가 최 전도사가 어려운 일 하는 거 보면서 속으로 많이 울었어. 자랑스럽기도 하고. 그런데 요즘은 왜 전화 한번도 없는 거야. 우리 만나서 어려움도 얘기하고 시원스럽게 맘 좀 열어놓고 대화하자구요."

마침 옆자리에 있었는지 김동익 목사가 말을 이었다.

"정말 어려운 길을, 참으로 힘든 길을 선택했구려. 김연수 시인의 고생도 막심할 텐데, 나의 위로와 격려를 꼭 전달해주십시오."

이렇게 해서 이날 나의 주례였던 김동익 목사와 5년 만에 통화가 이루어졌다. 전에는 결혼 기념일이 되면 꽃바구니를 당회장실에 갖다놓고는 했지만, 청량리 한복판에서 다일 공동체를 시작한 이후부터는 찾아뵙고 인사드릴 경황이 없었다.

다일공동체가 TV로 방영되는 추석날 아침, 집사 한 분이 어머니께 일찍 전화를 드렸다.

"전도사님, 내일 MBC 여론광장 꼭 보세요. 우리 다일교회와 다일 공동체가 꽤 길게 나올 거예요. 한참을 찍어 갔거든요. 최 목사님 인터뷰도 길게 했구요."

그 말을 들은 어머니는 좀 기분이 나아졌는지 "알았어요. 꼭 보도록 할게요." 라며 약속했다는 것이다. 그런데 방영이 끝나자마자 어머니는 전화로 불 같은 역정을 쏟아냈다.

"야, 이 사람아. 자네 정신이 있는 거이? 기래 어디 할 일이 없어서 사내자식이 콩나물을 썻고 어디가 못나서 그래 창녀들 골목에서 리어카나 밀고다니는 꼴을 TV까지 내 보내는기야? 야야, 창피해 죽갔다. 하나밖에 없는 아들 훌륭한 목사 되는 것 보고 죽겠다고 평생을 기도하고 살았건만, 나는 멋도 모르고 TV에 나오는 내 아들 보라고 아는 사람마다 전화까지 했는데, 알리지나 않았더라면 부끄럽지나 않을 걸."

당시 어머니는 당신의 기대처럼 유학도 못 가고, 그렇다고 큰 교회에서 시무하는 것도 아니고, 교인이라고는 열 명도 안 되고, 도시 빈민선교 한답시고 리어카나 밀고다니는 나의 모든 일을 부끄럽게 생각하며 살았다. 그 일이 무엇보다 맘에 걸렸고, 그것이 나를 짓누르는 번뇌가 됨을 어머니는 아는지 모르는지 역정만 퍼부었다.

나는 뜻밖의 반응에 당황해서 변명도 못하고 얼버무리다가 "어머니를 다시는 부끄럽게 하지 않겠습니다." 하고는 통화를 끝내고 말았다. 그리고 몇 달간 아무런 소식도 주고 받는 일 없이 어머니는 어머니대로 나는 나대로 괴로워하며 주님께 기도드리다가 뜻하지 않은 일로 다시 만나게 되었다. 92년 말 교회의 심방 전도사직을 사임한 어머니가 아무 말 없이 다일교회 주일 공동 예배에 참석한 것이다.

"어머님, 이게 웬일입니까? 이렇게 스스로 이 교회를 다 나오시구요?"

"그래, 나도 오래오래 기도하고 고민하고 생각도 많이 했다. 운 적도 많았고."

"괜찮으세요, 어머니? 제가 어머니 모시러 먼저 갔어야 했는데 잘못했습니다."

"아니다, 내 잘못이 크다. 그동안 심방 다닐 때마다 집집이 차려내는 기름진 음식을 보면서 왜 내 아들은 이런 대접 한번 못 받아보고 저기서 저 고생인가 싶었다. 잘 나도 훨씬 잘 났지. 자네가 인물이 없냐, 설교를 못하냐, 학력이 달리냐. 그 생각에 목이 메여서 교인들이 차려주는 음식도 안 넘어 가더라고. 게다가 요즘 배부른 목사가 얼마나 많냐. 목회가 아니라 먹회란 말도 있지 않더냐. 근데 점점 내 맘 속에도 가난한 이들이 보이지 않고 병든 사람이 보이지 않고 자꾸만 편해지려는 습성을 보고 반성 많이 했어야. 내 자식 잘되기만 빌고 빌었던 욕심때문이었디이. 예수님이 내 맘 속에 깨달음을 주시더라구. 으흐흑."

나는 할 말을 찾지 못해 어머니 손을 꼭 잡고는 그저 "어머니 어머니"만을 불러댔다. 교우들 역시 눈물바다가 되어 오랜만에 예배당은 금붕어처럼 눈이 퉁퉁 부은 사람들이 오순도순 모여 눈물에 헹구어낸 라면을 먹었다.

그 후로 어머니는 공동체 주방에서 즐겁고 기꺼운 마음으로 봉사를 시작했다. 오히려 잘 먹고 잘 대접받던 교회의 전도사 시절보다도 더 기쁘게…… . 주방에서 때로 욕 얻어먹고 때로 별 수모를 다 당해도 주님과 함께 그들을 먹이고 돌보는 일을 얼마나 보람있게 생각하시는지.

이건 정말 오병이어 거리가 축성되던 기적 이전에 우리 가족에게 나타난 작은 기적이 아닐 수가 없었다. 뿐만 아니라 이제 어머니는 더 이상 예배 양식이나 공동체 사역에 대해 이의를 제기하지도 않는다. 진심으로 나의 목회와 공동체 사역의 중요성을 스스로 현장에서 깨달을수 있었기 때문이리라.

그리고 무엇보다 기쁜 것은 어머니와 아내 사이의 고부 갈등도 그때부터 해소되었다는 것이다. 그토록 외곬으로 근본주의 신학과 보수 신앙을 고집하던 어머니의 변화는 우리가 생각하기에는 참으로 기적이 아닐 수 없었다.

"여보게, 목회라는 걸 이제야 알겠네. 아니, 자네 목회야말로 이 시대에 주님이 가장 기뻐하는 참 목회라네! 진실로."

그날 나는 기쁨에 겨워 기적을 베푸신 하나님께 엎드려 절하며 크게 감사했다.

"아아, 아버지, 아버지!"

숙이가 이사 가던 날

숙이가 이사가던 날, 공동체 나눔의 집은 그날 따라 자원봉사자들과 견학온 손님들로 북적댔다. 동선 자매는 숙이에게 줄 선물까지 예쁜 포장지로 싸서 준비했다. 근모 형제와 함께 숙이 방에 찾아가니 골목 길에 세워둔 용달차가 꽤 오래 기다렸는지 왜 이제야 오느냐는 눈치다.

짐이 빠져나간 숙이의 방은 적어도 그녀에겐 붉은 방이 아니었다. "이 방에 들어올 그 어떤 누이도 숙이처럼 좋은 세상을, 아름다운 세상을 살아가면 참 좋겠습니다" 며 기도하고 있는데 숙이가 어느새 음료수 세 병을 들고 나타났다.

동선 자매와 근모 형제 역시 작은 정성이라고 선물을 건네며 "행복하세요. 건강하시구요." 라는 인사말을 던지자 또 다시 숙이의 눈에는 눈물이 그렁그렁해졌다.

"어머나, 저 같은 사람을 위해서 선물을 다 준비하시구요."

포주 아주머니도 한 마디 거들었다.

"나도 쟤가 행복하게 살길 빌겠어요. 숙이처럼 착한 애는 어딜 가나 인정받지 뭐."

이 동네에 정말 기적 같은 일이 생긴 것이다. 포주 아주머니가 자신의 '돈벌이 기계'의 새로운 삶을 위해서 등을 떠밀며 부디 부디 행복하게 살라고 축복해주다니.

믿어지지 않는 이 놀라운 현실 앞에서 그저 할 말을 잃고 숙이와 포주 아주머니를 번갈아 바라보았다.

"아, 뭐해요. 목사가 기도나 할 일이지. 애야, 넌 목사님 보고 가서 좋겠다. 그렇게 얼굴 한번 더 보고 가면 좋겠다고 하더니."

난 너무 감격스러워 기도를 말로 할 수 없었다. 말없는 침묵의 소리로 주님께 기도드릴 수밖에 없었다.

"주님, 주님, 주님……."

행려자들이 먹을 음식을 날마다 만들고,
먹고난 음식을 매번 치우고 닦는 일을 하면서
'새로운 세상'에 대한 귀한 깨달음을 얻었다.
다시 새로워지는 것, 그것은 설거지부터!
교회 갱신은 입이 아닌 몸으로 실천하는 데서 비롯됐다.

아빠, 요술 같아요

해마다 우리는 성탄 대축일 낮예배를 '오병이어' 거리에서 드렸다. 밥상공동체 가족들과 우리 교회 교우들, 다일공동체 가족들, 그리고 가까이서든 멀리서든 함께 기도하러 모여든 여러 후원교회 회원들이 전농동 쌍굴다리 아래서 구세주 탄생을 축하하는 예배를 드려왔다. 그리고 성탄예배에 참석하는 중요한 인물 중에는 아들 산과 딸 가람이도 끼여 있었다. 두 아이를 참석자로 소중히 여기는 데는 분명한 이유가 있다.

다일교회와 공동체를 창립하면서 나는 주일마다 두 아이를 데리고 청량리 예배당과 나눔의 집을 오갔다. 588거리를 처음 보았을 때 당시 유치원생이었던 아들이 물었다.

"아빠, 여긴 왜 이렇게 정육점이 많아요? 고기는 하나도 보이지 않는데."

사창가가 뭔지를 몰랐던 어린 산은 창마다 붉은 불이 켜진 것을 보고 그저 정육점이려니 생각했던 것 같다. 딸 가람이도 신기한 듯 물었다.

"아빠, 아빠. 여기 있는 언니들 다 미스코리아야? 모두 다 수영복 같은 옷을 입었는데?"

이럴 때는 무어라고 설명해 주어야 하는가. 난감했다. 그래서 "저어……" 하고 얼버무리고 있는데, 고맙게도 아내가 얼른 끼여들면서 말했다.

"산이 가람이는 아는 것도 많네. 정육점도 알고, 미스코리아도 알고."

그러자 아이들은 저마다 신나서 떠들었다.

"그럼, 엄마. 내가 누군데?"

두 아이는 자신들이 '해박' 하다는 사실을 알아주어서 고맙다는 듯 이구동성으로 소리쳤다. 그러는 바람에 나는 곤궁한 처지를 가까스로 넘길 수가 있었다.

그러나 그 이후로도 두 아이의 질문에 거짓말하지 않고 잘 설명해줄 수 있는 말을 찾지 못했다. 그래서 가능하면 길을 돌아 오는 불편을 감수하고서라도 윤락가 근처로 아이들을 데리고 다니지 않았다. 하지만 아빠가 하는 일을 묻는 아이에게 매번 아무 말 없이 끙끙댈 수만은 없지 않은가. 그래서 궁여지책으로 들려준 게 빈민선교에 관한 이야기였다. 그러자 아이들은 한결같이 아빠가 일하는 데를 가보고 싶다는 거였다. 결국 그런저런 곡절로 두 아이를 오병이어 거리에서 베풀어지는 밥상공동체에 데리고 가게 된 것이다. 특히 부활절과 성탄절, 여름방학과 겨울방학 때는 설거지를 시키면서 꼭 데리고 다녔다.

물론 주일예배 때는 언제나 나눔의 집에서 식사를 같이 했다. 그러던 어느 주일에 우리 가족은 늘상 그래왔던 것처럼 베스타를 타고 교회를 향해 달리고 있었다. 차가 집을 출발해서 종암동 로터리 쯤 갔을 때 우리 차 앞으로 이삿짐을 싣고 가는 작은 용달차가 끼여들었다. 가람이가 그걸 보며 말했다.

"엄마, 저 차는 애기 이사차인가봐요. 짐이 조금밖에 없잖아?"

"글쎄, 그럴 수도 있고. 어쩌면 가난한 사람의 이삿짐인지도 모르겠다."

엄마의 설명을 듣던 산이 갑자기 나에게 물었다.

"아빠, 왜 가난한 사람들이 있죠?"

"그야, 병 들어서 일을 못 하거나, 열심히 일하지 않았거나 하면 그렇게 되는 거지 뭐."

"돈 많은 사람도 한꺼번에 많은 돈을 함부로 쓰면 가난해질 수도 있어. 돈을 아끼지 않으면 말야."

나와 아내는 한 마디씩 대답했다. 그러자 산은 한참 심각하게 생각하더니 또 물었다.

"가난한 사람들도 잘 살 수 있는 방법은 없을까요?"

"글쎄다, 네가 한 번 생각해 보렴. 무슨 좋은 수가 있는지."

산은 또 생각에 잠긴 듯 한동안 말이 없었다. 그러더니 갑자기 손바닥을 탁 치며 말했다.

"아빠, 좋은 수가 있어요."

"뭔데?"

"동네마다 큰 집을 지어놓고요, 사람들에게 필요한 물건들을 다 거기 갖다 놓는 거예요. 그러고나서 각자 필요한 만큼 가져다 쓰면 되잖아요."

"그래, 그러면 되겠구나. 그런데 산아, 만약 눈 앞에 맛있는 과자가 수북이 쌓여있다면 너는 몇 개나 가지고 갈 거니?"

"아빠, 나 많이 가지고 갈 거야. 실컷 먹고, 가람이도 주고, 내 친구 종석이도 주고."

"그것 봐, 산아. 여러 가지 물건을 아무나 마음대로 가져가라고 한다면 저마다 더 많이 가져가려고 하지 않겠니? 그렇게 되면 싸우게 되고, 또 물건도 다 없어지게 되겠지. 그래서 사람들은 자기가 열심히 일한 만큼 물건을 살 수 있도록 한 거야."

"아, 그렇구나."

"그런데 오병이어 거리 사람들은 그 돈을 벌 힘이 없어서 가난한 거야. 우리가 도와주는 것도 그런 뜻에서야. 조금씩 더 나누어 갖기 위해서 베스타를 타는데, 너는 그걸 어떻게 생각하니?"

"좋아요. 아빠 차가 좀 더 좋은 것이었으면 했는데, 이젠 자랑스러워요."

"아빠, 그래도 아빠가 기차나 버스 같은 큰 차를 샀으면 좋겠어요. 그런 차는 사람이 많이 탈 수 있으니까 얼마나 좋아요."

아직 아기인 가람이는 보다 많은 사람이 탈 수 있는 차가 좋은 줄 아는 모양이다. 이렇게 해서 산과 나의 '생활토론'은 끝이 났다. 그 후로 산은 가끔씩 엉뚱한 걸 질문하기도 하고, 함께 놀아달라고 조르기도 했다.

어느날은 평소보다 조금 일찍 들어온 아빠를 붙들고 놀자고 했다. 나는 무등을 태워주기도 하고 이불을 펴놓고 씨름도 하며 유쾌한 부자지정을 나눴다. 한번은 말타기를 하다가 신이 난 산은 말했다.

"아빠, 어느 때는 나에게 형이 되어주고, 어떤 때는 친구, 그리고 어떤 때는 아빠가 되어주시면 좋겠어요. 하루의 3분의 1씩 쪼개서 말이에요."

그 말에 깜짝 놀랐다. 아직 국민학교도 들어가지 않은 꼬마가 자신의 생각을 그렇게도 조리있게 말할 수 있다는 사실이 놀랍고 신기했다.

도시빈민선교를 한답시고 거의 밖에서 살다시피하다가 어떤 때는 일주일만에, 어떤 때는 열흘 만에 집에 돌아와보면, 눈에 띄게 자라난 소중한 아들 산과 귀여운 딸 가람이! 그럴 때마다 무럭무럭 잘 자라준 아이들이 고맙고, 나 없을 때도 아이들을 잘 키워준 아내가 고마웠다. 그리고 그 모든 것을 허락하신 하나님께 감사했다.

어느날 씩씩대며 집에 들어온 산은 또 내게 다가와 물었다.

"아빠, 우리 부자 아니야?"

"왜?"

느닷없는 질문에 놀라 아들의 양볼을 감싸며 묻자 속상해 죽겠다는 표정을 지었다.

"위층 아이와 싸웠는데요. 글쎄, 그 애가 집도 가난하면서 까분다지 뭐예요? 우리가 왜 가난하냐고 했더니 계속 말도 안 되는 소리를 하는 거예요."

"뭐라고 말했는데?"

"너희는 지하에 살잖아? 그리고 너희 아빠는 매일 작업복 입고 다니고, 차는 덜덜거리는 낡은 베스타고. 안 그래? 그러지 뭐예요. 기가 막혀서."

이 말을 하면서 더 화가 나는지, 산이는 약이 올라 어쩔 줄 몰라 했다. 듣고 보니 이웃집 아이가 한 말이 하나도 틀린 데가 없었다. 오히려 어쩌면 어린 애가 그렇게 관찰을 잘 했나 싶을 정도였다.

무엇보다 놀라운 것은 어린이 세계에서도 친구가 어떤 집에 살고, 어떤 차를 타고, 아버지가 어떤 일을 하느냐 하는 것이 시빗거리가 된다는 사실이었다. 한편 우습기도 하고 한편은 염려스럽기도 한……. 그러나 어떻게든 산의 마음을 풀어주어야겠기에 다시 말을 건넸다.

"그 친구 말이 틀린 것 같지는 않은데. 모두 사실이잖아."

"그럼, 아빠. 지하실은 나쁜 거예요? 가난한 거냐고요?"

"그렇게 나쁘진 않지만, 위층보다는 집값이 많이 싸단다."

"그럼 아빠는 작업복 입고 나쁜 차를 타고 다니니까, 형편없는 직업을 가진 거예요?"

"아니야!"

나는 힘주어 말했다. 하지만 산은 믿을 수 없다는 표정이었다.

"아빠가 작업복을 입고 다니고, 낡은 베스타를 타고 다니는 것은 꼭 돈이 없어서 그러는 건 아니야. 열심히 일해서 돈을 벌면 우리도 다른 사람들처럼 살 수는 있어. 하지만 아빠 엄마는 우리만이 아니라 다른 사람들도 함께 잘 살고 싶어서 그러는 거란다."

"아, 그렇구나. 그럼 부끄러울 게 없겠구나. 그렇지만 아빠, 우리도 다른 애들처럼 위층에서 살아요. 그리고 아빠도 양복 입고 출퇴근 하시고요. 그러면서도 다른 사람을 도울 수는 있잖아요?"

산은 거의 애걸조로 말했다. 그런 산의 간청을 들으며 생각했다. '그래, 산의 말이 맞다. 도시빈민선교는 내가 선택한 것이지, 결코 아이들이나 아내가 선택한 것은 아니다. 내 선택에 온 가족이 따라주는 것만도 고마운데, 옷차림 정도의 문제로 아이들에게 불편을 주어서는 안 되겠다.'

말하자면 아들 덕에 조금은 멋쟁이 아빠가 된 것이다. 그날 이후로 가능한 한 출퇴근시에는 말끔한 옷을 차려 입으려고 노력했다. 그때 우리의 대화를 말없이 옆에서 듣고 있던 아내는 직장생활을 하면서도 기독교서회 등 여러 출판사에서 교정 등의 일감을 받아다 하고, 또 틈틈이 청탁원고도 쓰며 저축을 하고 있었다. '지하에서 지상으로' 라는 목표 아래.

나 또한 가족들이 무척 힘들게 살아가고 있다는 사실을 자각하며 가능한 한 아이들과 아내의 어려움을 덜어 주려고 애썼다. 그래서 아이들만은 좀 더 자라서 사회의 여러 면들을 이해할 수 있을 때까지 588 거리나 오병이어 거리에 데리고 가는 일을 삼갔다. 하지만 성탄절이나 부활절 대축일, 교회창립예배 등 특별한 날을 맞으면 산과 가람이를 꼭 데리고 다녔다.

오병이어 거리의 성탄절 예배에는 반주와 지휘에 따라 성가대 합창이 울려 퍼지고, 밥상공동체 가족들과 많은 교인들과 후원자들이 한데 어우러져 찬송을 부르며 기도했다. 기쁘고 경쾌한 캐럴에 마음이 설레는 가운데 사랑의 나눔은 계속되었다.

특별한 명절이나 절기 때는 늘 그래 왔지만, 그날 따라 오병이어 거리는 무려 3백여명의 밥상공동체 가족들로 장사진을 이루고 있었다. 한참 동안 식판에 숟가락을 놓던 산이 당황한 듯 작은 소리로 물었다.

"아빠, 모자라면 어떻게 해요? 아직도 많은 사람이 남았는데……."

주위를 살펴보니 정말 아직도 밥상을 받지 못해 차례를 기다리는 사람들이 무려 1백명은 넘어 보였다. 나도 조금은 당혹스러운 마음이 들었다. 그래서 남아있는 음식과 선물꾸러미들을 눈으로 대략 헤아리며 산에게 말했다.

"산아, 걱정하지 마라. 모든 사람에게 골고루 잘 나눌 수 있을 거야."

"성경에서처럼요?"

산은 그건 성경에서나 있는 일이지, 지금 벌어진 상황은 그와는 다르다는 듯 고개를 갸웃거리며 다시 물었다.

"그래, 걱정하지 마. 잘될 거야."

산은 반신반의하는 표정으로 계속 식판에 숟가락을 놓아갔다. 숟가락 두 개가 남았을 때 밥을 받으러 오던 행렬이 끝났다. 그제서야 산은 다행이라는 표정으로 나를 다시 쳐다보았다. 그리고는 신기하다는 말투로 말했다.

"아빠, 요술 같아요. 정말 요술 같아요. 그렇게 많은 사람들에게 음식과 선물을 공평하게 나누어줄 수 있다니. 저는 모자랄까봐 얼마나 걱정했다고요."

"그럼, 모든 사람들에게 다 나눠주었어. 아빠가 걱정하지 말라고 했잖아."

"정말 모두 공평하게 나누어 가진 거지요?"

산은 아직도 믿어지지 않는지 재차 묻고선 아주 만족한 웃음을 만면에 머금었다. 그때 옆에서 우리 대화를 듣고 있던 CBS의 김삼일 PD가 끼여들었다.

"아, 이번 프로그램 제목은 두 분 대화에서 나왔습니다. '쌍굴다리 밥상공동체의 기적'! 괜찮죠, 목사님?"

산이 미처 기적이란 용어를 찾지 못하고 '요술'이라는 말로 표현하자, 바로 그 평범한 단어에서 프로그램의 제목을 순발력있게 찾아낸 것이다. 우리는 모두 웃으며 동의했다.

　다음날 방송된 프로그램의 제목은 조금 다르게 수정이 됐지만, 그날 산의 마음 속에 새겨진 '쌍굴다리 밥상공동체의 사랑, 그리고 나눔' 의 기적은 꺼지지 않는 불꽃으로 타오를 것을 확신한다.

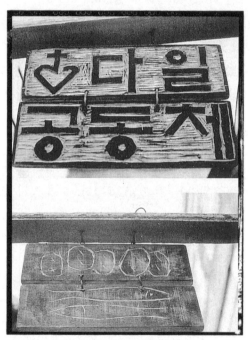

다양성 안에서 일치를 추구하는 공동체.
그래서 생겨난 이름 '다일(多一).'
588 한복판에서 '사랑의 밥' 을 퍼주며
오병이어의 기적을 기원하던 김성한 형제가,
어느날 그 뜻을 새긴 다일공동체의 간판 두 개를
이렇듯 멋지게 만들었다.

12

물고기 두 마리와
보리떡 다섯 개

작은 불빛이라도 밝혀야
겨우 헤쳐 나갈 수 있는
우리들의 출근길은
매연으로 가득하다
누가 밝힌 불빛으로도
쉽게 뚫을 수 없는
이 어둠의 농도
금 간 영혼엔
아직도 비 소식 요원한데
뜬구름만 몰렸다가
흩어지는, 흩어지는
서울 하늘.

　　　　－러시아워－

거리에서 나눈 시집

　그 날 우리는 봉고차에 싣고온 책뭉치를 막 내리고 있었다. 아내 김연수 시인의 두 번째 시집 〈그대 아득한 별에 꽃씨 묻으며〉를 출판사에서 막 받아오는 길이었다. 부피는 크지 않았지만 1백권이 한 뭉치로 포장되어 꽤 무거웠다.

　낑낑대며 나눔의 집까지 책을 나르자, 길가에 서서 호객행위를 하던 펨푸 아줌마 몇 사람이 이내 달려왔다. 그네들은 짐을 나누어 받아들며 물었다.

　"뭔데 이렇게 무겁다냐?"

　"책이에요."

　"무슨 책?"

　"시집입니다."

　"누가 썼는데요?"

　"네, 제 아내가……."

　무거운 물건을 나를 때나 난처한 일을 당할 때면 으레 나서서 짐을 들어다주기도 하고, 우리를 힘들게 하는 사람들을 쫓아보내기도 했던 이웃이다. 물론 그들도 처음엔 우리 앞에 소금을 홱 뿌리며 "아이구, 재수 없어. 혹시 예수쟁이 아니야?" 하고 냉대하던 사람들이었다. 심지어 교회와 공동체 간판마저 떼버리는 행패까지 아무렇지도 않게 저지르곤 했다.

그럴 때마다 우리는 시시비비를 가리며 맞대응하는 것을 포기했다. 그렇게 몇 년의 세월이 흘렀나보다. 그들은 어느덧 우리의 다정한 이웃으로 다가왔다.

사실상 그네들은 생각보다 훨씬 마음이 약했고, 또 눈물이 많았다. 그래서 다른 사람들의 가슴 아픈 사연이나 딱한 처지를 그냥 지나치지 못했다. 그들의 영업에 방해가 되지 않는 한. 그런 그들에게 우리도 점점 호감을 갖게 됐고, 마침내 음식을 나누며 기쁨과 슬픔을 서로 들어주고 격려하는 사이가 되었던 것이다.

책뭉치를 들고 가던 한 아주머니가 말했다.

"이 시집 우리에게도 보여줄 수 있어요?"

나는 물론이라며 고개를 끄덕였다. 그리고는 나눔의 집 앞 길바닥 위에 책을 잠시 풀어놓고, 주변에 있던 펨푸 아주머니와 포주들에게도 한 권씩 나누어주기 시작했다. 아주머니들은 책을 받아든 순간 얼굴 가득히 환한 웃음이 번졌다.

"아이고, 이게 웬 선물이래요? 더욱이 작가 선생님께 직접 책을 받다니."

"목사님만 능력 있으신 줄 알았는데, 사모님도 역시 대단하시구만요."

"워메, 우리 목사님만 시인인 줄 알았는디 사모님도 시인이시구랴."

"시로 말하자면 사모님이 좀더 선배고 유명하당께."

저마다 즐겁게 한마디씩 거들며 책을 펼쳤다. 그 중 한사람이 조금은 민망한 표정으로 다가왔다.

"그런데, 이건 특별히 뜻있는 책인게로요, 지역 언니들한테도 쫘악 한 권씩 주면 참 좋겠는디."

"그래요, 언니들이 받기만 한다면 얼마든지 드리지요."

그네들의 말을 듣고보니 그것도 참 좋은 생각이다 싶어서 몇 권씩 책을 꺼내 품에 안겨 주었다. 그들은 신바람이 나서 책을 들고 이집 저집 드나들며 언니들에게 시집을 전했다.

어떤 언니들은 갑자기 왁자지껄 떠드는 소리가 궁금했는지 길가에 나왔다가 직접 책을 받아가기도 하고, 어떤 언니는 자기에게도 보내달라고 손짓을 하기도 했다. 이 광경을 지켜보고 있던 동네 약국주인도 책을 사겠다며 나왔다가 오늘은 거저 드리는 날로 삼겠다고 하자 박카스 한 박스를 대신 내놓고는 시집 한 권을 받아갔다.

이렇게 해서 588거리는 삽시간에 시집 수백 권이 동나는 책잔치가 벌어졌다. 맛있는 음식이나 좋은 옷은 물론 기타 생활용품 등을 나눠주느라 행려자 노동자 무의탁노인들로 인산인해를 이루었을 때도 눈하나 깜빡하지 않던 588 현역언니들이었다. 한데 뜻밖에도 시집을 나누자 저마다 나와서 받아가는 거였다. 이 모습은 우리에게 충격과 기쁨과 보람을 안겨주었다. 그리고 그것은 새로운 문화선교의 길을 우리 다일공동체가족들에게 가르쳐 주는 귀한 기회가 되었다.

가정과 가족과 친구들을 떠나 몸으로 세파를 헤쳐가는 그들이 목말라 하는 것은 결코 물질적인 도움이 아니었다. '예수 천당, 불신 지옥' 등의 상투적인 전도 구호는 더더욱 아니었다. 오전 내내 가사상태에 빠진 듯 축 늘어지고 활기 없던 이 거리에 해가 기울고 붉은 등이 켜질 무렵, 반라의 몸으로 인간 진열대에 쭉 늘어앉아 몸을 파는 어린 누이들이 그리워하고 목말라하는 것은, 믿어지지 않는 일이겠지만 다름 아닌 서정적인 시집과 아름다운 이야기였다.

이 사실을 같은 동네에서 몇 년간 고락을 나누며 함께 살면서도 바로 터득하지 못 하였으니. 공동체 가족은 자신들의 우매함과 아직도 부족했던 지역 선교에 대한 정성을 자책하며 그 날을 보냈다. 또한 이제라도 새로운 선교의 길을 알려주신 분께 대한 감사도 잊지 않았다.

육체를 돈주고 사고 파는 588 뒷골목에 아내의 시집이 나누어지던 날, 나는 사랑하는 누이들의 찢어진 마음 속에 간직한 못다 피운 아름다운 마음을 읽을 수가 있었다. 짓밟힐 대로 밟혀도 결코 죽지 않는 동심으로 돌아가고픈 마음을 다시금 읽었다. 풋풋한 마음을.

다시 들은 그분의 음성

　토요일마다 우리가 벌이는 의료봉사는 언제나 최선을 다했음에도 불구하고 늘 한계에 부딪혔다. 무엇보다 진료할 만한 마땅한 공간이 없어 고생스러웠다. 처음에는 채소 썩는 냄새가 코를 찌르는 시장 한 모퉁이에서 치료를 해주다가 청량리 농수산물 조합건물 한켠을 빌리거나 공동체의 비좁은 방을 치워 아쉬운대로 환자를 돌보았다.

　환자는 나날이 늘고 그에 따라 의료진의 숫자도 늘어난 데다 날씨는 무덥고, 언제 목욕했는지 세수했는지 모를 환자들이 옹기종기 모여앉아 고약한 냄새를 풍길 때면 차라리 시궁창에 코를 처박고 있는 편이 더 나을 것만 같다고 고충을 토로하는 봉사자도 있었다.

　여기에 주말과 휴일에만 진료가 가능한 현실도 문제였다. 병마란 게 날을 잡아 생기는 것이 아니련만, 시도 때도 없이 닥치는 질병에 환자들은 의사가 없는 줄 뻔히 알면서도 일주일 내내 나눔의 집을 들락거렸다. 그때마다 "진료는 토요일과 주일에만 하니 돌아가세요." 라고 궁색하게 말해보지만 그들은 아랑곳없이 아픔을 호소하는 것이었다. 때로는 아무 약이라도 먹어야 살겠다며 약장문을 여는 등 소란을 피우기도 했다. 결국 고심 끝에 찾아나선 곳이 동부시립병원이나 신림동 성요셉의원 미아리 성가복지병원 등 자선병원이었다.

　시립병원은 경찰차가 환자를 실어가기 전엔 수속절차가 매우 까다로워 588에서 가까운 성가복지병원을 자주 찾아갔다. 하지만 그곳 역시

문이 항상 열려 있는 것은 아니었다. 우선 본당 신부나 천주교 인사의 서명을 받아와야 했다. 누구의 사인을 받나 고민하다가 경동시장에 있는 성 프란치스코 식당의 수사를 생각해냈다. 그들도 나눔의 집처럼 빈민을 위한 무료식당을 열고 있었다.

환자가 생길 때마다 일일이 서명을 받는 일은 생각보다 쉽지 않았다. 그들은 흔쾌히 서명해 주었지만 그때마다 목사인 내 마음은 괴로웠다. 교회 쪽에서도 동네마다 번듯한 무료병원을 세워준다면 얼마나 좋을까. 또 프란치스코 식당은 일주일에 나흘만 문을 열었기 때문에 문 닫은 날이면 속수무책이었다. 얼마 후 다시 성가복지병원을 찾아갔다. 서명 없이도 바로 환자를 돌보아주었으면 좋겠다고. 그러자 담당수녀는 뜻밖에도 친절히 응답해주었다.

"알겠습니다. 도와드리도록 하지요. 그동안 다일공동체가 무엇을 하는 곳인지 저희도 잘 알게 되었으니까요. 이제부터는 최 목사님의 서명만 있어도 환자를 받도록 하겠습니다."

"수녀님, 감사합니다."

"아니, 뭘요. 어디 개인을 위해서 하시는 일인가요? 목사님도 저희처럼 소외된 형제 자매를 위해 더 힘들게 애쓰시는데요."

그때부터 우리는 주말 의료봉사의 한계에서 벗어나 부족하나마 매일매일 아픈 이들의 고통을 덜어 줄 수 있게 되었다.

후속 진료가 제법 체계적으로 꼼꼼하게 진행되자 여기저기서 환자들이 몰려들었다. 심지어 지방에서도 다일공동체에 가면 치료할 길이 열린다며 찾아오는 바람에 주말이면 그야말로 문전성시였다. 그때마다 폐병환자는 목포의 디아코니아 자매회(한산촌)나 홍천의 베델 요양소로, 알코올 중독자는 시립병원으로, 무의탁 노인들과 행려환자는 성가복지병원으로 보내 치료받게 했다.

그러던 어느날 시흥에 사는 한 자매로부터 연락을 받았다. 목소리로 보아 상당히 다급한 상황인 것 같았다. 급히 베스타를 몰고 주소를 물어 물어 시흥까지 달려갔다. 도착해보니 지하 단칸방에 모녀가 살고 있었다.

"아버님은 얼마 전에 돌아가셨습니다. 어머니는 어떤 일로 충격을 받아 중풍에 걸리셨고요. 몇달 만이라도 누군가 어머니를 보호해주면 그 사이에 돈 벌어 치료비라도 준비할 텐데. 돌보아줄 사람이 없어 제가 곁에 있으니 뭘로 입에 풀칠하고 치료비를 댈지 앞이 캄캄합니다."

흐느끼는 그녀를 달래고 환자를 일단 우리집으로 모셔왔다. 며칠 안정을 취한 다음 성가복지병원에서 치료를 받을 수 있도록 할 예정이었다. 사흘이 지나 환자와 함께 병원으로 간 은주 자매가 날이 저물도록 돌아오질 않았다. 어찌된 일인가 걱정하고 있는데 뒤늦게 전화가 걸려왔다.

"저, 일이 어렵게 됐어요. 목사님이 직접 와 해결해 주셔야겠어요."

"그게 무슨 소리야?"

"입원이 안되었거든요."

성가복지병원은 수년간 우리 환자들을 기쁘게 받아주던 곳이 아닌가. 그런데 이제는 입원시킬 수가 없다니?. 의아심을 안고 병원에 달려가보니 은주 자매가 풀이 죽은 채 복도에 서 있었다. 자초지종을 물으니 입원 수속을 하던 도중에 주변사람들이 '사모님'이라고 부르는 걸 지켜본 담당 수녀가 환자의 신분을 캐물었던 모양이다. 그래서 '목사 사모'라고 대답했더니 얼굴빛이 달라지더라는 것이다.

"어쨌든 이분은 딸이 있으니 연고자 있는 환자는 받기가 어렵습니다. 그리고 목사 사모가 왜 여기까지 와야 하나요? 교회는 평생 목회해온 분의 사모를 이런 식으로 대하나요?"

입원을 담당한 수녀는 이렇게 단호히 거절하며 자리를 뜨더라고 은주 자매는 울먹였다.

나는 모든 자존심을 꺾고 담당수녀를 찾아가 간절히 부탁했다. 그동안 담당수녀가 바뀌었지만 그 역시 냉정하긴 마찬가지였다.

"교회를 비난하려고 이런 말을 하는 게 아닙니다. 하지만 너무하잖아요. 동네마다 골목마다 수억 수십억짜리 예배당이 얼마나 즐비합니까? 멀쩡한 건물도 허물어선 돈들여 다시 짓더군요. 신자가 천만 명을 넘는다고 하던데 무료병원 하나 없어 목사 사모를 여기까지 모시고 옵니까? 다일공동체도 문제가 없는 것은 아닙니다. 환자를 데리고 오는 것으로 할 일을 다했다고 생각하는 모양인데, 어서 정신차리셔서 자그마한 무료병원이라도 세우셔야죠."

그 말을 듣고 있는 동안 말할 수 없는 수치감에 몸이 떨렸다. 온몸에 전율이 일었지만 부끄러움에 얼굴을 바로 들기가 어려웠다. 뿐만 아니라 속도 무척 상했다.

할 말을 잃고 힘없이 비틀거리고 있을 때 마침 병원 복도에 걸린 십자가가 어렴풋이 눈에 들어왔다. 순간 알 수 없는 힘에 이끌려 십자가를 바라보며 기도했다. 그렇게 5분여 꿇어앉아 있었을까, 청량리역 광장에서 함경도 할아버지를 처음 만났을 때 들었던 음성이 다시 들려오는 듯했다.

귀를 막았다. 그리고 들으려고 하질 않았다.

"하나님, 어쩌란 말입니까? 생명을 살려보자고 여기 저기 뛰어다녀봐야 허탈감만 더할 뿐입니다. 지금 개신교 목사 이름으로 이 짓을 하는 겁니까? 난 당신의 심부름꾼입니다. 왜 이런 수모와 부끄러움을 안겨주시는 겁니까. 당신의 대책은 뭡니까? 이제 어찌 해야 좋을지, 어디로 가야 좋을지."

얼마나 시간이 지났을까, 흐르던 눈물을 닦아내고 나무에 매달린 예수님을 다시 올려다 보았을 때 내 마음을 어루만지는 그분의 손길을 느낄 수 있었다. 조용하고도 신비로운 음성을.

"일도야, 나의 대책은 바로 너다. 일도야, 너는 어느 때까지 나에게 대책을 묻고 따질 거냐. 나의 대책은 바로 너 자신이다. 일도야, 어느 때까지 너는 나를 차가운 땅바닥에 눕혀 놓을 셈이냐. 어느 때까지……."

난 두 주먹을 불끈 쥐었다. 방금 전까지 하나님의 대책을 따져 물었던 나의 믿음 없음에 가슴을 치며 "내 탓입니다. 내 탓입니다. 모두 내 탓입니다."를 외치고 있었다.

복도에서 기다리는 근모 형제를 먼저 공동체로 보냈다. "가서 따뜻한 물도 끓이고 새 이불도 마련해두어라. 사모님을 위로해 드려야 되겠다. 물리치료할 준비도 해놓고."라고 이른 다음 사모 곁에 가까이 다가갔다.

"제 등에 업히세요. 이곳보다 더 편한 우리 공동체로 모실게요. 시설은 형편 없어도 사모님이 마음 편히 쉴 수 있는 곳입니다. 어서 제 등에 업히세요."

어머니여, 울지 마세요.
이 곳보다 더 편한 우리 공동체로
모실게요. 시설은 형편 없어도
마음 편히 쉴 수 있는 곳입니다.
어서 제 등에 업히세요.

천사의 집, 1004명의 사랑으로

끝내 성가복지병원에 입원시키지 못한 환자를 다시 공동체 차에 태우고 나눔의 집으로 돌아오던 날 저녁, 나는 실의에 빠졌다. 하나님의 대책이 바로 '나 자신'이라는 그 분의 음성이 너무 막연하기만 했다. 무엇부터 시작해야 하나, 내가 해야 할 일은, 그리고 가야 할 곳은 어디인가. 성가복지병원의 수녀가 내게 들려주던 말과 십자가를 올려다보며 기도할 때 들리던 음성이 오버랩되면서 서로 뒤얽히곤 했다.

밤 10시. 늦은 저녁상을 물리고 허탈감에 빠져 간신히 벽에 기대어 있는 나를 바라보던 아내는 뭔가 이상한 낌새를 느꼈는지 공동체 '작은 천국' 박남수 목사 댁으로 전화를 걸었던가보다. 자정 무렵 박남수 목사와 남궁정순 사모가 성큼성큼 현관으로 들어오더니 소리쳤다.

"차나 한 잔 합시다."

"이 늦은 밤에……, 어서 오세요. 마침 잘 오셨어요. 가슴이 꽉 막혀 있던 차였는데 어서 시원한 바람으로, 들풀의 부드러움으로 감싸 안아주십시오."

'바람'은 박남수 목사의 별칭이요, '들풀'은 남궁정순 사모를 일컫는 애칭이었다.

"수련님, 무슨 일이에요? 또 최 삿갓 얼굴은 왜 그 모양이에요?"

'수련'은 말할 것도 없이 아내의 별칭이고 '삿갓'은 나를 부르는 애칭이었다.

두 사람은 자리에 앉으며 말했다.

"최 삿갓님, 이런 일을 두고 인연이라고 하는 건지 필연이라고 하는 건지 모르겠네요."

"무슨 말입니까?"

"오늘 최 삿갓님이 모시고 병원에 갔다는 그 사모님은 저희 부부와도 인연이 있거든요."

"뭐라구요?"

그러자 들풀이 설명을 거들었다.

"소천하셨다는 목사님이 바로 우리가 보광동에서 시무할 때 교회 전임을 맡으셨거든요."

"아 아!"

"얼마나 마음 많이 아프셨어요."

그날 바람과 들풀과 아내는 한마음이 되어 주었다. 박 목사 내외분은 사모를 위해서 중풍환자를 전문적으로 치료하는 침술원 등을 알아보겠노라고 다짐하고는 자리를 떴다.

다음날 고려대학교 부속병원 정형외과 의사로 있는 김창완 형제에게 전화를 했다. 벌써 몇 년 동안을 주말이면 다일 무료 진료소에 찾아와서는 병원 문턱을 밟아보지 못한 사람들을 일일이 만져주고 모든 하소연을 들어주던 형제였다.

내 이야기를 듣고난 창완 형제는 무조건 사모를 자신에게 데리고 와보라는 것이었다. 중풍환자를 치료할 수 있는 물리치료와 보조 기구를 구할 수 있다면서.

"목사님, 힘드시지요. 어서 모시고 오세요. 사모님은 나중에 제가 퇴근할 때 집까지 모셔다 드릴게요."

다음날 이른 새벽부터 서둘러서 사모를 모시고 병원을 찾았지만, 눈코 뜰새 없이 바쁘게 진료에 매달리던 창완형제가 사모를 진료한 시간은 오후 2시가 넘어서였다.

창완형제는 윗사람들 눈치 속에서 할 수 있는 모든 정성을 다해 사모를 돌보아주었다. 몇 시간을 그렇게 땀을 쏟아가며 물리치료와 함께 보조기구까지 맞추어 드리고 병원문을 나설 때는 이미 땅거미가 서서히 내려앉을 무렵이었다. 시흥으로 가는 베스타 안에서 그제야 늙으신 목사부인은 환한 웃음으로 창완 형제 이야기를 꺼냈다.

"대한민국에 저런 의사 몇 명만 더 있어도 병원이 불친절하다고 욕먹진 않을 텐데."

외롭지만 꿋꿋하게 신앙으로 살 것을 다짐하는 두 모녀를 시흥까지 바래다드리고 나눔의 집으로 돌아와보니 공동체 가족 어느 한 사람도 흩어지지 않고 한자리에 모여 중보기도를 드리고 있었다.

"가난한 이들, 병든 노숙자들을 위한 무료병원 대책을 하나님께 따지고 물어봤지만 응답은 바로 나 자신이요 우리들의 몫이라고 합니다. 여러분들 생각은 어떤지……."

눈물 많은 이공선 목사 눈가에, 이경자 권사 눈가에 어느덧 이슬 같은 눈물이 방울방울 맺혀 있었다. 어머니가 눈물을 씻어내며 말문을 열었다.

"하나님이 하라시면 하는 것이고, 하나님이 원하시고 하나님이 기뻐하실 일이라면 못 이룰 일이 있겠습네까?"

지금까지 우리들의 생각은 큰 교회나 큰 재벌기업에서 자선 무료병원을 지어놓으면 공동체의 온 가족들과 자원봉사자들이 매달려서 무료봉사를 할 셈이었다. 우리 힘과 능력으로 어느 세월에 병원을 설립할 수 있단 말인가. 그런데 이날 다일공동체 온가족은 한 사람도 예외없이 뭔가 해낼 수 있다는 확신감이 넘쳐보였다.

"가난한 우리들이지만 몸의 고단함과 마음의 기도로 무료병원을 세워봅시다. 하나님은 한 두 교회나 돈 많은 한 두 사람의 기금보다는 소박한 사람들, 마음씨 착한 사람들의 더 많은 정성을 원하시는 것이 틀림없습니다. 우리부터 온 정성과 뜻을 기울이되 지금 여기에 모여 있는 11명부터 1백만원씩을 모아 봅시다. 다일교회 교우들이래야 대부분 학생이지만 아르바이트를 하고 일일찻집을 해서라도 모든 교우들을 이 뜻에 참여하게 합시다."

잠시 생각해보니 우리를 도와줄 벗들이 적지 않을 것 같았다. 그래서 우선 현재 우리 공동체 나눔의 집에 와서 수고하는 자원봉사자에게, 후원회원과 협력교회의 모든 성도에게 우리의 신념을 최대한 전하자고 공동체 식구들을 독려했다.

"어쩌면 우리를 미쳤다고 할지도 모릅니다. 믿음을 몸으로 실천해온 사람들이 아니고서는. 이상주의자요 몽상가라는 소리를 듣더라도, 어떤 비난이나 웃음거리가 되더라도 아랑곳하지 말고 오늘 우리 가슴을 적셔놓은 주님 약속을 굳게 믿고 열심히 뛰고 달리며 이 자리에 물고기 두 마리와 보리떡 다섯 개를 쌓아봅시다. 주님이 시작하신 일이니 주님이 이루실 것입니다."

착한 공동체가족들은 모두 한 목소리로 아멘을 합창했다. 한달 후 다일가족들은 믿기 어려운 1천1백만원이라는 돈을 모았다. 그리고 동네 포주 아주머니들이 모아준 47만5천원을 합해 1천1백47만5천원이란 돈이 무료병원 설립을 위한 기금으로 은행에 저축됐다.

기적은 이때부터였다. 성가병원에서 거절당한 환자 이야기를 입에서 입으로 전해들은 신자마다 자신들도 이 일에 동참하겠다고 약속했다. 또 동안교회와 사랑방교회, 현대교회 등의 협력교회도 열성을 보여 주었다.

한 주일 두 주일, 시간이 흐를수록 후원회원들은 1백만원이라는 큰돈을 선뜻 맡겼고, 학생들과 가난한 이웃은 매달 5만원씩 10만원씩 적금을 부어 분납하겠다는 약속을 해왔다. 1백만원씩의 천사 사랑을 모아 세워보자는 무료병원, 일명 '천사의 집'은 마음 따뜻한 시민들 사이로, 급기야는 KBS 성탄특집방송으로 전국에 소식을 전하게 되었다.

KBS 성탄 특집

그 해 11월 어느날, 소망교회 상담실에서 후배인 강기호 목사와 천사 후원회 임원과 후원회 모임을 끝낸 후 공동체로 전화를 걸었다.

"별일 없지요? 오늘은 후원회 모임과 저녁식사하기로 했어요. 좀 늦게 들어갈 겁니다."

한데 전화를 받던 근모 형제가 다급한 목소리로 말했다.

"저어, 늦으시면 안 되는데요."

"왜?"

"손님이 오셨거든요."

"손님? 오늘 밤 누구와도 약속한 게 없는데."

"네, 약속한 건 아니래요. 그저 무작정 들렀다면서 오후 2시경부터 목사님 오시기를 마냥 기다리고 계세요."

"그래요? 그 분이 누군데?"

"KBS에 계시는 김 PD라는데요?"

아뿔사! 전화하지 말 것을. 지난 달부터 수차례 전화를 걸어 집요하게 인터뷰를 요청하던 김덕기 PD가 생각났다. 거듭되는 전화공세에도 불구하고 인터뷰를 허락지 않자, 언제 얼굴이나 한번 보자는 말을 남기며 정중히 전화를 끊었던 그였다. 시계를 들여다보니 벌써 7시를 가리키고 있었다. 2시부터 기다렸다면 다섯 시간 넘도록 기다리고 있는 게 아닌가.

나는 쉽게 마음을 정할 수가 없었다. 한 교회를 섬기면서도 밥 한번 제대로 나누어 먹으며 대화할 틈조차 없이 지내온 터였기에, 모처럼 식사를 하자는 교우의 호의도 물리치기가 어려웠다. 하지만 하염없이 나를 기다리느라 난방도 안 되고 쥐똥냄새 나는 곳에서, 그것도 어둑할 무렵이면 사정없이 기어오르는 쥐벼룩의 집중공격에 속수무책일 김 PD를 생각하니 예의가 아닐 듯 싶었다.

고민 끝에 약속한 저녁을 먼저 하는 게 순서라는 생각이 들어 "방송국 손님은 하룻밤 재워야 할 것 같다."며 식당 가길 재촉했더니 그분들은 펄쩍 뛰며 "만약 그 PD가 하나님께서 보내신 분이면 어쩌려고 그러냐?"고 하면서 어서 가라고 등을 떠밀다시피 하는 것이었다.

모처럼의 저녁식사 약속이 깨지고 돌아서는 길엔 벌써 땅거미가 내려앉고, 골목마다 분홍빛 조명등을 밝힌 영업집에는 맨몸을 다 드러내다시피한 아가씨들이 동전으로 유리창을 톡톡 치며 지나가는 손님을 불러들이고 있었다.

늘 그래 왔던 것처럼 아주 익숙하게 그 골목 중 하나인 나눔의 집을 향해 막 들어설 때였다. 처음 보는 듯한 아가씨가 유리창을 드르륵 밀고는 톡 튀어나와 내 팔을 꽉 잡더니 팔짱을 끼었다. 그리고는 애교가 철철 넘치는 목소리로 유혹하듯 착 달라붙었다.

"오빠, 나하고 연애하다 가요 잉?"

약간 당혹스럽긴 했지만 초창기 시절이나 있을법한 일이 어째서 일어나나 싶어 아가씨의 얼굴을 빤히 들여다보았다.

"아가씨, 여기 오늘 처음 왔나 보군요."

"오빠가 어떻게 그걸 알아요?"

"나는 여기 볼일 보러온 오빠가 아니에요. 이 동네사람들은 날더러 '밥짓는 시인'이라고 부르지 이렇게 막무가내로 날 안 잡아요."

"무슨 소리예요? 밥짓는 시인?"

우리가 승강이를 벌이고 있을 때 펨푸 아주머니 두 사람이 까무러칠

듯이 달려나오더니 아가씨 손을 잡아챘다.

"아이고 이년아 이 분은 그러면 안 되는 분이야. 이 분이 아까 우리가 말한 그 목사님이셔."

"……?"

"아이고, 죄송해라. 처음 온 애라 뭘 몰라 그래요. 용서하세요, 목사님."

오히려 아주머니들이 민망해서 어쩔 줄을 몰라하며 아가씨를 데리고 돌아섰다.

막 유리창 안으로 들어가는 그녀를 향해 "밥 잘 먹고 잠 잘자야 해요. 건강 잃지 말구요."라고 한 마디를 던지곤 공동체 대문을 밀고 들어섰다. 희미한 촛불 아래서 이공선 목사와 대화를 하고 있던 PD, 그리고 낯선 얼굴의 시나리오 작가가 보였다.

속으로 저 친구들을 어떻게 하면 기분좋게 이 집에서 내보낼 수 있을까를 생각했다.

"초면에 실례가 많습니다. 목사님."

상대방은 손을 내밀며 자신을 소개했다.

"KBS 휴먼 다큐멘터리 프로그램 제작을 맡고 있는 김덕기입니다."

나는 그의 손을 잡으며 답례했다.

"반갑습니다. 최일도입니다. 본의 아니게 이렇게 시간을 낭비하게 해서 어쩝니까. 어쨌든 지체할수록 아까운 시간만 보내게 되니 어서들 서둘러 가보시지요. 죄송합니다."

"아니, 뭘요. 그래도 비교적 빨리 만난 셈인데요. 만약 오늘 목사님을 못 만나면 내일 오실 때까지 무작정 기다릴 참이었거든요."

"괜한 시간 낭비라니까요."

선비형의 얼굴에 편안한 웃음을 띤 김 PD는 단호하게 말하는 내 마음을 잡아두고 싶었는지 자신들은 괜찮다며 내 손을 다시 잡았다.

"사실은 방송 때문이 아니고 목사님께 의논드릴 일이 있어서 불쑥 찾아왔습니다."

"아, 무슨 말씀이신지 대강 짐작은 가는데요. 저희는 이제 더 이상 어떤 TV 프로그램에도 출연하지 않기로……."

"저도 다 알고 왔습니다. 우리 방송 PD 몇 분이 이미 여길 다녀갔었는데 그때마다 여러 사람들이 말하더군요. 다일공동체 삶과 정신을 제작하려고 했지만 끝내 협조가 안돼 무산되고 말았다고요."

"그런 줄 알고 오셨다니 다행이군요. 혹시 오해하실 수도 있을 텐데요. 미안합니다만, 그럼 이만."

"욕심낸다고 뭐라 하지 마시고, 꼭 드릴 말씀이 있는데요."

"무슨 말씀을?"

"곧 성탄절이 다가오잖습니까? 무엇으로 금년 성탄절 메시지를 제대로 전할 수 있을지 참으로 난감하답니다. 아시다시피 요즘은 성철스님 신드롬이 전국을 흔들고 그분이 남기신 이야기로 온 매스컴이 떠들썩하지 않습니까? 목사님 중에서도 성철스님처럼 사는 사람이 있다면 제작에 별 어려움이 없겠는데…….어떻게 성탄절의 참뜻을 화려한 호텔과 스테인드 글라스와 파이프 오르간이 울려퍼지는 웅장한 예배당에서 찾을 수 있겠습니까!"

그의 어조는 사뭇 진지했다. 성탄 메시지를 전할 수 있는 소재를 찾지 못한 걱정과 안타까움, 그것은 단순히 PD라는 직업상의 고민만은 아닌 듯싶었다. 그래서 나는 물었다.

"혹시, 성당에 나가시나요?"

방문자에겐 좀처럼 묻지 않는 말이었지만, 그의 표정에는 좋은 성탄 메시지를 제작해서 세상의 많은 사람들에게 전하고픈 소망이 너무 진하게 배어 있어 나도 모르게 던진 질문이었다.

"아, 미처 말씀드리지 못했네요. 저도 기독교 신자입니다. 열심하진 못해도, '장승교회'라고 장승백이에 있는데, 저희 가족은 모두 그 교회 신자랍니다."

"이거, 참 반갑군요. 그동안 적잖은 PD선생들이 다녀갔습니다만,

공영 방송국에서 일하는 크리스천 PD를 만나기는 이번이 처음입니다."

"사실은 아내가 며칠 전부터 제 일 때문에 새벽기도를 하고 있다더 군요. 의례적인 특집 하나 만들어서 월급 타는 그런 프로그램 말고요, 뭔가 가슴 찡한 진실을 찾아 알리고 싶은 게 소망이랍니다. 목사님, 부탁드립니다."

그의 말은 너무도 진실했다. 한 종교인으로서 자신이 속해 있는 종교의 가슴 뜨거운 이야기를 찾아 다른 이들과 함께 나누고 싶어하는 간절함이 내 마음을 조금씩 흔들고 있었다.

오늘날처럼 어지러운 세상에 한 종교가 나아갈 길을 바르게 열어줄 수 있다면 이 역시 신의 영광이요, 은혜일 것이라는 생각이 들었다. 나도 김 PD와 똑같은 심정으로 살아가고 있으며, 그런 소망을 지니고 살아가는 사람 가운데 하나가 아니던가. 그래서 그에게 한 가지 제안을 했다.

"취재니 프로그램 제작이니 하는 목적은 다 그만 두고, 무엇보다도 형제님이 여길 며칠 나오셔서 가난하고 병든 이들을 있는 그대로 보고 가세요. 목적을 다 버리고 있는 그대로를 보고 느끼십시오. 우리가 특별히 설명할 것도 없이……"

"저도 그게 좋겠다고 생각되는군요. 그렇다면 이 현장을 있는 그대로 보고 느끼기 위해서 몇 가지만 여쭤어 보아도 되겠지요?"

우리는 서서히 이야기의 실마리를 풀어나갔다. 처음 창립 당시의 이야기며 중간에 존폐 기로에 섰던 이야기, 그리고 지금 진행되는 이야기들을 허물없이 나누었다.

두 시간쯤 흘렀을까. 이야기가 '천사의 집' 건립을 서두르게 된 대목에 이르자 김 PD의 눈이 붉어지더니 글썽이는 눈물을 감추기 위해 고개를 떨어뜨리는 것이었다. 한참 후에 이야기가 끝났을 때 그는 좀 어눌해진 목소리로 말했다.

"저도 동참하고 싶어요. 제가 월급쟁이라 1백만원을 일시불로 다 낼 순 없지만, 허락된다면 분납해서라도 함께 천사 대열에 서고 싶습니다."

무료병원 건립에 1계좌 1백만원을 헌금하기로 약속한 그는 자리에서 일어서면서 다시 한번 악수를 청했다.

"금년 성탄 메시지야말로 우리 다일공동체를 통해서 천상의 기쁨을 전할 수 있게 되길 바랍니다."

사실 그동안 〈인간시대〉〈현장기록, 요즘 사람들〉 등과 같은 여러 방송국의 제작자로부터 TV 프로그램을 제작하겠다는 요청을 여러번 받아왔다. 하지만 우리는 그 모든 제의를 받아들이지 않았다. 그건 매스컴에 대한 특별한 거부증이 있어서가 아니다. 짧게는 한 두번 뉴스시간의 미담으로, 길게는 십여분에 걸친 시사 프로에 참여해 보았는데, 그때마다 우리 생각과 프로그램 제작팀의 생각이 달랐다. 더 이상은 특별한 곳에서 특수한 일을 하는 특별한 사람들로 비치는 것이 싫었다.

우리 공동체는 특별할 것이라고는 눈곱만큼도 없는 아주 평범한 사람들이고, 이 현장을 특수 목회현장이라고 생각해본 적이 단 한 번 없다. 차라리 특수한 곳을 들라면 잘 사는 사람들끼리 모여 있다거나, 배운 사람들끼리만 모여서 사는 곳이 특수 현장이지, 다양한 사람들이 다양한 사연들로 모여서 사는 곳에 어떻게 '특수'라는 말이 붙을 수 있는가.

난 특별한 데라곤 정말 없는 평범한 사람일 뿐이다. 글쎄, 굳이 특수한 게 있다면 단 한 가지 서울이라는 특별시에서 태어난 특별시 시민이라는 것 정도가 있을까. 매스컴들은 나를 '특별한 사람'으로 만들기에 주저하지 않고 덤벼들었다. 피하면 피할수록 더욱더 파고들었다.

허락도 없이 보도하는 일이 마치 매스컴의 사명이나 되는 것처럼.

게다가 협조가 따르지 않자 이 사람 저 사람에게 묻거나 이미 보도된 일간지 주간지 등을 복사해서 긴 시간을 연속 촬영해 편의대로 짜집기 편집을 하는 바람에 사실이 왜곡되어 보도되는 일조차 왕왕 생겼다. 신문이나 잡지도 그 파급 효과가 대단한데, TV처럼 영향력이 큰 곳에 행여 오보가 나간다면 이 얼마나 난감한 일인가. 한번 잘못 보도된 것을 바로잡기는 무척 어렵다는 것을 경험을 통해 알고 있었다.

TV 프로그램에 참가하기를 주저한 또 다른 이유는 제작자가 원하는 감동적이고 드라마틱한 프로그램을 만들기 위해서 어떤 부분은 과대포장하고, 어떤 부분은 감추고 할지도 모른다는 염려 때문이었다. 대개의 프로그램을 보면 중심인물의 시시콜콜한 사생활까지 들추어서 공개하는 경우를 흔히 보게 되는데, 특히 아내가 어떤 데든 흥밋거리나 가십의 주인공으로 등장하기 싫다고, 또 그런 식으로 우리 삶을 세상에 공개할 순 없다고 거듭 만류했기 때문이었다.

하지만 마음 한편에는 정말 양질의 프로그램을 제작해서 모든 이들에게 소외된 이웃들의 참담한 현실을 알리고 싶은 심정도 없지 않았다. 프랑스의 빈민 선교 대부인 피에르 신부처럼 현대 사회의 이기인 매스미디어를 통해 가난한 이웃의 문제를 함께 아파하고 생각하는 시간을 갖고 싶은 마음도 간절했다. 하지만 앞서 말한 이유들로 서너번 TV 프로그램의 PD들에게 순진하게 '이용' 당한 것을 끝으로 이제는 절대 사양하기로 굳게 다짐했던 터였다.

그런데 김덕기 PD와의 만남은 좀 다르게 느껴졌다. 다음날 다시 찾아와 차근차근 설명하는 김 PD의 프로그램 구성을 들으며 비로소 나와 같은 생각을 하는 제작자를 처음 만났다는 확신을 가질 수 있었다. 그 순간 우리는 의기투합해서 말했다.

"이제야 제 마음을 읽어주는 PD를 만났군요. 그럼 어디 한번 잘해

봅시다."

"아, 기도한 보람이 있군요. 성심껏 잘 만들어보겠습니다."

김덕기 PD의 일에 대한 신실한 태도와 신앙에 감동하였고, 공동체 식구들도 모두 찬성해서 그동안 보류했던 일을 '감행' 하기로 결정했다. 93년 KBS 성탄특집 프로그램에 소외된 이웃과 더불어 살아가는 우리 공동체의 이야기를 있는 그대로 보여주기로.

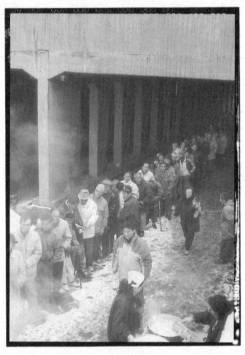

또 다시 닥쳐온 겨울. 이 혹한 뒤에도
봄은 우리 곁에 오는 겁니까?
찬바람에 나부끼는 길고 긴 절망 뒤에도
희망은 다시 솟아날 수 있는 겁니까?

쌍굴다리의 기적

　성탄특집 프로그램 제작진은 '다일공동체-오병이어의 기적'을 담기 위해 588거리를 찾았다. 우리들이 길을 가다가 우연히 목격하곤 하던 촬영 현장이 우리 공동체 안에서도 펼쳐지고 있었다. 이제는 촬영 풍경을 신기한 듯 돌아보며 무심히 지나가는 팔자 좋은 구경꾼의 처지도 아니었다.

　김덕기 PD의 촬영팀은 다섯 명으로 구성되어 있었고, 촬영장비도 대단했다. 우리는 전에도 단편적이나마 방송 프로그램에 출연한 일이 있어 대개 이러 이러하게 진행되리라고 짐작하고는 있었지만 하루 이틀 촬영이 진행되는 동안, 우리는 놀라고 또 놀랐다. 불과 50분짜리 프로그램 한 편을 제작하는데 그렇게 많은 시간을, 또 그렇게 많은 이들의 땀과 정성을 모아야 한다는 사실에 입만 벌어질 뿐이었다.
　나와 공동체 식구는 물론 자원봉사자와 밥상공동체의 할아버지 할머니 삼룡이 아저씨와 도현이, 또 청량리 채소시장 상인과 588거리 등 인간 소외의 현장을 무려 스무 날이 넘도록 찍고 또 찍었다.

　천사후원회 재정 담당인 소망교회 박명희 집사와 남서울중동교회 조용복 집사, 그리고 장로회신학대학 서정운 총장에 이르기까지 참으로 많은 분이 일부러 시간을 내어 프로그램에 참여했다. 물론 처음엔 안 나오겠다는 것을 사정사정하여 어렵사리 허락을 얻은 터였기에 짧은 촬영 하나하나에 신경이 모아지지 않을 수 없었다.

그중 특히 '모시기'가 어려워 애를 먹은 사람은 바로 아내 김연수 시인이었다. 뒷모습조차도 안 찍겠다며 완강히 거절하는 바람에 김 PD 는 반나절을 몽땅 아내의 마음을 돌리는 데 보내야 했다.

"이런 일을 하는 분의 부인이 소개되지 않으면 공동체 모두의 손해 예요. 또 사모님도 손해보실 테고요. 시청자들이 혼자 사는 남자인 줄 알고 인물 좋은 목사님을 따라다닐지 누가 압니까"라고 조크를 해가 며 아내를 설득했다. 그래서 날이 저물 무렵 한 가지 '조건'을 달아 간신히 허락을 받아냈는데, 그렇게 해서 성사된 것이 아내의 뒷모습 촬영이다.

한편 촬영팀은 이 기회에 도시빈민의 비인간적 삶을 될 수 있는 한 적나라하게 조명하고, 복지 후진국인 우리나라의 뒷골목 실정을 고발하기 위해 일부러 야간을 기다려 며칠이고 촬영을 했다. 한겨울 매서운 밤 기운 속에 일하면서도 제작진은 혼신을 다하는 모습이었다. 그들은 말로만 듣던 집없는 이들의 밤거리 노숙현장을 목격할 때마다 처참해 했고, 함께 가슴앓이를 했다. '설마'가 '정말'로 바뀐 데 대한 실망감과 안타까움이 큰 것 같았다.

늘 보아오던 모습이긴 했지만 저녁도 굶은 채 길 모퉁이에서 거적때 기나 누더기를 둘러쓰고 잠을 청하는 형제 자매들을 카메라에 담을 때 는 민망하기도 하고, 죄책감도 들었다. 없어서 괴로운 사람들의 고통과 수치를 해결해 주지도 못하면서 많은 사람들의 눈 앞에 아프게 들추어내는 것은 아닐까. 저들을 위해 무언가 해보겠다고 시작한 이 일이 오히려 상처만 입히는 일이 되지나 않을까 하는 염려와 기우가 촬영 내내 머리를 떠나지 않았다.

참으로 어려운 과정을 거쳐서 마침내 촬영이 끝났다. 12월로 들어서면서 방영 날짜가 성큼성큼 다가왔고, 우리들은 불안과 기대를 똑같이 안고서 그날을 기다렸다.

1993년 12월 23일, 오후 8시 KBS 제1TV 성탄특집 '다일공동체 쌍굴다리의 기적'이란 제목이 스크린 가득 클로즈업되었다. '오병이어의 기적'이라고 하면 기독교인이나 알아들을 용어라서 '쌍굴다리'로 바꾸었으니 양해해달라는 김 PD의 전화가 있었다.

우리는 숨을 죽이고 화면을 응시했다. 우리들의 생활이 TV 화면을 통해 연이어 나오는 것을 보고 있자니 참으로 묘한 기분이 들기도 했다. 지나간 시간이 카메라에 그대로 잡혀 재현되는 모습은 기억력을 통해 지나간 일을 회상하는 것과는 판이한 면이 있었다. 이런 느낌들을 뭐라고 꼭 집어내기는 힘들지만, 어쨌든 대단한 관심과 기대 속에 프로그램은 진행되고 있었다.

방송이 시작된 지 한 10여분 지났을까. 연이어 전화벨이 울렸다. TV에 나온 뒷모습이 비슷해 물어물어 전화 걸었다는 아내의 동창생, 그동안 고생 많았다고 격려하는 교우들 전화, 가슴이 하도 찡해 전화했다는 사람, 동참하고 싶어서 다일로 곧장 오겠다는 사람들. 갖가지 사연을 안고서 줄지어 걸려오는 전화, 전화, 또 전화……. 우리는 전화를 받느라 TV를 제대로 보기가 힘들 지경이었다.

프로그램은 예상대로 성공적이었다. 전체 구성이나 화면, 그리고 스토리 전개 등 어디 하나 나무랄 데 없는 다큐멘터리였다. 특히 마지막 장면에 나오는 눈 오는 청량리 채소시장 거리와 쌍굴다리의 모습은 가위 압권이라 할 만했다. 물론 때 맞추어 눈이 내린 덕도 컸지만, 그렇게 작품을 마무리한 김PD의 안목은 사뭇 돋보였다. 또한 작품 전체에 소외된 이웃과 그들을 바라보는 아픈 눈빛이 절절히 담겨 있어 나마저도 눈물이 나올 정도였다.

하지만 작품이 끝났을 때 한 가지 당혹감에 사로잡혔다. 막상 하고 싶었던 이야기며 중요하게 여기던 것들, 현장에서 벌어지는 참담한 현실의 많은 부분들이 뜻밖에도 많이 잘려나갔기 때문이었다. 다일공동체의 내면적인 아픔과 미래의 소망, 그리고 영성의 실체는 어디론가 사라져버리고, 특히 다일교회 초창기부터 고락을 같이 했던 교회 형제자매들, 그리고 장로회신학대학의 서정운 총장과 동안교회의 김동호 목사, 현대교회의 조성기 목사, 후원회 회장인 황산성 변호사와 박명희 조용복 집사 외 협조를 아끼지 않았던 여러 목사의 얼굴이 단 한 번도 나오지 않았던 것이다. 그렇게도 사양하던 분들을 어렵게 설득해 다같은 공동체 가족으로 성의를 다해 찍었는데.

그 분들에게 무척이나 미안했고, 마치 죄지은 사람 같은 심정이 되었다. 게다가 화면에는 이름도 얼굴도 밝혀지지 않은 수많은 형제 자매들의 숨은 헌신과 헌물로 우리 다일공동체 사역은 이뤄지지 않는가. 그런데도 마치 내가 혼자 다 이룬 양 나타난 것은 아닐까. 여기까지 생각이 미치니 퍽이나 부끄럽고 조금은 후회스러웠다.

이런 심정과는 상관도 없이 방영 바로 그 날부터 우리집과 공동체 사무실에 전화가 빗발치기 시작했다. 하루에 수백 통의 전화가 두 달 가까이 이어졌다. 멀리 떨어져 있는 친척, 전부터 알고 지내던 교인 친구 스승 일반 시청자들…….

더욱 놀라운 것은 걸려온 전화의 99퍼센트가 우리가 전혀 알지 못하던 분들이라는 점이다. 전혀 생면부지의 많은 이들로부터 따뜻한 격려와 협조의 메시지가 수도 없이 전달되어 왔고, 또 많은 분들이 직접 성금을 들고 공동체 나눔의 집을 찾아왔다. 적게는 코흘리개의 1천원에서부터 많게는 천사후원 헌금인 1백만원에 이르기까지 액수도 다양했다.

그뿐이 아니었다. 다음날인 12월 24일 크리스마스 이브부터 계속해서 이듬해 정월말까지 찾아온 사람 중에는 기독교신자는 물론이고 천주교 불교신자들도 의외로 많았다. 또 휠체어를 타고 오거나 목발을 짚고 오는 사람도 있었다.

"배고픈 사람과 밥 나누어 먹자는데 어떤 종교든 무슨 상관 있겠어요? 우리의 정성도 꼭 받아주세요."

"이제라도 작은 성의를 다해 참여할 수 있는 좋은 곳이 있어 너무 기뻐요."

"다른 종교인들로부터 교회는 자기 영역 확장에 급급할 뿐이라는 지적을 받을 때마다 쥐구멍에라도 들어가고 싶은 심정이었지요. 이제 우리도 뭔가 할 말이 생겨서 정말 다행입니다. 천만 교회신자들의 긍지를 높여주셨다고 생각해요."

그런 말을 들을 때마다 공동체 가족들은 대답했다.

"주께서 이루시는 일이지요. 어느 한 개인이 이런 일을 지속해갈 수 있겠어요? 우리는 그저 주님의 뜻을 따라갈 뿐입니다."

사실 이 말은 결코 일회용 답변이 아니었다. 1989년 다일공동체와 공동체 사역이 시작된 이래 수없이 반복해서 느끼며 체득해온 경험에서 우러나온 우리들의 신앙고백이었다.

일을 계획하고 시작하기도 전에 하나님께서는 나를 청량리로 이끌었고 이 일들을 맡기셨고, 내가 사람들에게 부족함을 고하고 부탁하기 전에 그 분은 우리들의 필요를 알아서 공급해 주셨다. 선의를 전하는 수많은 사람들의 손길을 통해서. 그리고 우리가 아쉽고 궁핍할 때마다 간구한 모든 기도에 신속하게 응답해주셨다.

우리들은 이 일을 통해, 새삼스럽게 확인하고 감사드리는 몇 가지 일들이 있다. 무엇보다도 모든 우리의 필요를 사람에게 부탁하는 것보다 하나님께 간청하는 것이 빨리 이루어진다는 사실이다. 맨처음엔 어려운 문제에 부딪히면 먼저 어떤 사람에게 도움을 청할까를 생각했었다. 그런데 '그 사람이면 틀림없이 협조해줄 거다'라고 확신했던 사람들은 거의 우리 기대와는 다른 반응을 보일 뿐이었다.

우리는 막다른 골목에 서서 모든 인간적 관계를 저버리고 허탈해 했다. 그러다가 마침내 우리들에게 쏟아지는 밝은 빛을 보았다. 하나님을 향한……. 결국 고통스런 문제들을 그분께 위탁하고 기도했다.

"우리의 기도를 들으소서. 우리의 기도를 들으소서!"

그러면 전혀 상상도 못했던 방법으로, 짐작조차 할 수 없었던 사람을 통해서 어려운 문제들을 해결해 주는 것이었다. 전혀 이름도 성도 모르고 기대도 안 했던 낯선 '천사'들을 통하여. 이로써 우리는 "무엇이든지 사람에게 구하기보다는 하나님께 간구하자." 라는 신앙고백의 행동양식을 무언 중에 형성하게 되었다.

또 다른 하나는 하나님께서는 무의탁 노인들이나 집 없이 떠도는 행려자 노숙자 윤락녀, 그리고 불쌍한 고아와 과부들을 무척이나 사랑하신다는 사실이었다. 참으로 부족하기 짝이 없는 나와 우리 공동체 식구들이 그들을 위해서 일하기 시작하자, 그분은 우리에게 필요한 것들을 공급하며 늘 곁에서 힘이 되어주셨다.

'하나님께서는 가난하고 소외된 사람들이 굶주리고 온갖 유형의 고통을 당할 때마다 얼마나 마음이 아프셨을까. 오죽 가슴 아팠으면 참으로 보잘것없는 우리들을 통해서라도 그들을 먹이고 입히려 하시는 것일까.'

그동안 나와 우리 공동체 가족들에게 가장 큰 위로와 격려가 되었던 것은 우리 주변에 이웃을 아끼는 착하고 따뜻한 마음이 곳곳에 살아있다는 사실이다. 그것도 소수의 사람들이 아니라 대단히 많은 사람들이 남 모르게 선을 행하며 살아가고 있음을 알게 된 것이다. 이 사실은 단순히 공동체 사역에 도움이 된다는 차원을 넘어 우리 사회의 미래에 대한 신뢰와 희망, 그리고 인간성 회복의 긍정적인 힘을 예고하는 것이기도 했다.

성탄특집이 방영된 이래 후원을 약속하는 이들의 발길은 1994년 초반까지 계속 이어졌다. 한동안 못 만났던 친구와 지인의 실로 오랜만의 만남, 같은 뜻을 가진 사람들을 새롭게 만나는 즐거움, 이 모든 기쁨이 매스컴의 놀라운 위력을 타고 계속 이어졌다.

눈물젖은 헌금으로

연초의 분위기가 어느 정도 가라앉은 정월, 낯 모르는 여자 두 분과 함께 연합통신 김용일 부장과 김원수 차장이 공동체 문을 밀고 들어섰다. 김부장은 십여년 전부터 호형호제하며 지내온 막역한 사이였고, 손님 중 한 분은 연합통신 신우회 예배에서 여러 번 설교를 했던 관계로 알고 지내던 분이었다. 날씨도 쌀쌀하고 해서 우선 사무실로 안내했다. 그 무렵은 방문객이 많던 때였으므로 의례적인 방문객 정도로 생각했다.

김 차장은 옆에 있던 여자 두 분을 소개했다. 한 분은 김 차장의 부인이었고, 다른 한분은 바로 그분의 처제되는 박명화 사모였다. 그들은 잠시 머뭇거리더니 방문 사유를 설명하기 시작했다.

"목사님과 의논드릴 일이 있다고 해서 이렇게 같이 오게 됐어요. 시간이 괜찮으시면 함께 얘기하고 싶습니다."

말없이 고개를 숙이고 있던 사모가 이윽고 말을 꺼냈다.

"사실은 제 남편이 얼마 전에 돌아가셨답니다."

"어떻게 그런 일이……."

나는 박명화 사모를 바라보았다. 무언가 알 수 없는 안쓰러움과 슬픔이 밴 수척한 얼굴, 그러나 맑고 잔잔한 미소가 아픈 사연을 달래듯 여울졌다.

"교통사고였어요. 너무나도 갑작스러운. 그런데 그분도 목회자였어요. 갓 해외유학을 마치고 돌아와 새 교회 개척에 부풀어 있었지요. 얼마간 개척에 필요한 물질도 모았고요."

"아이들은 몇이신데요?"

"딸만 둘이에요."

"아이고, 저런."

울먹이는 목소리를 간신히 가다듬으며 사모가 다시 말을 잇기 시작했다.

"그런데 목사님, 남편이 돌아가시기 전에 TV에서 다일공동체 성탄특집 프로그램을 함께 보았어요. 그때 최 목사님의 삶을 보고 크게 감동되어 이렇게 말하더군요. '여보, 우리도 최 목사님처럼, 바로 저런 섬기는 목회를 합시다.' 라고요. 그런데 그 말을 들은지 며칠 후 사고로 그만……"

참았던 눈물이 사모의 얼굴을 타고 소리없이 방울져 내렸다. 고개를 숙이고 듣고 있던 내 눈에서도, 김차장 내외의 얼굴에서도. 우리는 한동안 그렇게 앉아 있었다. 얼마나 시간이 흘렀을까.

"진정하시고 마저 말씀드려요."

김 차장이 진정시킬 겸 재촉했다.

"장례를 모신 후에 보상금이라는 게 얼마 나왔더군요. 그 기막힌 돈을 놓고 무엇에 쓸까 생각해보았습니다. 처음엔 아무런 생각도 안 나고 주책없이 눈물만 나더군요. 그래도 자꾸 기도하며 생각하다보니 그때 TV를 보며 남편과 나눈 이야기가 맘에 걸려……"

사모는 손수건으로 흐르는 눈물을 닦더니 하얀 봉투 하나를 탁자 위에 내놓았다.

"교회를 개척하려고 모았던 돈과 보상금입니다. 죄송하지만 이 돈을 받아서 목사님 사역에 써주세요. 남편이 못다 이룬 꿈을 목사님과 더불어 이룰 수 있게 해주세요."

아, 가냘파 보이는 사모가 그토록 갑작스레 몰아닥친 큰 슬픔 앞에서 어떻게 그런 결심을 할 수 있었을까. 역경을 이겨내기엔 너무 젊고, 아이들마저 어린데……. 도저히 무슨 말을 꺼낼 수가 없었다. 그저 놀란 눈을 들어 그분의 얼굴을 바라보며 함께 눈물지을 수밖에 없었다. 잠시 후 내가 먼저 말을 꺼냈다. 아주 단호하게.

"사모님, 저희는 이 돈을 받을 수 없습니다. 도로 거두어주세요."

"아니, 왜요. 왜 못 받으신다는 거죠, 목사님?"

"생각해보세요. 이 돈은 사모님과 어린 딸들을 위해 목사님께서 마지막으로 남긴 유산입니다. 그것도 목숨을 잃으신 대가로. 그런데 어떻게 저희가 그 돈을 받아 쓸 수 있겠어요? 아무리 주님의 일을 위해 쓴다고 해도 그것은 옳은 일이 아니라고 생각합니다."

사모는 고개를 가로저었다.

"아닙니다. 그런 게 아니라니까요. 그분은 당신의 꿈을 못 이루신 채 세상을 떠나셨습니다. 하지만 그 꿈만은 우리가 살려갈 수 있지 않겠습니까? 그분을 사랑하는 마음으로."

그래도 우리는 그 돈을 받기가 못내 마음 아팠고, 그분은 끝까지 받아달라고 우겼다. 이런 저런 승강이 끝에 간절한 청을 일단 받아들이기로 했다. 단, 그분이 돈이 필요해진다거나 더 좋게 쓸 데가 생기면 언제든 되돌려드린다는 단서를 달고서.

그분은 그날의 결정이 최선의 길이었다고 확신했던 것 같다. 우리는 얼마 후 그 눈물젖은 헌금을 공동체에 정식으로 등록했다. 5천만원 중 4백만원은 돌아가신 현정식 목사와 사모, 그리고 두 자녀의 천사헌금으로 등록하고, 나머지 4천6백만원은 나눔의 집 건립기금으로 접수한 것이다. '0186, 0187, 0188, 0189' 천사회원 번호 네개는 이렇듯 아픈 사연을 딛고 나란히 탄생했다.

이런 눈물과 정성과 헌신과 기도가 모여 1994년 6월 말경 나눔의 집을 좀더 넓은 현재의 전농동 집으로 옮길 수 있었다. 그리고 두 자녀의 학자금을 우리 공동체가 책임지기로 만장일치로 결정했다.

13

상한 마음엔
사랑만이 약입니다

당신의 다정한 눈빛이
내 기도의 문을 여는
소망의 열쇠임을

당신의 부드러운 말씀이
나를 나답게 피워내는
생명의 숨결임을

당신의 깊은 사랑이
내 생명을 타오르게 하는
꺼지지 않는 불꽃임을

당신의 존재 그 자체가
사랑인 것을
그 사랑이 내 안에 있었음을

당신의 자비한 품 속만이
내가 머물 수 있는
안전한 피난처임을

오로지 내 영혼
당신 품 안에 날개 접은
한 마리 작은 새임을

이제야 깨닫나이다.

－이제야 깨닫나이다－

복지의 '복' 자도 모르는 사람들이

1993년 12월, 한 해가 다 저물어갈 무렵에 동대문구청 사회복지과와 가정복지과로부터 연달아 전화가 걸려왔다. 그것도 내가 잠깐 신설동 시립병원 행려자 병동을 다녀오는 사이에 네댓 번 온 모양이다.

용건은 한 시간 동안 방영된 성탄특집 '쌍굴다리의 기적'을 잘 보았다는 내용과 함께 서울시장도 이를 보고 느낀 바가 있어 구청에 전화를 주었는데 그 뜻을 잘 받아서 우리 공동체를 어떻게 도와야 할지 한 번 만나 의논하고 싶다는 것이었다.

"구청장님과 면담 시간을 잡으려고 하니 적당한 시간을 알려주십시오."

그는 말끝에 이 한 마디 말을 덧붙였다.

"우리도 모르게 그렇게 언론 플레이를 하면 어떻게 합니까?"

"무슨 얘깁니까? 언론 플레이라니요?"

"쌍굴다리의 기적인가 뭔가 하는 내용이 방송으로 나간 후 우리 청장님의 마음 고생이 얼마나 심했는지 아십니까? 아이구, 난리였지요. 시청에서 대책회의가 열리고 청장님이 그 일 때문에 시청에 다녀온 일만도 수차렙니다. 그런 식으로 우리를 곤란하게 해봐야 다일공동체에도 득될 게 없을 텐데요."

"아니, 그게 정말 고생이라서 고생이라고 표현하는 겁니까? 난리라니요? 이 가슴 아픈 현장에서 매일같이 생사고락을 함께 하며 아파해 본 적이 있습니까? 마땅히 구민을 보살펴야 할 구청장님이 시청 몇 번

다녀오신 일이 그렇게 고생이고 생난리라는 겁니까?"

"그만둡시다. 어쨌든 청장님이 만나시길 원하시니까 최 목사님께서 면담날짜를 미리 정해 주시지요. 만나서 얘기합시다."

"그렇게 하지요. 만나서 속 시원히 서로 이야기해보죠. 소외된 이웃을 위해서, 복지를 위해서 일하시는 분들과 우리들 사이에 못할 이야기가 어디 있겠어요."

두 주일 후 이공선 목사, 조성기 목사와 함께 구청장실의 문을 두드렸을 때 구청장은 아주 공손하고 친절하게 맞아주었다. 그러나 두 번, 세 번, 네 번… 찾아가는 횟수가 늘면서부터는 대하는 태도가 달라져 갔다. 비서는 만날 기회조차 주지 않으려고 했다. 시민국장과 가정복지과장, 그리고 사회복지과장을 먼저 만나는 '과정'을 밟고 올라와서 서류상으로 얘기하자는 것이었다.

'무의탁 노인을 위한 무료식당과 노숙자 행려자를 위한 무료숙소를 마련하는데 관할 구청이 적극 동참해달라'는 것이 한결같은 청원이었고, 구청장의 입장은 '무료식당까지는 몰라도 무료숙소는 절대 참여할 수 없다'고 딱 잘라 거절하고는 바쁜 일정을 이유로 서둘러 자리를 떴다. 구청 관할 내에 무료숙소를 둘 수 없다는 것이다.

"무료식당을 적극 지원해주라는 시청의 얘기도 있고 해서 다일공동체에 쌀 좀 드릴까 해서 뵙자고 한 겁니다. 한데, 난데없이 무료숙소 얘기를 꺼내시면 어떡합니까? 그건 안 됩니다. 어떻게 손을 써볼 도리가 없어요."

6년간 겪었던 집 없는 사람들의 참담한 실정을 얘기하려고 해도 구청에선 같은 말만 되풀이했다. 나는 이에 아랑곳하지 않고 따져 물었다.

"우리 구민 중에서 무의탁 노인들과 집 없는 사람들이 얼마나 많은 줄 구청장님도 잘 아실 것 아닙니까? 길에서 죽어가는 행려자 노숙자들이 제일 많고, 가장 가난한 살림을 면치 못하는 구가 바로 우리 동대문구라는 것도 잘 아시지 않습니까? 그렇다면 이런 비참한 일들이 다시 발생하지 않기 위해서 구청이 뭘 해야 하는지 현장 사람들의 이야기 들으셔야지요. 왜 얘길 끝까지 들어보지 않고 무조건 안 된다고만 하십니까?"

"구청장님은 가난한 사람을 위해서 지금의 굴다리 밑 노천식당을 어떻게 하면 벗어날 수 있겠는가에 대해 구체적인 방안을 생각해보라고 지시하신 건데, 갑자기 무료숙소 얘기를 꺼내시니 우린들 어떻게 합니까?"

"아무리 먹이고 입혀봐야 잘 곳이 없어서 한 해에 이천명씩이나. 길에서 자다가 얼어 죽고 마는데. 사실 다일공동체의 무료식당은 관의 도움 없이 시작된 것이고, 현재까지 단 한 푼의 돈이나 단 한 톨의 쌀도 관의 도움을 받아본 적이 없습니다. 앞으로도 받을 생각이 없구요. 무료식당은 저희들과 협력교회와 후원회원의 기도와 눈물로 제가 죽더라도 계속 이어질 겁니다. 그러나 무료 숙소는 구청의 의지와 도움 없이는 세워지기 어렵다는 거 저도 잘 알고 있습니다. 지금이야말로 구청장님의 의지가 필요합니다. 이런 현실에 대해선 구청장님 자신이 더 잘 알지 않습니까? 내년도 구 예산에 반영하여 일단 계획을 세워놓기만 하면 무료숙소 운영에 들어가는 모든 물질과 인력은 저희가 책임지겠습니다. 제발 집 없어서 죽어가는 이들의 고통을 덜어주십시오."

"목사님하고는 얘기가 안 통해요. 도대체 세상을 통 모르시는 분 같기도 하고 ."

그때 옆에 앉아 있던 가정복지과 과장이 한마디를 거들었다.

"복지의 복자도 모르는 사람들이 복지를 운운하고 다니면서 언론 플레이를 펼치니 구청에 있는 우리들은 언론이 휘갈기는 대로 그저 파리목숨인 셈이지요. 속 터지고 답답해요. 목사님이 사회를 압니까, 복지를 압니까? 목사님이면 목회나 열심히 하실 일이지, 왜 무료숙소 문제는 들고 나와서 이렇게 여러 사람 피곤하게 만드십니까?"

더 이상 할 말이 있을까, 더 이상의 대화가 과연 필요할까. 하지만 아득해진 마음을 간신히 쓸어모아 이 한마디를 던지고는 구청장실을 나왔다.

"맞아요. 저는 신학을 공부한 사람이지 사회학이나 복지학을 공부한 사람은 아닙니다. 오늘도 현장에서 일하는 공동체 가족들 역시 복지에 대해서 배운 바는 없지만 참사랑의 나눔을 위해 오직 몸으로 매일매일 실천해오고 있습니다. 복지를 배웠다는 사람들은 사랑의 실천이 없고 손가락 하나 움직이질 않고 있으니. 입으로만 한몫 보려 한다거나 책상 위에서 예산만 주무르다가 애꿎은 부하직원들만 현장에 이따금 내보내시는데, 저야말로 묻고 싶은 게 있습니다. 사랑의 사자도 모르고 봉사의 봉자도 모르는 구청 사람들이 사회 운운하고 복지를 펼친다니, 이거야말로 기가 막힐 노릇 아닙니까?"

그후로 시청직원들이 다녀갔는데도 몇 날 몇 주를 기다려도 아무 응답이 없었다. 그래도 동대문구 시민국장은 우리 얘길 진지하게 들으려 했고 구청의 입장을 전달하려고 애를 쓴 흔적이 있지만, 그도 끝내는 당시 경실련 사무총장이던 서경석 목사를 찾아 협의하는 과정에서 오히려 일을 어지럽히는 결과를 초래했다.

"후배 최일도 목사에게 한 수 가르쳐 주십시오. 도대체 막무가내로 저돌적으로 밀고 들어오기만 하니 우린들 대책을 세울 수 있어야지요." 라면서 경실련 기청협 지도위원으로 함께 일하고 있는 나를 장신대 선배인 서목사의 설득을 통해서 한 풀 꺾어 묶어두려고 했다.

대표적 시민단체인 YWCA와 경실련이 이 취지에 동의해서 무료숙소 마련을 위한 나눔과 섬김의 실천 운동으로 확산 연결해 보겠다는 의도는 동대문구청의 제지와 선배 목사의 만류로 결국 무산되고 말았다. 힘 없는 다일공동체가 홀로 외롭게 주장해온 무료숙소의 구호가 서서히 '여럿' 안에 표류하기 시작했다.

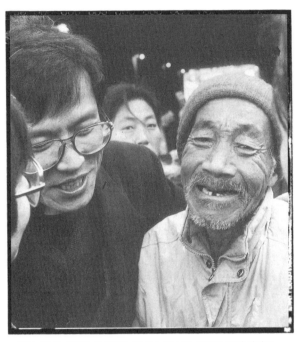

나를 넘어선 따뜻한 시선으로 하나님, 당신과 이웃을 보게 하시고
이웃이 당한 어려운 고비마다 함께 나아가도록 도와주소서.

서목사는 내가 여기저기 연대 서명을 위해 뛰어다니고 있는 사이에 다일공동체에 전화해서 불쾌함을 표현했다.

"선배의 한 사람으로 충고하겠네만, 행정기관과 협력해서 일이 되도록 해야지, 왜 사사건건 구청과 대립하고 갈등하여 일을 그르치고 있는가? 그리고 아무 연락도 없이 내 이름을 연대 서명란에 집어 넣어서 사람을 당황하게 만드는가? 동대문구청에서 찾아와서 자초지종을 얘기하기 전까지는 아무 일도 모르지 않았나?"

참으로 속이 쓰리고 아팠다. 서목사를 명단에 넣은 것은 어디까지나 그분의 가까운 친구 조성기 목사의 지시를 따른 것일 뿐인데, 또 내용을 말씀드리기 위해 여러번 연락도 취했었는데……. 가장 힘이 되어줄 것으로 믿었던 선배로부터 "일이 잘못되고 있다." 는 책망을 듣고난 이후 나는 공동체가 하고 있는 연대서명운동을 되돌아보게 되었다.

처음엔 쓰리고 아팠지만 결국은 오히려 그 일이 다일을 다일되게 만드는데 협력하여 선을 이루어내고 있음을. 나중에야 깨달았다. 서목사에게도 미리 연락 못 드린 것을 정중히 사과하고, 적절한 때에 나의 방향과 서 있는 위치를 깨닫게 해준 것에 대해 감사했다. 다일공동체의 나눔과 섬김은 운동이 아니었다. 운동이 되어서는 안 됨을 깨달았던 것이다.

그럴 즈음 YWCA의 성탄예배 때 초청되어 나눔의 현장 이야기를 전하자 많은 사람들이 손수건을 꺼내서 흐르는 눈물을 닦으며 다일공동체와 서울 YWCA가 한 마음이 되어 이 일을 계속 추진해 가자고 굳게 다짐하기에 이르렀다. 현장 애길 듣는 것으로 끝나지 않고 박정희 회장과 임원들은 성금과 따뜻한 옷과 음식들을 장만해서 나눔의 현장에 여러번 참여했고, 은사인 한국 YWCA회장인 주선애 박사는 아예 588 언니들이 사는 집까지 들어가서 그 작고 붉은 방 안에서 언니와 포주들의 손을 잡고 뜨거운 관심과 사랑을 전해 주었다.

"내가 이 현장에 들어와서 살아야 하는 건데 젊은 최 목사가 대신해 주니 고맙기 그지없군요. 최 목사와 다일공동체를 생각하면 언제나 자랑과 긍지가 내 맘 속에 살아 있어요. 그 많은 어려움을 주님의 은혜로 잘 참아내고 견디라고 말하려니 선생된 사람으로서 마음이 힘들구만."

588을 찾을 때마다 눈물을 글썽이는 주 박사와 YWCA 어머니들을 뵐 때마다 나는 이같은 스승과 눈물을 지닌 어머니들이 옆에 있다는 사실에 거듭 감사했다. 정년이 지난 은퇴 교수로서 소외된 이들을 향해 몸을 아끼지 않는 뜨거운 열정을 지켜보면서, 내가 은사의 나이가 되었을 때에도 그처럼 뜨거운 마음을 그대로 지닐 수 있다면 얼마나 좋을까를 생각해보기도 했다.

주 교수뿐만 아니라 대선배되는 영락교회의 임영수 목사 역시 말없이 불쑥 찾아와 우리를 격려해주었고, 동교동교회의 음동성 목사도 예고도 없이 몇 차례 방문하여 "그냥 들렀어." 하면서 자신의 천사후원 헌금 분납금을 살며시 놓고는 떠나곤 했다.

다일공동체는 "…합시다."가 아닌 "나부터 합니다."였다. 누가 시켜서 될 일이라거나 의무 때문도 아니었다. 사랑 때문에, 오직 사랑 때문에 스스로 원해 눈물과 정성과 애정을 기울이는 분들에게서 힘을 얻고 다시 내일을 기약했다.

침묵 시위와 시민의 함성

　동대문구 안에서 무료 숙소를 세울 만한 국유지나 시유지 자리는 단 한 군데밖에 없었다. 오랜 시일 우리는 구 일대를 샅샅이 뒤지고 자체 조사를 한 결과 청량리 쌍굴다리 옆 해병전우회가 쓰고 있는 땅과 그 옆 쓰레기 하치장밖에는 마땅한 곳이 없음을 알게 되었다. 구청에서도 그 사실을 시인했다. 하지만 쓰레기 하치장만큼은 구민의 절박한 사안이어서 행려자 문제로 이전하거나 달리 양보할 계제가 못되었기에 해병전우회가 쓰고 있는 땅을 반씩 나누어 쓰면 어떻겠느냐고 제의해왔다.

　시의회에서도 행려자의 무료숙소 마련에 대한 의지와 이에 따른 논의가 있었다는 얘길 듣고 우리는 다시 희망을 갖게 되었다.
　당시 서울 시장이던 이원종 시장으로부터 "청량리 지역의 무의탁 노인을 위한 거리 급식을 일정한 무료식당 시설로 전환하는 데 적극적인 지원을 아끼지 않겠다."는 약속까지 받아낸 우리는 뛸 듯이 기뻤다. 아아, 우리의 몸부림을 듣고 보신 하나님께서 집 없이 떠도는 행려자들의 비명소리를 듣고는 그 시일을 앞당겨 주시는구나 싶어서 마음이 들뜨고 너나 없이 흥분했던 것이 사실이다.
　평소 비협조적인 관할 구청사람들이라 해도 서울시장이 시의회 의원들 앞에서 약속한 것인 만큼 반드시 지키겠지 하고 계속 인내심을 갖고 기다려 보았다. 하지만 이건 세월아 네월아일 뿐, 아무리 서울시장 면담을 요구하고 무료식당과 무료숙소 마련에 대한 수많은 공문을 보내고 직접 찾아가서 뜻을 전달해도 답은 언제나 간단 명료했다. 알고 있으니 가서 기다리라는 거였다.

무턱대고 응답만 기다릴 수가 없어 하루는 날을 잡아 마냥 시장 비서실에 죽치고 앉아 있는데, 비서 한 사람이 다가와선 심드렁하게 말을 건넸다.

"그게 어디 하루 이틀만에 추진될 일입니까? 마음 조급히 생각 마세요. 지금까지 어려운 일을 잘 이겨내신 목사님께서 뭐가 그렇게 급하다고 아까운 시간을 여기서 보내시렵니까? 시장님도 늘 시간 낼 수 있는 분이 아니니 이제 그만 가 보시지요."

"나도 시장님만큼이나, 아니 시장님보다 더 바쁜 사람입니다. 할 일 없어서 이 자리에 오래 죽치고 앉아 있다고 생각 마십시오."

집에 들어오니 이원종 시장과 친분이 두터운 한국도자기의 김동수 회장으로부터 전화가 왔다고 한다. 들어오는대로 꼭 전화를 부탁한다는 회장 비서실의 말을 전해 듣고는 물 먹은 솜마냥 처지는 몸을 겨우 추스르고 수화기를 들었다.

"어떤 일이 있어도 실망하지 마시고 평소대로 묵묵히 사랑을 실천하세요. 시에서 부지를 마련해주면 좋은 일이지만, 설령 안 돼도 길은 있겠지요. 너무 낙심 마십시오."

어떤 경우에도 누구를 원망하거나 사람 때문에 실망하는 일을 반복하지 않겠노라고 속으로 몇 번이고 다짐을 했지만 허탈감은 좀처럼 사라지지 않았다. 그날 따라 너무 외로워 보였는지 아내는 조심스러운 표정이었다.

"여보, 오늘따라 당신답지 않게 멜랑콜리 맨으로 보이네요."

"웬지 외롭게 느껴져. 참 많이. 그 분을 향해서도 물어보았지만 아무 대답이 없으셔."

다시 며칠이 지났을까, 하루는 작업복 차림의 중년부인이 젊은이 다섯 명과 함께 나눔의 집을 찾았다. 그분은 앉을 겨를도 없이 설거지를 하고 음식을 장만한 후 내 손목을 덥석 잡더니 기도를 올리는 것이었다. 알고보니 고 이성봉 목사의 따님이자 한국도자기 김동수 회장의 부인인 이의숙 권사였다. 신우회 직원들이 푼푼이 모은 성금이라며 웬 봉투를 마룻바닥에 내려놓고는 거듭 감사 기도를 올리는 것이었다.

닷새 만에 집에 돌아온 내게 아내는 다시 물었다.

"여보, 아직도 외롭다고 느끼세요. 오늘은 외로운 사람치곤 너무 밝아 보이는데요."

"음, 그래? 너무도 외로워 해서 하나님이 여러 사람들을 보내주셨나봐."

그즈음부터 놀라운 일이 벌어졌다. 청량리 로터리 주변을 걷다보면 은행이나 자동차 영업소나 상점 사람들 중에서 내 얼굴을 알아보는 사람들은 언제나 "목사님, 힘 내세요!" 소리치면서 반갑게 인사하는 것이었다.

"어서 무료숙소를 세워 이 골목 저 골목에서 죽어가는 사람들을 살려야 할텐데."

"이 일대엔 그런 집이 하나쯤은 꼭 있어야 옳아요."

"시에서도 못하는 그 어려운 일을 다일공동체에서 대신 하겠다는데 도와주지는 못할 망정."

주민들은 이런 저런 말 속에 무료식당과 무료숙소 건립에 대한 이야기를 자연스럽게 화젯거리로 삼는 것 같았다.

"몸 가릴 방 한칸이 없어 죽어가는 사람들을 계속 보고만 있으라는 거야?"

그렇다! 이 골목에 나 홀로 있는 것은 아니구나. 구민을 상대로 연대 서명을 받아 시청에 마지막으로 한 번 더 올려보자. 그러고도 아무런 반응이 없으면 청와대를 직접 찾아가거나 길에서 잠자다가 죽은 행려자 시신을 삼청동 안뜰까지 운구해야겠다고 모질게 마음먹기에 이르렀다.

그러던 어느날 동대문 구청에서 연락이 왔다. 구청장과 해병전우회 회장, 그리고 내가 3자 대면한 자리에서 의논할 일이 있다는 것이다. 93년 말 KBS 성탄특집에 우리 공동체 사역이 방영된 직후 당장에라도 시유지 한 자리를 뚝 잘라 내놓을 것 같다가 어느날 갑자기 멀뚱한 눈으로 딴전을 부리던 사회복지과 직원들의 얼굴을 떠올렸다. 그 순간 그들이 제의한 대화의 자리가 상부 보고용에 불과하다는 생각이 먼저 떠올랐다.

생각이 거기까지 미치고 보니 걸음이 영 내키지 않았다. 내 말을 들은 공동체 식구들은 그래도 가 보아야 한다는 쪽으로 의견을 모았다. 만일 그 자리에 안 나가면, 후에 무료숙소를 위한 땅을 빌려주려 했는데도 불참하더라며 꽁무니를 뺄 수도 있다는 견해였다. 하는 수 없이 내키지 않는 걸음을 옮겨 구청장실로 들어가자 구청장은 어디론가 가고 없고 시민국장실에 기관원 몇 사람이 웅성웅성 모여 있었다.

시민국장과 인사를 하고 잠시 앉아 있는데 복지과 직원들과 해병전우회 회장이 체구가 크고 부리부리해 보이는 회원 두 사람을 대동하고 쾅 소리나게 문을 열며 들어섰다. 현역 해병 옷차림으로 그들은 계단을 올라오면서부터 소리를 지르고 있었다.

"최일도, 그 놈 나오라 그래. 쌍놈의 새끼, 빨갱이 새끼, 입을 찢어 놓고 말테니까."

회장이 나를 향해 다짜고짜 외쳤다.

"야, 이 새끼야. 너 죽고 싶어? 왜 하필이면 우리가 쓰고 있는 땅이야! 이 새꺄. 거기 밥 먹으러 오는 것들 몇 놈 죽어나가야 알아듣겠어? 너, 병신 돼서 청량리에서 나갈 작정했냐? 네 놈 팔 다리를 분질러놓겠다는 걸 내가 말리고 있어, 이 새꺄!"

기가 막혔다. 대화하며 좋은 길을 모색해보자고 해서 나왔더니, 떡 벌어진 어깨들을 거느리고 들어서서는 아무 거리낌없이 욕설을 퍼붓는 것도 이해가 안갔고, 적어도 구청장의 집무실에서 단체장들과 담당 공무원이 모두 앉아 있는데 그런 사태가 벌어진다는 사실에 경악했다.

그리고 그들의 난동에 아무런 제재도 가하지 못하고 강 건너 불구경하 듯 바라보고 있는 대화 주선자들은 또 뭔가.

그들이 감정이 누그러지면 그래도 인간적인 대화를 할 수 있지 않을 까 하고 조금 흥분이 가라앉기를 기다려 보았다. 그러나 다음부터는 아예 점입가경이었다. 나는 벌떡 일어나 문을 향해 걸어나오며 한 마 디를 던지고 방을 나와버렸다.

"이게 대화입니까? 누구 겁주는 겁니까? 이게 구청장과 담당공무원, 그리고 지역 방범과 치안에 일익을 담당한다고 자처하고 나온 사람들의 수준입니까? 여기 더 있을 필요가 없어 그만 갑니다. 그렇게 욕설이나 해대고 으름장을 놓는다고 기죽을 내가 아닙니다. 당신들이 겁나면 청 량리 골목에 아예 들어가지도 않았을 겁니다. 욕먹고 수모당하는 건 참 을 수 있지만, 집 없는 사람들과 한 끼니를 해결 못하는 무의탁 노인들 과 행려자들을 더 이상은 모욕하지 마십시오. 그들도 인간입니다. 여러 분들과 똑같은 기본권리를 지닌. 그들도 인간답게 살 권리가 있다구요."

오병이어 거리의 음식 나누던 상이 부서져 나갔고, 몇 사람의 행려자 가 "짜식들, 우리 지역을 넘보면 국물도 없다."는 폭언과 함께 얻어터지 는 사태가 발생했다. 우리는 그들이 누구인지 대충 알고 있었다. 그러나 더 이상은 맞대응하지 않았다. 폭력 앞에 폭력으로 맞서는 것은 결코 그 리스도가 가르쳐주신 길이 아니었기에. 누구나 때리면 맞고 욕하면 받아 삼킬 뿐, 나쁜 힘을 다시 똑같이 나쁜 것으로 돌리지 않기를 당부했다.

얼마 후 이런 사정을 전해들은 각 교회의 자원봉사자와 후원회원들 이 분연히 일어섰다. 행주치마에 피켓을 들고 청량리 쌍굴다리 앞에서 동대문 구청까지 침묵 시위를 감행한 것이다. 어깨띠에는 청량리 지역 의 소외된 이들의 외침이 적혀 있었다. 평생 데모 한번 안해보던 주부 들이 일어선 것이다.

'시민의 세금을 소외된 이웃에게'
'세무과는 세금 횡령, 복지과는 복지비 횡령, 시민은 통곡한다!'
'청량리 행려자나 청와대 대통령이나 목숨은 동등하다!'
'무의탁 노인 죽어간다. 무료병원 마련하라!'

그러나 동대문구청은 물론 어느 정부 단체나 복지기관에서도 시민들의 침묵 시위에 말 그대로 '침묵' 했다. 다시 실망했지만 절망하진 않았다. 거리에 나선 사람들은 다같이 힘을 모아 지금의 공동체 나눔의 집으로 보금자리를 바꾸었고, 다일종합복지센터 건립을 위해 혼신의 힘을 기울이게 되었다.

그 해 초가을, 우리집에서 밥 먹던 행려자 임씨가 길에서 얼어 죽는 사태가 또 발생했다. 당시 전국은 막대한 국고를 빼돌려 치부해온 공무원의 대형 탈세사건에 경악하고 있었다. 뿐만 아니라 일련의 대형 사고 뒤에 숨겨진 국민의 분노와 질타가 그 수위를 높여가고 있었다.

그 기막힌 사태 앞에서 몸뚱이 하나 은신할 추녀조차 없어 얼어 죽은 임씨와 그동안 같은 이유로 죽어야 했던 수많은 이들의 죽음을 어떻게 받아들여야 하는가. 국민의 세금이 온전히 모아지고 바로 쓰였더라면, 최소한 1년에 무려 2천여명의 동사자가 발생하는 복지 후진국의 설움은 막을 수 있지 않았을까.

우리와 뜻을 같이해온 공동체 가족과 후원회, 그리고 시민단체들은 모두 일어섰다. 1994년 12월 25일, 성탄절 축하 예배와 식사가 끝난 후 행려자들도 인간임을 말하는 '행려자 인권 선언서'를 작성했다. 밥상공동체 가족들에게 최소한의 기본권을 찾아주자는 뜻에서였다.

먼저 오병이어 거리의 밥상공동체 가족 2백여 명과 자원봉사자와 후원자, 경실련, 기독교윤리 실천운동본부, NCC 인권위원회, 교회여성

연합회, CMF, IVF 회원들 등 5백여 명이 오병이어 거리에 모여 행려자 인권선언을 했다. 그리고 우리들은 모두 가두행진을 하여 청량리역 광장에 집결했다.

수많은 시민들이 지켜보는 가운데 '행려자 인권 선언'이 있었다. 경실련 사무총장인 유재현 박사의 구호 선창에 우리의 심장이 담긴 구호가 청량리 역 일대에 울려 퍼졌다.

행려자 인권 선언서

우리는 똑같은 인간이면서도 정부와 사회에 의해 철저히 인권이 무시되고 있는 인권의 사각지대 청량리의 참혹한 현실을 호소하고자 한다. 헌법에 보장된 인간 평등권이 사실이라면 우리도 인간이다. 그러나 우리는 이 땅에서 살고 있는 가장 어려운 사람들이면서도 법으로 보장된 생활 보호대상의 혜택에서마저 제외되어 있다. 사회의 무관심 속에 가려 없어져야 할 존재로 생명을 부지하고 있는 '사람 아닌 사람'인 행려자는 전국에 무려 수만 명에 다다른다.

정부는 생계를 유지할 능력 없이 거리를 떠도는 행려자 및 노숙자에 대해 무성의한 시립병원과 구타와 학대가 빈번한 갱생원 등의 대책을 내세우지만, 우리는 그곳이 보호기관이 아니라 감금기관이며 우리의 인간으로서의 삶을 회복하기 위한 곳이 아니라 우리의 조속한 죽음을 원하는 곳이라는 사실을 안다. 살아서도 국민으로서 기본권을 보장받지 못하는 것은 물론, 평생 사람 대접을 못받고 고생하다가 죽어서까지도 연고가 없다는 이유로 대학병원 등의 의학실험용으로 누군가에 의해 팔아 넘겨지고 있다.

(중략)

모두가 함께 잘 살아가는 사회를 만들기 위해 모아진 국민의 혈세가 엉뚱한 자들에 의해 허무하게 낭비되고 있는 반면, 정작 보호받아야 할 우리는 질병과 기근, 죽음 앞에 무방비 상태로 버려져 있다. 우리는 국민의 혈세가 더 이상 형식적인 관 주도의 행사나 관변 단체 유지비, 공무원의 주머니 돈으로 사용되는 것을 방관할 수 없다.

국제화 세계화를 부르짖으며 선진국 문턱에 섰다는 이 나라, 이 국민들 앞에 한 인간이며 국민으로서 동등한 가치와 정당한 권리를 가진 모든 행려자 무의탁 노인들의 인권 회복을 위해 대국민 서명 운동을 전개하기로 결의한다.

다일공동체, KNCC 인권위원회, YWCA 경실련 기청협, 기독교윤리 실천운동본부, CMF, IVF, ESF.

1994. 12. 24 대표 최일도/ 낭독자 구교형

보도 의뢰를 받은 여러 일간지 기자들과 기독교계지 기자들이 달려와서 적극적으로 취재해 갔다. 그러나 다음날 신문을 펼쳐보니 한겨레신문과 국민일보, 그리고 교계지에만 작게 실렸을 뿐이었다.

희대의 살인극을 펼친 지존파들 사건 보도 때와는 너무나 판이했다. 소외된 형제 자매들의 비인간적인 삶과 죽음에 대한 관심보다, 극악무도한 살인자들의 인터뷰 기사가 대서특필되는 시대가 정말 눈물겨웠다.

선언식 이후에 또 한가지 크게 얻은 게 있다면 얼마 전 우리를 괴롭혔던 해병전우회 회장과의 화해였다. 청량리 어둠 속에서 피어난 또하나의 작은 기적이라 할까.

쌍굴다리 아래서 배식이 이루어지는 동안, 잠시 틈을 내어 '행려자 선언문' 초교를 읽고 있었다. 그때 누군가 내 앞에 다가와선 예의를 갖춰 인사하는 것이었다. 고개를 들어 보니 일전에 구청장실에서 만난 해병전우회 회장이었다.

"최 목사님, 날 기억하시지요. 그때는 정말 하도 흥분해서 못할 말을 함부로 했습니다. 귀한 일을 돕지는 못할망정 괴롭혀 드리다니요.

그저 송구스러울 따름입니다."

"……."

"사과를 받아 주십시오."

"사과라니요? 이렇게 부족한 저를 이해해주시니 오히려 제가 송구
스럽습니다. 저 때문에 심려가 많으셨을텐데."

"우리, 지나간 일들은 다 묻어두고 이 지역의 밝은 내일을 위해 같
이 손잡아 봅시다."

마이크를 힘껏 움켜잡았다.
그리고 목청껏 외쳤다.
"낮고 천한 청량리의 구석진 골목에도
'사람'들이 살고 있습니다.
이곳에도 인간으로서
정당한 기본권을 가진 '시민'들이
살고 있습니다.".

또 다시 이사를 가라구요?

588 한복판에 자리잡은 공동체 '나눔의 집'이 점점 알려지면서 사람들의 출입이 부쩍 늘어나기 시작했다. 자원봉사자, 후원자, 신학대학 실습학생, 중·고등학교 견학생, 심지어 신입사원 연수차 봉사 나온 대기업·중소기업체 직원, 각 나라에서 찾아온 교포들과 외국인, 그리고 누구보다도 빼놓을 수 없는 행려자와 노숙자 무의탁 노인 등 도움을 청하는 사람들……. 실로 다양한 사람들이 밤낮없이 나눔의 집을 드나들었다.

사람들이 늘어나자 우선 공동체 식구들의 일이 감당하기 어려울 만큼 부쩍 늘어났다. 시도 때도 없이 찾아오는 소외된 이웃과 갑작스레 밀어닥치는 손님 접대에 공동체 식구들은 누구도 예외없이 눈코 뜰새 없이 바빠진 것이다. 그런가 하면 후원자들의 성금도 날로 늘어나서 물질적으로도 큰 도움을 받게 됐다. 어려운 일을 처리해내는 속도 역시 예전에 비해 매우 빨라져서 웬만한 문제들은 어렵잖게 해결해갈 수 있게 되었다.

하지만 기쁨의 그림자는 슬픔인가보다. 우리가 늘어난 방문객들로 좀더 보람있고 풍요로운 삶을 보내는 동안 동네사람들은 영업상 너무도 많은 손해를 본다고 호소해 왔다. 특히 우리와 대문을 마주 보고 있는 여관주인은 가장 많은 피해를 보았다며 달려들던 사람이다. 장사가 영 안돼 벌써 주인이 두 번이나 바뀌었다며. 그들은 떠날 때마다 우리를 원망했다.

451

여관을 인수한 세 번째 주인은 대대적으로 보수를 했다. 그 결과 그 여관은 동네로 들어서면 한 눈에 탁 띄는 건물이 되었다. 건물 외벽이 흰색이어서 사람들은 그 여관을 '588의 백악관'이라고 부르기도 했는데, 어쨌든 그 동네에선 제일 크고 깨끗한 영업집으로 다시 태어났다.

그런데 백악관의 새 주인 역시 우리를 만나기만 하면 "언제 이사갈 거냐?" 하며 어서 떠나주길 간절히 빌었다. 그도 그럴 것이 십자가 달린 간판이 턱 붙어 있는 집과 마주 보는 곳에서 색시 영업집을 하니 어떤 철면피가 버젓이 출입할 수 있겠는가.

십자가 간판만 있는 게 아니라 항상 사람들이 북적대며 찬송가와 웃음소리가 그칠 날이 없었다. 더구나 토요일 오후만 되면 진료를 받기 위해 길게 늘어 선 행려자들과 노인들이 그 골목을 꽉 메우다시피했다. 그래서 그 여관 주인은 2년 만에 집을 팔고 다시 떠났고 다일공동체 때문에 거액의 손해를 봤다고 너무 속상해 했다. 어느날 주인 아주머니에게 아주 진지하게 물었다.

"아주머니, 기왕지사 이곳을 떠나면서 남을 원망하고 탓해서 무엇하겠습니까? 여기서 돈 잘 벌면 평생 이 장사 했을지도 모를 일입니다. 이게 뭐가 좋다고 평생 이 일에 매달립니까?"

"누가 이 장사가 좋대? 돈이 좋다는 거지. 당신 때문에 본전도 못찾아 속이 뒤집히네, 속이 뒤집혀!"

"돈이야 다른 방법으로도 벌 수 있는 거죠. 이렇게 일년만에 이 장사를 끝내는 데에는 하나님의 깊은 뜻이 있을 겁니다. 그러니 우리 더 이상 찌푸리지 말고 웃는 낯으로 말합시다."

"오늘 이사 가면 또 만날 일 있겠어? 원 장사가 안 될라니까 별 거지 같은 인간들이 문간에 얼쩡거리는 바람에 이 꼴이 됐지 뭐야."

"이사 가시더라도 다른 일로 꼭 성공하실 수 있도록 저희가 열심히 기도하겠습니다. 그럼 부디 평안하시고 새로 시작하시는 일에 하나님의 축복이 있기를 빕니다."

452

이렇게 해서 그 여관은 또 다시 새로운 주인을 맞았다. 그런데 새 주인이라고 전과 다를 수 있을까. 그 역시 얼마 안 가서 우리에게 불평을 늘어놓기 시작했다.

"사람들이 장사 안 되는 집이라고 해서 어느 정도는 짐작했지만, 이렇게까지 형편없을 줄은 정말 몰랐네요. 최 목사님, 여러 말 말고 다일 공동체에 찾아오는 손님들을 길에 서 있게 하지 마시오. 누구 죽는 꼴 보고 싶소?"

"예, 노력하겠습니다."

그러나 무시로 찾아 오는 사람들을 한 사람씩 붙들고 둘 이상 모여서 오지도 말고, 더러운 행색으로는 찾지도 말고, 날 저무는 시간은 되도록 피하라고 일일이 말할 순 없지 않은가. 또 주인 말대로 그렇게 구별해서도 안 되고. 그러다보니 자연히 우리는 그 주인과 뒷집 포주들에게 원망의 대상이 되었다.

그런데 문제는 그것으로 끝나지 않았다. 골목길 영업집들이 장사가 잘 안되는 날이면 우리 나눔의 집을 바라보고 속상함을 달래곤 하다가 급기야는 집주인 아주머니를 들쑤셔대기 시작한 것이다. 큰 물이 들어 거의 못 쓰게 된 집을 말끔히 고쳐가면서 월세도 꼬박꼬박 내는 우리를 고마워하던 집 주인은 어느날 돌변해서 나타났다.

"이 집을 곧 비워주셔야겠어요. 월세를 훨씬 많이 내겠다는 사람도 있지만, 우선 내가 다시 장사를 시작해보려고 그래. 그러니까 여러 말 말고 빨리 비울 생각이나 하셔."

주인의 갑작스러운 주문에 우리는 당황하지 않을 수 없었다. 다일공동체 설립 이후 처음으로 한 자리에서 뿌리를 내리나보다 싶었는데 또 다시 쫓겨나다니…… 옮겨다니기 벌써 네 번째 아닌가. 그 집을 얻기까지 고생은 얼마나 했으며, 다 쓰러져가는 폐가를 이제 사람 살만하게 웬만큼 고쳐 놓으니까 고작 하는 말이 집을 비워 달라고, 그것도 석달 이내로?

"또 다시 이사를 가라구요? 어디로 가란 말입니까?"

"어디로 이사를 가든, 그거야 내가 알 바 아니지요. 내 집만 비워주면 되니까."

"아니, 아주머니! 무슨 말씀을 그렇게 하셔요?"

"왜요, 내가 못할 말했수? 내 집에 내가 살고 싶어 그러는데, 뭐가 잘못 됐수?"

"처음에 아주머니께서 이제 이 골목엔 평생 들어올 생각이 없다고 하셨잖아요? 그리고 우리보고 이 집을 잘 고쳐 쓰다가 아주 사서 살라고까지 하셨잖아요? 그 동안 수리비만도 천만원이 넘게 들었다구요."

"그거야 댁의 사정이지, 내 형편이 변해서 여길 들어와야겠는데 어쩌겠수. 수리비 아깝거든 다 뜯어가도 좋으니 집만 비워주셔."

사람이 어떻게 저토록 쉽게 말을 바꿀 수 있는 걸까. 우리가 집을 고칠 때마다 나타나서는 "잘하시는 거야. 오래오래 여기서 사세요." 하고 인심을 쓰던 주인이 아니던가.

주인 아주머니의 날벼락 같은 이 한 마디는 우리 공동체 가족들을 걷잡을 수 없는 고민 속에 몰아넣었다. 설령 돈을 들고 구한다한들 당장에 집을 얻을 수 있을까. 게다가 다일공동체가 하는 일이 세상에 워낙 알려져 있어 더욱 문제였다. 몇 번 집을 구하러 돌아다녀봤지만 다일에서 온 사람들이라는 것을 알고 나면 한결같이 이렇게 말했다.

"우리 집은 안 됩니다. 또 거지떼를 몰고 오려고요?"

때로 어떤 사람이 우릴 이해하고 계약을 하려 해도, 동네 사람들이 또 길을 막고 나서는 것이었다.

"저 사람들이 들어오면 안돼요. 동네가 거지소굴이 되고 말 게 뻔한데요."

우리는 하는 수 없이 집주인에게 보증금도 월세도 배로 올려줄테니 일년만 더 살게 해달라고 간절히 부탁했다. 그러자 그녀는 어느새 인심 좋은 아줌마로 변해서 말했다.

454

"정 사정이 그렇다면, 다시 한번 생각해봅시다."

그러나 다음날이 되자 주인은 안면을 싹 바꾸고 딴소리를 했다.

"안 되겠어요. 나도 이 동네사람이라고요, 그러니 더 이상 동네 사람 눈에 나긴 싫단 말이에요. 폐론하고, 석 달 말미를 드릴테니 그때까진 해결을 하라구요."

말을 마치자 주인은 뒤도 안 돌아보고 총총히 사라졌다. 이렇게 집을 빨리 비우라거니 좀더 살자거니 하는 입씨름이 수도 없이 반복되었다.

그러던 어느날, 주인 아줌마는 아예 몇 사람을 데리고 나타났다. 그들은 말 한 마디 없이 집을 죽 둘러보더니 횡하니 나가버렸다. 집이 비워지면 곧바로 들어와 색시 영업을 할 사람들이라고 했다. 이미 집주인과 계약까지 마친 상태라고 엄포를 늘어놓으며. 그때 우리는 한 판 싸우든가 법적 대응이라도 하고 싶은 심정이었다. 하지만 그 모든 방법이 하나님 보시기에 옳은 방법이 아니라는 생각이 들었다. 오히려 우리는 그렇게나마 4년 6개월 동안 그 집에 살도록 해주었던 좋은 주인으로 마음 정리를 하기로 했다. 그 날부터 하나님께 다시 매달리며 기도했다. 새 보금자리를 어서 마련해주시라고.

나는 무릎으로 나아가 기도할 때마다 단순하게, 아주 단순하게 기도했다.

"하나님, 또 다시 이사를 가라구요?"

"또 다시 이사를요?"

"아이구, 또 다시 이사를……."

"어디로 가란 말입니까?"

"직접 찾아주세요."

우리 공동체 식구들과 후원자들, 자원봉사자들 역시 모두 하나가 되어 기도했다.

"하나님, 우리에게 새 나눔의 집을 허락해주소서!"

이사 다섯 번만에 뿌리내린 집

새로운 공동체 삶의 자리를 허락하소서. 나눔의 집을, 섬김의 집을 주소서." 우리는 엎드려 간절히 기도하고 흩어져서 또 절실하게 기도했다. 특히 전부터 눈여겨 봐두었던 L장로의 땅을 임대하거나 살 수 있게 해달라고 구체적으로 기도하기 시작했다. 청량리 수화물역 근처에 있는 그 땅은 우선 오병이어 거리에서 가까웠고, 비교적 넓고 반듯했다. 매입할 경우는 충분히 사회복지종합센터 성격의 건물을 지을 수 있을 것이라는 주변 사람들의 말에 더욱 호감이 갔다.

'땅'이라는 단어가 그때처럼 절박하게 실감난 적은 없었다. 땅, 땅을 구해야 할텐데. 우리는 매일 그 땅을 돌면서 '여리고 기도'(여호수아의 군대가 여리고 성을 함락하기 전에 이스라엘 백성들이 성을 돌며 기도한 결과 쉽게 함락할 수 있었다는 구약의 사건에서 나온 기도 이름)를 올렸다.

이 처절한 기도는 비단 우리 교인과 공동체 가족에게만 국한된 것은 아니었다. 자원봉사를 왔던 사람이면 어김없이 그 곳까지 가서 땅을 밟으면서 기도했고, 또 잠시 왔다 가는 공동체 방문객들마저도 그 땅을 돌면서 간절히 기도했다. 그렇게 하기를 백일이 넘었을까, 땅주인인 L장로를 찾아가 저간의 사정을 말하고 임대든 양도든 허락만 해주면 대금을 정당하게 지불하겠다고 말했다. 물론 대금을 어떻게 마련할까 하는 근심 걱정을 하나님께 다 맡기고. 그런데 그분은 전혀 우리 뜻

456

을 받아들이지 않았다. 당신의 계획이 이미 세워져 있다며 더 이상 말도 못 꺼내게 했다.

우리는 깊은 실망에 빠져들었다. 어떤 일에 숨겨진 깊은 의미를 찾아내고 실천하기가 이처럼 고단한 것인가. 누더기를 걸친 영락없는 거지떼와 같은 공동체의 행려자 가족들 속에 섞여 나는 울음인지 신음인지 모를 기도를 할 뿐이었다.

"주여, 정말 미치겠습니다."

"아니, 주여! 믿습니다."

그 무렵, 소망교회의 부목사로 있던 후배 강기호 목사가 권사 한 분을 모시고 우리 공동체를 방문했다. 강 목사는 혜성여자상업고등학교의 이사장인 김충순 권사라고 소개했고, 김 권사는 매우 겸손한 모습으로 공동체의 고충을 듣고는 현장을 한차례 둘러보고 갔다. 며칠 후 김 권사로부터 연락이 왔다. 당장 집을 비워주어야 하는 일이 급선무라면 우선 스물댓평 정도의 작은 집을 구해 임시로 사용하라고 주택구입자금으로 1억원을 헌금하겠다는 내용이었다. 그러지 않아도 집을 사든 월세든 빨리 한 채 구해야 할 형편이었다. 우리 공동체가족은 그날로 이곳 저곳에 흩어져서 복덕방마다 돌아다니며 적당한 집을 물색하기 시작했다. 몇 주간을 찾던 중에 마땅한 집 한 채가 눈에 띄었다.

전농1동 497-77번지. 위치도 좋고 땅도 반듯해서 좋았는데 덩치가 너무 컸다. 무려 1백10평이나 되는 낡은 집 3채가 한 덩어리로 되어 있는 땅이다. 우리는 용기를 내서 그 집터를 돌아보았다. 그런데 놀라운 것은 모두들 한결같이 그 곳이 웬지 마음에 든다는 것이었다. 꼭 하나님께서 주실 땅으로 여겨진다며. 무엇보다 그 집은 오병이어 거리에서 5분 남짓한 거리였고, 태양아파트에서 서울시립대학으로 가는 대로변 사거리에 위치해 누구나 쉽게 찾을 수 있었다. 게다가 담 안쪽에는 수령이 5, 60년은 족히 넘어 보이는 개오동나무 한 그루가 시원한 그늘을 넉넉하게 드리우고 서 있었다.

하지만 우리 처지로는 엄두도 못낼 평수였다. 백여 평이라니, 그것
도 한 평에 자그마치 1천만원대를 오르내리는 사거리 중심의 노른자
땅이니……. 집 세 채 중에서 한 채만이라도 팔 수 없겠느냐고 애원해
보았지만 우리들의 소망은 일언지하에 거절당하고 말았다. 집이 낡아
세 채가 한꺼번에 팔려야만 그나마 제값을 받을 수 있다고 땅주인은
난색을 표했다.

당시 다일공동체의 전재산은 1억도 안 되는 8천만원이었다. 김충순
권사가 약속한 1억원, 그리고 천사헌금 통장에 예금되어 있던 1억원
남짓한 돈을 모두 합하면 3억원 정도 될까. 2, 30평이라도 좋으니, 쓰
러져가는 낡은 집이라도 좋으니 어서 한 채를 구하기만 해도 좋겠다는
생각뿐이었다. 집주인에게 쫓겨 이사 다니지만 않아도 주님의 크신 은
총이라고 여길 만큼 이주 대책이 없는 가난한 살림살이였다.

그런데 어찌된 영문인지 하나님이 보여주신 것은 3배도 넘는 땅덩이
였고 자금 역시 4배가 더 필요한 엄청난 액수였으니, 우리는 그 집을
구하는 것은 믿음이 아닌 만용이라고 고개를 갸웃거렸다.

매일 아침기도가 끝나면 오동나무 그늘 아래서 주님께 기도했다.

'하나님, 이 집을 주십시오. 하나님께서 당신 백성들을 친히 먹이시
고 입히시고 고쳐주실 바로 이 땅, 이 낡은 집 세 채야말로 나눔의
집·섬김의 집, 그리고 천사의 집이 한 곳에 세워질 하나님이 예비하
신 땅이라는 믿음이 듭니다. 이렇게 가진 것 없이, 밑도 끝도 없이 아
버지께 구하는 것은 아버지가 이미 시작하신 일이기 때문입니다. 어떻
게든 이 집 주인과 저희 모든 가족들의 마음을 움직여 주십시오.'

그동안 모아진 성금을 일단 합산해 보았다. 음악회와 전시회 등을
통해 모은 돈과 무료숙소 건립헌금을 합한 액수 전부를 더해보았지만
턱없이 부족했다. 부족한 금액을 따져보니 마련된 돈보다도 무려 1억
원이 더 많은 4억5천만원이나 됐다.

나는 웬지 되돌아가기 어려운 길, 새로운 '선택'을 해야만 하는 어떤 소명을 느꼈다. 여태껏 찾아 헤메던 그 '약속의 땅'을 곧 밟기라도 할 듯한 설렘으로. 일단 계약부터 하고 새 집을 얻기에 백방으로 노력해 보자. 그 다음은 하나님 몫으로 돌리고. 나의 결심을 공동체 가족과 후원회원들에게 알리고 난 다음, 며칠 후 날을 잡아 계약을 감행했다.

계약하던 날 어머니와 이 권사는 너무 감격스러운 나머지 복덕방 사람을 중간에 놓고는 연방 소매를 적시며 울었고 눈물 많으신 이 목사도 자주 손수건을 꺼냈다. 집사람은 그날 집에 돌아와서 가정예배를 드릴 때에야 울음보가 터졌는지 한참을 우는 모습이었다. 그동안 집도 절도 없이 계약기간도 다 살지 못하고 쫓겨다닌 험난한 세월이 주마등처럼 스치면서 그 모든 서러움이 사랑하는 이들의 눈물에 말갛게 씻겨지는 듯 위로의 손길이 내 맘을 어루만지고 지나갔다.

그러나 당장 다음날부터 입술이 타들어가기 시작했다. 잔금일까지는 불과 45일 정도가 남아 있었다. 그래서 우리는 하나님께 "2차로 필요한 돈을 더도 덜도 말고 꼭 맞게 채워 주십시오."라며 더욱 열심히 기도했다. 한편 이 모든 소식은 다일공동체 소식지를 타고 각 후원회원들에게 전달됐다.

하루 이틀 지나면서 타들어가던 입술은 급기야 밥을 삼키기가 어려울 정도가 되었다. 공동체 식구들 중에 몇 사람은 기독교계의 유력 인사를 찾아가서 도움을 청하거나 큰 교회 목사 몇 분을 만나서 도움을 청해보면 어떻겠느냐는 의견을 제시했다. 하지만 나와 대다수의 식구는 의견이 조금 달랐다. 다급하긴 하지만 지금까지 해온 방법대로 기도로써 끝까지 하나님께, 하나님께만 구하자고 다짐했다.

우리는 앉으나 서나, 밤이고 낮이고 가리지 않고 기도하고 또 기도했다. 그래도 기도 후에는 또 다른 갈등이 일었다. 높은 분들을 찾아가서 이 사정을 애기하는 것이 옳은가, 아니면 기도하며 기다리는 것이 옳은가.

기도하며 갈등하며, 그러길 보름이 지났을까. 천사헌금이 눈에 띄게 많이 들어오기 시작하더니, 드디어 2백명을 넘어서게 되었다. 우리 공동체는 더 이상 외로운 곳이 아니었다. 그 은혜에 감사드리기 위해 천사후원회원들이 기독교 1백주년 기념관에 모여 함께 기도하며 천사의 집 건립의 뜻을 더욱 새롭게 다졌다. '천사회원 배가 기도회'는 그렇게 이루어졌다.

"일도, 지금부터 시작이다. 네 주변의 친구들을 보라. 그 선한 마음과 굳은 믿음을."

그분은 코가 찡하도록 가만히 다가와 속삭이는 것이었다.

그후 전국 각지에서 천사후원금이 속속 답지했다. 많은 액수는 아니지만 천사 후원회원이 늘어갔고, 일본이나 미국 등지에서도 후원금이 전달되어 왔다. 우리는 이런 후원과 정성에 격려를 받으며 더욱 열심히 기도했다. 그러나 잔금 지불일이 다가오는 데도 들어온 후원금은 필요한 금액의 절반을 조금 넘었을 뿐이었다. 그 중에서도 1억원은 땅주인이 안고 있던 신용금고의 융자금을 떠안기로 하고 타협을 본 것이었다.

사정이 이렇게 어려워지자 극동방송의 '나의 개척 시대' '사랑의 뜰안' '하나 되게 하소서' 프로와 임국희씨가 진행하던 교통방송에서도 다일공동체를 위해 황금시간대를 내주었고, 각 신문과 잡지 역시 지면을 할애하여 섬김의 집, 천사의 집 마련을 서두르게 된 동기와 진척 상황을 상세하게 알려주었다.

이러한 도움은 우리에게 정말 큰 힘이 되었다. 방송과 신문 잡지들을 통한 보도가 나가면서 헌금은 우리의 목표액에 육박해갔다. 그러나 마지막 두 주간을 남겨놓은 시점에도 약 1억원이라는 돈이 부족했다.

그때 마침 기독교방송의 '새롭게 하소서' 담당자들이 우리에게 다시 한번 시간을 주었다. 이 프로그램에는 초창기부터 몇 번 출연하여 그때마다 공동체 소개나 특집 프로그램 소개를 해왔는데, 이번에는 우리를 돕기 위해 진행팀이 의도적으로 우리에게 시간을 준 것이다. 이

귀한 시간에 나는 우리들의 절박한 사정을 호소했다. 그런데 놀라운 것은 다음날부터 전국 각지에서 우리와 뜻을 같이 하겠다는 많은 분들이 천사후원 성금을 보내주었다.

그 기간에 나는 우리의 절박한 문제를 해결해 주시기 위해 하나님께서 직접 바쁘게 뛰고 계시다는 사실을 정말 피부로 절감했다. 꿈이 아닌 현실로 우리를 인도하기 위해⋯⋯. 드디어 잔금 지불일. 치러야 돈이 남지도 모자라지도 않았다면 이를 '기적'이라고 표현해야 할까. 잔금 날짜에 여러 후원회 대표들과 공동체식구들이 다 같이 한자리에 모여 하나님께서 이루어주신 이 기적을 감사드리며, 전국 각지에 흩어져 있는 여러 후원자들을 위해 기도한 후 잔금을 치렀다. 땅 문서를 건네받은 우리는 그저 감사하고 감격할 뿐이었다.

하나님은 당신의 사람들을 친히 움직이시어 마침내 당신의 뜻을 이루어내셨다. 당신이 날마다 함께 계셔서 가장 성스러운 곳, 오병이어의 거리에서 살아가는 당신의 백성들을 위해.

눈이 오나 비가 오나

아이고, 정말로 이사가시나봬."

"정말 우리 동네를 떠나시는 겁니까?"

"무지무지 섭섭네요, 잉!"

"바로 뒷동네로 간다니까 조금은 위로가 되네요."

장마비가 억수로 쏟아지던 94년 7월 588 한복판, 5년 동안 살아온 나눔의 집 대문 앞에 펨푸 아주머니들과 포주 몇 사람이 찾아와 저마다 아쉬운 인사말을 한마디씩 건넸다. 우리는 이삿짐을 끌어내 차에 싣느라 눈코 뜰새 없으면서도 그들의 인사에 일일이 답했다.

"그동안 여러분들과 한동네에서 살아서 정말 좋았습니다. 하지만 아주 멀리 떠나는 건 아니니까요. 걸어서 5분도 안 되는 거리인데요, 뭘. 언제든 자주 만날 수 있어요. 이웃으로 이사갈 뿐, 제 마음은 여러분 곁에 항상 있어요."

"아암, 여길 떠난다 해도 자주 찾아올 걸."

"앞으로도 자주 놀러들 오세요."

아쉽고 섭섭하기는 우리나 그네나 같았다.

"아이고, 시상에 하늘 보니께 비가 많이 올 것만 같구먼. 싸게싸게 들 서두르셔야겠어요."

그들은 잔뜩 찌푸린 하늘을 올려다보더니 집 안으로 들어서서 연신 이삿짐을 나르며 우리들 걱정을 아끼지 않았다.

"이젠 우리 즘심은 어디서 먹는다냐? 생각해보니 그동안 이 집에서 밥도 참 많이 얻어 먹었다. 안 그러냐?"

"많이 먹고 말고. 거의 매일 여기서 점심을 먹었으니까 다 합치면 몇 백 그릇은 족히 될 걸!"

햇수로 5년이나 되는 지난 날들을 회상하듯 그네들은 먹은 밥 그릇까지 계산해가며 말을 주고 받았다. 그 속에는 겉으로는 다 표현하지 못한 섭섭함과 아쉬움이 배어 있는 듯 떠나는 우리의 마음자락을 아프게 흔들었다.

사실 같은 골목에서 살며 온갖 비명, 신음과 걱정, 근심거리를 함께 듣고 함께 겪으며 살아온 5년이다. 맨처음 이사오던 날, 손에 손에 물비누며 가루비누며 사들고 와 찰떡을 나누어 먹으며 반가워하던 그 사람들, 하지만 조금이라도 그들에게 폐가 되거나 불편한 일이 생기면 언제 본 적 있느냐는 듯이 달려들어 삿대질하며 "목사님! 이래도 되는 겁니까?" 라고 거리낌없이 따지고들던 사람들, 그러다가도 우리가 어렵고 힘들 때면 또 언제 다가왔는지 옆에서 위로해주던 그들이었다. 성가병원에 입원시키지 못한 환자를 데리고 울며 돌아온 날, 내 앞에 제일 먼저 성금봉투를 내밀며 멋쩍어 하던 그네들.

"저 불쌍한 어린것들처럼 우리 어린 시절엔 너무 배가 고팠어요. 그래서 배고픈 사람과 밥 나누어 먹자고 애쓰시는 목사님을 누구보다 존경합니다. 그리고 우리도 죽도록 아플 때 병원 문간에 들어가 보지도 못하고 낑낑대던 적도 많았어요. 그러니까 저희 돈을 검은 돈이라 생각마시고, 거시기…… 아무 생각마시고 받아주세요. 저 어린 것들을 보면 꼭 우리네 어릴 적 모습을 보는 것 같아서."

평소 때는 걸쩍한 욕설도 잘하고 진한 농담도 자주 건네던 아줌마들이 그렇게 몸둘 바를 몰라 하며 수줍게 내민 성금까지 포함되어 새로운 '나눔의 집' '섬김의 집' 이 마련되지 않았던가. 섭섭해 하는 그들의 인사를 받으며 우리가 마지막 이삿짐을 싣고 떠날 즈음부터는 하늘이 참을 때까지 참았다는 듯이 비가 억수로 내렸다. 우리는 서둘러 차를 보내고, 몇 사람이 남아 방마다 돌며 남은 쓰레기들을 쓸어내고 뒷정리까지 마치고 나서야 한숨을 돌렸다. 마침내 588 한복판을 떠나 이웃 동네인 전농 1동 497-77호 새로운 곳으로 터전을 옮기게 된 것이다. 절망과 슬픔을 딛고 희망과 기쁨에 들떠 환호하던 날, 사람 속에서, 기도 속에서 탄생하는 힘있는 사랑의 실체를 보았다.

이미 전날부터 식사에 필요한 주방 기구와 옮길 만한 것들은 손수레와 베스타로 거의 다 옮겨놓은 상태여서 당일 이사는 그리 어렵지 않았다. 또 많은 자원봉사자들이 일손을 거들어 큰 도움이 되었다. 그들이 준비한 점심을 맛있게 먹은 뒤 쉴 틈도 없이 이삿짐을 풀기 시작했다. 각자 자기가 맡은 분야를 꼼꼼하게 손 보고 정리하느라 복더위마저 잊은 듯했다.

하지만 이삿짐 정리보다 더 신경 쓰였던 것은 가스공사가 채 마무리되지 않은 상태에서 배식 준비를 해야 한다는 점이었다. 우선 임시 시설을 하여 밥을 짓던 중 가스줄에 불이 붙는 사태가 벌어졌는데, 다행히 누군가 재빨리 가스통을 잠그고 불을 꺼서 더 크게 번지는 사태는 막을 수 있었다.

이런 와중에도 오병이어 거리의 배식만은 단 하루도 거르지 않고 꼬박꼬박 준비했다. 하지만 아직 할아버지들이 나눔의 집 식탁에서 식사를 하기엔 날씨가 너무 더워 그분들은 여전히 오병이어 거리를 서성대야 했다 우리가 만든 식탁은 진료소 건물 마당에 기둥을 세우고 플라스틱 차양막을 지붕 대신 얹어 만든 간이 식당이었기 때문에 바람이 잘 통하지 않았다. 그러다보니 복더위에 2백명 가까운 사람들이 복닥거리며 밥을 먹는다는 것은 상상할 수도 없는 일이었다. 그래서 안타깝긴 하지만 더위가 한풀 꺾이고 서늘한 가을 바람이 불 때까지는 거

464

리에서 밥을 나누어줄 수밖에 없었다.

  이런 사정을 점차 알게 된 사람들은 새 집에서 진료를 받게 되고 가
을바람만 불면 곧 들어갈 식당이 있으니 얼마나 다행이냐며 좋아했다.
식사가 끝난 뒤 몇 명씩 짝을 지어 나눔의 집 주위를 어정어정 돌며 얼
굴을 비비면서 어린아이처럼 기뻐했다. 아주 행복한 웃음을 띠고. 그
들의 그런 모습을 바라보면서 나는 더욱 가슴이 아려왔다. 먹을 게 없
고 잠잘 데 없는 설움이 얼마나 컸으면.

주기철 목사의 순교 기념비 앞에서.
바른 믿음, 바른 삶으로, 죽을 때까지 이 걸음으로.

14
돌아보고 내다보며

한방울의 물에도
천지의 은혜가 스며 있고
한톨의 곡식에도
만인의 땀이 담겨 있습니다
이 땅에 밥으로 오셔서
우리의 밥이 되어
우리를 살리신
예수 그리스도를 본받아
우리도 이 밥 먹고 밥이 되어
다양성 안에서 일치를 추구하는
삶을 살겠습니다.
밥상을 베푸신
하나님의 은혜에 감사드리며
맑은 마음, 밝은 얼굴,
바른 믿음, 바른 삶으로
이웃 살리는 삶이기를 다짐하며
감사히 식사를 들겠습니다.
예수님의 이름으로 기도합니다.
아멘!

－다일공동체 식사기도－

신명난 잔칫집

　1994년 8월 4일 정오, 타종소리와 함께 오병이어 거리엔 사물놀이 패의 신명나는 춤사위가 펼쳐졌다. 할아버지 할머니들도 덩실덩실 춤을 추고 우리 공동체 가족과 후원자, 협력교회의 자원봉사자들도 어깨를 들썩이며 축제 한마당에 휩쓸렸다. 어려운 고비마다 큰 도움을 주었고 늘 다정했던 선배, 김동호 목사가 인도한 다일공동체 새 집 마련 1부 축하예배에 이어 점심식사가 끝나고, 기념품으로 준비한 타월과 창립 5주년 기념자료집도 모두 나누어준 뒤였다.

　밥상공동체 가족들은 아직은 여러 모로 부족하지만 그들을 위한 집이 어엿하게 마련되었다는 것과, 머잖아 그 자리에 '번듯한' 편의시설이 마련될 거라는 기대에 부풀어 덩실덩실 춤을 추어댔다. 어떤 사람들은 흥얼흥얼 콧노래를 부르기도 하고, 어떤 이들은 기념타월을 머리에 묶곤 엉덩이춤을 추어 좌중을 웃겼다.
　"밥만 줘도 고마운디, 워치케 이런 경사시런 일꺼정 생긴대유?"
　"오늘 같은 날만이라두유, 목사님과 춤 한번 추면 소원 없겄시유."
　여러 협력교회에서 마련해온 떡과 식혜, 과일과 음료 등이 오병이어 거리의 손님들에게 고루 나누어지면서 잔치 분위기를 한껏 돋웠다.

　오후 2시 30분, 2부 감사예배가 시작되었다. 주로 협력교회 봉사자와 후원자 공동체 가족들이 모여서 드린 감사의 자리였다. 6년 동안 다섯 차례나 집을 옮겨다녀야 했던 아픔, 그것도 좋은 집으로 가기 위해서가 아니라, 쫓겨나서 어쩔 수 없이 보따리를 챙겨야 했던 설움에서 해방된 감격의 예배이기도 했다.

예배 집례를 맡은 임영수 목사는 다일공동체가 추구해야 할 삶과 한국교회 안에서의 역할에 대해 이렇게 말했다.

"다일공동체가 한국교회와 한국 역사 앞에 화해와 일치를 보여주는 하나님 나라의 비유가 되며, 주님께서 몸소 보이신 참사랑의 나눔과 섬김의 길을 더욱 정직하고 순수하게 걸어가는 주님 제자들의 모임이기를 간절히 기원합니다."

공동체가족들은 그 말씀을 들으며 앞으로도 변함없이 나사렛 예수의 영성생활과 초대교회의 공동체성을 추구해 나갈 것을 다짐하고 또 다짐했다.

예배가 끝나자 손님들은 새로 옮겨온 다일공동체의 삶의 자리를 둘러보기 시작했다. 기둥을 쓸어보기도 하고 기물을 만져보기도 하고, 사랑방 화해방 일치방 겸손방 온유방 섬김방 등을 애정어린 눈빛으로 차례로 둘러보는 분들을 보며 말할 수 없이 큰 사랑의 울타리 안에 있음을 한껏 실감한 하루였다. 거지들을 끌어들인다고 쫓아내고 또 쫓아내던 집주인들, 그러나 그때마다 조금씩 더 좋은 곳으로 인도해주시던 하나님 사이의 줄다리기는 이제 일단락된 셈이다. 이제는 더 쫓겨나지 않아도 될 자리에 우리 공동체 삶의 자리를 하나님께서 친히 주심으로.

대광고등학교 예배당

아침 일찍 일어나 창문을 열었다. 엊저녁 내린 비가 그치고 하늘은 맑게 개어 있었다. 나는 가족들을 깨우며 소리쳤다.

"부활을 축하해요. 빨리들 일어나요."

아이들도 아내도 눈을 부비고 나오며 마주 인사했다.

"부활절 축하드립니다. 정말 좋은 날인데요. 하늘도 맑고요."

"아빠, 예수 부활 축하해요."

"할렐루야, 우리 예수님 다시 사셨어요."

우리는 서둘러 아침식사를 마치고 대광고등학교를 향해 달렸다.

"아빠, 왜 이 길로 가요? 교회 가는 길은 저쪽인데……"

고려대학교와 청량리 가는 길이 나뉘는 지점에서 가람이가 깜짝 놀라 소리쳤다.

"가 보면 알게 될 거야. 걱정하지 마, 가람아!"

"어, 이상하다!"

아들 녀석도 고개를 갸웃거리며 말했다. 나는 계속 직진해서 대광고등학교 교문을 들어갔다. 교문에서 주보를 나누어주며 안내하던 집사 두 분과 청년 두 사람이 우릴 보고는 반갑게 인사를 했다.

"부활을 축하해요."

"우리도 부활을 삽시다."

여집사 두 분은 한복까지 곱게 차려 입고 있었다. 차창을 열고 반갑

게 인사를 나누며 주보를 받아들었다. 그제서야 아이들은 예배처소가
바뀐 사실을 생각해내고는 좋아라 종알댔다.

"여긴 나무가 많고 참 좋다, 그치?"

"운동장이 이렇게 넓으니까 매주일 운동회해도 되겠네."

기쁘고 즐거운 것은 아이들만이 아니었다. 나도 아내도 들뜬 마음으
로 학교를 쭉 둘러보았다. 교문 오른쪽에서 시작되는 수양버드나무와
플라타너스의 긴 행렬이 황량한 겨울을 이겨낸 학교를 온통 녹음으로
둘러싸고 있었다. 또 우리가 예배드리기로 되어 있는 시청각실과 강당
쪽으로 오르는 언덕길 양편엔 아카시아와 벚나무가 줄지어 서 있어서
마치 초록빛 동굴 속을 지나는 것만 같았다.

우리는 푸르름에 겨운 교정을 지나 시청각실을 찾아갔다. 벌써 집사
와 전도사, 그리고 청년 몇 명이 와서 예배 준비를 하고 있었다. 부활
절을 기해 창단된 다일중창단도 미리 와서 부활절 예배 음악을 연습했
는지 고운 화음이 파문처럼 마음에 와닿았다. 활기찼다. 기뻤다. 고마
웠다. 감사했다. 그 아침에 이뤄지고 있는 모든 일들이. 나는 손을 높
이 치켜들고 소리쳤다.

"할렐루야! 할렐루야! 우리 주님 다시 사셨습니다. 부활 축하합니
다. 해피 이스터!"

사순절 동안 절제해온 기쁨의 감탄사, 할렐루야를 부르고 부활절 아
침 인사를 감격 속에서 나누니, 정말 그 하루가 더욱 기쁨으로 넘치는
것 같았다. 늘 냄새나고 어둡고 비좁은 가건물에 다닥다닥 끼여앉아
예배드리던 청량리에서 벗어나, 이렇듯 넓고 쾌적한 고등학교 시청각
실에서 드리게 됨을 한없이 감사했다.

1994년 하반기부터 교인이 점점 늘어나기 시작했다. 처음 교회가 생
길 때 우리 가족을 빼고나면 모두 세 사람 뿐이었는데, 날이 가고 해가
바뀌면서 조금씩 뜻을 같이 하는 사람들이 모이기 시작하여 93년 말에

는 40명 정도로 늘었다. 또 94년 하반기부터는 주로 대학생과 청년들이 자리를 차지하기 시작했고, 95년 초에는 스물댓 평 남짓한 우리 예배당에 발 딛고 들어설 자리가 없을 만큼 80여명으로 신자들이 많아졌다. 특히 교회 갱신에 뜻을 둔 2,30대 젊은이들이 매주일 찾아왔다. 초창기엔 주일예배에 새로 나온 얼굴이 보여서 예배에 참석하게 된 동기를 물으면 거의 대다수가 "어떤 교회인가 좀 보러 왔다."고 대답하곤 했다. 그런데 어느 때부터인가 "이 교회에 다니고 싶어서 왔다."면서 자리를 메우기 시작한 것이다.

지난 7년 동안을 거의 공동체 일에만 주력하다 보니 사실상 다일교회 교인을 위한 목양에 힘을 덜 써온 것이 사실이다. 그런데 6년 동안 공동체 일이 어느 정도 기초가 닦이고 안정되자 하나님은 또 나에게 새 일을 보여 주신 것이다. 마치 "일도야, 이제는 네 눈을 교회로 돌려 보렴. 푸른 꼴을 먹여야 할, 길 잃은 양들이 많음을 잊지 마라." 라고 말씀하시는 듯싶었다.

우리는 좁은 예배당에 거의 어깨가 붙을 정도로 끼여 앉아 예배를 드렸다. 조금 늦게 온 사람은 아예 뒤에 서서 예배를 드려야 할 지경이었다. 이때부터 교인들의 기도 제목이 하나 더 늘어났다.

"온 몸으로 당신께 예배드릴 수 있는 공간을 허락해주세요."

"바른 예배로 바른 믿음과 바른 삶을 회복하게 해주세요."

교우들은 틈만 나면 우리가 예배드릴 만한 공간을 찾기 시작했다. 그러나 청량리 일대의 큰 건물은 거의가 상업 지역에 있었고, 그런 건물은 우리 처지로는 도저히 엄두도 못낼 만큼 임대료가 비쌌다. 상업 지역이 아닌 곳엔 작고 오래된 건물뿐이어서 60평 이상의 공간을 빌릴 만한 곳이 한군데도 없었다. '궁하면 통한다' 던가, 문득 학교 강당이나 시청각실을 빌려쓰면 어떨까 하는 생각이 들었다. 그리고 기독교 계통의 여러 학교를 떠올리다가 마침내 매주일 의료진료봉사에 참여하

는 대광고교 교목실장 김학복 목사를 생각해 냈다. 대광고등학교는 신
설동 전철역 근처에 있어 우선 교통이 편리했고, 청량리 공동체에서도
비교적 가까운 거리에 있었다. 게다가 우리 교회 김창호 전도사의 부
친이 교감이라는 데까지 생각이 미치자 우리는 무릎을 탁치며 곧바로
학교로 찾아갔다.

공동체교회의 어려움을 들은 교장, 교감선생님은 시청각실을 주일
예배 처소로 쓸 것을 기꺼이 허락하면서, 임대료에 대해서도 아무 걱
정 말라고 격려하는 것이었다.

"다일공동체교회에 임대료를 받을 순 없죠. 오히려 우리도 다일에서
하는 사역에 조금이나마 힘을 보태게 되어 감사할 뿐입니다. 기왕에
있는 교실을 잘 써주신다니 오히려 영광이군요."

어찌 그 감사를 말로 다 표현할 수 있으랴. 일체를 향해 펼쳐지고 있
는 이 많은 사랑의 손길을. 우리는 관대한 처분에 깊이 감사드리며, 교
회 임대료로 쓰려던 모든 돈을 사회 봉사와 구제하는 일에 돌리기로
하나님 앞에 다짐했다. 또한 교회가 단독 건물을 갖기 위해 수억 수십
억원씩 들여서 건축하는 일이 없이, 그 건축비로 오로지 빈민구제와
사회봉사와 교육하는 일에만 전념키로 한 우리 교회의 결정을 주님 다
시 오실 날까지 지켜나갈 수 있도록 인도해 주시길 간절히 기도했다.

항상 믿는 맘으로

  교통방송 임국희씨와 약속한 오전 9시 30분 생방송 대담시간에 맞추기 위해 급히 지하철을 탔다. 경복궁 역에서 내려 시계를 보니 9시 10분. 익숙하지 않은 방송국 스튜디오를 찾다보면 시간이 좀 걸릴테고, 조급한 마음으로 경복궁 역 돌계단을 뛰어오르는데 누군가가 팔을 덥석 붙들었다. 얼결에 뒤돌아보니 김철종 할아버지였다. 그는 얼굴 가득 웃음을 머금고 큰소리로 외쳤다.

  "목사님, 나 안 장로예요. 여기서 일하는 줄 모르셨어요?"

  "저어, 김철종 할아버지……."

  "아, 그러실 줄 알았어요. 제가 안 장로란 뜻은 '장로가 아니다' 라는 뜻입니다. 그저 다일교회 어린 양인데 하도 만나는 사람마다 저더러 장로냐고 묻기에 '그래, 나도 장로다. 안 장로!' 그러고 다니지요, 허허허."

  그는 사뭇 즐겁다는 표정으로 거침없이 얘기했다. 김철종 씨, 오병이어 거리에서 만난 수많은 사람 중의 한 분이다. 추레한 모습으로 밥 타기 대열에 끼여 있던 사람, 약간 고집 센 얼굴의 나그네였다. 그런데 한동안 밥만 타서 먹던 그가 어느날인가 무질서하게 떠드는 사람들 앞에 서서 질서유지를 위해 애를 썼다. 그리고는 얼마간의 시간이 흐른 뒤 다일교회에 와서 주일예배를 드리기 시작했다.

  그날부터 다일교회의 최고 연장자가 되었고, 식사도 공동체 형제들

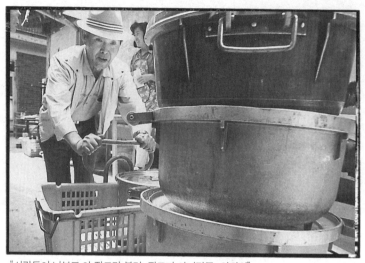

"사람들이 날보고 안 장로라 불러. 장로가 아니라구, 허허허".
오병이어 거리에서 봉사받던 김철종 할아버지가 이제는 봉사하는 분이 되어 밥수레를
밀고 있다. 새 삶을 밀고 끄는 모습으로.

과 같이 하기 시작했다. 말하자면 밥상공동체 출신 자원봉사자가 된
셈이었다. 어느 정도 학력도 갖춘 듯해 보이는 그는 성경을 몇 번씩 통
독하기도 했고, 경우에 어긋나는 일은 하는 법이 없었다.

그러던 중, 일주일이나 모습을 나타내지 않았다. 우리는 혹시 길에
서 사고라도 당한 것은 아닌가 하여 조바심을 쳤다. 한데 주일이 되자
이번엔 아주 말끔한 옷차림에 모자까지 점잖게 쓰고 나타났다. 반갑게
인사하는 교인들에게 자기가 취직했다는 기쁜 소식까지 전하는 것이었
다. 그날 이후 김 할아버지는 주일에만 만나는 사람이 되었고, 언제부
터인가 그는 주일에도 못 만나고 공동체의 큰 행사가 있는 날이나 만
나는 '바쁜 신사'가 되었다.

오병이어 거리 출신의 말쑥한 노신사, 다일교회의 어린 양, 안장로,
김철종 할아버지의 손을 놓고 돌계단을 오르며 큰소리로 힘주어 말했다.

"김철종 할아버지, 만세! 더욱 힘내십시오. 주님의 어린 양, 안 장로
님! 하하하."

다음날은 또 다른 오병이어 거리의 식구가 공동체를 찾아와 모두를 감동시켰다. 청량리시장이 삶의 본거지인 익수씨가 쌀 두포를 사들고 나눔의 집을 찾아온 것이다. 리어카를 끌고 다니면서 빗자루나 부엌칼 등을 파는 익수씨는 밥상공동체의 오래된 단골 손님으로, 이따금 공동체에 들러 무료식사에 대한 보답을 성의껏 하는 바람에 공동체 식구들의 마음을 뭉클하게 했다.

몇 달 전 그는 밥을 먹으러 나눔의 집에 왔다가 전재산인 리어카를 잃어버리고 말았다. 밥 먹는 동안 잠시 밖에 세워둔 장사 밑천과 세간 몽땅을 도둑맞은 것이다. 리어카가 사라진 땅바닥을 허허롭게 쳐다보던 그는, 도리어 내가 걱정할까봐 배시시 웃음만 비친 채 속으로만 애태우며 울던 착한 사람이었다. 이 험한 세상에 돈 한푼 없이 배운 것도 없이, 하지만 거짓 없이 꿋꿋하게 살아온 우리의 착한 이웃이요 밥상공동체의 자랑스러운 단골 손님이다.

익수씨는 항상 믿는 마음으로 살다가 낭패를 보는 사람이다. 그는 이곳에서 무료식사를 제공받는 것을 무척 고맙게 생각하지만 또한 부끄럽게도 생각하는 사람이다. 시장길을 걷다가 우연히 그를 만나 "요즘은 왜 자주 안 오세요" 하고 물으면 "제가 먹으면 할아버지들이 그만큼 못 잡수시잖아요. 정 끼니 때우기가 힘들 때면 가서 신세질게요." 하던 그였다.

어느날 익수씨가 찾아와 리어카 한 대만 사주면 열심히 벌어서 이 신세를 정말 면하고 싶다면서 겸연쩍게 돈을 요구한 적이 있었다. 또 속는 셈치고 "그렇게 하세요. 열심히 벌어서 한번 익수씨도 사람답게 보란 듯이 살아보세요" 했는데, 이렇게 성실하게 살고 있는 그를 처음부터 믿어주지 못하고 속으리라 생각하며 건네준 것이 못내 마음에 걸린다.

하도 많은 사람들이 새롭게 살고 싶다는 핑계를 대면서 목돈을 받아가고는 시작은커녕 돈받은 그 날로 술을 말로 마셔버리는 통에 선뜻 믿음을 갖기가 어려웠던 점도 있었다. 하지만 이것도 나의 악함과 게 으름에 대한 변명일 뿐인지도 모른다. 열 명이 찾아오면 아홉 명이 나를 속였기 때문이라고 하지만, 처음부터 믿는 마음으로 그의 두 손을 잡아주지 못한 것이 항상 미안할 뿐이다.

경쟁에서 밀려나서 이곳까지 간신히 찾아온 사람들의 이야기를 항상 믿는 마음으로 받아들일 수 있으면 오죽이나 좋을까. 한 번은 길가는 사람이 익수씨의 리어카 위에 있는 성경책을 보고는 "당신, 예수쟁이들에게 물건 팔아 먹으려고 폼으로 놓은 거지." 하더란다. 그 얘길 듣고 익수씨의 마음이 얼마나 아팠을까.

무덥던 지난 여름날, 익수씨의 리어카가 고갯길을 힘들게 올라갈 때였다. 그 모습을 보고는 말없이 달려가서 뒤에서 밀어주던 무의탁 노인 박 할아버지를 먼 발치에서 본 일이 있다. 그 때 내 눈엔 예수님이 한 손에는 익수씨를, 한 손엔 힘 없는 박 노인의 손을 붙드시고 이 청량리 거리를 걷고 계시는 것 같아 눈물이 핑 돌았다.

사람 많은 이 거리에서 살지만 참된 이웃 하나 없이 서로를 믿지 못하고 외롭게 살아가는 사람들이 얼마나 많은가! 그러나 익수씨는 오늘도 믿는 마음 하나로 살아가는 하나님의 사람이다. 집도 절도, 아무 것도 가진 것 없이……. 나도 그처럼 항상 믿는 마음으로 살 수는 없을까.

내일, 모레, 글패?

점심 식사가 얼추 끝났다. 오동나무 아래 탁자에서 맛있게 점심을 먹던 밥상공동체 식구들도 하나씩 둘씩 자리를 떴다. 저녁밥을 얻고 싶어서 봉사자를 찾는 당뇨병 할머니만이 기웃거릴 뿐이다.

그때 한 할머니가 와서 묻는다.

"내일도 밥 줘요?"

"네, 그럼요."

"모레, 글패는?"

"모레 글피도 드리지요."

"정말 내일, 모레, 글패도 밥 줘요?"

"그렇고 말고요. 걱정하지 마세요."

"내일 모레 글패 말이요?"

"……"

"……"

오늘도 어김없이 '글패' 할머니는 내일 걱정이 심하다. 점심 식사가 끝날 즈음이면 언제나 봉사자들에게 쫓아와 똑같은 질문을 하는 할머니다. 그때마다 우리는 "걱정하지 마세요."라고 반복해 대답할 수밖에 없다. 내일, 모레, 글피에도 어김없이 밥상을 차려내길 벌써 6년이 지나고 7년째 아닌가. 그런데도 3백65일을 한결같이 식사가 끝나기만 하면 우리를 찾아와 똑같이 질문하는 것이었다. 단 한번도 빠지는 일이 없이, 잊는 일도 없이.

'내일, 모레, 글패 할머니!' 애칭이 아홉자나 되는 할머니. 우리는 급하면 내일이나 모레보다는 '글패 할머니'라고 부르는 경우가 더 많았는데, 이유는 할머니가 특유의 억양으로 글피를 '글패'라고 올려서 발음하기 때문이다. 할머니의 어깨를 두드리며 안심시켜 보내고 나면 여러가지 생각이 겹쳐 지나간다. 참 불쌍한 할머니로구나, 어쩌다 저렇게 되었을까, 걱정도 습관인가보다. '글패 할머니'의 걱정은 습관이거나 확신할 수 없는 내일에 대한 극도의 불안증상일지도 모른다. 건망증까지 겹친. 오늘은 오늘 하루 일을 생각하고 내일 일은 내일에 맡겨도 좋으련만, 할머니의 걱정은 내일로 끝나지 않으니 문제가 아닐 수 없다. 모레, 글피까지 염려하느라 맘 편할 날이 단 하루도 없으니 말이다.

물론 한 세상을 살다보면 염려되고 걱정되는 일이 어디 한두 가지에 그치랴. 이 땅에 발 딛고 제 그림자를 만들며 사는 사람이라면 각자 자기 나름의 근심과 불안, 걱정이 다 있을 것이다.

정도의 차이는 있겠지만, 어쨌든 근심이나 걱정거리를 대하는 태도는 사람마다 다르다. 어떤 이는 걱정에 짓눌리고, 어떤 이는 걱정을 스스로 풀어 나가고, 어떤 이는 다른 사람의 힘을 빌려 해결해 나가고. 자신의 걱정거리를 어떻게 처리해 내는가에 따라 그 사람의 표정 또한 달라진다. 걱정에 지게 되면 얼굴이 어둡고, 걱정을 잘 이겨내면 밝은 얼굴로 살아가게 된다.

그래서 우리들의 멋쟁이 시인 예수는 오늘도 우리가 환한 웃음을 함빡 머금고 살아가라고 이렇게 말씀하시는가보다.

'하늘을 나는 새를 보라. 들의 백합꽃이 어떻게 자라는지를 살펴보라. 무엇을 먹을까, 무엇을 마실까, 무엇을 입을까 걱정하지 말라. 내일 일을 걱정하지 말라.'

돌아보고 내다보며

형님, 형수님 두 분 다 무척 피곤해 보이시는데요. 의자 등받이를 제끼고 한잠 푹 주무세요. 공항까지는 한 시간도 더 넘게 걸릴 텐데요."

"고맙네."

95년 6월27일 오전, 김포공항을 향해 출발했다. 공동체 사역 7년째 맞는 첫번째 안식년을 교인들의 주선으로 유럽의 공동체 순례 여행을 떠나게 된 것이다. 한국장로교협의회에서 주선한 젊은 목회자 예장통합측 대표로 동유럽교회 시찰과 함께 유럽의 떼제, 브루더호프, 라브리 등의 공동체 가족과 사랑의 나눔을 갖기 위해.

차의 등받이에 몸을 맡기고 피곤한 몸을 뉘었다. 아내도 나를 따라 의자에 편안히 기댔다. 전날 밤 늦게까지 처리해놓아야 할 일을 끝내고 출국 준비를 하느라 거의 잠을 이루지 못했던 것이다. 눈을 감고 몸을 기대니 지나간 세월이 새삼스레 떠올랐다. 아내와의 운명적인 만남, 죽음 같은 고통의 세월들, 다시 신학공부하던 7년 동안의 신학생 시절, 그리고 내 생의 전환점이 되고만 청량리 역에서의 무의탁 할아버지와의 만남, 다일교회와 다일공동체 창립……

그날 이후 겪어온 수많은 사건들의 연속, 하지만 만났던 수많은 사람과 사건과 사물 속에는 어느 것도 속된 것이 없었고 모두가 시초부터 아름다운 것일 뿐이었다. 이때 입 속에서 계속 터져나온 고백은 오직 세 마디 '일체' '은혜' '감사' 였다.

옆에 나란히 누운 아내의 손을 잡고 살짝 힘을 주었다. 아내도 같은 생각을 하고 있었는지 먼저 말했다.

"참 놀랍고도 감사하죠?"

"음, 나도 그 말을 하려고 했어."

"그분은 진실로 위대하고 좋으신 분이셔요."

"음, 지난 세월 돌아보니 그분의 은총 아닌 것이 하나도 없는 것 같아요."

한달 일정을 잡아 떠나는 취리히 행 비행기, 이번 일정만큼은 아내 김연수와 함께 갈 수 있길 고대해 왔는데 아이들 방학이 거의 한 달이나 남아 있어서 어쩔 수 없이 나만 다녀오게 된 것이 몹시 미안했다. 사실 다일공동체의 사역은 그동안 말없이 참아낸 아내가 있기에 가능했던 게 아닌가.

"몸조심하세요."

"걱정하지 말아요. 나도 이제 나이 사십인데, 내 몸 하나야 추스르겠지."

"그래도 날씨도 설고 음식도 설 텐데, 이렇게 지친 몸으로 떠나니 조금 염려가 돼요."

"이제까지 우리를 인도하시고 사랑을 주신 분이 계속 지켜주실 거야."

"하긴 그래요. 지금까지의 일들을 생각하면 걱정하고 염려할 게 뭐 있겠어요? 다 그분 손에 맡기면 되지요. 부족함이 없어요. 근심도 없구요."

"내가 안식년을 맞아 이렇게 해외 공동체며 동유럽 교회들을 돌아보고 오게 되는 것도 기적 같은 일이지 뭐야. 당신은 오랜 세월 참아내기만 하고 나만 이렇게 안식년 휴가를 누리니. 혼자 떠나는 것이 정말 맘이 편칠 않아요. 당신 고생 많았어."

"어디 우리 힘만으로 된 것인가요?"

진실로 그러했다. 때 맞추어 한 사람 두 사람 다일교회 신자가 되고

돌이켜 생각해보니 모든 것이 협력하여 선을 이루었습니다.

이 시점에서 우리 부부가 고백할 수 있는 말은 세 마디뿐.

'일체'가 '은혜'요 '감사' 뿐입니다!

공동체 가족이 되어준 분들의 얼굴과 그동안 그분들이 쏟아 부은 수고와 헌신들이 가슴을 깊이 깊이 흔들며 새롭게 떠올랐다. 아름답고 고맙고 자랑스러운 사람들, 우선 가까이에 있는 아내와 어머니. 내가 죽도록 섬겨야 할 가족들을 생각하다 보니 어느새 우리가 탄 차는 김포공항에 도착해 있었다.

배웅나온 숙희와 옥주의 얼굴에는 기쁨과 함께 뭔가 안타까운 눈빛도 숨기지 않았다.

"목사님께서 여러 공동체를 방문하고 돌아오실 때는 우리 교회와 공동체도 성숙기로 접어들겠네요. 정말 기뻐요. 하지만요, 목사님의 근사했던 얼굴이 새까맣게 타고 볼이 패고 늘어난 흰 머리카락을 보면 무척 마음이 아파요."

"목사님 처음 뵐 때만 해도 총각 같았는데. 지금도 열정은 남다르시지만요."

"그래, 많이 상했지. 어느덧 청춘은 청량리 뒷골목을 지나다니는 사이에 다 갔구나 하는 생각도 들어. 하지만 그 사실을 생각할 때마다 난 기뻐요. 나 같은 사람이 어떻게 이 일에 쓰임을 받았는가, 생각해보면 도무지 믿어지지 않거든. 그동안 아픈 상처도 다 꿈 같이 흘러갔고, 이렇게 지내놓고 돌아보니 그 분의 은총이 아닌 것은 하나도 없는 것 같아. 모든 것이 그분의 은혜였어. 이렇게 내 얼굴 상한 것도 말야."

"아니에요. 그래서 더욱 멋져요. 목사님에겐 꿈이 있잖아요. 그 꿈이 있는 한 목사님은 항상 최고로 멋진 분이에요."

숙희 동생 성실이가 품에 안기면서 재롱을 떤다.

"다일교회와 다일공동체의 모든 식구들의 가슴 속에 깊이 영롱하게 새겨진 아름다운 꿈들이 모아지고, 그것들을 실현해내기 위해 우리 모두가 더욱 노력할 때, 더욱 낮아지고 더욱 겸손해질 때 이루어지겠지. 그 땐 어쩌면 지금보다 훨씬 일이 많아질지도 몰라. 우선 우리의 일차적 희망사항인 행려자들을 위한 무료식당 무료숙소 무료병원 공부방문화교실 봉사자들의 숙소와 사무실 등이 갖추어진 다일종합복지관을 건립해야지, 그리고 묵안리에 영성수련이 가능한 침묵의 집도 마련해야지. 앞으로의 일들 역시 주님이 원하시고 주님이 기뻐하시는 방법대로만 이루어지도록, 아니 주님 다시 오실 그 날까지 주님께서 계속 친히 일하시도록 우리 모두 그분의 편리한 도구가 되자구."

"그럼요, 그러기 위해 우리 공동체 가족 모두와 후원 회원들이 열심히 기도하고 일하고 있잖아요. 아무튼 목사님, 건강에 유의하시고요. 예쁜 엽서도 잊지 마세요."

"아무렴!"

"안녕히!"

아마도 비행기 탑승 시간을 알리는 안내방송이 아니었더라면 우리는 계속 이야기 꽃을 피웠을 것이다. 탑승장 안으로 들어서기 전에 몸을 숙여 무릎을 조아린 채 아내만 듣도록 속삭였다.

"여보, 지금까지 지내온 것 주님의 크신 은혜일 뿐이야. 오랜 세월 당신이 잘 참아준 덕분이기도 하고. 고마워요, 여보."

"고맙기는 당신이 고맙지요. 당신을 만나서 당신을 사랑하고, 당신이 사랑하는 사람들을 사랑하며 살아온 것일 뿐이에요. 여보, 사랑해요. 그리고 당신의 꿈까지도."

에필로그

나 이제 / 그런 사람입니다 /
지금 여기에 있으면서 여기 아닌 데
있는 사람 / 그래서 여기 아닌 데 있지만
언제 어디서나 / 지금 여기에 있는
그런 사람입니다

세상에 드립니다

　지금까지 살며 바라며 과연 무엇을 했다고 무엇을 이루었다고 감히 라이프 스토리를 쓸 수 있는가? 자신에게 몇 번이나 묻고 또 물었다. 비록 무엇을 크게 한 일이 없고 이루어놓은 일도 없는 사람이지만, 왜 살며 왜 지금 여기에 있느냐고 묻는다면 내게도 할 말이 있고 남기고 싶은 이야기가 있다.

　어느덧 사십을 바라보는 나이가 되었지만 단 한순간이라도 부당한 권력이나 금력의 노예로 살고 싶은 생각은 추호도 없었다. 돈과 섹스와 명예의 노예가 되어 이리저리 끌려 다니는 사람들을 보면서 단호하게 버려야 할 것이 세상에 독버섯처럼 무성하게 자라는 것을 보았다.
　동시에 또한 나는 보았다. 결코 시들어선 안 될 개혁신앙가들이 남겨준 소중한 유산을 지키고자 혼신의 힘을 다해 몸부림치며 아름다운 세상을 찾는 사람들의 모습을. 그리하여 낮고 어두운 현장에서나마 기록해두고 싶은 불변의 진리가 내 마음 속에 응어리지듯 남게 되었는지 모른다. "사랑의 나눔 있는 곳에 하나님께서 계시도다."라는 생활신앙과 나의 간증을.

　도시 빈민선교를 한답시고 수도 서울의 뒷골목 중 하나인 청량리에 들어오게 된 것은 앞에 쓴 것처럼 전혀 나의 뜻과 계획이 아니었다. 첫 장부터 마지막 장에 이르기까지 분명히 밝혔듯이, 언제나 내 뜻과 그

분의 뜻은 달랐다. 지금도 그분의 뜻과 계획에 대해서는 아는 바가 없다. 단지 지난 세월을 돌아보며 앞을 내다보니 지금까지 지내온 모든 것이 그분의 은총이었다는 것을, 지금 여기가 아름다운 것처럼 세상은 본래 시초부터 아름다운 세상, 좋은 세상이라는 사실을 알 뿐이다.

하나님이 좋고 실낙원을 살아가는 상처받은 이웃들이 좋아서 그저 저 좋아서 한 일일 뿐, 지금 내게는 더 이상 목사라는 자의식이 없다. 남들이 목사라고 부를 뿐이고 내가 하는 일을 빈민목회라고 하거나 도시 빈민선교라고 부를 뿐이지, 목회를 위해서 빈민선교를 위해서 뛰어든 것도 아니고 그걸 위해서 지금까지 일해 온 것은 더더욱 아니다.

청량리에 들어온지 벌써 만 7년이 되어가는 시점에 이르러서도 그분께 던지는 질문은 한결같다.
"주님, 왜 저를 이 곳에 보내셨습니까?"
"주님, 왜 제게 그들을 보여주셨습니까?"

실상이 이런 내게 요즘 와서 전혀 어울리지 않는 칭찬의 말이 종종 들릴 때가 있다. 도시빈민선교의 공동체적인 새 모델을 제시한 목회자라느니, 교회의 화해와 일치를 위해 늘 몸부림치는 에큐메니컬 운동의 선구자라느니, 소외된 이웃을 끌어안고 갱생의 삶을 주기 위해 갖은 고생을 마다 않는 부랑자들의 대부라느니…… 심지어 어느 주간지는 청량리의 성자라고 하질 않나, 어느 월간지는 한국의 마더 테레사라는 엉뚱한 소리까지 해대고 있으니 변변치 못한 실상을 내 입으로 말해주어야 할 때가 이제 왔나 싶어 부끄러움과 쑥스러움을 무릅쓰고 펜을 들었다.
진정 다일공동체는 무엇하는 사람들이며 나는 누구인가를 있는 그대로 밝혀야 어울리지 않는 칭찬으로부터 어서 벗어날 것이고, 엉뚱한 기대로부터 자유로워질 것 같은 기분이었다. 다일공동체를 설립하기까지 스며든 하나님 사랑의 깊이와 넓이를, 공동체의 허상과 실상을 있는 그대로 보여드리는 것으로 다일공동체도, 나도, 있는 그대로의 다일이요, 있는 그대로의 최일도로 살아가고 싶은 마음이 절절했기 때문이다.

이 작은 소망 하나만으로도 한참을 망설였다가 지금까지 살아온 청춘의 날들이 결코 자랑이 될 수도 없지만 결코 부끄러움은 아니었기에 언제 어디서나 오늘을 살아가고 있는 나의 느낌과 생각들을 생각나는 대로 물 같이 바람 같이 흘러가는대로 적어보았다.

무엇보다도 그동안 수많은 오해 속에 묻혀 있던 우리 부부의 만남과 사랑에 대해서, 그리고 평화롭게 함께 살아가는 삶에 대해 말하고 싶었다. 때로는 사실을 밝힘이 오히려 또 다른 오해와 문제들을 만들어내던 가슴 아팠던 시절들이 있었다. 서로 다른 환경과 문화와 성격과 교리와 예전 때문에 함께 살아가기에는 너무도 어려울 것 같은데 별 문제없이 살아가는 게 신통하다고 말하는 사람들이 있었다.

그러나 우리 부부에게는 문제될 것이 없었다. 모든 문제란 문제라고 생각하는 사람에게나 문제일 뿐, 문제가 아니라고 생각하는 사람 앞에서는 더 이상 문제가 아니기 때문이다.

진정 문제삼은 것은 우리 자신의 문제보다 세상을 살아오는 과정에서 발견한 가난한 사람들, 병든 사람들, 집 없는 사람들, 죄인이라고 손가락질받는 사람들이었다. 고도 성장의 그늘 속에 소외된 이들의 삶의 현장을 우리 이웃들에게 그대로 보여줌으로써 고통받는 형제 자매들이 겪는 인간 이하의 생활 수준과 상처 입은 자존심들을 치유할 수 있는 길을 제시하고, 또 함께 찾아보고 싶은 것도 이 글을 쓴 이유 중 하나다.

동시에 우리가 그네들의 상처 회복을 위해 노력해오는 동안 뜻과 힘과 정성을 모아왔던 수많은 후원자들의 큰 사랑이 있었음을 더불어 나누고 싶었다. 작은 정성들이 한 뜻으로 모아지면 큰 일을 해낼 수 있다는, 평범하지만 놀라운 사실과 우리 사회 곳곳에 이 작은 정성을 기꺼이 바치고자 하는 가슴 따뜻한 사람들이 생각보다 훨씬 많다는 기쁨을……

이제 매일매일 그분께 드린 '형제의 참사랑을 위한 기도'를 올리고 싶다. 그리고 그동안 밀린 잠이나 푹 자고 싶다.

형제의 참 사랑을 위한 기도

내가 나만 쳐다보다가
내 수렁에 스스로 빠지지 않게 하소서.
내 마음을 넓혀주시고
내 뜻을 높게 해주소서.

나를 넘어선 따뜻한 시선으로
하나님 당신과 이웃을 보게 하시고
형제가 당하는 어려운 고비마다
함께 무릎으로 나아가도록 도와주소서.

나에게 베풀어진 형제의 사랑을
셈하지 않게 해주시고
내가 베푼 사랑을 과장하지 않도록
내 마음을 지켜주소서.
슬프고 괴롭고 섭섭한 순간들조차
내 사랑이 닿지 못한 높이와
내 사랑이 펴지 못한 넓이의

쓸쓸함을 깨닫게 하소서.

당신이 심어주신 척박한 땅에서
당신이 불러주신 공동체 안에서
당신이 원하시는 아름다운 빛깔로
형제의 참사랑을 꽃피우게 하소서.

오직 하나인 목숨
이승의 남은 햇살을
서로 사랑함으로 불태우게 하시고
화해와 일치의 도구로 쓰이게 하소서.

주여, 오늘도
더욱 사랑하지 못한 아픔으로만
참회하는 영혼이게 하시고
흠뻑 젖는 가슴이게 하소서.

아아—
사랑 때문에만
오로지 사랑 때문에만
이 생명 타오르게 하소서.

사랑을 더하면 온전해집니다.
이 모든 것 위에 사랑을 더하라 이는 온전하게 매는 띠니라(골 3:14)

도서출판 사랑플러스는 이 땅의 모든 교회와 성도들을 섬기기 위해 국제제지훈련원이 설립한 출판 사역 기관입니다.

밥 짓는 시인 퍼 주는 사랑

초판 1쇄 발행 1995년 12월 11일
120쇄 발행 2000년 11월 25일
신판 1쇄 발행 2000년 12월 10일
30쇄 발행 2006년 12월 11일
증보판 1쇄 발행 2007년 5월 2일
15쇄 발행 2017년 5월 2일

지은이 최일도

펴낸이 박주성
펴낸곳 사랑플러스
등록번호 제2002-000032호(2002년 2월 15일)
주소 서울시 서초구 효령로68길 98(서초동)
전화 02)3489-4300 **팩스** 02)3489-4329
이메일 dmipress@sarang.org

ISBN 978-89-5731-725-9 03230

※ 책값은 뒤표지에 있습니다. 잘못된 책은 구입하신 곳에서 교환해드립니다.